FISCHER

STEPHANIE SCHUSTER

Glücks Töchter

EINFACH LEBEN

ROMAN

Mit Illustrationen
der Autorin

FISCHER

Aus Verantwortung für die Umwelt hat sich der S. Fischer Verlag zu einer nachhaltigen Buchproduktion verpflichtet. Der bewusste Umgang mit unseren Ressourcen, der Schutz unseres Klimas und der Natur gehören zu unseren obersten Unternehmenszielen.

Gemeinsam mit unseren Partnern und Lieferanten setzen wir uns für eine klimaneutrale Buchproduktion ein, die den Erwerb von Klimazertifikaten zur Kompensation des CO_2-Ausstoßes einschließt.

Weitere Informationen finden Sie unter: www.klimaneutralerverlag.de

MIX
Papier | Fördert gute Waldnutzung
FSC® C083411

Originalausgabe
Erschienen bei FISCHER Taschenbuch
Frankfurt am Main, April 2023

Redaktion: Silke Reutler

Illustrationen: Stephanie Schuster
Satz: Fotosatz Amann, Memmingen
Druck und Bindung: CPI books GmbH, Leck
Printed in Germany
ISBN 978-3-596-70746-1

Versuchen, stets mutiger zu sein, als man ist.

Natürlich für meinen allerliebsten Thomas
und unsere weiter wachsende Wunderfamilie

Zur Erinnerung an meine Schwägerin und Freundin
Monika Schuster (1963–1993),
die der Figur Maja als Vorbild diente

Prolog

Oktober 1918

Niemand hatte es ihr zugetraut, nicht einmal sie selbst. Und schon gar nicht, dass sie eines Tages allein mit ihrer Tochter mitten in der Natur leben und das Wetter zu lesen verstehen würde wie die Geschichte in einem Buch. Anna von Quast lehnte in der Tür ihres Hauses, das in eintausenddreihundertzwanzig Metern Höhe thronte, und schnupperte in die Luft. Wo gestern noch ein Hauch von Wärme gehangen hatte, roch es heute nach Schnee. Ihr Blick schweifte über die Bäume, die die Kuhweide nach Süden hin begrenzten, hinauf ins lichter werdende Blau der Alpenkette. Der Jochberg verschwand bereits im Dunst, und auch über dem felsigen Gipfel des Rabenkopfs, der sich majestätisch wie die Rückenlehne eines Throns hinter ihr erhob, schwebten Wolken. Zeit, den Rosenkohl zu ernten, dachte sie, bevor er unter dem Weiß unauffindbar sein würde. Anna betrachtete ihren Garten, der ihr ganzer Stolz war. Unmöglich, dass hier oben überhaupt etwas außer Gras wuchs, hatte es von allen Seiten geheißen, und erst recht kein Rosenkohl. Aber der war nicht ihr einziger Erfolg in diesem Jahr gewesen. Feldsalat, Karotten, Kartoffeln, sogar Ackerbohnen und Spinat hatte sie geerntet. Auf dem Hang, wo vorher Büsche, Gestrüpp und Gras wild gewachsen waren und auf dem man sich nur mit Steigeisen hatte halten können, hatte sie Terrassen für Kräuter, Obst und Gemüse angelegt und ein kleines Paradies erschaffen. Ihren Garten Eden. Sie betrachtete ihre stark gebräunten Hände voller Schwielen. Kaum vorstellbar, dass das dieselben Hände waren, mit denen sie noch vor wenigen Jahren Klavier gespielt hatte. Abwegig, ein völlig aberwitziges Unterfangen wäre das, hatte jeder gesagt, dem sie von der Tonkaalm erzählte. Hier oben, wo der Winter manchmal schon im Sommer anfing und bis in den nächsten Mai dauerte, könnte man sich bloß bis zum Ende der Weidezeit aufhalten, geschweige denn überleben. Und genau das hatte Anna herausgefordert, denn schließlich wusste sie viel über Pflanzen und Tiere, hatte durch ihren Vater, der ein bekannter Pflanzenjäger war, sozusagen das Wissen in die Wiege gelegt bekommen. Aber Wissen und Können waren zweierlei. Das hatte sie gleich nach dem ersten Unwetter gespürt, das ihr die kostbare Saat samt der Erde weggespült hatte. Im Tal, erst recht in den Gewächshäusern, war der Mensch der Bestimmer, hier oben war man den Widrigkeiten der Natur ausgesetzt. Daran war Anna beinahe zerbrochen, als sie vor sieben Jahren herzog und völlig allein auf sich gestellt angefangen hatte. Sie ging nach draußen und strich über den Stamm des Tonkabaums, der entlang der Hauswand wuchs und nun das Dach überragte. Wenn sie am Verzweifeln gewesen war, hatte er ihr stets Trost gespendet. Als kleines Pflänzchen hatte ihr Vater ihn von einer seiner Reisen mitgebracht und ihrer Mutter zu Annas Geburt geschenkt. Das war vor achtundzwanzig Jahren gewesen. Seiner südamerikanischen Heimat entrissen, trotzte der Schmetterlingsblütler der rauen Witterung der bayerischen Voralpen, genau wie sie. Tossa muhte hinter dem hölzernen Weidezaun. Wahrscheinlich suchte sie wieder ihr Kalb, obwohl es vermutlich dicht hinter ihr stand. Auch Helene quäkte. Zurück in der Stube, hob Anna ihre Tochter aus dem Wäschekorb, der ihr als Bett und Laufstall diente, zog ihr das Strickjäckchen an, setzte ihr die Haube auf und band sie sich nach Art der afrikanischen Bäuerinnen auf den Rücken. Helene strampelte und stemmte sich dagegen. Seit sie sich selbst bewegen konnte, verlangte sie Freiheit und mochte es nicht mehr, stundenlang eng am Körper getragen zu werden. Doch außerhalb des Hauses war es für die Kleine noch zu gefährlich, jedenfalls, solange sie nicht trittsicher war und wie ein Geißlein das Gleichgewicht halten konnte. Über das Gezeter hinweg schlüpfte Anna aus den Holzpantinen, schnürte sich die Bergstiefel und stimmte eine Melodie an, ein Lied ihres Liebsten, der im Gegensatz zu ihr wirklich singen konnte.

Auf einem Baum ein Kuckuck, simsalabim, bamba saladu saladim, auf einem Baum ein Kuckuck saß …

Die weiteren Strophen waren nicht gerade kindgerecht, handelten von Tod und Wiedergeburt. Helene gefiel es trotzdem, sie beruhigte sich, brabbelte mit, und sobald sie nach draußen traten, juchzte sie sogar. Dort gab es so viel zu entdecken, für sie schien jeder Tag ein Abenteuer. Besonders die Hühner im Gehege, das sie vor Adler und Fuchs schützte, gefielen ihr, und sie klatschte in die kleinen Hände, als Anna ihnen ein paar Weizenkörner zuwarf. Die Welt mit ihrem Zusammenspiel brachte nicht nur ihre Tochter zum Staunen. Wenigstens sie beide waren hier oben fern vom Tal in Sicherheit. Anna stellte eine ihrer selbstgetöpferten Schüsseln neben sich, ging in die Hocke und fing an, die kleinen

Kohlköpfe von den Strünken zu drehen. Groß waren sie nicht. Die grünen Röschen hätten besser noch eine Weile gehabt. Aber lieber so als gar nichts. Zumindest würden auch sie ihre Vorräte bereichern und helfen, die nächste Zeit zu überstehen, wenn der Wind den Schnee auf ihr Beet trug. Hoffentlich kehrte vorher ihr Liebster heim.

Als wollte man ihnen ihr gemeinsames Glück nicht gönnen, war auch er einberufen worden, um die Heimat zu verteidigen. Seit fünf Monaten und acht Tagen hatte Anna nichts mehr von ihm gehört. Jeden Abend, wenn Helene schlief, schrieb sie ihm, erzählte, was sie erlebt hatte, aber auch, was ihr durch den Kopf ging und womit sie sich beschäftigte. Hin und wieder zeichnete sie etwas, besonders dann, wenn es ihr nicht gelang, ihre Gedanken in Worte zu fassen, und sie sich auf diese Weise besser ausdrücken konnte. Mit jeder Faser ihres Seins vermisste sie ihn. Manchmal glaubte sie, vor Sehnsucht zu ersticken. Bald, bestimmt in einem unerwarteten Moment, wenn sie gerade nicht nach ihm Ausschau hielt, würde er von Kochel durch die Rappinschlucht oder von der Jachenau, je nachdem, von wo er sich zu ihnen durchschlagen konnte, heraufsteigen und von weitem seinen Hut oder jetzt die Soldatenmütze schwenken. Wie damals, als sie schon glaubte, für immer allein zu sein. Erschöpft würde er sein, aber zum Glück unverletzt, dem Krieg zum Trotz. Jeden Tag und besonders in den Nächten, wenn die Kleine sie weckte und ihr Fläschchen verlangte, flehte sie darum. »Sag mal Pa-pa.« Anna zeigte oft auf die gerahmte Fotografie von ihm. Mama konnte Helene bereits sagen. »Mamamamam« bedeutete aber auch, dass sie Hunger hatte. Seit dem Sommer stillte Anna nicht mehr. Vermutlich von der vielen Arbeit und weil sie kaum zur

Ruhe kam, war ihre Milch versiegt. Jetzt musste Tossa Helene miternähren. Anna hatte einen Stoffbeutel genäht, eine Art Büstenhalter, wie er vor ein paar Jahren für die Frauen als Alternative zum Korsett wieder in Mode gekommen war. Diesen Beutel zog sie der Kuh über das Euter, um ihre Zitzen zu verbergen, damit das Kalb ihrer Tochter etwas von der kostbaren Milch übrig ließ. Erneut hörte sie Tossa muhen, diesmal klang es weiter entfernt. Klagend, gegen Ende fast schon schrill, so als hätte sie Schmerzen und Anna das Melken versäumt. Normalerweise antwortete das Kalb, doch es blieb still. Merkwürdig. Da stimmte etwas nicht. Anna vergewisserte sich, dass die Knoten im Tuch, das Helene hielt, fest waren und suchte die Weide ab. Als sie über die Buckelwiese bergab lief, nahmen ihr vereinzelte Nebelschwaden die Sicht. »Tossa, Too-ssa!« Sie rief nach der Kuh. Auch Helene auf ihrem Rücken gab ein paar Laute von sich, es klang wie »Sasa«. Was für eine Freude, nun konnte sie auch das. Nur schade, dass ihr Mann das nicht miterlebte. Anna hangelte sich am Holzzaun entlang, bei dem die Querbalken kunstvoll mit Weiden an die Pfosten geflochten waren, bis sie unten am Weg das Gatter erreichte. Es stand offen. Manchmal vergaßen Wanderer beim Aufstieg zum Rabenkopf, es wieder zu schließen, doch um diese Jahreszeit, Ende Oktober, verirrte sich selten jemand hier herauf. Für einen Augenblick stockte ihr das Herz. War es vielleicht ihr Liebster? Dass er es endlich zu ihr geschafft hatte? Nein, keine Menschenseele weit und breit, außer ihr und dem Kind. Anna sah sich um und entdeckte endlich die grau Gehörnte. Sie stand weiter unten am Abhang, streckte den Kopf vor und muhte abermals durchdringend laut. Anna folgte dem Pfad dicht am Berg entlang, rechts von ihr fiel das Gelände steil ab. Auf einem bewachsenen Vorsprung, ein paar Meter die Felsen hinauf, erblickte sie jetzt auch das Kalb. Offenbar hatte es sich mit dem Halsriemen in einem Ast verfangen und kam nicht los. Wie war es nur dahingelangt? Es röchelte, bekam kaum mehr Luft, seine Zungenspitze lugte aus dem Maul. Was sollte sie tun? Erst ihre Tochter ins Haus zurückbringen und danach zu dem Kalb hochklettern, um es zu befreien? Aber das konnte für das Tier zu spät sein. Vorsichtig trat sie auf das Geröll. Die Steine waren rutschig, manche gerieten unter ihren Sohlen in Bewegung und kullerten in den Nebel hinab. Anna kam ins Wanken. Sie beugte sich vor, krallte sich an das Gestrüpp, das sie auf der Bergseite zu fassen bekam. Schnell tastete sie nach ihrer Tochter, die keinen Mucks von sich gab. War sie eingeschlafen? »Gleich, Loretta, ich bin gleich bei dir«, sprach sie auf das Kalb ein, je näher sie kam, damit es sich nicht erschreckte. Schließlich hatte sie es erreicht, umschlang es und hielt sich an ihm fest, bis sie selbst sicher stand. Sie riss an dem Halsriemen, zog ihn kurz noch mal fester zu, um den Dorn der Schnalle aus seinem Loch zu lösen. Kurz hielt auch sie die Luft an, dann war es geschafft. Das Kalb schüttelte sich, als wollte es lästige Fliegen loswerden, glitt mit einem Vorderbein aus und schwankte. Hastig hielt sich Anna an der Kiefer fest. Um ein Haar wären sie alle drei abgestürzt. Als sie mit Kalb und Kind kehrtmachen wollte, stand plötzlich Tossa da. Die Kuh war ihnen auf dem schmalen Grat, der kaum für ein Paar Füße breit genug war, gefolgt. Nun gab es kein Vor und Zurück.

Mein Liebster,

stell Dir vor, Helene kann sich fortbewegen. Du würdest staunen, wie sie das macht. Sie schiebt sich sitzend, die Beinchen angewinkelt wie ein kleiner Frosch, vorwärts. Noch dazu in was für einer Geschwindigkeit!

Sie kaut ständig auf der Veilchenwurzel herum, die ich ihr um den Hals gehängt habe, ich glaube, der erste Zahn bricht durch.

Mit der Sauberkeit klappt es schon viel besser, ich muss nur noch mehr auf ihre Laute achten und sie vor allem richtig deuten. Sie sagt mir nämlich, wann sie muss. Nur darf ich diesen Moment nicht verpassen. Denn dann geht es gleich los. Gar nicht so leicht bei allem, was sonst noch erledigt gehört. Doch es würde mir das lästige Auskochen der Windeln ersparen.

Apropos: Die Früchte des Tonkabaums sollen, zwischen die Wäsche gelegt, einen angenehmen Duft verbreiten, behauptete Alexander von Humboldt. Nur leider hat unser Baum mit den gefiederten Blättern auch heuer nicht getragen. Macht nichts, die Wäsche duftet sowieso von ganz allein nach frischer Bergluft. (Falls ich sie nicht draußen in der Kälte vergesse und sie am Ofen wieder auftauen muss.)

Alles, was von diesem Erntejahr übrig geblieben ist, habe ich eingeweckt, und das ist einiges. Der Winter kann kommen, und es wird für uns drei reichen. Falls das Heu knapp wird, können wir ein paar Leintücher voll von der Fiedleralm holen, das habe ich organisiert. Der jährliche Tanz von Hof zu Hof fiel heuer leider aus, weil die Fiedlerbuben ebenfalls eingezogen worden sind.

Im Haus duftet es nach Schafgarbe, Kamille, Frauenmantel, Pfefferminze und vielem mehr. Ich hab auch Wegerichwurzeln gesammelt. Gleich beim letzten Neumond. Die helfen gegen Schwellungen jeder Art und auch bei Knochenbrüchen. Unsere Winterapotheke. Wir sind gewappnet. Die Ringelblumen, die heuer ums Haus herum gewachsen sind, habe ich in Öl eingelegt. Wusstest Du, dass die Ägypter die Calendula als Verjüngungsmittel verwendeten? Ich werde mich täglich damit salben, damit ich für Dich frisch bleibe, bis Du endlich zurück bist.

Friesenegger, Du weißt schon, der Hausierer, hat mir vor vierzehn Tagen Lebensmittel, insbesondere Weizen, Salz und Wolle (Überraschung: Ich will Dir was stricken), aber leider keine Post von Dir mitgebracht. Was der Mann alles in seiner Kraxe auf dem Buckel heraufschleppen kann, trotz seiner siebenundsechzig Jahre! Er behauptet, dass die Alliierten bereits im August die Frontlinie in Frankreich durchbrochen hätten. Hier oben kriege ich ansonsten nichts mit. Früher hat mir Franz Marc ab und zu von den Neuigkeiten aus dem Tal berichtet, wenn er zum Malen heraufstieg, aber das ist leider vorbei. Seine Pferdeskizze von Komet, die er mir geschenkt hat, habe ich in die Stube über seine Wandmalerei gehängt. Marcs Beerdigung war schon letztes Jahr, sagte Friesenegger, seine Frau hat seinen Leichnam aus Verdun nach Kochel überführen lassen. Bitte, mein Liebster, ich bange um Dich, und ich will auch weiter tapfer sein, aber lass mich nicht das Gleiche wie Maria Marc durchmachen! Da ich nichts von Dir höre, ist das, was der Hausierer sagt, ein Hoffnungsschimmer. Der Krieg ist bald vorbei, und Du kehrst zurück … für immer.

Ich arbeite an neuem Geschirr mit Schlickmalerei, weiß noch nicht, ob es gelingt. Schicke Dir Zeichnungen oder, noch besser, Du schaust Dir das Getöpferte in Wirklichkeit an.
So, nun noch ein letzter Vers eines Gedichts von Goethe. »Eins und Alles«, das Dich trösten soll bei allem, was Du gerade ertragen musst:

Es soll sich regen, schaffend handeln,
erst sich gestalten, dann verwandeln!
Nur scheinbar steht's Momente still.
Das Ewige regt sich fort in allen:
Denn alles muss in Nichts zerfallen,
wenn es im Sein beharren will.

Aus: Annas Tonkaalmbuch

Eva

München, Februar 1976

Am Brunnen, aus dem unter einer Abdeckung die riesige grünblaue Skulptur einer Schlange ragte, blieb sie stehen und sah sich um. Als sie sicher war, dass sie niemand beobachtete, hob sie ihr Handgelenk an die Nase, schloss die Augen und sog den Duft ihrer eigenen Haut bis zum Ellenbogen ein. Das neutralisierte ihren Geruchssinn, verbannte alles, was sie zuletzt eingeatmet hatte, in ihr Gedächtnis und schenkte ihr Kraft und Raum für Neues. Drei Minuten noch, dann war auch das akademische Viertel ausgeschöpft, und Eva käme wirklich zu spät. Nur weil sie sich länger als beabsichtigt bei dem alten Herrn Blei aufgehalten hatte, dem sie im Auftrag der Apotheke, in der sie neben dem Studium arbeitete, die Medikamente nach Hause brachte. Diesmal hatte sie seine Einladung zum Tee nicht ausschlagen können, auch wenn in der verwinkelten Altbauwohnung mehr als tausend Gerüche steckten, die Eva bedrängten und ihr alle etwas erzählen wollten. Dabei musste sie sich auf den Kunden konzentrieren, der froh wirkte, dass sie sich Zeit nahm, weit ausholte und sich in Anekdoten aus seiner Jugend verlor. Als sie sich endlich lossagen konnte, war sie in die vollbesetzte Tram gestiegen und bis nach Großhadern gefahren, wo die Pharmazie mit der

Toxikologie und der Tiermedizin als Teil der Münchner Universität untergebracht war. Falls sie sich jetzt nicht beeilte, würde sie die letzte Stunde der Arzneimittellehre verpassen, ihr Lieblingsfach, das heute zum Ende des Wintersemesters im Labor stattfand. Oder sie würde nur einen schlechten Platz weit hinten mit ramponierten Geräten bekommen. Die Nase noch an ihrer Haut, atmete Eva tief aus und ein und wappnete sich. Dann hob sie den Rucksack, den sie sich aus ihrer alten Lieblingsjeans genäht hatte, auf die Brunnenabdeckung, zog die Sachen, die sie gleich brauchen würde, heraus und stopfte dafür Winterjacke, Schal und Mütze hinein. Anders als in ihrem Heimatort, der kurz vor Garmisch sechshundertachtundachtzig Meter über dem Meeresspiegel lag und in dem sich noch der Schnee türmte, taute es in München seit ein paar Tagen. Die Sonne schien und wärmte. Vereinzelt hatten Cafés sogar schon Tische rausgestellt, und tatsächlich schlürften ein paar Hartgesottene das erste Kännchen Kaffee an der frischen Luft. Es roch nach Frühling, stellte Eva fest, wobei das für sie ein Potpourri aus unzähligen Düften bedeutete. Hastig schlüpfte sie in den Kittel, schulterte ihren Rucksack und presste den wertvollen Rundkolben an sich, den sie sicherheitshalber lieber selbst mitbrachte. Sie spurtete los, hastete die breite Treppe nach oben. Von weitem sah sie, wie zwei Männer auf der Empore mit einer Anlegeleiter hantierten. Erst glaubte sie, Handwerker würden auf umständliche Weise eine Lampe reparieren, doch die Leiter war viel zu kurz, um die Decke zu erreichen. Einer der Männer wirkte mit seinem blonden Vollbart wie ein bayerischer Nikolaus. Er war barfuß, trug eine ausgefranste Jeans und ein Unterhemd mit einem aufgemalten Peace-Zeichen.

»Beeil dich, Milo«, hörte sie ihn rufen, während er die Leiter hielt. Der andere, in bunt geringeltem Rolli zu heller Schlaghose, trug eine Hornbrille, schwarz wie seine schulterlangen Haare. Ungeachtet seines Kameraden, dem vor Anstrengung die Adern am Hals und an den Armen hervortraten, stieg er gemächlich Sprosse für Sprosse die Leiter nach oben und versuchte dabei, eine Papierrolle zu öffnen. Fehlte nur noch ein Trommelwirbel, und die Artistennummer wäre perfekt. Jemand kicherte. Weitere Studenten blieben stehen, um zuzuschauen. War das ein Happening? Seit neuestem fand Kunst überall statt. Hoffentlich kam Eva zügig an den Leuten vorbei, die sich jetzt auf der Treppe stauten. Doch gerade als sie die letzte Stufe erreichte, stolperte sie, der Rundkolben glitt ihr aus der Hand und schlitterte mit seinen drei Hälsen über den Boden, drehte sich wie ein Eisstock um die eigene Achse und landete zwischen den Beinen des Gladiators im Unterhemd. Er wankte, ließ die Leiter los. Die Leute lachten laut, als wäre ihr Missgeschick Teil des Happenings. Der bunt Geringelte stürzte, fiel auf seinen Spezl, die Leiter obendrauf. Zuletzt segelte der mittlerweile ausgerollte Papierbogen herab. Es schepperte und krachte.

Eva hastete zu ihnen. »Das wollte ich nicht. Seid ihr verletzt?« Sie wusste nicht, wo sie anpacken sollte. Bei den schmutzigen Füßen oder den wuscheligen Haaren? Sie hob die Leiter von dem Kuddelmuddel aus Hintern, Beinen, Armen, möglichst ohne einen von ihnen anzulangen, und spürte sie doch. Endlich hatten sich die Männer voneinander befreit und sich aufgerappelt. Niemand sonst war ihnen zur Hilfe geeilt, im Gegenteil, die Menge applaudierte, löste sich dann schnell wieder auf, als wäre die Show zu Ende und man wollte dem Sammelhut entgehen. Eva merkte, wie ihr Gesicht zu glühen anfing. Im Kontrast zu ihrem Kittel leuchtete sie bestimmt so dunkelrot wie eine Stichflamme aus Lithiumchlorid. Über die Kerle gebeugt, war ihr der Duft der beiden in die Nase gestiegen, den sie sich sofort eingeprägt hatte. Der von der Leiter Gestürzte verströmte einen Hauch von Sandelholz mit einer Prise Vanille. Der andere, der vollbärtige Kraftprotz, der sie angegrinst und ihr die Hand entgegengestreckt hatte, damit sie ihm aufhalf, roch nach Moschus, vermischt mit Minze, vielleicht von einem Kaugummi. Beides löste in ihr ein Bauchkribbeln aus, was sie irritierte. Eva ignorierte seine Hand, hob stattdessen die Hornbrille auf, auf die sie fast getreten war, und gab sie dem Dunkelhaarigen. Samt dem Glas, das herausgefallen, aber zum Glück unbeschädigt war. Das würde leicht zu reparieren sein, und da sich keiner ernsthaft weh getan hatte, stahl sie sich davon.

»Hey, Moment, wo willst du denn so schnell hin?« Der Friedensapostel hechtete ihr nach und hielt sie am Kittel fest. »Erst bringst du uns fast um, und dann willst du dich, mir nichts, dir nichts, aus dem Staub machen? Fürs Protokoll: Name, Telefonnummer?«

Eva mochte es nicht, festgehalten zu werden, und riss sich los. »Ihr wollt mich anzeigen? Aber ich hab mich doch entschuldigt. Es war ein Unfall, und es tut mir echt leid.«

»Trotzdem.« Auf einmal klang er sehr förmlich, verschränkte die Arme und baute sich vor ihr auf. »Also, wie heißt du?« Hellblaue Augen in seinem behaarten Gesicht funkelten sie an.

»Klein, Eva«, sagte sie, die Telefonnummer ihres Elternhauses würde sie ihm nicht ohne weiteres geben. Ihr war das Ganze mehr als peinlich. Sie machte erneut kehrt und spürte, wie ihr jemand jetzt auf die Schulter tippte.

»Warte, hiergeblieben.« Sie wich der Berührung aus, als hätte sie einen elektrischen Schlag bekommen. Sollte sie ihnen einfach irgendeine Nummer nennen, damit sie sie endlich in Ruhe ließen? Ihren richtigen Namen wussten sie schon, es wäre ein Leichtes, übers Sekretariat auch den Rest herauszufinden. Warum hatte sie nicht von Anfang an gelogen? Jetzt war es zu spät. »Du hast deine Blumenvase vergessen.« Der Wuschelkopf hatte die Brille mit nur einem Glas aufgesetzt und hielt ihr den Rundkolben entgegen.

Wie durch ein Wunder war er ganz geblieben. Eva atmete auf. Sonst wären sechzig Mark und damit sechs Stunden Arbeit futsch gewesen. »Ihr seid anscheinend keine Naturwissenschaftler.«

»Natur schon, aber statt Wissenschaft eher freie Liebe«, antwortete der Barfüßige und zog einen Mundwinkel schief. »Ich bin Udo und das ist …« Er zeigte auf seinen Freund.

»Milo, stimmt's?«, rutschte ihr heraus.

»Eigentlich Maximilian Leopold.« Im Gegensatz zu Udo blieb er ernst, was ihr gefiel. »Aber für dich bin ich natürlich auch Milo.« Wieder flatterte etwas Unbekanntes durch ihren Körper. Als sie ihm den Rundkolben abnehmen wollte, ließ er ihn los. Sie sprang vor, glaubte schon, das Gefäß würde nun doch zerschellen, aber Udo fing es gekonnt auf. Die beiden Komiker hatten anscheinend mehrere Nummern parat. Schnell entriss sie ihnen den Kolben, drückte ihn an sich und lief weiter.

»Wir sehen uns, Kleineva«, rief Udo ihr nach. »Auf unserer Party!« Auf welcher Party, fragte sie sich. Das letzte Mal hatte man sie in der Grundschule eingeladen, und das auch nur gezwungenermaßen, weil die Mutter des beliebtesten Jungen der Klasse zugleich eine Stammkundin ihrer Eltern war. Gerade als jemand die Tür von innen zuziehen wollte, schlüpfte Eva ins Labor.

»Ach, welch Ehre, das Fräulein Klein beehrt uns heute auch mit seiner Anwesenheit.« Professor Hacker erntete einige Lacher. Nach drei Semestern und gründlichem Aussieben der Erstis hatte er sich offensichtlich ihren Namen gemerkt. Sie huschte an seinem Pult vorbei, auf dem er bereits einige Geräte für eine Versuchsreihe aufgebaut hatte, und hoffte, dass er ihre Verspätung schnell vergaß. Weit gefehlt. »Da Sie meine Einleitung zu unserer letzten Vorlesung verpasst haben, nehme ich an, dass Sie bereits die Bestandteile von Cremes kennen?«

»Äh, ja, Cremes sind Zwei-Phasen-Systeme, hydrophil und lipophil.« Sie bereitete sich jedes Mal gründlich vor, lernte den Stoff aus den Büchern und Unterlagen auswendig. Noch dazu war Kosmetik und Salbenherstellung ihre Leidenschaft, für die ihr nur die Theorie und die wissenschaftliche Grundlage fehlten. Deswegen hatte sie Pharmazie als Studienfach gewählt. Eva hielt ihre Tasche und den Rundkolben hoch und schlängelte sich durch die Reihen an den anderen vorbei. Jasmin winkte ihr. Sie war meistens ihre Laborpartnerin und hatte ihr auch heute wieder einen Platz in der vierten Reihe frei gehalten.

»Und das heißt?« Offenbar wollte Hacker ihr Wissen testen und herausfinden, ob sie nicht nur auswendig lernte, sondern auch begriff, von was sie sprach.

Eva blieb am Rand der dritten Reihe stehen und wandte sich um. »Cremes bestehen aus Wasser und Fett.«

»Und wie würden Sie bei der Herstellung vorgehen?«

»Ich würde die hydro- und lipophilen Anteile abwiegen und im Wasserbad schmelzen, bis beide die exakt gleiche

Temperatur haben.« Sie hoffte, genug ausgefragt worden zu sein, hangelte sich zu ihrem Platz durch und legte ihre Sachen ab.

Doch der Professor ließ nicht locker. »Sind Sie nicht die Nase unter uns, die angeblich zehntausend Gerüche unterscheiden kann?« Eva zog die Schutzbrille aus ihrem Rucksack und sah sich um. Erst als Stille einkehrte und alle Blicke auf sie gerichtet waren, wurde ihr klar, dass er sich weiterhin mit ihr unterhielt und tatsächlich sie meinte.

»Zehntausend? Das ist nichts Außergewöhnliches, so viele Gerüche nimmt durchschnittlich jeder Mensch im Laufe seines Lebens wahr. Das Einprägen und Wiedererkennen der Duftmoleküle ist die Kunst. Für alles, was riecht, gibt es nur vage Umschreibungen, aber keine genauen Bezeichnungen, darum fällt den meisten die Unterscheidung schwer.« Bisher hatte sie noch nie von ihrer Gabe gesprochen, noch dazu vor Leuten, die sie, wenn überhaupt, nur vom Sehen kannte.

»Soso, wir haben also eine Künstlerin in unseren Reihen, welch Ehre.« Erneut erntete er einige Lacher. »Dann kommen Sie her, Fräulein Klein, und zeigen uns, was Sie draufhaben«, forderte Hacker sie auf. »Wollen wir mal sehen, ob sich Wissenschaft und Kunst vertragen. Mischen Sie uns eine Creme, sagen wir für den Hausgebrauch, wenn Ihnen das nicht zu banal erscheint.« So viel Aufmerksamkeit, und gleich zweimal hintereinander, war sie nicht gewohnt. Ihr Herz schlug bis zum Hals, als sie nach vorne ging. Sie schluckte dagegen an und besann sich auf das, was sie bereits konnte. Und das war keine Kosmetikherstellung nach Vorschrift oder nach Lehrplan, aber dafür nach Gefühl. Schon als Kind hatte sie es geliebt, mit Düften zu experimentieren und ihre Freundinnen wie Jasmin, aber auch Familienmitglieder in »Evas Salon« mit selbst angerührten und oftmals angebrannten Ölen und Cremes mehr oder weniger zu verwöhnen. Im Studium ging es hingegen um den Verstand, nicht ums Gefühl, und das forderte sie heraus. Kurz dachte sie noch mal an den Unfall mit dem Rundkolben. War sie vielleicht doch nicht die Unscheinbare, für die sie sich selbst hielt? Das Landei, das gegen den Willen der Eltern in der Stadt studierte? Vermutlich hätten Udo und Milo mit jeder Frau, die ihnen etwas zwischen die Beine warf, geflirtet. War es überhaupt ein Flirt gewesen, oder hatten sie sie bloß auf den Arm genommen? Eva kannte sich mit dem Anbaggern nicht aus, und wenn, dann schwärmte sie für Mädchen, die stets schöner, größer oder klüger waren als sie. Aber die beiden Jungs hatten etwas Besonderes an sich gehabt, so viel stand fest. Würden sie sich wiedersehen? Warum hatte sie es versäumt, sie zu fragen, was sie studierten?

»Sie machen es spannend mit Ihrer Kunst.« Der Professor schaute auf seine Armbanduhr, die er trug, obwohl Schmuck im Labor nicht erlaubt war.

»Für welchen Zweck soll die Creme sein? Sie sagten Hausgebrauch, aber für was für einen Typ?« Eva straffte sich und konzentrierte sich auf die Aufgabe.

»Schlagen Sie etwas vor.«

»Für Sie vielleicht? Ihre Haut neigt zu Rötungen, Sie haben schuppige Hände, bestimmt von der vielen Reinigung und der mangelnden Pflege. Ich wüsste etwas, das Ihr Hautbild verbessert.«

»Oha, eine Analytikerin sind Sie auch noch! Fehlt nur, dass Sie auch meine Träume deuten.« Rasch vergrub der Professor seine Hände in den Kitteltaschen, als wollte er sie vor weiterer Inspektion verbergen. »Los, machen Sie, einen Versuch ist es wert.« Eva nickte und begann. Hoffentlich zitterten ihre Finger nicht, dachte sie noch, wenn sie gleich etwas vorführte, aber dann begab sie sich in ihre innere Duftbibliothek, schritt die Räume ab, die in allen Farben für sie leuchteten, und blieb vor einem bestimmten Regal stehen. Sollte sie ihr Publikum schnell betören oder mit Raffinesse beeindrucken? Was würde den Professor überzeugen? Nachdem sie sich für ein Rezept entschieden hatte, öffnete sie den Laborschrank mit den Aromen und wählte die Zutaten aus. Auf einmal war sie in ihrem Element und vergaß alles um sich herum. Aus dem Kühlschrank im Labor holte sie, was sie brauchte, wog alles sorgfältig ab und schmolz Lanolin, Bienenwachs und Kakaobutter in einem Wasserbad.

»Lassen Sie uns bitte in Ihren Kopf sehen und hören, was Sie vorhaben«, bat Hacker und riss sie aus ihren Gedanken. »Das Ganze soll kein Stummfilm sein.«

»Natürlich.« Sie straffte sich. »Ich werde dreißig Gramm Jojobaöl in das Fett tropfen«, sagte sie und tat es. Den Duft liebte sie besonders. Ihren Kommilitonen ging es ähnlich, sie kamen aus den Reihen nach vorne, umringten das Pult und schnupperten. Eva wusste den Wohlgeruch noch zu steigern, erhitzte Orangenblüten in einem Topf und rührte sie in das geschmolzene Fett. Diesem Aroma erlag so gut wie jeder. Selbst ihre Oma, die manchmal ein richtiger Griesgram sein konnte und lieber ihre eigenen Süppchen kochte, heiterte sie jedes Mal mit nur einem Hauch davon auf. Eva nahm die Creme von der Herdplatte und rührte so lange weiter, bis die Masse abgekühlt war. »Bitte sehr. Mein Jojobarahm. Wenn er völlig kalt ist, wird er fester, aber zum

Probieren …« Sie reichte Hacker ein Holzstäbchen, damit er sich etwas von der Creme auf die Hand auftragen konnte.

Er winkte ab. »Leider bin ich gegen Orangen allergisch.«

»Darf ich dafür mal?«, meldete sich Jasmin, deren Gesicht mehr Mitesser als Sommersprossen zierten. Und auch die anderen drängten vor, um einen Klecks ihrer Creme zu ergattern. Bald wirkte der Topf wie ausgeschleckt. Sämtliche Nasen, Hände, Arme, einfach alles an sichtbarer Haut ringsum glänzte. Doch die Prüfung schien noch nicht zu Ende zu sein.

»Was unterscheidet Cremes von Salben, Fräulein Klein? Und wie bewahrt man sie auf?«

Da brauchte sie nicht lange zu überlegen, das hatte ihr Meitl, der Apotheker, eingebläut. »Eine Salbe wird zur Heilung verwendet, eine Creme zur Pflege. Ohne chemische Zusätze sollten beide verschlossen vor Licht und Luft geschützt werden, damit sie sich länger halten und die Essenzen nicht verduften.«

Hacker nickte, seine Miene verriet jedoch nichts. Er machte sich eine Notiz in seinem Minispiralblock, den er in der Brusttasche seines Kittels trug, was, wie man munkelte, ein gutes Zeichen war. Bei den Kommilitonen, die bereits geprüft worden waren, hatte sich das jedenfalls bestätigt.

»Echt stark«, sagte Jasmin, als sie das Labor verließen. »Du hast es drauf, Eva. Kannst du noch mehr so Zeug?« Sie wohnten nur ein Dorf auseinander, kannten sich seit der fünften Klasse vom Gymnasium und unterhielten sich, anders als mit den meisten anderen, ohne Anstrengung auf Bayerisch.

»Kommt drauf an.« Eva zuckte mit den Schultern. Mit

ihrer Gabe hatte sie sich bisher eher als Außenseiterin gefühlt und sie lieber verschwiegen.

»Weißt du vielleicht auch was gegen meine Pickel? Ich hab schon alles durch, Kinderarzt, Hautarzt, Psychologe. Sogar die Pille hab ich eine Zeitlang genommen, aber genützt hat's nichts, im Gegenteil. Außer dass ich zehn Kilo zugenommen habe, bin ich nicht mal entjungfert worden, leider.« Ihre Mundwinkel zuckten.

Eva sagte nichts dazu, obwohl in ihren Gedanken kurz ein Bild von ihrem ersten Mal aufblitzte. Und Jasmin war damals sogar auf derselben Feier gewesen, aber solange sie nicht genauer nachfragte, würde sie nichts preisgeben. Beste Freundinnen waren sie nie geworden. Eher ihren Müttern zuliebe hatten sie sich auch im Studium verbündet.

»Es heißt, wenn man schwanger wird, ändert sich der Hormonhaushalt und damit die Haut. Aber ich will erst beruflich weiterkommen, bevor ich auf ewig Hausfrau werde und am Kochtopf versauere. Noch dazu interessiert sich eh kein Kerl für mich, solange ich aussehe wie ein Streuselkuchen.«

»Hast du es mal mit Heilkleie probiert?«

»Ist das so ein Esoterikkram, der nur mit Zauberspruch funktioniert?«

»Nein«, Eva lachte, »das ist Weizenkleie in Kombination mit Kamille und geschrotetem Leinsamen.«

»Geschrotetem was? Das klingt gefährlich. Wo krieg ich so was her? Im Jagdfachhandel?«

»Eher im Reformhaus. Hast du trockene oder fettige Haut?« Sie befragte sie so, wie sie es von Meitl gelernt hatte, auch wenn sie ihr Hautbild sah und es selbst beurteilen könnte. Aber sie war keine Ärztin, sondern entschied erst, wenn die Diagnose gestellt war.

»Sehr trocken, manchmal schuppt meine Haut wie die vom Hacker, und ich kann gar nicht aufhören zu kratzen. Deswegen finde ich deine Creme auch so super.« Jasmin roch noch mal an ihren Händen.

»Verstehe. Am besten löst du morgens und abends eine Handvoll Weizenkleie und geschroteten Leinsamen zusammen mit dreißig Tropfen Kamillentinktur in einer Schüssel mit lauwarmem Wasser auf, reibst dir damit das Gesicht ein und lässt es ein paar Minuten einwirken, bevor du es wieder abwäschst.«

»Ein paar Minuten! Weißt du, was morgens bei uns los ist, wenn ich zu lange im Bad brauche? Mein Bruder tritt die Tür ein.« Jasmin blieb stehen. »Hey, was soll das? Welcher Idiot hat das denn gemacht?« Sie waren in der Aula auf der Höhe des Schwarzen Bretts angelangt, an dem ein riesiges Papier klebte, das alle anderen Informationen verdeckte. »Ist neuerdings etwa das Aushängen verboten? Wie soll ich denn jetzt Minkis Junge loswerden?« In großen Streifen riss sie das weiße Papier herunter, bis ihr Zettel zwischen den vielen anderen wieder sichtbar wurde:

Drei allersüßeste getigerte Halbangorakätzchen zu verschenken.

»Warte.« Eva fiel der kleine Schriftzug ins Auge, der in der Mitte des ansonsten unbedruckten Plakats gestanden hatte. Mit der abgerissenen Hälfte, die bereits auf dem Boden lag, setzte sie ihn wieder zusammen. Das war doch das Manifest von Udo und Milo. Sie hatte geglaubt, es ginge um etwas Politisches oder Künstlerisches, keine Angst vor der weißen Leinwand oder einen Aufruf zur nächsten Anti-Atom-Kundgebung, aber es war eine Einladung zu einer Faschingsfeier für morgen, Samstag, an dem zugleich ihr zweiundzwanzigster Geburtstag war. Wie in Studentenkreisen üblich, hatten sie offenbar auch gegen das Diktat der Rechtschreibung Widerstand geleistet und gänzlich auf Großbuchstaben verzichtet:

zwangloser maskenzwang:
komm als du selbst
oder für was du dich hältst
bring was zu mampfen mit
oder den neuesten hit
für gesöff sorgen wir
von der kaulbachstraße vier

Also diese Party hatten sie vorhin gemeint und sie sogar persönlich eingeladen. Udo und Milo wohnten anscheinend in Maxvorstadt. Die Kaulbachstraße verlief zwischen Leopoldstraße und Englischem Garten und verband Maxvorstadt mit Schwabing. In den Pausen streifte Eva manchmal vom Odeonsplatz in das Künstlerviertel mit seinen besonderen Villen bis zur Kunstakademie. Dabei hielt sie nach den Nordfenstern in den Dachgeschossen Ausschau, hinter denen sie Ateliers vermutete. Meistens landete sie auf der Suche nach alten Pflanzen- oder Medizinbüchern in einem der Antiquariate, die es dort neben vielen Buchhandlungen und Buchbindereien gab. Richtig fündig war sie noch nicht geworden. So ein Buch, wie es ihr vorschwebte, gab es vielleicht auch gar nicht in Wirklichkeit. Jedenfalls hatte sie es bisher noch nicht entdeckt. Dennoch liebte Eva es, in alten Bildbänden mit farbigen Illustrationen zu blättern, sich den unvergleichlichen Duft einzuprägen, der in gebrauchten Büchern so manches Schicksal konserviert hatte. Oft kaufte sie einen Roman oder ein Fotobuch nur wegen eines besonderen Lesezeichens oder der Zeitungsausschnitte, die der Vorbesitzer zwischen den Seiten hinterlegt hatte, und entblätterte über den Buchinhalt hinaus noch ein weiteres Leben – das des Vorbesitzers. In Schwabing hatte es früher legendäre Künstler- und Studentenfeste gegeben, wie es in einem Stadtführer hieß. Auch die Studentenproteste 1962 waren von dort ausgegangen und hatten sich danach deutschlandweit verbreitet. Rebellion! Wo Künstler waren, war etwas los. Und vor allem würde sie Milo und Udo wiederbegegnen. »Wollen wir zusammen zu der Party gehen?« Sie deutete mit dem Kinn auf die Papierstücke, die sie noch immer aneinanderhielt und die für sie jetzt so etwas wie eine persönliche Einladung waren.

»Morgen Abend?« Jasmin schaute kurz drauf. »Ich weiß nicht. Das ist bestimmt wieder so eine Ratschfete, auf der nur über Weltpolitik diskutiert und kaum getanzt wird. Oder es geht erst nach Mitternacht los, wenn alle ordentlich zugedröhnt sind.« Sie wusste nicht, dass Eva Geburtstag hatte – so gut wie niemand wusste das. »Außerdem muss ich packen. Wir fahren Sonntagfrüh für sechs Wochen in die Toskana.«

»Sechs Wochen? Lernst du gar nicht?« Gleich nach den Semesterferien im März standen Klausuren an, auf die sich Eva, neben ihrem Job in der Apotheke und allem anderen, was ihre Eltern ihr zu Hause aufdrückten, gründlich vorbereiten wollte. Zudem wartete im Sommer das erste Staatsexamen auf sie. Dafür musste sie sich noch anmelden und ihre Geburtsurkunde vorlegen, das durfte sie nicht vergessen. Es gab viel zu tun.

»Komm doch mit nach Italien«, schlug Jasmin vor. »Meine

Eltern hätten bestimmt nichts dagegen. Wir beide, das wär's! Wir könnten ein bisschen rumfahren, ich krieg bestimmt das Auto. Meinetwegen auch zusammen lernen, wenn du unbedingt willst«, ergänzte sie, als Eva auf all die Vorschläge nicht reagierte. »Siena, Arezzo, Florenz. Warst du schon mal dort?«

Eva verneinte, die Toskana kannte sie bloß aus Beschreibungen, insbesondere aus der Biographie über Leonardo da Vinci, der neben so vielem anderen auch Botaniker gewesen war. Ihre Familie machte nie Urlaub, höchstens, wenn sie Verwandte in Norddeutschland besuchten, aber das war meistens eher anstrengend als entspannend oder inspirierend. Dabei wohnten sie so nah an den Alpen, und bis nach Italien war es kaum mehr als ein Katzensprung.

»Allein die italienischen Gassen, wie es da überall riecht, das wäre doch was für dich. Und im März ist es dort schon viel wärmer als hier, da blüht alles.«

»Ich wusste gar nicht, dass du so naturverbunden bist.«

Jasmin grinste. »Meine Eltern haben mir nicht umsonst diesen Namen gegeben. Aber du hast recht, ich fand Pflanzen bis zum Abi, ehrlich gesagt, stinklangweilig. Bei mir im Zimmer ist sogar der Kaktus vertrocknet. Aber als ich bei einem Praktikum ein Blatt von einer Linde unterm Mikroskop gesehen habe, da hat's mich gepackt. Sonst hätte ich vielleicht gar nicht mit Pharmazie angefangen. Du weißt echt nicht viel von mir und ich nicht von dir, aber das könnten wir ändern.«

»Ich überleg's mir und sag dir Bescheid.« Nach zwei Jahren, die sie zusammen studierten, war es das erste Mal, dass sich Jasmin, abgesehen von gemeinsamen Nachmittagen in der Bibliothek, wo sie nebeneinander lernten, außerhalb der

Uni mit ihr treffen wollte. Eva lag es auf der Zunge, sie zu fragen, ob sie zu ihrem Geburtstag käme, dann könnten sie, wenn sie nicht zu der Party gingen, alles besprechen und für die Reise planen. Andererseits würde sich Jasmin bestimmt wundern, warum sie sie nicht früher eingeladen hatte, und würde wissen wollen, wer sonst noch käme. Aber Eva feierte nicht, jedenfalls nicht mit Freunden. Ihre Oma würde einen Kuchen backen, und wenn nicht gerade wieder ein Streit in der Luft läge, würden ihre Eltern sie mit einem Ausflug überraschen und mit ihr irgendwo abends essen gehen. Vorausgesetzt, es war noch ein Restaurantgutschein im Rabattheft übrig. »Wir telefonieren, ja? Jetzt muss ich rennen, damit ich den Garmischer Zug erwische.«

»Ich muss noch zum Kieferorthopäden.« Jasmin verzog das Gesicht.

»Ist es heute so weit?«

»Leider.« Jasmin nickte. Nach mehreren gescheiterten Versuchen mit herausnehmbaren Zahnklammern bekam sie heute eine festinstallierte Spange, um die Schiefstellung ihrer Schneidezähne zu beheben.

»Dann viel Glück!« Eva verabschiedete sich, stopfte die Zettel samt Kittel und Kolben in den Rucksack und zog wieder ihre Wintersachen an. Es regnete, als sie loslief, und obwohl es erst kurz nach drei war, hatte sich der Himmel verdunkelt. Graupelschauer fiel, als sie den Bahnhof erreichte. Was hatte sich nur von gestern auf heute an ihr oder mit ihr verändert, fragte sie sich auf der Heimfahrt nach Murnau. Auf einmal hatte sie das Gefühl, eine richtige Freundin zu haben und vielleicht noch mehr. Der Schnellzug war voll besetzt. Sie schob sich an tropfenden Regenschirmen und Pfützen vorbei durch die Gänge. Nach einigem Suchen fand sie einen freien Platz im letzten Waggon. Sie hob einen Stapel Zeitungen vom Sitz, wollte ihn in das Gepäckfach über dem Fenster legen, als ihr einfiel, dass sie noch etwas Kniffliges für ihren Vater brauchte und vielleicht auf einer der Seiten fündig werden könnte. Sie quetschte ihre Füße zwischen die vollen Einkaufstaschen der Mitreisenden ihr gegenüber. Lauch ragte heraus, aber auch eine Papiertüte mit Gebäck verströmte ihren Duft. Evas Magen knurrte, sie freute sich aufs Abendessen. Was für ein Tag, dachte sie, und starrte hinaus in die vorbeiziehende Landschaft. Bald tauchte der Starnberger See in seiner dunkelblauen Pracht auf. Evas eigene Umrisse spiegelten sich im Fenster. Sie lächelte sich an und fand sich schön. Sie, die bisher wahrscheinlich nicht mal bemerkt worden war, fiel plötzlich anderen auf. Woher wusste der Professor, dass sie eine Nase war, wie man Parfümeure insbesondere in Frankreich, dem Land der Düfte, nannte?

Die Reise in die Toskana, aber besonders auch die Party klang verlockend und nach Abenteuer. Sollte sie mit zwei völlig Unbekannten feiern oder lieber mit Jasmin in Urlaub fahren und eine Freundin fürs Leben gewinnen? Maskenzwang. Wenn ja, als was sollte sie sich verkleiden, wie zog man sich als sich selbst an? Andererseits vermutete sie, dass Jasmins Einladung nicht beinhaltete, dass sie kostenlos in der Ferienunterkunft wohnte und aß. Sollte Eva ihre Eltern um Unterstützung bitten? Sie stöhnten sowieso schon bei jeder Extraausgabe fürs Studium, die sie verlangte. Wenigstens durfte sie das, was sie in der Apotheke verdiente, sparen oder für sich selbst ausgeben, und manchmal steckte ihr Oma Betzi etwas zu. Aber für so lange Zeit in Italien würde selbst das nicht reichen.

Die Frau gegenüber stand auf, wollte anscheinend aussteigen, machte jedoch keine Anstalten, an Eva vorbeizugehen. »Wie lange, Fräulein, haben Sie noch vor, auf meinem Gemüse herumzutrampeln?« Ihr üppiger Busen strapazierte den obersten Knopf des Lodenmantels, als sie sich zu ihr herabbeugte.

»Oh, Verzeihung.« Eva hatte nicht gemerkt, dass sie auf einem Henkel der Plastiktasche stand, und hob die Schuhe. Die Frau schüttelte den Kopf, murmelte etwas über die verzogene Jugend von heute und bugsierte sich beim Halt in Tutzing voll bepackt hinaus. Den Rest der Fahrt konnte Eva ihre Beine ausstrecken. Sie blätterte den *Merkur*, die *Süddeutsche* und sogar die *Frankfurter Allgemeine* durch und dachte sich ein Rätsel aus.

Kaum war sie zu Hause angekommen, wurde sie wie üblich von ihrer Familie in Beschlag genommen. Freitagnachmittags herrschte Hochbetrieb im Friseursalon Klein, den ihre Familie seit mehr als fünfzig Jahren in Murnau betrieb. Er lag im Zentrum am Obermarkt mit direktem Blick in die Alpen und befand sich in einem der bunt verzierten Häuser im Biedermeierstil. Die malerische Kulisse des Ortes zog viele Touristen auf dem Weg zum Skifahren an. Kaum war sie durch die Tür getreten, tauchte Eva in eine Vielzahl von Gerüchen ein, die ihr von Kind an vertraut waren. Haarspray, Rasierschaum, Dauerwellenlotion, Shampoo, vermischt mit den Ausdünstungen der Kunden, und dann noch der unverwechselbare Familiengeruch der Kleins, der über allem schwebte.

»Ach, Eva, da bist du ja endlich. Hast du an mein Herzmittel gedacht?« Ihre Mutter stand am Empfangstresen und legte das Buch für die Terminvergabe zurück in die Schublade. Eva setzte den Rucksack ab und zog die Schnur auf, zögerte jedoch kurz, als sie das Glas mit den Tabletten ertastete.

»Nun gib schon her.« Mit den künstlichen Nägeln, die heute orange leuchteten, griff ihre Mutter zwischen ihre Sachen. Pfeffer, Mandel, Mandarine, Bergamotte, die würzig-blumige Zusammensetzung ihres Parfüms, das sie seit Jahren benutzte, stieg Eva in die Nase. Zusammen mit der Wirkung auf ihrer Haut erzeugte es den Mamaduft, der Eva je nach ihrer Laune Halt gab oder sie von ihr entfernte. Meistens war ihre Mutter das Gegenteil von *Nonchalance*, wie das Eau de Toilette hieß. Obwohl Cordula Klein selten glücklich wirkte, gab sie ihr Bestes als Friseurgattin, musste sich dafür aber dem Regiment ihres Mannes und vor allem ihrer Schwiegermutter unterordnen. Gerade viele jüngere Kundinnen schätzten ihre Art der Verwöhnung, wobei sie über sich selbst hinwegsah und sich selbst kaum etwas gönnte. Gesundheitlich war ihre Mutter ein Wrack. Eine Krankheit jagte die nächste. Sie lechzte nach dem Herzmedikament wie ein Verhungernder nach einem Stück Brot. Kaum hatte sie den Deckel des Glases aufgeschraubt, schob sie sich zwei Tabletten in den Mund und schluckte sie trocken hinunter. Sie klopfte sich auf die Brust, als würden die Pillen so an die richtige Stelle fallen. Augenblicklich schien die Wirkung einzusetzen, ihre Mutter strich sich eine blondierte, hochtoupierte Strähne aus der Stirn und atmete auf. »Puh, das war höchste Eisenbahn, mir war schon den ganzen Tag schwummrig, und die Schmerzen waren kaum auszuhalten. Was täte ich nur ohne dich. Danke, mein Kind.« Sie drehte das Glas in der Hand, wie um nach dem Preis zu sehen. »Was kosten die? Hast du einen Mitarbeiterrabatt gekriegt?«

»Das machen wir nachher«, erwiderte Eva knapp. Auch wenn sie soeben Zeugin einer Art Wunderheilung geworden war, nagte das schlechte Gewissen an ihr. Es war zwar erwiesen, dass Traubenzucker bei Kreislaufproblemen und Unterzuckerung half, aber ihre Mutter glaubte, dass sie ihr ein echtes Herzmittel mitgebracht hatte, womöglich sogar Nitroglycerin. Und zwar vom Apotheker Meitl in seinem Hinterzimmer auf traditionelle Weise mit Mörser und Stößel hergestellt – als ob das bei so einer explosiven Mischung ginge. Sie hatte ständig etwas, mal waren es rote Flecken am Hals, die sich in Ekzeme verwandelten und auf schlimmere innere Verletzungen oder eine unheilbare Krankheit hindeuteten. Dann bekam sie irgendeine Allergie, und die gesamte Familie änderte aus Rücksichtnahme den Speiseplan, bis ein neues Leiden das alte ablöste. Seit einiger Zeit machte ihr das Herz zu schaffen, doch weder die Ärzte, die ihre Mutter in regelmäßigen Abständen konsultierte, noch die Heilpraktiker, die sie im gesamten Landkreis aufstöberte, konnten etwas finden oder ihr zumindest eine zufriedenstellende Diagnose anbieten. Aus medizinischer Sicht war Cordula Klein auch mit vierundvierzig immer noch topfit. Aber wehe, einer in der Familie nahm ihre Leiden nicht ernst. Zuletzt hatte sie Eva gebeten, Meitl zu fragen, ob er nicht ein Mittel für sie wüsste. Einerseits ehrten sie dieses Zutrauen und diese Anerkennung ihres Berufswunsches, denn ihre Eltern und auch Oma Betzi hätten es lieber gesehen, sie würde eine Friseurlehre machen, um eines Tages den Salon in der vierten Generation weiterzuführen, andererseits wusste sie nicht, wie sie dem Apotheker dieses Anliegen vortragen sollte. Ohne Rezept konnte er nicht einfach ein Herzmittel herstellen oder herausgeben. Also hatte sich Eva mit Traubenzuckertabletten beholfen, die sie mit einem gedruckten Etikett versah. Das Etikettieren war nämlich auch Teil ihrer Arbeit. Hoffentlich rief ihre Mutter Meitl nie an und bedankte sich persönlich, dann flöge sie auf.

Eine neue Kundin drängte in den Salon. »Grüß Gott, Frau Bingerl. Waschen, schneiden, legen, wie immer? Nur hereinspaziert.« Ihre Mutter ließ Eva stehen und führte die Dame zu einem freien Platz, wo sie ihr aus Pelzmantel und Fuchsschwanzhut half. Im Friseursalon Klein waren die Abteilungen wie in der Kirche getrennt. Rechts die Männer und links die Frauen – mit der Besonderheit, dass man sich in den Spiegeln an den Wänden gegenseitig beobachten konnte. Abgesehen davon, dass durch dieses Spiegeln im Spiegel der Klein'sche Salon unendlich wirkte wie in einem Kabinett des Oktoberfestes, hatte es hier schon so manches Mal über den ersten Blickkontakt gefunkt. Die Hochzeitsfotos, die an der Wand neben der Garderobe klebten, an die ihre Mutter nun die toten Tiere der Kundin hängte, zeugten davon. Eva musterte sich kurz im erstbesten Spiegel. Äußerlich sah sie unverändert aus. Was hatte sie erwartet? Dass sie sich verwandelt hatte, nur weil sie einmal aus der Masse herausgestochen war? Da waren immer noch die widerspenstigen dunkelbraunen Locken, die sie mit zwei Spangen aus dem Gesicht hielt. Dazu die viel zu kleinen Augen und der zu kleine Mund im Verhältnis zu ihrer großen Nase – als ob sie überhaupt erst der Grund für ihre Gabe war.

»Hallo, Papa.« Ihr Blick traf auf den ihres Vaters, der gegenüber einen Herrn bediente. Ungewöhnlich für einen Friseurmeister, fiel Ludwig Klein nicht nur wegen seiner Größe, sondern auch wegen seiner Glatze auf. In der Pubertät, als all seinen Freunden Haare am Körper wuchsen, verlor er die am Kopf, auch die Wimpern und Augenbrauen, aus bisher ungeklärten Gründen. Früher war Eva das Aussehen ihres Vaters peinlich gewesen. Wenn sie jemanden von der Schule mit nach Hause brachte, fühlte sie sich einer Erklärung schuldig, bis sie festgestellt hatte, dass es sowieso jeder in ihrem Umfeld wusste. Immer wenn sie als Jugendliche beim Bürsten Haare verlor, bekam sie Angst, dass auch sie diese seltsame Krankheit geerbt hatte. Doch der Arzt und auch ihre Eltern versicherten ihr, dass das nicht der Fall war. Zu besonderen Anlässen oder bei eisigen Temperaturen trug ihr Vater Perücken in verschiedenen Formen und Farben, so wie andere Leute einen Hut, aber bei der Arbeit zierte seinen glatten Kopf meistens nur die goldene Sportbrille mit den getönten Gläsern und dem doppelten Nasensteg. Ludwig, auch genannt Lucki, schien unter seinem Makel nicht zu leiden, jedenfalls kam es Eva so vor, und ihre Mutter hatte ihn schon ohne Haare kennengelernt. Es gäbe sonst keinen, der so wandlungsfähig sei, betonte er stets.

»Grüß dich, mein Schatz.« Mit Schere und Kamm in der Hand drückte er Eva einen Kuss auf die Wange. Lavendel und Tabak von der Raucherei – wie immer registrierte sie seinen Geruch. »Na, wieder mal Mamas Leben gerettet?«, flüsterte er ihr ins Ohr.

»Mehr oder weniger.« Eva wusste, dass er es wusste, auch wenn keiner offen aussprach, was ihrer Mutter wirklich fehlte beziehungsweise nicht fehlte.

»Wie war's in der Uni?« Er machte mit dem Haarschnitt weiter, bewegte die Schere so rasend schnell, dass seine Finger am Hinterkopf des Kunden fast verschwommen wirkten.

»Ganz gut. Ich hab ein Neues, willst du's hören?« Sie trat näher an ihn heran und sagte das Rätsel auf. »Nach einer Sauftour kehrt ein Mann heim, findet ein Fünfmarkstück auf dem Gehsteig und hebt es auf. Obwohl der Mond nicht zu sehen ist und keine der Straßenlaternen ringsum brennt, hat er es schon von weitem entdeckt. Wie ist das möglich?«

»Knifflig.« Ihr Vater lugte über den Brillenrand auf sie hinunter und zog die Haut über den Augen hoch, an der Stelle, wo bei anderen die Brauen saßen. Der Denksport mit Knobelaufgaben war ihre gemeinsame Leidenschaft, die nur sie beide teilten.

»Hatte er eine Taschenlampe dabei?«, mischte sich der Kunde, Herr Weber, ein – Zimmerermeister und Kommandant der Freiwilligen Feuerwehr. Eva verneinte, als ginge es bei dem Rätsel um eine Tatsache.

»Ich denk drüber nach«, sagte ihr Vater. »Gib mir etwas Zeit.« Das war's. Besonders angestrengt hatte er sich nicht, normalerweise war er, egal, was er zu tun hatte, schneller. Dabei lag die Lösung auf der Hand. »Bevor ich's vergesse, Eva, das Schuppentonikum ist aus. Kannst du heute noch ein neues ansetzen, damit wir am Dienstag wieder welches haben?« Sie nickte, wollte gleich loslegen, da trat Oma Betzi hinter einer Trockenhaube vor und breitete die Arme aus. Mit ihrer Größe von einem Meter dreiundfünfzig war sie leicht zu übersehen.

»Wickerl, jetzt lass das Engelchen doch erst mal heimkommen und ausruhen nach der anstrengenden Woche voll Studiererei. Dieses München hat bis jetzt noch jeden fertiggemacht.« Trotz ihrer siebenundsiebzig Jahre mischte Oma Betzi noch im Salon mit, und zwar wortwörtlich. Sie rührte die Tönungen und Dauerwellenlotionen an. Die Farb' von der Klein Betzi hält am längsten, hieß es im Ort, und viele kamen extra von weit her, um sich nur von ihr persönlich ondulieren zu lassen. Selbst wenn etwas danebenging und Oma sich die Hände verätzte, zog sie keine Gummihandschuhe an. Die hatte es früher auch nicht gegeben, und damals hätten sie sogar noch mehr mit Bleiche gearbeitet. Nur auf der blanken Haut, behauptete sie, könnte sie spüren, wann die Mischung stimmte. Und von wegen Chemie – alles, was es auf der Welt gab, war Natur und von der Menschheit, der Krone der Schöpfung, beherrschbar, davon war sie, allein schon wegen ihres katholischen Glaubens, überzeugt.

»Was ist mit der Atombombe und dem Plastikmüll, dem Kunstdünger und der ganzen Umweltverschmutzung?«, hatte Eva sie mal gefragt. Damit provozierte sie auch ihre Mutter, die sowieso dachte, sie ginge eines Tages auf die Barrikaden, was immer das auch bedeuten sollte.

»Aus Staub sind wir gemacht, und zu Staub werden wir«, hatte ihre Oma erwidert.

»Da hilft nur ein Staubsauger«, hatte ihr Vater eingeworfen und damit die Diskussion abgerundet. Auch wenn Eva bei vielem nicht mit ihrer Oma übereinstimmte, liebte sie Betzi sehr und verzieh ihr die verbohrten Ansichten. Hauptsache, sie redeten. In vielen Familien, so hatte sie mitbekommen, war das nicht der Fall. Jetzt beugte sich Eva vor und begrüßte ihre kleine, mollige Oma. Trotz des ätzenden Geruchs vom Dauerwellenmittel, der sie umhüllte, roch Eva Veilchen, so als ob die Blümchen auf ihrer Kittelschürze lebendig wären. Das lag an den Guttis, die sie in der Tasche hatte und den ganzen Tag über lutschte. Ihre Dritten störte so viel Zucker ja nicht. »Sag mal, hast du genug gegessen?«

Das war Betzis Hauptsorge, ohne einen Stapel Butterbrote durfte sie das Haus morgens nicht verlassen. Eva frühstückte nämlich nie. Gleich nach dem Aufstehen fiel es ihr schwer, sich für etwas zu entscheiden, die Auswahl und die Vielzahl an Gerüchen waren einfach zu groß und die Zeit zu knapp. »Ich mach noch Windbeutel für die Feier am Sonntag, falls welche aus deiner Klasse kommen.« Vergeblich hatte Eva ihrer Oma schon oft erklärt, dass es in der Uni so etwas wie Klassen nicht mehr gab.

»Wir sind unter uns«, sagte sie.

Oma hielt sie mit ihren bunt verfärbten Fingerkuppen ein wenig von sich weg und sah zu ihr auf. »Dann lade doch wenigstens ein paar Freunde von früher ein.«

»Und an wen denkst du da speziell?«

»Na, den Lederer Robert zum Beispiel.« Das war der Sohn aus dem Blumenladen gegenüber. »Ein schneidiger junger Mann ist der und so fleißig.« Schneidig, dieses Wort aus dem Mund einer Friseurin war ein echtes Kompliment. »Ich weiß noch, wie du mit ihm Hochzeit gespielt hast.«

»Das hättest du wohl gern, und für üppigen Blumenschmuck in der Kirche wäre durch die Lederers auch schon gesorgt.« Eva lachte. »Mit dem Robbi hab ich seit der Grundschule nichts mehr zu tun gehabt, ich weiß gar nicht, was der heute macht.«

»Ich schon, seine Mutter war neulich zum Auffrischen hier und dabei ...«

»Oma, bitte, du musst mich nicht verkuppeln.«

Betzi drückte ihre Brille, die ihre Augen stark vergrößerte, fester auf die Nase und wackelte mit dem Kopf, dass ihre langgezogenen Ohrläppchen durch die schweren Hänger wie Kirchenglocken schwangen. »Ich will doch nur, dass du was erlebst. In deinem Alter bin ich jedes Wochenende tanzen gegangen.«

»Du warst doch schon mit achtzehn verheiratet und hast mit neunzehn Papa gekriegt.«

»Na, siehst du, dann wird's Zeit. Bloß studieren oder mit uns alten Leuten deinen Geburtstag feiern, das ist doch nichts.«

»Betzi, mir pressiert's, und mein Haar ist schon fast trocken.« Eine Kundin drängte.

Oma drehte sich um. »Sofort, Gusti.« Eva kannte auch diese Kundin, es war die Leiterin der Murnauer Bücherei. Mit der Leseausweisnummer zweiunddreißig war sie eine der ersten Nutzerinnen, gleich als die Bücherei in ihrer Grundschulzeit eröffnet wurde. Da die Kinderbuchabteilung aus kaum mehr als ein paar Regalfächern bestand, durch die sie sich bald komplett durchgelesen hatte, durfte sie mit Ausnahmegenehmigung der Leitung auch alles andere ausleihen.

»Überfordern gibt's beim Lesen nicht, nur Langeweile, und die schaffen wir mit hoffentlich guten Büchern ab«, war Frau Hebeisens Meinung.

»Du, ich muss weitermachen, die Gusti hat gleich ein Rendezvous, und ich will nicht schuld sein, falls es mit ihrer neuen Flamme nichts wird.« Oma zwinkerte und schnappte sich eine Sprühflasche. »Wir besprechen nachher alles Weitere – *haarklein.*«

»Wie auch sonst? Sag mal, nur noch kurz, hast du alle Faschingssachen aufgehoben, also auch die von euch früher?« Betzi liebte Verkleiden. Egal, was Eva sich als Kind für ein Kostüm wünschte, sie hatte es ihr, manchmal bis spät in die Nacht, genäht.

»Alles nicht, aber das meiste liegt noch auf dem Speicher, in der alten Reisetruhe deines Urgroßvaters.« Ignaz Klein, so wurde es ihr erzählt, hatte sich von Frankreich bis nach Amerika als Friseur durchgeschlagen und war dann irgendwann wieder in die Heimat zurückgekehrt, um die bayerische Haarkunst, die hauptsächlich aus Flechtfrisuren bestand, mit seinen internationalen Erkenntnissen zu revolutionieren. Ein Bubikopf für die Frau war Anfang des zwanzigsten Jahrhunderts neumodischer Schnickschnack, den nur die wenigsten wagten. Erst in den 1920er Jahren setzte er sich in der Großstadt und schließlich auch auf dem Land durch. Von ihren Kinderkostümen würde Eva keins mehr passen, aber vielleicht fand sie etwas Originelles zwischen den alten Gewändern, das sie für die Party verwenden konnte.

»Beetz-iii?« Frau Hebeisen rollte mit ihrem Stuhl aus der Reihe und drängelte erneut.

»Jaja, bin schon bei dir.« Eva blickte ihrer Oma hinterher, wie sie geschickt in ihren vorne von gekreuzten Riemchen gehaltenen und hinten offenen Absatzpantoffeln wie eine Diva à la Sophia Loren zurückstakste. Dort feuchtete sie das papieren wirkende Büchereileiterinnenhaar noch mal an, um es dann auf Wickler zu drehen. Dass Oma bei ihrer Statur ihren Vater, der heute eins neunzig war, zur Welt gebracht hatte, war ein Phänomen, das nicht nur ihr Rätsel aufgab. Damals, 1919, hätte er noch in einen Maßkrug gepasst, hatte Betzi erklärt, als sie sie nach der Geburt gefragt hatte.

»Eva? Schön, dich zu sehen.« Frau Hebeisen winkte sie zu sich. »Ich darf doch noch du sagen, oder?« Sie wartete die Antwort nicht ab, sondern redete weiter. »Du warst schon lange nicht mehr bei mir.« Sie meinte wohl die Bücherei, bei ihr zu Hause war Eva noch nie gewesen. »Dabei haben wir jetzt auch Bestseller, Heinrich Böll, Christa Wolf, aber auch Alice Schwarzer, *Der kleine Unterschied*. Vielleicht interessiert dich das?« Eva lächelte aus Höflichkeit. Sie fand es müßig, ihr zu erklären, dass sie als Studentin Zugang zu weitaus größeren Bibliotheken hatte. Das Schwarzer-Buch hatte sie sich gleich im letzten Jahr, als es erschienen war, gekauft und längst gelesen.

»Soso, ich verstehe, mit der Hauptstadt lässt sich natürlich nicht konkurrieren.« Sie lächelte unter den quadratischen Brillengläsern, die wie zwei rosa getönte Fenster wirkten. »Du bist sicher sehr dankbar für alles, oder, Eva?« Dankbar wofür, was meinte sie? Dass sie als Kind von einfachen Leuten studieren durfte? Das war ein harter Kampf gewesen und hatte sie eine Menge Überzeugungskraft gekostet.

Doch Oma ließ ihr keine Zeit nachzuhaken. »Mei, unser Engelchen ist aber auch fleißig, sie schleppt sich an den Büchern noch den Rücken krumm.«

»So soll's auch sein. Sag, Eva, eine andere Frage, hättest du geschwind Zeit, mir eine Gesichtsmaske aufzulegen? Die letzte neulich hat meine sensible Haut so beruhigt. Ich bin gleich auf einem Konzert und krieg doch immer diese roten Flecken, wenn ich nervös bin.« Das klang, als hätte sie selbst einen Auftritt.

»Aber Gusti, wir schließen in zwanzig Minuten«, lenkte Oma ein, »und das Engelchen ist müde.«

»Passt schon, Oma. Ein Peeling für Frau Hebeisen, selbstverständlich.« Nach diesem Tag war so etwas für Eva ein Klacks. Sie stieg über ein Föhnkabel, umrundete einen Rollwagen voller Kämme, Bürsten und Scheren und wollte durch die Seitentür in die Wohnung verschwinden.

»Warte, Eva.« Ihr Vater hielt sie auf. »Ist es überhaupt Nacht?« Sie musste kurz überlegen, was er meinte. »Na, dein Rätsel«, half er ihr auf die Sprünge. »Der Heimkehrer hat das Geldstück von weitem gesehen, weil es hell war.«

»Richtig.« Sie grinste.

»Respekt.« Herr Weber nahm den Hut von der Ablage, drehte ihn auf dem Kopf, weil er ihm nun, nach dem Haarschnitt, etwas zu groß zu sein schien, und klopfte ihrem Vater auf die Schulter. »Auf die Lösung wäre ich nie gekommen.«

»Pfirti, Helmut.« Ihr Vater zwinkerte dem Kunden zu und geleitete ihn hinaus. »Moment. Willst du meins nicht hören?« Er kam zu Eva zurück.

»So schnell. Ich dachte, du musst dir erst was überlegen.«

»Voilà, ich hab schon eins vorbereitet.« Er fing an, die Haare, die in allen Schattierungen am Boden lagen, zusammenzukehren.

»Na dann, schieß los.« Eva verschränkte die Arme und lauschte gespannt.

Er stützte sich auf den Besen und sagte: »Du kannst es kaum erwarten, es endlich zu erwischen, und fieberst mit aller Macht darauf hin, aber dann, kaum dass du es kriegst, willst du es sofort wieder loswerden. Was machst du?«

»Vielleicht das Staatsexamen? Aber das schaffe ich hoffentlich, und außerdem will ich das dann auch behalten.«

»Falsch.« Er schüttelte den Kopf.

»Mmh, das ist ja fast noch kniffliger als meins. Ich kümmere mich um das Schuppentonikum und die Gesichtsmaske für Frau Hebeisen, und dann kriegst du die Antwort. Versprochen.«

»Lass dir ruhig Zeit.« Er grinste und begann wieder zu kehren.

Da Eva für das Schuppentonikum ohnehin auf den Speicher musste, wo sie die Brennnesseln trocknete, die zusammen mit einer Arnikatinktur die Grundlage des Haarwassers bildeten, würde sie rasch in der Reisetruhe nachschauen, entschied sie. Zuvor verrührte sie die Haferflocken für das Peeling mit etwas Milch zu einem Brei. Bis sie aufgequollen waren, wäre sie längst zurück. Sie klappte die Luke auf und zog die Leiter herunter. Oben angekommen, drehte sie das Licht an dem uralten Schalter an. Kälte schlug ihr entgegen. Nur der hintere Teil, wo das meiste der ausrangierten Sachen lagerte, war mit Glaswolle isoliert. Der Ausbau des Dachbodens war ein weiteres Projekt der Familie, das zusammen mit dem Urlaub ständig aufgeschoben wurde. Unter den Ziegeln in der vorderen Hälfte hingen Wäscheleinen, auf denen die Kräuter für die verschiedenen Essenzen hingen. Etwas flatterte auf. Erst glaubte sie, es wäre eine große Fledermaus, doch es war eine Taube. Wann hatte die sich hierher verirrt? Oder überwinterte sie hier und hatte sich die ganze Zeit über versteckt? Jedenfalls musste sie bereits länger da sein, denn das Speicherfenster im Giebel war seit Wochen geschlossen. Wovon ernährte sie sich? Brennnessel, Schafgarbe, Kamille und Pfefferminz wirkten unversehrt. Eva öffnete einen Fensterflügel, damit die Taube hinausfinden konnte, und suchte eine Weile in den vollgestopften Regalen und alten Schränken nach der Truhe ihres Urgroßvaters. Ein Hula-Hoop-Reifen rollte heraus. In der Schule hatten alle schnell den Dreh rausgehabt, wie das mit dem Hüftkreisen funktionierte, damit das Ding oben blieb. Nur Eva hatte nach stundenlangem Üben aufgegeben. Dafür fiel ihr jetzt die Lösung zum Rätsel ihres Vaters ein. Natürlich. Etwas, das man unbedingt erwischen will, aber das man, kaum dass man es hat, wieder loswerden möchte. Den Stab beim Staffellauf! Sie freute sich schon, ihm nachher die Lösung zu präsentieren. Unter der Dachschräge klemmte ein morscher Schaukelstuhl, auf dem geflochtenen Sitz stand ein Pappkarton. *Eva Spielzeug* stand in der Schreibschrift ihrer Mutter darauf. Vermutlich waren darin die Überreste ihres ersten Chemiebaukastens oder die Puppen, mit denen sie kaum gespielt hatte. Außer vielleicht mit der Puppe, die Marion hieß und die Schlafaugen und einen Stoffkörper besaß. Mit ihr hatte sie als Kind sogar geredet und für Marion dann mit verstellter Stimme gesprochen, damit sie ein richtiges Gespräch führen konnten. Sie zog die ineinandergesteckten Laschen des Kartons auf, um einen kurzen Blick hineinzuwerfen. Ein Mischmasch aus Aromen stieg ihr in die Nase und nahm sie gefangen, vielleicht waren es aber auch die Gefühle, die die Dinge in ihr auslösten, als sie sie wiedererkannte. Damals hatte sie ihre Sinne noch nicht voneinander getrennt, das hatte sie erst gelernt, als ihr aufgefallen war, dass sie eine sensiblere Nase als andere hatte. Riechen, schmecken, sehen, hören – ihre gesamte Wahrnehmung war früher noch eins gewesen. Zuoberst lag ein Bild mit einem großen Schmetterling, aufgeklebt aus Sonnenblumen-, Kürbis- und Maiskörnern, das sie in der Schule als Geschenk zum Muttertag gebastelt hatte. Sie legte es auf den Dielenboden neben sich. Als Nächstes kamen Kinderbücher mit zerfledderten Rücken zum Vorschein und ein Holzpuzzle mit einer Katze. Das Teil mit dem Schwanz hatte schon immer gefehlt, stattdessen hatte Eva ihn nach eigener Vorstellung in das leere Feld gemalt. Sie griff wieder in den Karton und zog jetzt einen kleinen Koffer heraus. Er war aus hellem Rattan und roch besonders intensiv. Schlagartig kam es ihr so vor, als befände sie sich in der alten Küche eines Heimatmuseums, in der noch ein Herd mit offenem Feuer und schlechtem Rauchfang benutzt wurde. Fett, Holzkohle und gerösteter Kaffee – aber darunter auch etwas Schwelendes von Kunststoff. Ebenso glaubte sie, einen Hauch von Ameisen- und Essigsäure wahrzunehmen, was Beklemmung und Übelkeit in ihr auslöste. Auf dem zugigen Speicher war ihr ohnehin kalt, aber nun lief ihr ein Schauer über den Rücken. Dabei war der Koffer unversehrt und wies keinerlei Brandspuren auf. Rasch schnupperte sie wieder an ihrer eigenen Haut, um sich zu beruhigen, dann hob sie den Koffer hoch, wollte ihn ins Licht halten und zuckte zusammen, als die Taube plötzlich hinter dem Schaukelstuhl auftauchte. Sie hüpfte auf das Körnerbild, störte sich offenbar nicht an Eva, die direkt danebensaß. Hatte der Koffer überhaupt ihr gehört? Sie erinnerte sich nicht mehr. Und selbst wenn, hatten ihre Eltern ihn verbrennen wollen, oder warum stank er so? Wahrscheinlich waren bloß Puppenkleider darin oder andere typische Mädchensachen, die sie ohnehin nie benutzt hatte. Die Taube legte ihren Kopf schief, gurrte und pickte mit dem Schnabel in das Muttertagsgeschenk. »Soll ich dir vielleicht etwas Besseres bringen als uralte Körner mit Uhu?« Aber dem Vogel schien es zu schmecken. Von unten hörte sie die Stimme ihrer Mutter und Türenknallen. Anscheinend hatte der Salon geschlossen, und alle Harmonie war fort. Eva stand auf, wollte alles wieder verstauen, den Pappkarton zuklappen und sich noch kurz um eine Verkleidung kümmern. Sie erwischte nur einen der knirschenden Rattangriffe, als sie den Koffer anhob, er kippte zur Seite, der Deckel schlug auf, und wie vermutet fiel Kleidung heraus. Eva fing sie mit der freien Hand auf. Die Sachen waren zu groß für eine Puppe, die passten eher einem Kleinkind. Das dunkelblaue Trägerkleid erkannte sie wieder, auch ihre ersten Schuhe. Es gab ein Foto, auf dem sie zwei Jahre alt war, soviel sie sich erinnerte. Die Schuhe hatten eine weiche hellbraune Ledersohle und waren eher etwas für Babys und nicht zum Laufen geeignet. Außerdem lag noch eine blaugraue Mappe in dem Koffer und darunter ein Buch mit einem bunt bestickten Einband, der an einen Garten erinnerte. Eva versuchte, den Brandgeruch auszublenden, und strich über das Garn. Es fühlte sich erhaben an, so plastisch. Sie schlug die Mappe auf und las in den Papieren. Der Schriftverkehr eines Heims für ledige Mütter im Austausch mit ihren Eltern. Dazwischen befand sich auch eine Geburtsurkunde, und ihr fiel wieder ein, dass sie ihre eigene noch für die Uni brauchte. Die hier war von einer gewissen Eva von Quast, die am 12. Februar 1954 geboren war, am selben Tag wie sie.

Anna

Wessobrunn, Frühjahr 1910

Die Beine baumelnd, das Notizbuch auf den Knien, hockte sie hoch oben in der Tassilolinde und zeichnete. Dabei behielt sie die Landstraße im Blick. Das tat sie jetzt seit Tagen. Bei Wind und Wetter, in jeder Pause, kletterte sie an einem der vielen Stämme der tausendjährigen Linde hinauf, setzte sich auf einen Ast und starrte zum Horizont, bis ihr die Augen brannten. Sie wollte die Lieferung nicht verpassen. Doch außer der Postkutsche oder einem Automobil, das sich zu ihnen verirrte oder auch von Vater herbestellt worden war, hatte sie bisher nichts Erwähnenswertes entdeckt. Anna widmete sich wieder den Lindenblüten, deren süßer Duft sie umhüllte. Die Luft war so klar, und der Himmel wölbte sich über ihr in zartem Blau. Der mächtige Baum, in dem sie saß, leuchtete in seinem Frühlingskleid, das helle Blattgrün wirkte wie von der Sonne durchtränkt. Eine Hummel schwirrte herauf und landete zwischen den Kelchblättern. Sie skizzierte auch sie, beugte sich vor, um das Tierchen näher zu betrachten. Der Ast gab nach, Anna verlor das Gleichgewicht, drohte hinunterzustürzen. Als sie in ein paar Zweigen Halt fand, fiel ihr der Bleistift aus der Hand und in die Tiefe. Verdammt! Sie hatte keinen zweiten dabei. Nun musste sie ihn wohl oder übel unten suchen, wenn er nicht schon vorher auf halber Strecke hängen geblieben war. Sie verstaute ihr Notizbuch in der Jagdtasche mit dem langen Schulterriemen, die sie ihrem Vater abgeluchst hatte, raffte den Rock des kostbaren Brokatkleides zusammen, in dem sie hier oben eigentlich nichts verloren hatte, schwang ein Bein über den Ast und wollte nach unten steigen. Da tauchte etwas in der Ferne auf, noch in eine Staubwolke gehüllt. Rasch setzte sie einen Fuß nach dem anderen in die immer dünner werdenden Verzweigungen und stieg höher, bis sie fast die Baumkrone erreichte. Anna glaubte, Hufgetrappel zu hören und auch das Knirschen von Rädern auf Schotter. Hoffentlich täuschte sie sich nicht wieder. Auf einmal sah sie die Pferde. Sie zogen einen schweren Wagen. Und noch ein zweiter tauchte aus dem Tal auf, gefolgt von einem dritten und einem vierten und weiteren. Ein ganzer Tross aus Fuhrwerken zuckelte den Wessobrunner Berg hinauf. Kein Zweifel, die Italiener rückten an! Nun aber schnell. Anna hangelte sich nach unten. Hinauf war es leichter gewesen als wieder hinab. Jetzt nur nicht danebentreten. Die Äste schaukelten unter ihrem Gewicht, und sie wippte mit, pendelte zwischen den Stämmen der Linde, schwang sich von einem zum anderen. Die letzten Meter rutschte sie hinab. Der Saum ihres Kleides scheuerte über die Rinde, verfing sich in den Zweigen und bremste sie kurz vor den Wurzeln ab. Sie riss sich los, sprang in das Bauminnere, ihr Lieblingsplatz zwischen den Stämmen, wo man sitzen konnte, ohne von außen bemerkt zu werden. Wie viele Stunden hatte Anna hier schon verbracht, selbst wenn es regnete, schützte das dichte Blätterdach. Doch jetzt hastete sie weiter. Eile war geboten. Durch die Öffnung in der ehemaligen Klostermauer den Hang hinauf. Am Garten vorbei und um die Treibhäuser herum. Keuchend erreichte sie das Hauptportal. »Papá, Papá!« Sie schwang sich um den geschnitzten Kiefernzapfen, der den Aufgang zum Geländer zierte, und nahm zwei Stufen auf einmal die Treppe hinauf. Erde, Steinchen und Blüten rieselten von ihrem Kleid und aus dem Unterrock auf den Samtteppich. Einiges hatte sich auch in der Schürze verfangen, die sie über dem kostbaren Stoff trug. Anna hätte sich besser umziehen sollen, bevor sie die Stecklinge der Usambaraveilchen eingepflanzt hatte. Zu spät, es gab Wichtigeres im Leben als Kleider. Existenzielles, wie ihr Vater immer sagte. Jedes Mal, wenn er seine Arbeit wegen ihr unterbrechen musste, fragte er, wie wichtig es war. Gemessen auf einer Skala von entbehrlich, kann warten bis existenziell. Nur dann würde er für eine Weile alles stehen und liegen lassen und sich ihr widmen. Knie aufschlagen und von ihm getröstet werden wollen, das war einmal. All das, was das körperliche und seelische Befinden betraf, hatte in ihren Vater-Tochter-Erörterungen wenig Platz und rutschte von Jahr zu Jahr weiter nach unten. In letzter Zeit wog sie jedes Mal vorher ab, mit was sie ihn, den im ganzen deutschen Kaiserreich bekannten Botaniker Christoph von Quast, überhaupt noch stören durfte. Zumal sie bald großjährig war, auch wenn das als Frau in der Gesellschaft nur hieß, Freiwild zu sein, um endlich unter die Haube zu kommen, und zwar in Kürze, bevor man verwelkte. Was bei Anna, als Tochter eines ehemaligen Pflanzenjägers, bestimmt für so manchen Witz im Kreis der Heiratskandidaten sorgte. Bis zu Mutters Tod hatte Papá sämtliche Kontinente bereist, um besondere Bäume, Blumen und Gräser zu entdecken und für Europa zu kultivieren. Eng an seiner Seite, half Anna ihm nun dabei, die Pflanzen zu vermehren und an die deutschen Königshäuser oder an private Gartenliebhaber zu verkaufen. Dennoch, ihre sächsische Großtante war besonders eifrig hinterher, Anna standesgemäß oder zumindest wohlsituiert zu verheiraten, und schickte ihr regelmäßig Aspiranten zur Inspektion. Bisher jedoch hatte sie alle erfolgreich abgelehnt. Mit dem Risiko, dass die von Quasts ausstarben. Sei's drum. Wo steckte ihr Vater bloß?

»Papá?« Im Obergeschoss angekommen, rief sie noch mal nach ihm.

Prompt eilte ihr Frau Rufus entgegen. »Fräulein von Quast, was ist Ihnen denn passiert? Sind Sie gestürzt? Sie haben ja …«

»Nichts weiter. Ich habe gearbeitet.«

Auch nach so langer Zeit verzog die Gouvernante das Gesicht, als ob Anna Arbeit nicht zustünde, musterte erst ihr Kleid, das ziemlich verschmutzt und vielleicht auch zerrissen war, und zupfte Lindenblüten und ein paar der herzförmigen Blätter aus Annas Flechtfrisur, die sich zu einem losen Zopf, der ihr bis zur Hüfte fiel, aufgelöst hatte. Seit Mutters Tod vor zehn Jahren versuchte sich Dorothea Rufus als Erzieherin an ihr, vielmehr als Muttterersatz – als ob das möglich war. Sie achtete darauf, dass sie sich angemessen kleidete, ordentlich frisiert war und sich auch dementsprechend benahm. Mit grenzenloser Geduld, wofür Anna sie insgeheim bewunderte. Mittlerweile überragte sie die Gouvernante um einen Kopf, trotzdem würde diese vor ihrer Großjährigkeit nicht aufgeben, sie standesgemäß zu erziehen. Quälend lange zwei Monate dauerte es noch, bis Anna einundzwanzig werden würde. Erst am vierundzwanzigsten August war es so weit, und dann durfte sie über sich selbst bestimmen. So hoffte sie es jedenfalls, auch wenn sie sich noch nicht genau vorstellen konnte, was das bedeutete. Eine Mischung aus Aufregung und Furcht befiel sie, wenn sie an ihren Geburtstag dachte. Anna drückte sich an Frau Rufus vorbei, um Vaters Bureau zu erreichen. Ohne anzuklopfen, trat sie ein. Sein Zimmer war leer. Enttäuscht wandte sie sich um.

Die Gouvernante war ihr gefolgt, stand dicht hinter ihr und zupfte wieder an ihr herum. »Ihr Herr Vater hat mich gebeten, Ihnen auszurichten, dass Sie zum Kaffee im Pavillon erscheinen sollen. Der Besuch sei bereits eingetroffen.«

Den hatte sie ganz vergessen. Er war doch der Grund für den ganzen Kleiderzirkus. Nahm das nie ein Ende? In letzter Zeit häuften sich diese Aufwartungen. Letztes Wochenende hatte ein Bankier namens Gruber vorgesprochen, den Anna erst für einen von Vaters Geschäftsfreunden gehalten hatte. Ihretwegen hatte er den weiten Weg von Weimar bis nach Wessobrunn gemacht. Als Geschenk hatte er ihr einen jungen Beo überreicht, in einem viel zu engen Käfig, dessen schwarzes Gefieder sich aufplusterte und grün schillerte, sobald jemand die Gitterstäbe berührte. Kaum war Gruber abgereist, ließ Anna den Vogel frei. Seither hockte er im Kirschbaum und pfiff aus seinem gelben Schnabel durchdringend laut, wenn sie vorbeikam. Auf diese Weise konnte sie ihn von den Krähen unterscheiden und ihn mit toten Fliegen und anderen Insekten füttern, die sie von den Fensterbrettern und aus den Öllampenschalen sammelte. Allerdings musste sie aufpassen, dass der Vogel nicht zu zutraulich wurde, sonst würde ihn Humboldt, der rot-weiß getigerte Kater, am Ende noch fressen. Allein schon der Geschenke wegen, die immer kurioser wurden, würde sie bei ihrem Vater ein für alle Mal klarstellen, dass es mit diesen Besuchen aufhören musste. Egal, wie viele Kandidaten er ihr im Auftrag von Großtante Vera oder wem auch immer noch vorführen wollte, es würde ohne Erfolg bleiben. Anfangs hatte sie es spaßig gefunden. Auf diese Weise schon als Backfisch umworben zu werden, gefiel ihr. Mittlerweile, als quicklebendige Forelle in diesem Heiratsbecken, ödete es sie an. Entweder waren die Männer zu alt, verstockt oder einfach nur langweilig. Jemand Geistreiches war bisher nicht darunter gewesen. So einer würde sich diese Prozedur vermutlich auch nicht antun. Anna wollte ihren Liebsten selbst finden, oder, falls es niemanden auf der Welt gab, der zu ihr passte, allein bleiben und ihr Auskommen in der Botanik oder der Kunst suchen. Aber vorläufig gab es Wichtigeres, als sich hofieren zu lassen. Vater musste auf der Stelle vom Eintreffen der Kolonne erfahren. Wichtigkeit: existenziell!

»Gnädiges Fräulein, wollen Sie sich nicht umkleiden und frisiert werden?«, schlug Frau Rufus vor, als Anna kehrtmachte und den Flur zurücklief. Ihretwegen hatte sie sich heute Morgen so ausstaffiert. Normalerweise lief Anna den ganzen Tag, so wie alle jungen Frauen im Dorf, im Dirndl herum. Das schwarze Trachtenkleid mit der bunten Schürze verschmutzte nicht so schnell, und wenn man schwitzte, wechselte man einfach die Bluse oder ließ sie im Sommer unter dem Oberteil ganz weg. »So können Sie doch unmöglich …«

»Ich kann, Frau Rufus, danke.« Anna nahm die Schürze ab, knüllte sie zusammen, damit nicht noch mehr herausfiel, und drückte sie der Gouvernante in die Hand. Dann fuhr sie sich kurz durch die Haare, schob sich eine widerspenstige Strähne hinters Ohr, lief die Treppe wieder hinunter und durch den Flur bis zum Pavillon. Von weitem hörte sie ein schrilles Lachen. Vater schäkerte mit einer Frau. Offenbar hatte der Anwärter seine Mutter mitgebracht. Vielleicht als Schutzschild, falls Anna die Krallen ausfuhr, oder damit die potenzielle Schwiegermama in spe gleich überprüfen konnte, ob sie passabel für ihren Sprössling war. Unter einem Strohhut mit hellbraunem Band kräuselte sich eine spitze Nase. Kleine, eng stehende Augen in einem breiten Gesicht musterten sie. Na, der würde sie es zeigen. Der Bewerber war tatsächlich ein Jüngling – zur Abwechslung mal. Anna schätzte ihn auf sechzehn oder siebzehn. Viel zu jung für sie, aber man könnte sich ja schon mal verloben, vermutete sie, und die Familien vertraglich vereinen. Er war aufgestanden, verbeugte sich, wirkte seltsam blass und schwankte leicht, so dass er sich an der Stuhllehne festhalten musste.

»Annerl, da bist du ja endlich.« Vater breitete die Arme aus und begrüßte sie mit einem Kuss auf die Stirn, was ungewöhnlich war. Normalerweise scheute er vor Fremden jegliche Form von Intimität. Außerdem zog er den Umgang mit Blattwerk vor. Auch er hatte sich in Schale geworfen. Statt Arbeitsmantel und kragenlosem Streifenhemd wie noch vorhin beim Mittagsmahl trug er einen Zweireiher mit Weste und Taschenuhr, sein streng zurückgekämmtes Haar glänzte vor Pomade, und sogar den Quast'schen Siegelring hatte er an den kleinen Finger gesteckt. »Darf ich dir Ruth Weiser und ihren Sohn Dietmar vorstellen?« Wollte ihr Vater sie ernsthaft mit einem Kind verkuppeln? Das irritierte sie. Die Frau trug eine weiße Bluse mit vielen Biesen an den Ärmeln und um den hohen Stehkragen eine Goldkette, vielmehr ein Medaillon, bestimmt mit einer Haarsträhne ihres Bübchens drin. Entgegen aller höfischen Manier, wie es ihr als Baronesse gebührte, reichte sie ihr die Hand wie einer Bürgerlichen. »Grüß dich, Anna. Ich war sehr gespannt auf dich. Dein Vater hat mir so viel von dir erzählt.« Sie besaß die Dreistigkeit, sie einfach zu duzen, das tat selbst ihre Gouvernante seit ihrem sechzehnten Lebensjahr nicht mehr.

Kurz wägte Anna ab, gleich hier, vor allen, eine Szene zu machen und die Leute zu verprellen, aber dann entschied sie sich um. Mit einem Nicken erwiderte sie den Gruß und bezog auch das Söhnchen mit ein. Dann wandte sich an ihren Vater. »Papá, kann ich dich kurz sprechen? Ich hab Neuigkeiten.« Obwohl Anna es kaum aushielt, beließ sie es bei Andeutungen. Sie wusste nicht, wie viel sie von dem geheimen Vorhaben preisgeben durfte. Normalerweise funktionierte das bei ihm auch so, sie verstanden sich – auch ohne Worte.

»Gerne, lass hören.«

»Ich meinte allein.« Vergeblich versuchte sie, ihm mit ihrem Gesichtsausdruck deutlich zu machen, dass es dringend war.

»Hat das bis nachher Zeit?« Er wirkte abgelenkt, konnte den Blick nicht von dieser Frau lassen. Kolb, der Plantagengärtner, erschien, wie zur Verstärkung, zog den Hut und entblößte seine Glatze.

»Herr Baron. Die Lieferung aus Mailand ist eingetroffen.«

»Wirklich? Was für eine Überraschung. Ich hätte es nicht besser arrangieren können!« Vater zwinkerte Frau Weiser zu, als ob er jetzt erst begriff, was Anna ihm schon die ganze Zeit hatte mitteilen wollen. »Das müsst ihr euch anschauen. Ruth, Dietmar, kommt mit.« Von wegen Geheimnis. Anna kannte sich gar nicht mehr aus. Ihnen voran eskortierte Christoph von Quast seine Gäste bis zum Eingangsportal.

Unterwegs erklärte Kolb, dass im großen Treibhaus alle Vorbereitungen liefen. Man heizte ein und grub Löcher. Nacheinander fuhren auf dem Platz beim alten Römerturm die Wagen vor. Zehn Rösser schnaubten in ihren Geschirren und scharrten im Kies. »Buongiorno, Signori, benvenuti a Dreisonnenquell.« Vater begrüßte die Italiener und sprach kurz mit einem bulligen Mann in einem Lammfellmantel, der vom Kutschbock gesprungen war.

Der lupfte seine Kappe, strich sich über den breiten Schnauzbart, der sein Gesicht zu beiden Seiten überragte, und zeigte Vater eine Tafel, auf der das Frachtpapier klemmte. »Cinquecento pezzi – è corretto, Signore? Non cinquanta?« So viel Anna verstand, die auch ein wenig Italienisch konnte, wollte er wissen, ob er mit seiner Lieferung von fünfhundert Stück an der richtigen Stelle war. Und ob es ein Missverständnis wäre und es nicht eher fünfzig sein sollten. Vater bestätigte die große Zahl, die für die Absicht noch klein bemessen war, wie er ihr erklärt hatte, und bat die Männer, die kostbare Fracht abzuladen. Als sie die erste Kiste vom Wagen gehoben hatten, brach ein Arbeiter mit einem Eisen den Deckel auf. Anna konnte ihre Aufregung kaum verbergen, atmete laut aus und ein, bevor sie sich über den Rand beugte. Auch Dietmar und Ruth Weiser lugten hinein.

Ein Maulbeerbäumchen lag darin, kaum einen halben Meter groß. Der Wurzelballen umwickelt, der Stamm und die Zweige in Wolle gebettet, um es vor Frost und Erschütterungen bei der Alpenüberquerung zu schützen. Vorsichtig berührte Anna die glatte Rinde des *morus alba* und seine weichen hellgrünen Blätter, die schon aus den Zweigen sprossen. Was für eine weite Reise aus Mailand lag hinter ihm und welche noch vor ihm. Sie dachte an Maria Sibylla Merian, ihr Vorbild als Botanikerin und Künstlerin, und deren Raupenbuch. Das Titelblatt zeigte einen Seidenspinner auf Maulbeerblättern. Doch bis dahin war es noch ein weiter Weg.

Vater hob das Bäumchen heraus, prüfte, ob es unversehrt war, und strahlte. »Das ist unsere Zukunft. Mit dir und der Hilfe deiner vierhundertneunundneunzig Geschwister werden wir Seide auf Dreisonnenquell erzeugen.« Nun sprach er es laut aus. »Du scheinst mir kräftig genug, darum taufe ich dich zu Ehren des Prinzregenten hiermit feierlich auf den Namen Auguste, wie dessen Gemahlin.«

»Bravo, tapfere Auguste, sie lebe hoch.« Ruth Weiser, die Spitzenhandschuhe trug, applaudierte dumpf. »Ich versteh zwar nicht, wie genau aus diesem Winzling der Stoff entspringt, aber du wirst es mir erklären.« Sie duzte also auch ihren Vater, bemerkte Anna.

»Mit Geduld, Müh' und Zeit wird's Maulbeerblatt zum Atlaskleid«, erwiderte Vater, doch bevor er zu mehr anhob, fiel Anna ihm ins Wort.

»Ich habe geglaubt, diese Unternehmung sei streng geheim, Papá. Doch du posaunst sie hinaus, als ob es jeder wissen darf.« Sie konnte sich nicht mehr beherrschen.

»Das ist sie auch, Annerl.« Er bettete das Bäumchen zurück in die Kiste und wies die Italiener an, für einen Extralohn die Kisten zum großen Treibhaus zu bringen. »Aber wer, wenn nicht Ruth, darf davon wissen? Schließlich hat sie mich auf die Idee gebracht, und außerdem gehören sie und Dietmar bald zur Familie. Wir wollen uns nämlich verloben.« Ihr Vater strahlte Ruth Weiser an, als würde sein lang gehegter Klatschmohn aufblühen.

»Ihr wollt was?« Anna glaubte, sich verhört zu haben. Es ging also gar nicht um einen Anwärter für sie. »Sollte man sich zum Heiraten nicht besser kennen?« Mehr fiel ihr auf Anhieb nicht ein. Ruth und ihr Vater lachten, und auch Dietmar grinste. Was wurde hier gespielt? Sie drehte sich auf dem Absatz um und rannte weg.

»Annerl, ich bitte dich, bleib hier«, hörte sie ihren Vater rufen, und an seine Gäste gewandt ergänzte er: »Geht doch schon mal zur Kaffeetafel zurück, ich komme nach.« Dann eilte er ihr hinterher, holte sie beim Kräutergarten ein und zog sie in die Arme.

»Lass mich.« Trotz aller Augen, die auf sie gerichtet waren, entwand sie sich ihm. Sie wusste nicht, was vor sich ging, alles geriet durcheinander. Zwei Fremde waren hier aufgetaucht und sollten plötzlich zu ihrer Familie werden? Sie brauchte keine neue Mutter, Frau Rufus genügte. Am liebsten wollte Anna verschwinden, bloß weg. Weg von ihm und auch von Dreisonnenquell, das bis gerade eben noch ihr Paradies gewesen war, wo sie bestimmte, was passierte. Fort – so weit wie möglich. Doch Vater hielt sie, zog sie mit sich zur Steinbank, obwohl sie weiter um sich schlug. Und obwohl es ihn selbst Überwindung kostete, tat er das jedes Mal so seit dem Tag, als ihre Mutter gestorben war und mit ihr der kleine Bruder. Anna war gerade elf geworden und hatte ähnlich getobt. Sie hatte es einfach nicht wahrhaben wollen, dass diese starre Puppe in den Armen ihrer toten Mutter ein Mensch sein sollte. Ein Mensch und doch keiner mehr. Erschöpft gab sie auch jetzt auf und schmiegte sich an Vaters Weste, schniefte in sein frisches Hemd, das nach Stärke schmeckte.

Er strich ihr über die Strähne, die sich schon wieder gelöst hatte, und tätschelte ihr den Rücken. »Gesine ist und bleibt deine Mutter und meine erste und liebste Frau, aber ich habe es satt, allein zu leben, ich sehne mich nach einer Partnerin an meiner Seite. Kannst du das nicht verstehen?«

Aber selbst wenn sie konnte, sie wollte nicht. Und Partner – waren das nicht bisher sie beide gewesen?

»Komm, ich zeig dir etwas, das mir immer hilft, wenn ich außer mir bin.«

Sie stand auf, wischte sich mit dem Brokatärmel übers Gesicht. Was meinte er? Anna hatte ihren Vater noch niemals außer sich erlebt. Er nahm sie an die Hand, damit sie ihm nicht entkam, führte sie am Glaspalast vorbei, wie sie das kleine Pendant des großen Münchner Bauwerks nannten. Rauch stieg über den maurischen Säulen aus dem Kamin. Das große Treibhaus wurde schon beheizt, damit die Maulbeerbäume, die Vater hier gleich einpflanzen ließ, nicht erfroren. Er zog Anna weiter, an der Bewässerungsanlage vorbei, die das gesamte Gut aus den drei Quellen auf raffinierte Weise speiste, bis zur Kinderstation. Die Abteilung mit den Setzkästen, in der Anna heute schon ein paar Stunden verbracht hatte. Das Herzstück für einen Pflanzenjäger, wie Vater ihr beigebracht hatte. Nur wenn die ihren Wurzeln oft auf einem anderen Kontinent entrissene Saat erneut aufging, hatte man wirklich Erfolg gehabt. Sie umrundeten die Tische und schritten durch die Reihen bis zu einem niedrigen Türsturz. Ihr Vater duckte sich hindurch und erreichte mit ihr eines seiner Refugien, wie er sich einige auf Dreisonnenquell eingerichtet hatte. Für sie war das die Tassilolinde, für ihren Vater ein Raum mit Schreibtisch und vielen Regalen für seine Herbarien. Halb Werkstatt, halb Bureau. Kleine Scheiben in den hohen Fenstern, durch Sprossen unterteilt, brachen das Licht und verzerrten die Welt draußen wie durch ein Kaleidoskop. Papierrollen und Zeichenbogen stapelten sich überall. Jede Menge Blumentöpfe reihten sich entlang aufgebockter Bretter, um sich beim Pflegen und Begutachten nicht bücken zu müssen. Anna glaubte schon, er ließe ihre Hand endlich los, um ihr etwas zu erklären. Stattdessen drückte er ihre Finger tief in die Erde des größten Blumentopfs, nahm ihre andere Hand und schob sie hinterher. »Schließ die Augen und fühl.«

Eva

Wann wolltet ihr es mir sagen? Wolltet ihr es mir überhaupt sagen?« Den Fund unter den Arm geklemmt, war sie nach unten gestürmt, um ihre Eltern zu konfrontieren. Ihr Vater saß in der Küche und studierte die Post, als wäre nichts. Oma stand am Herd und brutzelte etwas fürs Abendessen. Es roch nach Leberkäs. Früher war ihr bei diesem Geruch schlecht geworden, besonders, seit sie als Kind begriffen hatte, dass für Fleisch und Wurst Tiere getötet wurden, doch mittlerweile hatte sie sich daran gewöhnt und konnte ihn ertragen, obwohl sie Vegetarierin war – als Einzige in der Familie. Hah, welche Familie? Wie üblich hatte sich ihre Mutter, besser gesagt Cordula Klein, im Schlafzimmer eingesperrt. An Kindesstatt angenommen, summte es Eva in den Ohren. Ihr war schwindelig, und ihr Puls raste. Sie knallte den Korbkoffer auf den Tisch. Die Henkel knirschten, und das Besteck auf den Tellern hüpfte. Mutter, Vater, Oma, das waren sie gar nicht mehr. Sie hatten sie zweiundzwanzig Lebensjahre lang belogen. Augenblicklich verpuffte ihr Zorn, ein merkwürdiges neues Gefühl machte sich in ihr breit. Eine Leere tat sich in ihr auf, wo vorher Liebe gewesen war. Noch sagte niemand etwas. Die Sekunden dehnten sich, als würde jemand die alte Küchenuhr mit den verblichenen Zeigern aufpumpen. Warum sollten diese Leute auch etwas sagen, da sie doch ihr Leben lang geschwiegen hatten? Geburtsort Westberlin, schwirrte es ihr durch den Kopf. Das musste eine Verwechslung sein. Sie bewahrten Sachen für eine andere Eva auf, die zufällig am selben Tag wie sie Geburtstag hatte. War das die Erklärung? Nein, die Kleins logen wie gedruckt, und ihr Schweigen gehörte dazu.

Ludwig legte den Brieföffner weg und streckte den Arm in ihre Richtung aus, so als stünden sie an einem Fluss und er versuchte, ihr hinüberzuhelfen. »Wir wollten es dir erklären, von Anfang an, aber damals warst du noch zu jung, und später …«

»Ach so«, unterbrach sie ihn und ignorierte seine Hand, »wir werfen uns Rätsel zu, aber über meine wahre Herkunft darf ich nichts erfahren, weil ich noch zu unreif bin?« Ihr reichte es. »Oma, sag du was zu diesem Zirkus. Halt, du bist ja gar nicht meine Oma, das ist nicht mein Zuhause, ihr …«

Betzi schlurfte zum Tisch. Eva dachte schon, sie spräche endlich Klartext und befreite sie aus ihrer misslichen Lage, doch sie tauschte nur die Schüssel mit den Haferflocken gegen die mit Kartoffelsalat.

»Das Peeling für Frau Hebeisen.« Eva musste plötzlich schmunzeln. »Das hab ich ganz vergessen.«

»Ach, die Gusti kommt drüber weg, wenn ihr Verehrer es ernst meint, wird er sie auch mit roten Flecken im Gesicht mögen.« Betzi redete, als sei nichts.

Eva fixierte sie. »Seid ihr alle verrückt geworden? Ihr spinnt doch komplett. Und Mama, oder wer sie ist, hat's immer noch am Herz? Bildet sie sich deswegen die vielen Krankheiten ein, weil sie die Lügerei nicht mehr aushält?«

»Bitte, Eva, wir wollten es dir sowieso an deinem Geburtstag sagen.« Er, der sich als ihr Vater ausgegeben hatte, stand auf.

»An welchem? Meinem vierzigsten oder siebzigsten?« Ihre Stimme überschlug sich. »Oder etwa schon morgen?« Erneut drang dieser Geruch in Evas Nase, der anscheinend von dem Koffer ausging. Vielleicht hatten sie ihre Sachen tatsächlich ins Feuer geworfen, um ihre Herkunft zu verschleiern, und sich in letzter Sekunde umentschieden?

»Du warst und bist immer unser Kind, das weißt du doch. Ob adoptiert oder nicht, wir haben uns für dich entschieden.« Ludwig kappte den Deckel einer Flasche und trank einen Schluck von seinem Feierabendbier.

»Und wo gab's mich?« Ihr schossen so viele Fragen durch den Sinn. »Durftet ihr mich aussuchen, oder musstet ihr nehmen, was noch übrig war?« Sie lachte, obwohl ihr zum Heulen zumute war, hustete, ihre Kehle schmerzte. Rasch schenkte sie sich ein Glas Wasser aus der Leitung ein und trank es in einem Zug leer. »Und meine richtigen Eltern – wer sind sie?« Eva starrte in Gesichter, die schwer zu deuten waren. Das haarlos glatte von Ludwig und das faltige mit den großen, stets ein wenig wässrigen Augen von Betzi. Von wegen. Was verbargen sie noch?

»Jetzt lasst uns erst mal essen«, war alles, was Betzi einfiel. Sie stellte die Pfanne auf den Tisch. »Engelchen, soll ich dir ein Spiegelei machen?« Schwerfällig ließ sie sich in ihrem engen Rock unter der Kittelschürze auf den Stuhl fallen und goss sich einen kräftigen Schuss vom Kirschlikör ein, der neben Salz, Pfeffer und der Maggi-Flasche stets griffbereit stand.

Eva schüttelte den Kopf, der Appetit war ihr vergangen.

Ludwig erhob sich. »Ich glaub, da ist jemand an der Salontür. Ich seh kurz nach, bin gleich zurück.« Sie hatte nichts gehört, dabei saß sie näher am Gang als er. Eindeutig, er wollte weg, um Zeit zu gewinnen. Cordula kam in die Küche, die blondierten Haare standen ihr wie Flaumfedern wirr um den Kopf. »Bleib und setz dich. Eva hat das Recht, alles zu erfahren.« Wenn sie wollte, konnte sie sehr bestimmend sein. Sie zog den Gürtel des Bademantels enger um die Taille und zwang ihren Mann zurück. Dann rutschte sie auf die Bank, wo sonst Eva saß. Als Kind anfangs zusätzlich auf einem kleinen Stuhl, später auf einem Kissen, damit sie an den Tisch heranreichte. Ihre Knie berührten sich fast. Auf einmal wurde es ihr zu viel, etwas schnürte ihr die Luft ab, dazu der Dunst von Gebratenem und Kraut.

»Wir haben dich aus diesem Heim für gefallene Mädchen«, fing Cordula an, rieb sich die Augen, die ohnehin rot waren, und verschmierte die Wimperntusche. »Nein, wie heißt das korrekt? Lucki, hilf mir. Na, so ein Ort für Mütter, die ihre Kinder nicht versorgen können.«

Eva verschränkte die Arme, presste sie fest unter ihre Brust. Niemals hätte sie gedacht, dass sie die beiden mal beim Vornamen nennen würde, so wie es neuerdings Mode war. Cordula schob den Salat zur Seite, öffnete den Koffer, holte die Mappe heraus und schlug sie auf.

»Ledige Mütter«, sagte Ludwig, zog die Zigarettenpackung aus der Hemdtasche und zerknüllte sie, als er feststellte, dass sie leer war.

»Richtig, hier steht es auch.« Cordula tippte auf ein Blatt in der Mappe, schaute flüchtig zu Eva, als sollte sie mitlesen. »Mehr haben wir auch nicht erfahren, da gibt es strenge Vorschriften, die wir unterschreiben mussten … Diese Verzichtserklärung.« Sie hob die Seite an und zeigte sie ihr. »Das wäre alles zu deinem Schutz, wurde uns gesagt.«

»Zu meinem Schutz?« Eva überflog die Zeilen. »Und ihr habt euch das gefallen lassen, habt nicht weitergefragt? Habt ihr gar nicht wissen wollen, wer diese von Quast war?« Die drei schüttelten die Köpfe, ausnahmsweise einstimmig. Ein Verdacht flammte in ihr auf. Was stimmte mit ihrer richtigen Mutter nicht, war sie vielleicht eine Verbrecherin?

»Wir waren einfach froh, dich zu bekommen«, erklärte Cordula. »Wie du weißt, war ich noch sehr jung, als ich den Lucki kennenlernte. Wir haben geheiratet, weil ich schwanger war.« Also das war der Grund für ihre ständigen Streitereien, von Liebe keine Spur.

»Nein, das wusste ich nicht«, sagte Eva. Was würde noch zum Vorschein kommen? Hielt sie das aus, wo schon jetzt der Linoleumboden unter ihren Füßen schwankte, als würden hundert Frösche darunter hüpfen?

Cordula nickte bedächtig, legte eine Pause ein, blickte zu Betzi, die strich über die Kante der Wachstuchdecke, als ob es da etwas zu glätten gäbe. Vermutlich hatten die beiden ihr zuliebe geheiratet. Ein uneheliches Kind in einer bayerisch-katholischen Gemeinde, noch dazu in einer alteingesessenen Friseurfamilie, wäre ein Skandal gewesen. Was war aus dem Kind geworden? Warum hatten sie es nie erwähnt? Doch bevor sie weiterfragen konnte, sagte Cordula: »Vielleicht war ich einfach noch nicht bereit für die Ehe und besonders auch nicht, Mutter zu werden. Jedenfalls habe ich es im sechsten Monat verloren. Es war ein Mädchen wie du.« Nach so vielen Jahren war ihr der Schmerz noch immer anzusehen. »Obwohl sie winzig war …«, sie legte ihre

Hände ineinander, als hielte sie etwas sehr Kleines, Zartes darin, »war Marion eine sehr schwere Geburt. Hinterher sagte der Arzt, ich könne keine Kinder mehr kriegen.« Sie hieß genau wie Evas Lieblingspuppe, dann hatte Cordula ihr diesen Namen eingegeben. »Eines Tages hörten wir von diesem Heim am Ammersee. Ich weiß nicht mehr, ob von der Kundschaft oder durch die Zeitung. Wir haben überlegt, ob wir einem von diesen Kindern einen Platz bei uns geben könnten, aber als wir dich dann gesehen haben, war es mehr als das. Für uns war es so, als hätte Marion dich zu uns geschickt – an ihrer Stelle.«

»Das Engelchen.« Auch Betzi lächelte in sich hinein und lud sich Kartoffeln und Sauerkraut auf den Teller. Eva wusste nun aber nicht, ob damit sie oder das tote Kind gemeint war. Vielleicht beide.

»Wir mussten lange bangen, bis wir dich abholen durften. Du kannst es dir nicht vorstellen, kaum geschlafen habe ich in dieser Zeit und mir tausend Gedanken gemacht. Als es endlich so weit war, haben sie uns diesen Koffer mitgegeben. Er und die Sachen darin sind alles, was dir deine biologische Mutter hinterlassen hat, sagte man uns.«

»Und warum riecht er so verkohlt?« Eva spuckte ihre Frage fast aus.

»Er riecht nach Speicher, aber sonst …« Cordula schnupperte an dem Geflecht, aber ihr und Ludwig schien der Gestank nicht aufzufallen. Betzi hielt sich sowieso aus allem raus, schaufelte ihren Kartoffelsalat in sich rein, als säße sie vor einer Fernsehsendung. In Eva loderte es, möglicherweise bildete sie sich diesen starken Brandgeruch auch nur ein, oder er ging von ihr selbst aus, jetzt, da das Geheimnis gelüftet war. »Und die Leute, die Kundschaft, wie habt ihr denen erklärt, dass ihr plötzlich Eltern eines zweijährigen Kleinkindes seid?« Noch hatte sie Fragen, und die Antworten würde sie mit aller Kraft aus ihnen herausquetschen.

»Das ging niemanden etwas an«, sagte Cordula, nun wieder verschlossener.

»Es hatte sich sowieso schon herumgesprochen, jeder wusste es«, ergänzte Ludwig.

»Jeder? Du vergisst eine – mich!« Eva rieb sich die Nase, etwas stimmte nicht. Plötzlich roch sie nichts mehr, kein Kraut, kein Parfüm, keinen Leberkäs, aber auch keinen Brandgeruch. Sie musste dringend aus dieser miefigen Küche raus und frische Luft schnappen.

»Das hast du damals auch schon gemacht.« Cordula lächelte sie an. »Diese Eigenheit, wenn du etwas intensives Neues gerochen hast, hast du dir an die Nase gefasst. Von allen Heimkindern warst du das außergewöhnlichste.« Eva reichte es. Offenbar hatte sie sich wie ein Welpe in einem großen Wurf behaupten müssen, um herauszustechen und ausgewählt zu werden. Das Atmen fiel ihr schwer, und ihre Haut fühlte sich pelzig an, als hätte sie jemand betäubt. Sie stand auf.

»Du hast ja noch gar nichts gegessen«, rief ihr Betzi hinterher, als sie durch die Tür stürmte. »Du fällst uns noch vom Fleisch.« Dann falle ich eben, dachte sie, genau wie meine Mutter, meine biologische Mutter, wie Cordula sie bezeichnet hatte. Eva schlüpfte in ihre Jacke, wickelte sich den Schal um Hals und Kopf, zog Winterstiefel an, ging nach unten und durch die Salontür davon. Im Schutz der Dunkelheit lief sie kreuz und quer durch den Ort. An den Häuserreihen vorbei, durch Torbögen und Hinterhöfe. Hoffentlich begegnete ihr niemand, der mit ihr reden wollte, und hielt sie auf. An den Rändern zur Fahrbahn türmte sich der Schnee. Immer, wenn ihr jemand entgegenkam, wechselte sie die Straßenseite. Sie ging und ging, starrte auf ihre Schuhe, die den Schnee wegschoben, wankte und fing sich an Mauern und Gartenzäunen ab. Vom Kopf abwärts pulsierte es in ihr, als hätte sie ihren Körper verloren und wäre nur noch eins mit der Bewegung, mit ihren Schritten. Einen Fuß vor den anderen. Am Ortsende hielt sie inne, stützte sich an das durchgestrichene Schild, das von einem Auto erhellt wurde: Murnau am Staffelsee, Kreis: Garmisch-Partenkirchen. Erschöpfung breitete sich in ihr aus. Aber wenigstens war das pelzige Gefühl im Rachen verschwunden. Sie konnte wieder riechen. Abgase, Schnee und das alte Laub des Vorjahres. Eine Amsel scharrte darin. Anscheinend wollte der Vogel dem Frühling auf die Sprünge helfen. Eva sah sich um. Wie war sie bloß bis hierher gelangt? Sie erinnerte sich nicht mehr. Gehörte sie überhaupt noch nach Murnau? War sie nicht vielmehr ein Kuckuck, dessen Ei in ein falsches Nest gelegt worden war? Autos rauschten an ihr vorbei und blendeten sie. Abseits der Bundesstraße ließ sie sich auf einer unberührten Stelle in den Schnee fallen, ruderte mit Armen und Beinen, wie sie es schon als Kind getan hatte. Dann stand sie auf und betrachtete den Schneeengel, der ihre Umrisse zeigte. Am liebsten hätte sie ihn zerstört, doch selbst dazu fehlte ihr auf einmal die Kraft. Mühsam schleppte sie sich zurück bis zum Obermarkt und schlich sich in die Wohnung hinauf. Wie üblich saßen Cordula und Ludwig vor der *Tagesschau*, als sei nichts gewesen. Vom Gang aus nahm Eva nur ihre Silhouetten im flackernden Licht des Fernsehapparats wahr. Betzi schlief vermutlich bereits. Nach acht Uhr hatten sie die Abende wenigstens für sich, um sich von der Ehe zu dritt, als die Cordula ihre Konstellation bezeichnete, zu erholen. In der Wärme tauten Evas Finger und Füße wieder auf. Es kribbelte unangenehm. Sie ging in die Küche und setzte Wasser auf. Bis der Kessel pfiff, holte sie ihr erstes Fotoalbum aus dem Regal im Flur, das dort neben medizinischen Ratgebern stand.

»Da bist du ja wieder. Willst du dich nicht zu uns setzen?« Mitten im Wetterbericht beugte sich Cordula über die Sofalehne.

Eva verneinte, sie war müde, wollte lieber ins Bett. Sie brühte sich einen Eibischtee auf, den man wegen der neuen Sorten von anderen Kontinenten inzwischen Hibiskus nannte. Doch sie mochte die alten Wörter für Heilpflanzen, wie sie Hildegard von Bingen und andere Naturforscher verwendet hatten. *Wer täglich etwas vom Eibisch trinkt, wird gegen Krankheiten immun sein*, hatte Plinius bereits in der Antike behauptet. Der feine Malvenduft und der süßsaure Geschmack hellten meistens ihre Stimmung auf, linderten jeden Anflug von Erkältung und befreiten die Lunge. Nicht umsonst machten die Amerikaner Marshmallows aus der Eibischwurzel. Sie schmierte sich ein paar Honigbrote dazu. Auf der Eckbank lag der Rattankoffer. Sofort schlich sich wieder dieser eigenartige Geruch in ihre Nase. Sie stellte den Koffer auf die Spüle, hob die Kleidung, die Mappe und das bestickte Buch heraus und rieb das Geflecht, das innen mit Stoff bespannt war, außen mit Essig ab. Anschließend sprühte sie ihn mit verdünntem Orangenöl ein, das sie in ihrem Aromaetui immer bei sich trug. Schon besser. Das Notizbuch mit seinem bestickten Bezug, in dem sich die Initialen AvQ verbargen, legte sie in eine flache Dose mit Kaffeepulver, auch das neutralisierte den Geruch. Eva nahm alles mit in ihr Zimmer und verstaute die Sachen im Schrank. Im Schlafanzug und mit einer Wärmflasche an den Füßen wickelte sie sich in ihre Bettdecke und schlug das Album auf. Von ihr gab es keine Babyfotos. Damals besaßen wir noch keine Kamera, hatte Cordula behauptet, als Eva wissen wollte, warum das die allererste Aufnahme war. »Mai 1956« stand mit Bleistift in Cordulas Handschrift unter dem Schwarzweißfoto. Es musste kurz nach ihrer Adoption aufgenommen worden sein. Sie trug das Trägerkleid aus dem Koffer und auch die weißen Schuhe. Ganz unbedarft und neugierig stand sie im Fensterrahmen des Salonfensters. Ihrem Gesichtsausdruck nach vertraute sie dem Mann, der sie hielt, damit sie nicht auf die Straße fiel. Warum auch nicht, er gab sich doch als ihr Vater aus. Von Ludwig, der sich halb hinter dem Vorhang verbarg, waren nur die großen Hände zu erkennen. Das Foto hatte seine Frau gemacht, mit der nagelneuen Bonafix-Kamera, deren Linse man auffaltete. Eva dachte an Cordulas Eigenheit, die sie bestimmt auch schon damals gehabt hatte – egal, wie weit weg sie von einem Motiv stand, sie beugte sich immer noch ein Stück weiter nach hinten. Nach diesem allerersten Bild schien jeder Augenblick festgehalten worden zu sein. Eva blätterte weiter. Manchmal war sie stolz auf die Fotos gewesen, das wusste sie noch, wenn sie später das Album betrachtet hatte. Das Kindergartenfoto, mit ihr als Hexe verkleidet. Oma hatte sie perfekt ausgestattet, mit echtem Reisigbesen, Kopftuch und buntem Kittel, den sie extra für Eva aus ihrer eigenen Sammlung gekürzt hatte. Aber es waren auch Peinlichkeiten darunter, auf die sie lieber verzichtet hätte. Wie das Foto, als sie sich am Staffelsee umgezogen und es nicht mehr ganz in den Badeanzug geschafft hatte, bevor Cordula den

Auslöser drückte. Sie, die so verklemmt war, dass sie sich nur unter einem Frottéumhang umzog und sich auch zu Hause niemals ohne Kleider zeigte, fotografierte ihre Adoptivtochter nackt. Eva fiel ein, dass sie sich schon immer gefragt hatte, wem sie in der Familie ähnlich sah. Sie löste die Aufnahme ihrer Erstkommunion aus dem Album. Wie es üblich war, trug sie ein weißes Kleid aus irgendeinem Plastikstoff, das Betzi genäht hatte und das gekratzt hatte. Sie hielt eine große Kerze in der Hand. Ihre Locken hatte ihr Cordula extra für diesen Anlass auf große Wickler gedreht, um sie zu entkrausen, was Eva gehasst und was an diesem heiligen Morgen bereits zu Tränen geführt hatte. Eher wie ein gezähmtes Fohlen anstatt wie ein geläuterter Engel blickte sie in die Kamera, trotz des perlenbesetzten Haarbands. Sie passte zu der gestriegelten Dreieinigkeit. Ludwig, Cordula und Betzi umringten sie in ihren Sonntagsgewändern für den Profifotografen, der vor der Kirche sein Zelt aufgebaut hatte. Eva betrachtete ihr neunjähriges Selbst. Ihr Kindergesicht glänzte, und eines ihrer Augen, das linke, war ein wenig kleiner als das andere. Das stimmte so gar nicht mit der Augenform der Kleins überein. Cordulas Augen liefen seitlich nach unten, was ihr stets einen schwermütigen Ausdruck verlieh. Ludwig und Betzis Augen dagegen wirkten runder und wacher, der Schalk blitzte aus ihnen. Warum war ihr das nicht schon früher aufgefallen? Noch dazu bildeten sich bei Eva als Einziger Grübchen in den Wangen, wenn sie lächelte. Sie holte eine Nagelschere aus dem Bad und schnitt sich aus dem Foto. Nun war sie allein mit dieser dämlichen Kerze, als ob die ihr den Weg zu ihrer richtigen Familie leuchten könnte. Sie legte das Foto, oder das, was noch von ihm übrig war, auf ihr Nachtkästchen und klemmte die kinderlosen Kleins zwischen die Fotoecken zurück. Nur mehr eine Silhouette ihrer Selbst prangte jetzt dort. Eva knipste die Lampe aus und versuchte einzuschlafen, starrte im Dunklen an die Zimmerdecke, an der Leuchtsterne klebten. Auf einmal haftete ein Makel an ihr. Je länger sie darüber nachdachte, desto mehr wurde ihr bewusst, was sie schon immer gespürt hatte – mit ihr stimmte etwas nicht. Wer war sie wirklich, woher kam sie, warum war sie ausgerechnet bei der Friseurfamilie gelandet? Hatten sie ihr vorhin die Wahrheit gesagt, dass sie nichts über ihre Herkunft wussten? Der Begriff vom gefallenen Mädchen schwirrte ihr durch den Kopf. Für etwas, das mit Sex zu tun hatte, fand man immer plastische Umschreibungen. Gefallen, das klang, als hätte sich ihre Mutter das Knie aufgeschlagen und ein *sarmherziger Bamariter*, wie sie als Kind im Religionsunterricht aus Versehen mal gesagt hatte, hätte sie dann aufgeklaubt. Wieder versuchte sie einzuschlafen, zählte von fünfhundert an rückwärts, was ihr sonst in schwierigen Lernphasen vor Klausuren half. Vierhundertneunundneunzig … vierhundertachtundneunzig … Eigentlich sollte sie dankbar sein. … vierhundertsiebenundneunzig … Schlagartig fiel ihr ein, was Frau Hebeisen am Nachmittag damit gemeint hatte. Die Büchereileiterin wusste, dass Eva adoptiert war, wie jeder, die gesamte Familie und ganz Murnau, nur sie, das Dummchen vom Dienst, hatte nichts begriffen, hatte alle Hinweise abgetan, so als beträfen sie jemand anderen. … vierhundertsechsundneunzig … Jetzt fielen ihr auch die komischen Bemerkungen einer Mitschülerin ein. Beim Gummitwist war sie mit ihr aneinandergeraten. *Peter Alexander, Beine auseinander, Beine wieder zamm und du bist …*, was für ein idiotischer Spruch, dessen Zweideutigkeit man als Kind nicht erkannte. Christine war's, ja, genau, die mit den Affenschaukeln vor den Ohren. Sie hatte gesagt, Eva sollte bloß die Klappe halten, sie sei doch eine Gekaufte. Weinend war sie in den Salon gestürmt und hatte gefragt, ob das wahr sei, ob man Kinder irgendwo kaufen könnte. Und nicht nur Ludwig, sondern auch die Kunden hatten gelacht. Aber wenigstens hatte er sie getröstet und ihr versichert, dass man zwar vieles kaufen könnte, aber Kinder nicht, die wären ein Geschenk. Wie zu Weihnachten oder zum Geburtstag, hatte sie weitergefragt und erneut Gelächter geerntet. Zumindest hatte sie gespürt, dass sie damit ein Tabuthema berührte, über das die Erwachsenen vor den Kindern tuschelten oder in der Geckerlsprache redeten, damit man nichts mitbekam.

»Ickerl habckerl mickerl nur eickerl meinerl Mannkerl hingegebkerl«, hatte Cordula mal zu ihrer besten Freundin, Sabine vom Autohaus Wimmer gesagt, als Eva mit am Tisch saß … vierhundertfünfundneunzig … Mit der Zählerei kam sie nicht weiter, sie musste konsequenter sein … vierhundertvierundneunzig … Hätte sie nicht diesen Koffer gefunden, wäre alles beim Alten geblieben … vierhundertdreiundneunzig … Jemand hatte sie aus der Erde gerissen und ihrer Wurzeln beraubt. Nicht mal Betzi, die doch bei allem ihr Rettungsanker war, zu der sie als Kind gekrochen war, wenn Cordula und Ludwig sich anschrien, war mit ihr verwandt. Dass Eva anders war als andere, das hatte sie schon von klein auf gespürt und schnell den Versuch aufgegeben, immer und überall dazuzugehören. Doch dass nicht nur ihre Gabe, sondern auch die Adoption der Grund war, hätte sie nie vermutet. Wie hatten die Kleins das nur so lange geheim halten können? Hätten sie es ihr überhaupt jemals gesagt?

Schon immer hatte sie sich als Kitt zwischen Ludwig und Cordula verstanden, nun wusste sie, dass sie es auch tatsächlich war. Das Ersatzkind für Marion, nach der Cordula sich gesehnt hatte. Eva vervollständigte die Wunschfamilie. Ohne sie wären die beiden vermutlich längst nicht mehr zusammen. Wieso, um drei Teufels Namen, hatte ihre wirkliche Mutter sie fortgegeben? Was war das für eine Frau? Nun erklärte sich die Angst, oft fehl am Platz zu sein. Sich lieber auflösen zu wollen, als sich selbstbewusst zu behaupten. Wenigstens das war ihr heute in der Uni gelungen, und das beflügelte sie. Wo war sie beim Zählen gewesen? Egal, sie fing von vorne an. Vierhundertneunundneunzig …

»Zum Geburtstag viel Glück, zum Geburtstag, liebe Eva …« Das alljährliche Ständchen weckte sie. Im halbdunklen Zimmer umringten Oma, Mutter und Vater ihr Bett wie jedes Jahr. Sie setzte sich auf, rieb sich die Augen und wollte die Kerze ausblasen, die auf der Geburtstagstorte prangte. Betzis Schwarzwälderkirsch, die sie feierlich hereingetragen hatte.

Es dauerte eine Weile, bis Eva bewusst wurde, was gestern vorgefallen war, doch plötzlich drang die Erkenntnis mit Wucht auf sie ein. »Was soll das? Wozu noch diese Show? Geht sofort weg, haut ab.« Sie schrie, drückte sich das Kissen gegen die Ohren und auch gegen die Nase, damit sie den Duft der herrlichen Torte nicht einatmen musste. Der Gesang brach ab. Die Kleins verstummten mitten in der Strophe.

»Wir verstehen, dass das viel für dich ist, aber bitte lass uns doch trotzdem feiern«, sagte Ludwig.

»Wir dachten, wir fahren nach dem Frühstück alle zusammen nach Bad Tölz, und du darfst dir was Schickes aussuchen. Da gibt's so schöne Boutiquen«, schlug Cordula vor. »Dann kannst du auch mal was anderes anziehen als die Latzhose, die du ständig trägst.«

»Ich brauche keine neuen Klamotten, ich will die Wahrheit wissen.« Eva rutschte ans Kopfteil und verschränkte die Arme.

»Wir sagen dir alles«, lenkte Ludwig ein.

»Sofern wir es wissen«, ergänzte Cordula und nickte ihrem Mann zu, ausnahmsweise bildeten sie eine Einheit, was außerhalb der Geschäftszeiten selten der Fall war.

Das brachte Eva erneut in Rage. »Wisst ihr was, behaltet eure Geheimnisse doch für euch! Ich hab's satt, ich hab euch satt. Ich gehe.« Sie sprang aus dem Bett, drückte sich an den Gratulanten vorbei ins Bad und schloss sich ein.

»Was heißt das, du gehst, Engelchen?« Betzi klopfte an die Tür. »Wohin willst du denn?«

»Das kann dir doch egal sein«, schnauzte Eva. »Du bist auch nicht besser als die anderen, hast mich genauso belogen. Und hör endlich mit deinem Scheißengelchen auf.«

Weglaufen war leichter gedacht als getan, stellte Eva fest, als die Kleins endlich aufgaben, sie zu überreden, und ohne sie zum Wocheneinkauf in den Supermarkt fuhren. Hinterher hätte sich alles beruhigt, und sie könnten vielleicht doch noch etwas gemeinsam unternehmen, hatten sie gemeint, bevor sie im klapprigen Opel Kadett, in den sich Betzi auf den Rücksitz zwängte, abgedampft waren. Bis vor die Haustür würde Eva es schaffen, und dann? In ihrer Vorstellung lockte draußen das große Abenteuer, aber in der Wirklichkeit musste sie es erst finden und am Ende des Tages irgendwo unterkommen, falls sie nicht wie gestern wieder hierher zurückkehren wollte. Allein schon die Entscheidung, was sie mitnehmen sollte, fiel ihr schwer. Noch dazu musste sie weiterdenken als nur bis heute Abend. Sollte sie überhaupt je wieder nach Hause zurückkehren? War es überhaupt noch ihr Zuhause? Gerade war es nicht die passende Jahreszeit, um im Freien zu schlafen. Als ob Eva das außer im Ferienlager inmitten einer Gruppe jemals getan hatte. Die Vorstellung, sich nachts irgendwo auf einer Parkbank zusammenzukauern, behagte ihr wenig. Außer dass sie erfrieren könnte, hätte sie viel zu viel Angst und würde wahrscheinlich kein Auge zutun. Sollte sie in ein Hotel ziehen? Dann wäre ihr Erspartes schnell aufgebraucht, und sie hätte gar keine Zukunft mehr. Immer hing alles vom Geld ab – aber so war sie aufgewachsen. Sparen war das A und O. Dabei brummte der Friseursalon, und zwar so, dass Eva für ihr Studium keine staatliche Unterstützung erhielt, sondern ihre Ausgaben selbst finanzieren musste. Jetzt erklärte sich auch das, fiel ihr ein. Einem angenommenen Kind wollten die Kleins natürlich nichts von ihren hart verdienten Einnahmen abgeben. Andererseits hatten sie doch gewollt, dass sie lieber eine Friseurlehre anstelle des Studiums machte, um eines Tages den Salon zu übernehmen. Sie widersprachen sich. Wie so oft. Sollte Eva etwas für Stunden, Tage, Wochen oder sogar für immer mitnehmen? Wenigstens eine Weile wollte sie das Fortbleiben durchziehen, darum brauchte sie das Notwendigste. Ihre Aromabox und etwas zu schreiben auf jeden Fall. Waschzeug und Wechselkleidung. Mindestens zu einer oder besser zwei frischen Unterhosen würde Betzi ihr raten. Egal, wohin sie unterwegs war, man wusste ja nie. Ein Erste-Hilfe-Set oder wenigstens

Pflaster, Wundsalbe und Frischetücher, darauf würde Cordula bestehen. Und Ludwig? Der verließ nie ohne Schere und Kamm das Haus. Evas Blick fiel auf das ausgeschnittene Foto von sich. Sie holte den Rattankoffer aus der Schublade, der Gestank hatte tatsächlich über Nacht etwas nachgelassen, vielleicht hatte sie sich auch inzwischen daran gewöhnt. Sie nahm ihre Geburtsurkunde aus der Mappe, die sie für die Anmeldung zum Staatsexamen brauchte, und auch das bestickte Buch aus der Dose. Nachdem sie alle Kaffeekrümel, so gut es ging, abgeklopft hatte, legte sie ihr Kommunionsfoto zwischen die in Sütterlin geschriebenen Seiten und schob das Buch zusammen mit den anderen Sachen in den Rucksack. Fehlten noch ihre Wasserflasche und etwas Proviant. Sie überlegte, ob sie sich Tee in einer Thermosflasche mitnehmen sollte, entschied sich aber dagegen. Doch von Betzis Geburtstagskuchen packte sie sich zwei Stückchen ein. Besser als nichts und eine letzte Erinnerung an die, die sie glaubte, noch gestern gewesen zu sein.

Anna

Sie zog ihre Hände aus dem Blumentopf und betrachtete die Trauerränder unter den Fingernägeln, die bestimmt ganz und gar nicht zu einer Baronesse passten. Anna sah sich nach etwas Wasser um, tauchte ihre Hände in eine Gießkanne, die am Fenster stand. »Als du klein warst, hast du ständig in der Erde gewühlt.« Vater nahm einen Klumpen aus dem Topf und knetete ihn. »Wenn ich Gesine oder Kolb gefragt habe, wo mein Annerl steckt, dann sagten sie meistens, draußen. Du hast den Gärtnern oder Zenzis im Kräuterbeet geholfen oder selbst etwas mit Erde und Steinen gebaut, ganze Landschaften und Schlösser. Unser Amphitheater, weißt du noch? Als ich von meiner Romreise zurückkam, habe ich dir davon erzählt.« Er setzte sich auf den Klapphocker mit Leinenbezug.

Sie nickte. »Das vergesse ich nie. Du hast die Steinstufen des Theaters sogar gemauert, damit es länger hielt und ich damit spielen konnte. Einmal habe ich zwei Hirschkäfer in die Arena gesetzt, die sich bekämpfen sollten. Sie haben sich aber nur beschnuppert und sind gemeinsam davongekrabbelt.«

»Zum Kampf muss man auch bereit sein.« Vater lachte, reichte ihr zum Abtrocknen ein Tuch aus einer Schublade.

Das Buddeln in der Erde hatte ihr schon immer Halt gegeben, so dass sie wieder zur Ruhe kam. Nicht umsonst liebte Anna das Töpfern. Nur ein Tropfen Wasser veränderte den Ton und machte ihn zum Formen geschmeidig, um ihre innere und äußere Welt darzustellen. Zuzüglich der Wunder, die man auf der Drehscheibe vollbringen konnte.

»Ich bitte dich, mir zuliebe, bemühe dich ein wenig.« Papá warf den Erdklumpen zurück in den Topf und glättete die Oberfläche wieder. »Du wirst sehen, Ruth ist ein ganz besonderer Mensch. Sie hat als Frau Schlimmes durchmachen müssen und ist trotz allem so sanft und klug geblieben.«

Als ob ein Schicksalsschlag die Intelligenz einer Frau beeinflusste, dachte Anna sofort. Ganz offensichtlich hatte Vater Nachholbedarf, was Frauen betraf. »Wieso, was ist ihr denn zugestoßen?«

»Das soll Ruth dir am besten selbst erzählen. Siehst du, das wäre ein guter Anfang für ein Gespräch. Und Dietmar ebenso, der Junge ist blitzgescheit und an so vielem interessiert. Er wusste sofort, was ein Beo ist, als er ihn auf der Sonnenuhr entdeckt hat. Zurzeit ist er Kadett in Berlin-Lichterfelde und nur für zwei Wochen auf Urlaub hier. Vielleicht werdet ihr ja Freunde. Ich weiß, das ist viel verlangt. Aber jemanden, auf den in der Not Verlass ist, kann man immer brauchen.«

»Ich nicht.« Anna blieb stur. Und außerdem, von welcher Not sprach er? Das klang fast so, als ob er sich um ihre seelische Gesundheit sorgte. Oder hatte er wieder Herzbeschwerden wie vor ein paar Jahren, als er mitten auf dem Feld zusammengebrochen war? Natürlich sehnte sie sich manchmal nach einer Freundin, einer Gleichgesinnten, mit der sie sich über alles austauschen konnte. Das war ein Nachteil, wenn man ausschließlich zu Hause unterrichtet worden war. Junge Frauen in ihrem Alter traf sie hin und wieder im Dorf, wenn sie bei den Bauern half, die Obstbäume zu beschneiden oder zu veredeln, was ihr bei den Leuten den Spitznamen *Apfel-Anna* eingebracht hatte. Damen ihres Standes begegnete sie lediglich bei Gesellschaftsabenden, und die waren meist mit anderen Dingen ausgefüllt als mit gemütlicher Plauderei. Jedenfalls Ruth, dieser Mutterverschnitt, die ihr wahrscheinlich in einem Schwung all ihre Weisheiten aufdrückte, war niemand, mit dem sie sich austauschen wollte. Genauso wenig dieser Jüngling. Als zukünftiger Offizier, Leutnant oder General – Anna kannte sich mit den Rangordnungen beim Militär nicht aus – würde er ihr vermutlich bloß die Vorzüge von Waffen aller Art erklären. Nein danke. Doch dann sah sie Vaters flehenden Blick. »Bist du etwa krank?«

»Keineswegs, es ging mir nie besser.« Er stand auf, wollte sich die Hände an der Hose abklopfen, angesichts seines feinen Anzuges hielt er jedoch in der Bewegung inne und schüttelte sie stattdessen so aus.

»Zwei Wochen, dir zuliebe.« Sie gab sich geschlagen, und er nickte. So lange wäre es auszuhalten. Sie würde den Weisers einfach aus dem Weg gehen. Dreisonnenquell war riesig und sehr verwinkelt und hatte genügend Schlupfwinkel für jedermann. Selbst bei einer direkten Begegnung konnte sie fast unbemerkt einen Haken schlagen und ausweichen. Darin war Anna geschult, um der strengen Gouvernante, dem Reitlehrer und allem anderen, worauf sie keine Lust hatte, zu entkommen. »Und seine Mutter, wann reist sie zurück nach Berlin, oder wie lange hat sie vor, bei uns zu bleiben?«

»Ruth ist Münchnerin, in der ehemaligen Vorstadt Au geboren und aufgewachsen.« Vater umschloss erneut ihre Hände. Noch immer verschwanden ihre Finger darin, als wären es Bärentatzen. »Versteh mich doch, Anna, Liebes, ich hab es satt, für den Rest meines Lebens allein zu sein. Nur du und ich, ich finde, wir sollten wieder eine richtige Familie werden. Ruth freut sich auf ein paar Unternehmungen mit dir, von Frau zu Frau. Ihr werdet euch bestimmt prächtig verstehen. Ich dachte mir, sie und Dietmar können das obere Stockwerk des Gästetrakts bewohnen.«

»Sie wollen hier einziehen?« Anna staunte. Das ging so zackig, wie von Dampfdruck unterstützt. Erst erzählte er etwas von zwei Wochen, und nun wollten sie eine Familie gründen? Sie brauchte keine neue, niemand konnte die alte ersetzen. Ihr kam ein Verdacht.

»Wenn Ruth und ich heiraten, werden sie doch sowieso hier wohnen, und allein schaffe ich die vielen Vorbereitungen nicht. Wir dachten an den Sonntag, den zehnten September, für die Hochzeit.«

»Aber …« Sie holte Luft.

»Ich weiß, dein Geburtstag ist kurz davor, den haben wir in unserer Planung nicht vergessen. Doch wir haben uns auch überlegt, dass dein Ehrentag in dem ganzen Trubel der Vorbereitungen vermutlich untergehen würde. Deshalb möchten wir im Herbst ein extragroßes Fest für dich ausrichten, um deine Großjährigkeit gebührend zu feiern.« Er sprach ausschließlich von wir, fiel ihr auf. Der Pakt schien bereits geschlossen.

»Ist Ruth … ist sie …« Mit Vater hatte sie bisher alles offen angesprochen, selbst Angelegenheiten, die ihr peinlich waren. Wenn man sie von der wissenschaftlichen Seite betrachtete, wie er es tat, war alles einfach und logisch zu erklären. Ursache und Wirkung, mehr nicht. »Kriegt sie ein Kind von dir?«

»Nein, Anna.« Er lächelte. »Soviel ich weiß noch nicht.«

»Aber warum wollt ihr dann so überstürzt heiraten, ihr kennt euch doch kaum?«

»Wir kennen uns schon länger, sind uns letztes Jahr im Prinzregententheater wiederbegegnet. Und dabei hat sie mir den Anstoß zur Seidenraupenzucht gegeben.« Mehr verriet er nicht. Es klopfte. Kolb mit seinem rötlichen Spitzbart, der ihm etwas vom tapferen Schneiderlein aus dem Märchenbuch ihrer Kindheit verlieh, kam herein. »Herr von Quast, wegen der Anpflanzung. Sie sagten, ich soll Ihnen Bescheid geben, wenn wir die ersten Maulbeeren gesetzt haben.«

»Sehr gut. Das soll sich Anna am besten gleich mit ansehen.« Nun wandte er sich an sie. »Schließlich sollst du dich ab sofort um die Bäumchen kümmern, damit sie gedeihen.«

»Du willst mir so ein großes Vorhaben anvertrauen?« Anna konnte es kaum glauben. Das Königsprojekt! »Was, wenn ich scheitere und der Prinzregent davon erfährt? Ich hab doch keinerlei Erfahrung mit der Seidenraupenzucht.« Alles, was sie darüber wusste, hatte sie sich angelesen, gleich nachdem Vater ihr von seinem Plan erzählt hatte.

»O doch, das hast du. Du besitzt sogar die wichtigste Fähigkeit einer Naturforscherin.«

»Welche soll das sein?« Anna verstand nicht, worauf er abzielte.

»Na, die Neugier, Annerl. Sonst hättest du doch nicht tagelang Ausschau nach den Fuhrwerken gehalten, oder?

Und der Rest wird sich finden. Bis wir Schmetterlinge auf dem Gut züchten, wird es noch ein Weilchen dauern. Erst mal müssen die Bäume anwachsen und genügend Laub entwickeln, damit die Seidenraupen ausreichend Futter finden. Außerdem hast auch du den begnadeten Kolb an der Seite, der immer Rat weiß. Stimmt's, mein Freund?« Zusammen waren die beiden früher um die Welt gereist. Danach hatte der Plantagengärtner der königlichen Gärten seinen Dienst auf Dreisonnenquell angetreten und wie sein Arbeitgeber eine Familie gegründet, mit der er seither im Meierhof nebenan wohnte. Anna fühlte sich geehrt und bestärkt, schnappte sich unterwegs zum Glaspalast einen Arbeitskittel aus dem Geräteschuppen und begutachtete zusammen mit ihrem Vater die Einpflanzungen. Die fleißigen Gehilfen packten die Bäumchen aus, stellten sie unter dem maurischen Tor mit seiner vielfachen Verglasung in Zinkwannen, um sie zu wässern und dann einzusetzen. Nicht zu dicht nebeneinander, wies Kolb sie an, damit sich die Kronen und Wurzeln genügend ausbreiten konnten. Als sie an dem großen Eisenofen vorbeikamen, der trotz der frühlingshaften Wärme draußen kräftig bullerte, geriet Anna ins Schwitzen. Die Maulbeeren sollten nichts von der bayerischen Kälte zu spüren kriegen, besonders keinen Nachtfrost, also würde bis zum Sommer jede Menge Holz verfeuert werden. So stellte sie es sich in den Tropen vor, nur fehlten die Papageien, Schlangen, Affen und die exotischen Falter. Zumindest die würden irgendwann, falls es ihr gelang, Einzug auf Dreisonnenquell halten. Anna stürzte sich in ihre neue Aufgabe und bat die Arbeiter, darauf zu achten, dass die Löcher doppelt so groß wie die Wurzeln waren, damit sie die Erde rundum noch mal lockern konnten. Kolb schlug vor, auch noch Sand dazuzumischen, womit auch Vater einverstanden war. »Ich merke, ihr zwei ergänzt euch, auch ohne mich. Ich muss wieder zu unseren Gästen zurück, hab sie sowieso schon zu lange warten lassen. Wir sehen uns später, Annerl, ja?« Er drückte sie noch mal kurz an sich und bedankte sich auch bei Kolb und allen Gehilfen. Froh, dass er ihr etwas Zeit gab, trug sie die Bäumchen mit in das Treibhaus, schaufelte Sand oder lockerte mit einer Harke den Boden. Als sie sicher war, dass es auch ohne sie weiterging, beschloss sie, in ihrer Werkstatt etwas zu verschnaufen und gegen Abend noch mal nach dem Rechten zu sehen. Mit einem Schlag hatte sich ihre Welt verändert, ein Feind, nein, zwei Feinde, so empfand sie es jedenfalls, hatten sich, ohne dass sie es geahnt hatte, in ihr Reich geschlichen. Sie musste sie, so schnell es ging, wieder hinausbefördern. Doch wie sollte sie das hinkriegen, ohne ihren Vater zu verletzen? Er wirkte bereits bis über beide Ohren verliebt. Kurz überlegte sie, ob sie das vornehme Kleid gegen ihr Dirndl tauschen sollte, aber der Brokat war ohnehin ruiniert, auf ein paar Spritzer mehr kam es auch nicht mehr an. Unterwegs machte sie einen Abstecher in die Küche, wohin sie ein köstlicher Duft zog. Kreszentia Floßberger, die ihrer Familie seit Jahrzehnten diente, wendete Schmalzgebäck in einem großen flachen Topf, der auf dem gusseisernen Herd stand. Bei dem Geruch knurrte ihr Magen, und Anna bemerkte auf einmal, wie hungrig sie war. Schon ihre Mutter hatte das bemängelt – und Frau Rufus tat es bis heute –, dass Anna oft vor lauter Ablenkung zu essen vergaß und dann irgendwann am Ende ihrer Kräfte war und lange brauchte, um sich zu erholen. Dem wollte sie zuvorkommen. Auf der Anrichte füllte eines der Küchenmädchen gesottene Krapfen mit Marmelade und bestäubte sie mit Puderzucker. Wie vorhin im Treibhaus ging es auch hier zu wie in einer Fabrik, drückende Luft hing in Schwaden über dem rußgeschwärzten Abzug. Der Schweiß rann den Frauen unter den Hauben von der Stirn. Obendrein standen sie mit ihren Holzpantinen in Sägespänen, die auf dem Boden das spritzende Fett aufsaugen sollten. Anscheinend hatte die Kaffeegesellschaft noch nicht genug Süßes erhalten und verlangte Nachschub. Anna schnappte sich einen Krapfen und biss hinein. »Mmh, köstlich, Zenzi«, lobte sie die Köchin. »Kriege ich noch einen als Proviant?« Sie bedankte sich, schnappte sich ein Geschirrtuch, wickelte sich noch zwei weitere Krapfen darin ein und schob sie in die Kitteltasche. »Soll ich Ihnen nicht besser was Würziges zubereiten?«

»Nein danke, deine Krapfen sind köstlich und reichen bis zum Abendbrot.« Auf dem Weg durch den Kreuzgang sah Anna ein paar Kinder, die beim Gänsebrunnen mit Murmeln spielten, wie sie es früher auch oft getan hatte, als sie noch mit den Dorfkindern eins gewesen war.

In der ehemaligen Hostienbäckerei angekommen, die sie zu ihrem Atelier auserkoren hatte, legte sie den Proviant zur Seite, schnappte sich einen Tonklumpen, den sie unter mehreren Tüchern feucht gehalten hatte, setzte sich an den Tisch und versenkte die Hände in der kalten Masse. Sie schloss die Augen und fühlte nur, wie vorhin, als Vater sie mit der Erde in Verbindung gebracht hatte. Sie wartete, bis sich aus ihrem inneren Chaos des Erlebten etwas herauskristallisierte, und fing an, den Ton zu formen. Nur für sich, ohne Zweck und ohne Sinn, etwas, das sie in sich sah, aber noch nicht greifen oder benennen konnte.

»Darf man mitmatschen?« Dietmar schaute zur Tür herein.

»Ich wüsste nicht wobei.« Rasch sprang Anna auf, deckte den Ton wieder ab.

»Was ist, was lächelst du?« Er duzte sie einfach, dabei war sie doch die Ältere. Ihr wäre es auch schwergefallen, den Burschen zu siezen. Sie waren zwar gleich groß, aber abgesehen von dem dunklen Flaum zwischen Nase und Mund hatte er noch einen Kinderkopf mit rundlichen Pausbacken, der auf einem etwas zu lang geratenen Hals und einer hageren Statur saß. Vorhin, bei ihrer ersten Begegnung und der Ankunft der Bäume, hatte er noch kein Wort mit ihr gewechselt, und nun redete er munter drauflos. Immerhin hatte er wieder mehr Farbe im Gesicht.

Sie wusch ihre Hände im Wassertrog, trocknete sie an ihrer Schürze ab. »Ich schätze, mein Vater oder deine Mutter hat dich hergeschickt, weil sie sich wünschen, dass wir uns verstehen, im Idealfall vielleicht sogar anfreunden.« Seine eng stehenden Augen, die er von seiner Mutter geerbt hatte, verrieten ihr, dass er vielleicht schon mehr erlebt hatte, als man zunächst denken würde. Er hatte die Züge eines jungen Löwen, die lange Nase, der stechende Blick, nur die Mähne und eine stolzere Haltung fehlten ihm noch.

»Da weißt du mehr als ich. Ich hab mich eher abgeseilt, still sitzen und mit gespreiztem kleinem Finger eine zierliche Tasse halten ist nichts für mich.« Wie selbstverständlich stolzierte er in ihrer Werkstatt herum, blätterte in ihrem Herbarium mit den gesammelten Pflanzen, betrachtete die Skizzen von Pflanzen und Tieren, die an den Wänden hingen. Schließlich blieb er bei ihren Skulpturen stehen. Die befanden sich in den Holzfächern, wo früher die Benediktinerinnen die Oblaten mit dem Lamm Gottes getrocknet hatten. Außer Papá hatte sie noch nie jemandem die Sachen gezeigt. Manchmal tauchten Formen in ihrem Inneren auf, die sie tagsüber im Garten oder im Wald entdeckt hatte und die sie dann darzustellen versuchte. Vieles entwarf sie beim Zeichnen und entwickelte es dann mit dem Ton weiter. Einige veränderte sie auch beim Wiederbetrachten und arbeitete sie um. Das, was hier stand, war auch nichts für die Ewigkeit, vielmehr Versuche auf ihrem künstlerischen Weg, falls es den für sie gab. Wie der Teller, der zerbrochen war, dessen Scherben sie aber dann anders zusammengesetzt hatte, so dass er nun wie ein Gesicht wirkte. Oder die Fabeltiere, halb Katze, halb Vogel, halb Drache, halb Schwein.

»Nicht anfassen«, rief sie, als er die quadratische Platte berühren wollte, die Anna wie einen Teig ausgewalzt und in der Mitte zusammengeschoben hatte. Jetzt warf sie Wellen. »Das ist alles nicht gebrannt und darum sehr zerbrechlich.«

»Verzeihung. Ich hab noch nie so tolle Kunstwerke gesehen. Beeindruckend, wirklich. Ich wusste nicht, dass du das auch noch kannst.« Er setzte sich auf die Bank.

»Auch noch? Wieso?« Jetzt war sie neugierig, was er schon über sie gehört hatte.

»Na, zusätzlich zu deinem Wissen über Pflanzen und den Anbau und alles. Darf ich?« Ohne ihre Zustimmung abzuwarten, nahm er sich einen Krapfen und biss hinein. »Mmh, lecker. Ich wollte dich fragen, ob du mich ein bisschen herumführst und mir das Gut zeigst. Allein verirre ich mich bloß, falle vielleicht in eine der drei Quellen, falls es die wirklich gibt, oder sonst in ein Loch, wo ich verhungern und verdursten muss.«

»Du Armer. Wird euch beim Militär nicht beigebracht,

mutig zu sein?« Auch wenn er sie mit Komplimenten überhäufte, wollte sie ihn noch etwas zappeln lassen.

»Schießen und marschieren, das ist es, was wir lernen. Dabei haben wir uns hauptsächlich einzugliedern, keiner darf aus der Reihe tanzen. Jede Eigeninitiative ist unerwünscht.« Das klang, als falle es ihm schwer, sich daran zu halten. »Ich zähle die Tage in der Anstalt, führe eine Strichliste wie in einem Gefängnis, bis ich diese Zeit endlich hinter mir habe.«

Langsam kam sie sich schäbig vor mit ihrer abweisenden Art. Er bemühte sich sichtlich und war anders, als sein erster Eindruck bei ihr hinterlassen hatte. Was er erzählte und von sich preisgab, hielt sie keineswegs für feige. »Und wann wird das sein?«

»In zwei Jahren, wenn ich das Abitur schaffe. Vorausgesetzt, dass kein Krieg kommt und wir vorher eingezogen werden.«

»Dann willst du gar kein Offizier werden?« Anna teilte den letzten Krapfen mit Dietmar, fing bei ihrer Hälfte schnell die Marmelade mit der Zunge auf, die herauslief.

»Auf keinen Fall. Ich freu mich jetzt schon auf den Tag, wenn ich die Uniform für immer ablegen darf.« Er dankte ihr, verschlang auch dieses Stück Krapfen mit ein paar Bissen. »Ich würde gern Zoologie studieren oder Tiermedizin, aber noch lieber an Expeditionen teilnehmen, vielleicht auf Walfang gehen.«

»Hast du eine Vorstellung, wie grausam der Walfang ist? Nur für diese ekelhafte Medizin und den Tran für Licht.« Anna hatte wochenlang Albträume gehabt, als sie davon erfahren hatte. Seither lehnte sie jegliche Ration Lebertran ab, egal, wie oft Frau Rufus ihr erklärte, dass Lebertran, der vor Rachitis schützte, aus Fischen gewonnen und nicht den größten Säugetieren der Meere abgepresst würde.

»Ich hab *Moby Dick* gelesen.« Dass er Literatur mit der Wirklichkeit gleichsetzte, konnte sie ihm nicht vorwerfen. Sie lebte selbst oft in Tagträumen, die sie mit den Geschichten aus ihren Lieblingsbüchern verband.

»Na, dann los.« Bevor sie nach draußen ging, holte sie noch zwei neue Bleistifte aus einer Schublade und steckte sie in ihre Jagdtasche. Besser als ein Körbchen, wie es für Frauen zur Aufbewahrung üblich war, besaß die Tasche einen breiten Schulterriemen zum Umhängen, damit man die Hände frei hatte, und viele Fächer für alles Mögliche. Noch dazu hielt sie jedes Wetter aus. Wo sollte sie anfangen mit der Führung? Zügig durchquerten sie die Flure, liefen durch das Treppenhaus und wechselten den Trakt. Annas Schritte in den weichen Lederschuhen hörte man kaum, Dietmars Stiefel klackerten dagegen über die Steinplatten.

»Warum hetzt du uns so?« Er keuchte im Laufschritt hinter ihr her und konnte kaum mithalten.

»Weißt du, wie groß Dreisonnenquell ist? Wenn du das meiste sehen willst, müssen wir uns ranhalten.«

»Ja, aber muss das unbedingt in solch einer Geschwindigkeit sein?« Dietmar blieb stehen und hielt sich die Seite. »So viel Elan hätte ich dir gar nicht zugetraut.«

»Als Kadett wirst du doch so einen kleinen Marsch überstehen«, konterte sie.

»Muss ich mich auch in den Ferien plagen? Wir könnten uns Zeit lassen, schließlich wohnen wir nun hier.« Leider, hätte sie am liebsten ergänzt und hielt ebenfalls inne. Dietmar holte etwas aus seiner Uniformhose, schob es sich in den Mund und zerbiss es krachend. Hatte er noch immer

Hunger? Dann erkannte Anna, was er kaute, vielmehr roch sie es. Ein süßlich-scharfer Geruch entströmte ihm. »Ist dir schlecht?«

Er nickte. »Ist schon deutlich besser, auf der Fahrt war mir kotzübel, bis mir dein Vater so ein Stück von eurer Wurzel ausgegraben hat. Die Kutschfahrt zu euch war mörderisch.«

Verständlich, dachte Anna, vom Bahnhof in Weilheim bis Zellsee und dann nach Wessobrunn hoch rumpelte es gewaltig, die Landstraße war voller Schlaglöcher. »Von uns ist der Ingwer nicht, er wächst hauptsächlich in Asien. Vater hat von einem Kollegen ein paar Exemplare geschenkt bekommen und sie bei uns vermehrt.« Die scharfe, leicht zitronig duftende Wurzel war bereits Hildegard von Bingen bekannt gewesen. In der Bibliothek von Dreisonnenquell gab es eine lateinische Abschrift der *Physica*, ein Werk der Benediktinernonne über die Heilkräfte der Natur. Am liebsten mochte Anna Ingwerpflaumen mit Schokoladenüberzug, die Zenzi ab und zu machte.

»Ich weiß, hat er mir erzählt.« Dietmar rutschte an der Wand nach unten und bestaunte den Fußboden. »Sieht aus wie ein Schneckengehäuse.«

»Das ist auch eines. In den Steinplatten sind viele Fossilien eingeschlossen.« Es nagte an Anna, dass Papá und Dietmar bereits sehr vertraut zu sein schienen.

»So Zeug gefällt mir ehrlich gesagt besser als der Tortenguss da oben.« Er deutete mit dem Kopf zur Decke, die mit prunkvollen Ornamenten verziert war.

»Sag das besser nicht zu laut. Dreisonnenquell ist berühmt für sein Stuckwerk. Generationen von Meistern sind in der Wessobrunner Abtei ausgebildet worden und haben ihre Kunst überall in Europa ausgeübt. Früher gab's hier sogar eine eigene Schule für diese Zunft.« Sie könnte die Namen aufzählen, die ihr eingebläut worden waren, Stiller, Bader, Feichtmayr, Schmutzer, Übelherr, Zimmermann und Zöpf, verschonte ihn aber. Als Tochter des Hauses musste sie in der Geschichte bewandert sein. »Ich mag diese Steinplatten auch. Früher hab ich jede einzelne nach den Fossilien abgesucht und sie dann gezeichnet.«

»Zeigst du es mir?«

»Was? Wie Zeichnen geht oder meine Bilder?«

»Beides. Ich habe leider keinerlei Talent, könnte nicht mal einen geraden Strich ziehen.«

»Das muss man auch nicht, dafür gibt es Hilfsmittel. Das hier …«, sie deutete auf eine dunkle Verästelung nahe der Wand, »sieht aus wie der Einschluss eines Grashalms, ist aber nur eine Verfärbung. Doch in einem der Solnhofener Steinbrüche haben sie einen Archäopteryx gefunden.«

»Den Urvogel? Wo? Hast du ihn schon gesehen?«

»Nein, Vater hat davon erzählt, als er in Berlin war und Werner von Siemens besucht hat.«

»Dein Vater verkehrt mit berühmten Leuten und du bestimmt auch.« Sie erwiderte nichts. Berühmt, was bedeutete das schon? Gelegentlich begleitete sie Vater zu Banketten, Theaterbesuchen oder Ausstellungseröffnungen, und er stellte ihr die ein oder andere Persönlichkeit vor, aber meistens waren es langweilige Abende, die nur mit höflicher Konversation gefüllt wurden. Zumal Anna die abschätzige Art der anderen Frauen nicht mochte, denen es nur auf die äußere Erscheinung und den Titel ankam. Da blieb sie lieber in Wessobrunn, wo sie im Dorf die Apfel-Anna war und nur gelegentlich das Fräulein Baronesse. »Wollen wir zum Grauen Herzog?«

»Ist das ein Verwandter von euch?«

Sie lachte. »Nein, ich meine den alten Römerturm, wo wir vorhin waren, als die Maulbeerbäume ankamen. Von dort hat man den besten Überblick.« Sie nahm sich den Leuchter, der auf einem Fensterbrett stand, und ging voraus. Streichhölzer hatte sie immer in ihrem silbernen Etui dabei, das sie zur Firmung geschenkt bekommen hatte. Neben den Zeichensachen und ihrem kostbaren Füllfederhalter hatten darin auch eine kleine Lupe und eine winzige Schere Platz. Man wusste nie, was man wann wo brauchte und was man entdeckte. Sie schlüpften durch ein Türchen in der hohen Steinmauer, die das Grundstück weitläufig umrundete, und stiegen die Außenleiter des ehemaligen Wehrturms hinauf, der früher sogar mit dem Kloster verbunden gewesen war. Am Geländer zum Eingang, der vier Meter über dem Erdboden lag, entzündete sie die Lampe und schob den Glastrichter wieder über die Flamme.

»Und dieser Tran stört dich nicht?«, fragte Dietmar.

»Riechst du es nicht?« Sie hielt ihm die Lampe vors Gesicht. »Das ist Petroleum. Ansonsten verwenden wir auch Paraffin und natürlich Bienenwachskerzen für feierliche Anlässe.« Dafür hatte sie gesorgt, nachdem sie begriffen hatte, was man aus dem Speck von Walen alles erzeugte.

»Dein Vater lässt dich ganz schön viel mitbestimmen«, sagte er.

»Deiner etwa nicht?«

»Ich weiß nicht, wer mein Vater ist. Mama spricht nicht über ihn, und ich habe aufgegeben, sie damit zu piesacken.« Das berührte Anna. So lästig ihr die Quast-Sippschaft manchmal war, nicht zu wissen, woher man kam oder wer seine Vorfahren waren, stellte sie sich quälend vor. Innen leuchtete sie den Weg voran, damit sie die Treppen hinauf nicht stolperten. Als Kind hatte sie im Turm das Märchen von Rapunzel nachgespielt und aus der Luke hinter den vier Glocken ihren Zopf herabhängen lassen, um zu messen, wie lang es noch dauerte, bis sie damit den Boden erreichte. Obwohl sie ihr Haar noch nie abgeschnitten hatte, würde es in diesem Leben niemals gelingen, hatte sie festgestellt. Märchen waren eben nur Geschichten, und vor einer bösen Hexe musste Anna auch nicht flüchten, manchmal eher vor ihrer eigenen Wut. Endlich unterm Dach angekommen, lugten sie über den Zeiger der großen Sonnenuhr in die Weite. Hinter dem hufeisenförmigen Gebäude mit seinen drei Trakten entfalteten sich bunte Wiesen und Felder, Kolbs labyrinthischer Kräutergarten, den Zenzi für ihre Speisen nutzte, und die vielen Gewächshäuser mit ihren besonderen Formen. Nur die drei Quellen konnte man von hier aus nicht sehen, sie lagen oberhalb des Grauen Herzogs. Als sie wieder hinuntergeklettert waren, führte Anna Dietmar zum Brunnenhaus mit seinen Arkaden und hob die Holzdeckel. Darunter entsprangen die drei Quellen. Dietmar staunte. Sie waren in Kreuzform angeordnet, was den Ort so mystisch machte. Ihre Gesichter spiegelten sich darin. »Es gibt eine Legende zu den drei Quellen.«

»Und wie geht die?« Dietmar mochte Geschichten offenbar genauso gern wie sie.

»Die erzähl ich dir unten an der Klostermauer bei der Tassilolinde.« Sie zeigte den Hang hinunter.

»Noch mal so weit?«

»Du wolltest doch, dass ich dich herumführe, und dort ist einer meiner Lieblingsplätze. Aber wenn du nicht willst, dann nicht.«

»Von mir aus, es geht ja bergab.« Auf dem Rückweg überquerten sie auf einer schmalen Brücke wieder die drei Teiche. Forellen und Saiblinge tummelten sich im Wasser.

»Solange es unseren Fischen gut geht, wissen wir, dass auch das Trinkwasser rein ist«, erklärte Anna. »Von hier versorgen wir durch die Pumpen nicht nur das gesamte Gut mit Wasser, sondern auch den Pfarrhof, den Meierhof und die Poststation mit ihren Pferden. Hast du das gesehen?« Eine Forelle war aus dem Wasser gesprungen.

»Schau, und da wieder eine.« Er zeigte zu dem kleinen Wasserfall. »Dagegen solltest du mal den Teltowkanal in Lichterfelde sehen. Wer da reinfällt, holt sich bestimmt auf der Stelle die Cholera.«

»Mein Vater hat die Seuche als Kind überlebt, aber sein Bruder ist daran gestorben«, erwiderte Anna. Zum Glück schien die Cholera, die mit furchtbarem Durchfall und Erbrechen einherging, seit ein paar Jahren in Bayern ausgerottet. Besonders seit man herausgefunden hatte, dass schmutziges Trinkwasser schuld daran war. »Es muss schrecklich für ihn gewesen sein. Deshalb ist Papá auf Dreisonnenquell die Reinheit des Wassers so wichtig.« Der Zusammenhang wurde ihr durchs Erzählen zum ersten Mal bewusst. Sie gingen am Glaspalast mit seiner kunstvoll gewölbten Eisenkonstruktion vorbei, wo die Arbeiter noch immer mit dem Einpflanzen der Bäume beschäftigt waren.

»Ach, Fräulein Anna, wegen des Düngers, was sollen wir nehmen?« Kolb kam auf sie zu.

Sie fühlte sich geehrt, dass sie gefragt wurde, und überlegte. »Was schlagen Sie vor?« Auch wenn sie die Verantwortung hatte, war er der Experte.

»Ich dachte an Schafsmist.«

»Muss der nicht vorher in die Erde?« Womöglich mussten sie nun alle Bäumchen noch mal ausheben.

»Nein, als Kompost lässt er sich gut verteilen und sickert durchs Gießen an die Wurzeln.«

»Perfekt, danke, Herr Kolb.«

»Mensch, du kennst dich vielleicht aus.« Wieder lobte Dietmar sie, als sie weitergingen. »Kannst du mir erklären, wieso ihr diese Maulbeerbäume in einem Haus pflanzt? Habt ihr keine Angst, dass sie euch eines Tages die Glasfenster sprengen?« Schwalben schwirrten um ihre Köpfe und flogen zwitschernd zwischen den Treibhäusern umher.

»Diese Bäume wachsen bestimmt nicht so schnell, noch dazu werden sie gestutzt, bevor das passiert. Sie sollen eher in die Breite als in die Höhe wachsen, damit man leichter ernten kann.«

»Besonders Auguste. Dass ihr den Bäumen Namen gebt, finde ich seltsam.«

»Nur der eine von den fünfhundert hat einen Namen gekriegt, zu Ehren unseres Geldgebers.«

»Aber diese Linde, zu der wir unterwegs sind, heißt doch Tassilo.« Dietmar hörte aufmerksam zu, das gefiel ihr. So war es wenigstens nicht völlig vertane Zeit mit ihm. »Gibt's auch einen Annabaum?« Er grinste sie an.

»Bisher nicht.« Sie lächelte zurück. Der Tonkabaum fiel ihr ein, der auf der Alm wuchs, die ihrer Familie gehörte. Er war zwar nicht nach ihr benannt, aber er hatte mit ihr zu tun oder vielmehr mit der Liebe ihrer Eltern. Seit dem Tod ihrer Mutter waren sie nicht mehr dort gewesen. Doch Anna erinnerte sich, dass sie oberhalb des Kochelsees, auf dieser abgelegenen Alm, glückliche Sommertage mit ihren Eltern verbracht hatte. Ein Sehnsuchtsort, den sie seither in ihrem Herzen trug wie einen Schatz.

»Und wann kann man die Seide ernten?«, fragte Dietmar. Anscheinend stellte er sich vor, dass sie den kostbaren Stoff fertig gewebt wie Äpfel von den Bäumen pflückten.

»Na, im Herbst, pünktlich zur Hochzeit, ist die Seide reif.« Es hörte sich komisch an, das mit der Trauung laut auszusprechen. »Dann ist bestimmt der allerschönste Brautschleier für deine Mutter gewachsen.«

»Im Ernst?« Dietmar riss die Augen auf, und zum ersten Mal wirkte er so jung, wie er trotz seines militärischen Auftretens war.

»Nein, geschwindelt«, gab Anna zu. »Seide wächst nicht auf Bäumen. Es ist die Raupe des Seidenspinners, einer Schmetterlingsart, die sich ausschließlich von den Blättern des weißen Maulbeerbaums ernährt. Wenn sie sich verpuppt, entsteht in ihrem Kokon ein Seidenfaden, den man dann abwickelt und zu Stoffen verwebt.«

»Und die Raupe?«

»Die wird getötet.«

»Sie darf also nie ein Schmetterling werden?«

»Nur ein paar von ihnen, für die Weiterzucht.« Anna fand das auch grausam, aber so war das nun mal. Sobald der Mensch in die Natur eingriff oder sie sich zunutze machte, entschied er über Leben und Tod.

»Und wie viel ergibt so ein Kokon? Ich stell mir die winzig klein vor.« Sie liefen den Hang hinunter.

»Sind sie auch. So drei bis vier Zentimeter.« Anna deutete die Größe mit zwei Fingern an. »Vater hat ein paar in seinem Bureau. Ich glaube, einer ergibt so ungefähr einen drei- bis viertausend Meter langen Faden. Doch für ein Kilo Rohseide braucht man mindestens viertausend Puppen.« Diese Rechnung hatte sie so beeindruckt, dass sie die Zahlen immer noch wusste.

»Das klingt ja kompliziert und sehr aufwendig. Lohnt sich das?«

Anna zuckte mit den Schultern. »Bisher ist es in Bayern noch nie jemandem geglückt.«

»Allerdings hat auch noch nie jemand Bäume bei solch einer Affenhitze in ein Glashaus gesteckt.« Dietmar zog seine Kadettenjacke mit den aufgenähten Kordeln aus und wischte sich mit dem Hemdärmel über die Stirn. Ein scharfer Schweißgeruch stieg ihr in die Nase. Sie nahm etwas mehr Abstand zu ihm. Unten, bei der Grundstücksgrenze angekommen, öffnete sie ein vergittertes Türchen in der Mauer. Früher hatten die Bittsteller hier um Einlass ins Kloster gebeten. Mit ihrer mächtigen Krone wirkte die Tassilolinde auf den ersten Blick mehr wie eine Baumgruppe als wie ein einzelner Baum, und erst bei genauerem Hinsehen erkannte man, dass sich die vielen dünneren Stämme aus einem einzigen, vierzehn Meter breiten Stamm in den Himmel streckten. Einmal hatten Vater und sie ein Seil herumgespannt, um ihren Umfang zu messen. Schon von weitem nahm sie den herrlichen Lindenblütenduft wahr. Kurz zögerte sie, ob sie Dietmar einfach so ihren Lieblingsplatz zeigen sollte, doch nun war es zu spät. Schon sprang er über den Steg, der über einen Bach führte, und überholte sie auf dem schmalen Pfad.

»Ist das pfundig.« Sofort fing er an, auf die knorrigen Äste zu steigen. Wo er vorher noch lahm neben ihr her gestiefelt war, zeigte er auf einmal keine Spur von Müdigkeit mehr. »Ich beneide dich, Anna. Ich glaub, wenn ich in Wessobrunn aufgewachsen wäre, wäre ich in diesen Baum gezogen. Mama und ich haben bisher immer nur zur Untermiete irgendwo gewohnt, manche Nächte haben wir sogar in einem Bett mit anderen zusammen geschlafen. So lustig oder anrüchig, wie das vielleicht klingt, war es leider nicht. Unter den Federdecken haben sich nicht nur Beine, Bäuche und sämtliche Ausdünstungen getummelt, sondern auch jede Menge Ungeziefer.«

»Wie findest du es eigentlich, dass deine Mutter und mein Vater heiraten?«, fragte Anna ganz unvermittelt und schaute zu ihm hoch. Er ahnte nicht, dass sie genauso gern im Baum kletterte.

Inzwischen hockte er über ihr und schwang die Beine, als säße er auf einem Pferd. »Erst fand ich es doof. Es gab viele, die Mutter Versprechungen gemacht haben, ich dachte, dein Vater ist genauso einer, aber jetzt, wo wir hier einziehen werden und ich dich kennengelernt habe, gefällt es mir. Juchhu!« Er schwang sich von Stamm zu Stamm, konnte nicht genug kriegen. Blätter, Blüten und Rinde rieselten auf Anna. »Vorsicht, die Äste sind morsch. Der Baum ist schließlich tausend Jahre alt. Außerdem musst du ihn nicht gleich heute ruinieren.«

»Aber es macht so Spaß, komm doch auch rauf.« Er streckte einen Arm aus, versuchte, sie zu erreichen. Es knirschte und krachte. Anna duckte sich rasch und legte die Arme um den Kopf. Wie eine Pflaume plumpste Dietmar neben sie und schlug hart auf den Wurzeln auf. »Autsch.« Er rieb sich den Hintern und verzog das Gesicht. »Das gibt mehr als einen blauen Fleck.«

»Du blutest.« Sie zeigte auf seine Wange.

»Was, echt?« Plötzlich strahlte er, leckte sich den Finger ab und nickte.

»Warte, ich hol Wasser zum Saubermachen. Was tust du? Nicht!«

Er hatte mit den Fingernägeln Erde, Steinchen und Moos zwischen den Wurzeln herausgekratzt und rieb sich das Ganze wie eine Salbe ins Gesicht.

»Bist du narrisch? Wenn sich das entzündet, stirbst du an Blutvergiftung.«

Er winkte ab. »So schlimm ist es nicht, es brennt bloß ein bisschen. Ich will, dass es eine Narbe wird, dann kann ich in der Anstalt nämlich damit angeben.« Mit angezogenen Beinen lehnte er sich neben sie an einen Stamm.

»Was soll an einer Narbe so toll sein?«

»Hast du nie davon gehört? Ein Schmiss gilt als Zeichen, dass man sich allem entgegenstellt und keiner Gefahr ausweicht.«

»Der Gefahr, beim Hochkraxeln vom Baum zu fallen?« Sie lachte.

»Das muss doch keiner wissen, aber auf diese Weise müsste ich im Sommer bei der Abschlussfeier nicht mehr fechten. Einem Freund von mir haben sie nämlich mit einem Hieb die halbe Nase abgetrennt.«

»Ihr schneidet euch absichtlich ins Gesicht und entstellt euch damit fürs ganze Leben?« Er nickte, grinste sie mit seinem dreck- und blutverschmierten Löwengesicht an. »So was Sinnloses kann auch nur Männern einfallen. Hier.« Sie gab ihm ihr Taschentuch. »Du hast, glaub ich, genug Dreck in der Wunde, wisch den Rest lieber ab.«

Er roch an ihrem Tuch, strich über das AvQ-Monogramm, das darauf eingestickt war. »Kann ich das behalten?«

»Von mir aus.« Sie hatte eine ganze Schublade davon, die die Wäscherin regelmäßig auskochte, dämpfte und plättete.

»Es duftet genau wie du, nach … nach …«

»Lavendel«, half sie ihm auf die Sprünge. »Hilft gegen Kleidermotten. In meinem Schrank liegen Säckchen damit zwischen der Wäsche.« Um die plötzlich aufkeimende Verlegenheit zu überspielen, stieg sie aus dem Bauminneren. »Komm, lass uns zurückgehen, dein Gesicht gehört dringend verarztet, sonst schaffst du es nicht mehr bis zum Abschluss, und die ganze Aktion war umsonst.« Noch immer tropfte ihm Blut vom Kinn und sog sich in seinen Kragen.

»Ich warte hier solange. Schick doch den Doktor runter zu mir.« Seine Trägheit meldete sich zurück.

»Nichts da, es wird bald dunkel. Wir sollten gehen.« Stellte er sich vor, dass sie einen Hausarzt angestellt hatten, der nur darauf wartete, bis sich einer von ihnen verletzte? Dietmar würde mit der Jodtinktur der Köchin Bekanntschaft machen. Bei allen Stürzen und Blessuren, die sie als Kind erlitten hatte, hatte Anna selbst damit vorliebnehmen müssen. Nur in Notfällen riefen sie Landarzt Lachner, der in Herrsching praktizierte. »Außerdem wird es Zeit, wir sollten zum Nachtmahl erscheinen.« Sie hatte es Vater versprochen. Dietmar machte keine Anstalten aufzustehen. »Beim Raufgehen erzähle ich dir die Legende vom Tassilo.« Endlich erhob er sich, steckte ihr Taschentuch unbenutzt ein.

»Einmal …«, begann sie, so fing auch Papá jede seiner Geschichten an, »vor mehr als tausend Jahren, war Tassilo der Dritte hier in der Gegend auf der Jagd gewesen. Weder Bär noch Hirsch lief ihm vor die Flin…, äh, vor Pfeil und Bogen«, verbesserte sie sich. Sie nahm jedenfalls an, dass das damals die bevorzugte Jagdwaffe gewesen war. »Hungrig und erschöpft legte er sich zum Schlafen unter diese Linde, die zu der Zeit erst nur ein kleines Bäumchen war.«

Sie entriegelte wieder den Durchschlupf in die Klostermauer, wartete, bis Dietmar ihr folgte. Mit dieser List hatte Vater sie auch schon auf sämtliche Gipfel getrieben. Den nicht enden wollenden Weg versüßte er ihr mit Geschichten, so dass sie vor Spannung und Neugier die Anstrengung vergaß. »In der Nacht träumte er von drei Quellen, die zu einem Kreuz ineinanderflossen. Eine Leiter aus Licht führte vom Himmel herunter, auf der Engel wandelten und aus den Quellen schöpften. Oben, in den Wolken, stand Petrus mit dem goldenen Himmelsschlüssel. Als Tassilo erwachte, beauftragte er seinen Reitknecht, nach den drei Quellen zu suchen, und der fand sie nicht weit weg von der Linde am Berg. Tassilo fühlte sich von Gott berufen und beschloss, an dieser Stelle ein Kloster errichten zu lassen. Und hier ist es. Dreisonnenquell.« Sie erreichten den Kräutergarten, der mit Buchs eingefasst war. Zenzis ganzer Stolz und die Essenz ihrer Gerichte, wie sie immer sagte. Prompt entdeckte Anna die Köchin, die vor einem Beet kniete. »Wie gerufen, liebe Zenzi, zu dir wollten wir gerade. Ich hab einen Patienten für dich.«

»Oha, das schaut wild aus.« Schwerfällig erhob sie sich, zupfte ihren Rock glatt und musterte den Verletzten. »Dann kommen S' mal mit, gnä' Herr, in meine guade Stubn.«

»In Ihre Stube?« Dietmar zögerte.

»Na, in die Küch', wo ich Nadel und Faden hab, oder wollen S' verbluten?«

Dietmar beugte sich über den Brunnen, der in der Mitte des Kräutergartens stand, und betrachtete sein Spiegelbild im Wasser, verzog erst das Gesicht, dann lächelte er. »Richtig schön wulstig zusammennähen, bitt' schön, ja?«

»Ich werd mich bemühen, eine Paramentenstickerin bin ich nicht.« In ihren Korb hatte sie Thymian, Schnittlauch,

Petersilie und ein paar essbare Blüten als Verzierung gesammelt. Sie folgten ihr ins Haus, wo Anna ihr assistierte. Sie reichte Zenzi das Jodfläschchen und war froh, dass es diesmal einen anderen zu versorgen galt. Aber von Tapferkeit war bei Dietmar keine Rede mehr. Er zeterte und jammerte bei der kleinsten Berührung, konnte sich kaum im Flur auf einem Stuhl halten. Als Anna anstelle der Köchin, deren Sehkraft im Alter nachgelassen hatte, einen Faden durch das Öhr einer Nadel zog, mit der sie auch die Bäuche von gefülltem Geflügel verschloss, sprang er auf. »Nein, auf keinen Fall, ich hab's mir anders überlegt. Das heilt auch so.«

»Da wäre ich mir aber nicht so sicher«, sagte Zenzi. »Wenigstens eine Calendulakompresse sollten wir auflegen.« Sie tränkte ein Stück Leintuch mit der selbstgekochten Tinktur und reichte es ihm. Vorsichtig drückte er sich den Lappen auf die Wange. Es linderte anscheinend, denn er hörte zu jammern auf. In der Küche dampfte und brodelte es, das Personal arbeitete an den Speisen fürs Nachtmahl.

»Danke, Zenzi«, sagte Anna in Dietmars Namen, sie wollte die Köchin nicht länger aufhalten, außerdem fühlte sie sich schuldig, ihn in den Baum gelockt zu haben.

»Gern, Fräulein Baronesse.« Die Köchin schnappte sich ein Messer und fuchtelte damit herum. Dietmar wich zurück. In rasender Geschwindigkeit fing sie an, die gesammelten Kräuter klein zu hacken. »Übrigens wird Ihnen heute im Tassilosaal serviert, soll ich ausrichten.« Wie immer siezte Zenzi sie vor anderen. Nur wenn sie allein waren, waren sie per Du. Dann legte sie alle Gepflogenheiten ab und behandelte Anna wie eines ihrer vier eigenen Kinder. Im ersten Stock blieb Dietmar vor dem Marmorportal stehen und schaute zu dem pompösen Stuckrahmen empor. Zwischen Pfauenschwänzen und einer Krone hing ein Gemälde. »Wer ist dieser Ritter? Ein Urahne von dir?« Er hielt sich noch immer die Kompresse an die Wange und nuschelte, wenn er sprach.

»Nein, das ist Kurfürst Maximilian, der Bayern im Dreißigjährigen Krieg wieder fast völlig katholisch, aber auch finanziell unabhängig vom übrigen deutschen Kaiserreich gemacht hat.« Anna sah sich nach ihrem Vater um, doch weder er noch Ruth waren in Sicht.

»Respekt, du kennst dich auch noch in Geschichte aus.«

»Nur in der hauseigenen.« Sie lächelte. »Fast jeder, der uns besucht, fragt, wer das ist, und dann muss ich doch auch antworten können. Du kannst das Tuch übrigens wegtun, die Tinktur dürfte eingezogen sein.« Gäbe es nicht die echten Pflanzen und Tiere auf dem Grundstück, wäre Anna in einer Gipswelt voller Kuriositäten aufgewachsen. Manche der Figuren und Ornamente waren beschädigt oder Teile fehlten ganz. Die Farben verblassten zunehmend, und nach jedem Winter bröckelte der Stuck ein bisschen mehr. Doch die Renovierung war kostspielig. Vater investierte das vom Kronprinzen bereitgestellte Geld lieber in weitere neue Vorhaben als in die Instandsetzung und Erhaltung des Hauses. Pflanzen brauchen sofort Wasser, Dünger, Licht und Sonne, war seine Einstellung. Das Kloster gab es schon so viele Jahrhunderte, bevor ihr Vater es erworben hatte, es würde auch noch ein Weilchen ohne frische Farbe und Putz an den Wänden durchhalten. »Komm, wir setzen uns schon mal. Ich weiß auch nicht, wo Papá und deine Mutter bleiben.«

»Wo sollen sie schon sein, Anna? Im Schlafzimmer natürlich«, sagte er schlicht. Das brachte sie erneut in Verlegenheit. In Liebesdingen war sie bisher einzig durch die Literatur bewandert, hatte sich das, was sich Geheimnisvolles zwischen Mann und Frau im Bett oder wo auch immer abspielte, mehr oder weniger selbst zusammengereimt. Die wenigen Stellen, die sie nach langem Suchen in einigen Büchern gefunden hatte, überließen das meiste der Phantasie oder endeten in schwärmerischen Umschreibungen, was Anna noch mehr verwirrte. Solange sie noch keine eigenen Erfahrungen gemacht hatte, war sie weiterhin der reinen Spekulation ausgesetzt. Dietmar stellte sich ans Treppengeländer und ließ die Kompresse einfach fallen, so dass der blutige Lappen flatternd durch die Luft segelte und schließlich auf den Steinstufen landete. Das gehörte sich doch nicht, gerade, als Anna ihn zurechtweisen wollte, klapperte Frau Rufus auf ihren Absätzen herauf.

»Fräulein von Quast, endlich finde ich Sie, ich habe Sie schon überall gesucht.« Bestimmt verlangte sie von ihr, dass sie sich endlich umzog. Verdenken konnte Anna es ihr nicht. Sie trug noch immer den Arbeitskittel über dem stark verschmutzten Kleid. »Ich wollte mich nur von Ihnen verabschieden.«

»Sie verreisen?«

»Meine Dienste werden nicht mehr länger benötigt, heißt es.« Ihre Mundwinkel zuckten. Rasch zog sie ein Taschentuch aus dem Ärmel und tupfte sich die Nase. »Nun, da Sie bald großjährig sind.«

»Warum haben Sie mir das nicht eher gesagt?« Anna war verwirrt. Von einer vorzeitigen Entlassung war nie die Rede gewesen. Begann nun die Freiheit, von der sie immer geträumt hatte?

»Es war nicht meine Entscheidung, Fräulein von Quast, ich erfuhr erst vor zwei Stunden davon.«

»Hat Vater Ihnen gekündigt?«

Mit zitternden Lippen breitete sie die Arme aus und ließ ihren Tränen freien Lauf. »Mein Kind, ich habe stets versucht, dir das Beste zu geben.« Sie schloss Anna in die Arme, auch wenn sie längst kein Kind mehr war, und ihres schon gar nicht. Danach senkte Frau Rufus den Kopf, knickste, wie um den Standesunterschied wiederherzustellen, und nahm ihre schwere Tasche auf, die sie vor einer Kommode abgestellt hatte.

»Und was werden Sie jetzt tun?« Auch wenn Anna Erleichterung verspürte, fand sie es doch ungerecht, dass sie nach den vielen Jahren so schlagartig das Haus verlassen musste.

»Ich bitte einen der Stallburschen einzuspannen, um mich zum Bahnhof zu bringen, von wo ich zu meinem Bruder nach Landshut fahren werde.«

»Ich meinte beruflich. Haben Sie eine neue Anstellung in Aussicht?« Die Gouvernante verneinte. Das sah Vater gar nicht ähnlich. Anna wunderte sich auch, dass er ihr vorhin, als er ihr so viel anvertraut hatte, diesen Entschluss nicht mitgeteilt hatte. »Fährt um diese Uhrzeit überhaupt noch ein Zug? So bleiben Sie doch wenigstens noch über Nacht. Ich werde mit Papá sprechen, dass Sie auch erst abreisen können, wenn Sie eine neue Stelle gefunden haben.«

»Meine Mutter war's«, mischte sich Dietmar ein. »Sie hat deine Gouvernante entlassen.« Er deutete mit dem Kinn auf Frau Rufus, die, ohne sich noch mal umzudrehen, über den Flur in Richtung Dienstbotentrakt davoneilte.

Eva

Alle Möglichkeiten standen ihr offen und waren zugleich unerreichbar fern. Sie spürte ein Kribbeln, als läge ein völlig neues Leben vor ihr. Würde sie jemals zu den Kleins zurückkehren? Würde sie sich mit ihnen wieder aussöhnen oder zumindest eine Möglichkeit finden, sich ohne Vorwürfe zu begegnen? Darüber wollte sie vorerst nicht grübeln. Am besten, sie schob es von sich weg oder versuchte es zumindest. Am Murnauer Bahnhof blies ein eisig kalter Wind. Nach wenigen Minuten bereute sie es, keinen zusätzlichen Pullover mitgenommen zu haben. Der Zug, der als Erstes käme, sollte für sie die Entscheidung treffen. Nach Norden in das vertraute München oder nach Süden Richtung Garmisch, und dann vielleicht weiter nach Italien? Allein? Sie könnte Jasmin fragen, ob sie einen Tag früher zu ihr durfte und bei ihr übernachten könnte, bevor sie in die Toskana aufbrachen. Für die Reise musste Eva ihr Sparbuch plündern, aber samstags hatten die Banken zu. Außerdem zögerte sie, in Spatzenhausen anzurufen. Wollte sie überhaupt mit einer anderen Familie in Urlaub fahren? Ihr reichten die eigenen Probleme. Doch so oder so, sie musste mit Jasmin reden und ihr Bescheid geben. Sie schaute nach, ob sie genügend Kleingeld hatte, und ging zur Telefonzelle beim

Fahrradständer, in dem nur ein einzelner abgesperrter Vorderreifen steckte.

»Gilt das noch mit der Toskana?«, fragte sie gleich ganz direkt, kaum dass Jasmin abgehoben hatte.

»Hey, schön, dass du anrufst. Ja klar. Ich hab zwar meine Eltern noch nicht gefragt, aber das kann ich gleich machen. Warte.« Es raschelte im Hörer. Die Zehnerl klickerten durch den Apparat, für die paar Kilometer Entfernung zwischen Murnau und dem nächsten Dorf kassierte die Post anscheinend extra. Es roch nach Pommes frites in der Zelle. Eva hockte sich auf die Telefonbücher, die mit dem Rücken nach oben neben dem Wählapparat hingen. Wenn Jasmin nicht bald an den Apparat zurückkehrte, würde ihr das Kleingeld ausgehen. Eva kratzte das Eis vom gefrorenen Fenster, um den Bahnsteig im Blick zu behalten, falls ein Zug käme. Als sie schon auflegen wollte, um später noch mal anrufen zu können, meldete Jasmin sich wieder.

»Tut mir leid, bei uns herrscht dicke Luft. Mein Bruder ist von der Schule geflogen und …« Sie legte eine Pause ein. »Meine Eltern zoffen sich gerade deswegen, ich bin froh, dass es mal nicht um mich geht.« Das Letzte flüsterte sie, so dass Eva den Hörer ans Ohr pressen musste, um sie zu verstehen.

»Willkommen im Club.« Eva warf ihre letzten fünf Zehnerl ein.

»Wieso, du hast doch keine Geschwister, oder?«

»Nein, aber …« Da fiel ihr ein, dass sie das gar nicht wusste, vielleicht hatte sie ja welche und bekam die jetzt gratis dazu. Möglicherweise war ihre biologische Mutter nicht nur einmal hingefallen, sondern stolperte andauernd.

»Oh, ich höre gerade … warte kurz, sie streiten weiter.«

Jasmin kommentierte die Vorgänge im Hintergrund, die Eva nur als Rauschen wahrnahm, wie eine Radiosprecherin. »Mein Vater will nicht mehr wegfahren, und er verdonnert uns alle hierzubleiben. Tut mir leid.« Dann erübrigte sich auch die Frage, ob Eva sie besuchen durfte und vielleicht bei ihr übernachten konnte.

»Okay, dann mach's gut.«

»Vielleicht kriegen sie sich ja wieder ein, dann sag ich dir Bescheid.«

»Ich bin aber nicht zu Hause, sondern unterwegs, du erreichst mich also schlecht.«

»Wieso, was ist los?«

»Lange Geschichte.« Eva zögerte erst, aber dann fragte sie doch. »Sag mal, weißt du, dass ich adoptiert bin?«

»Ja, das weiß jeder, der euch kennt.«

»Jeder – du meinst so, wie dass mein Va…, also ich meine Ludwig, keine Haare hat?«

»So ungefähr. Meine Mutter hat's mir mal gesagt, als sie bei euch zur Dauerwelle war. Wieso?«

»Weil ich's erst heute erfahren hab.«

»Oh. Und jetzt? Wie geht's dir damit?«

Ihre Worte rührten Eva, sie hätte am liebsten laut aufgeheult, aber riss sich zusammen und schniefte nur kurz. »Geht so.«

Wie sollte sie diese Leere beschreiben, dieses Fass ohne Boden, diesen Abgrund, an dem sie stand? Sie hörte, wie die Münzen durchklackerten.

»Sag, wollen wir uns treffen?«, schlug Jasmin nach einigen Zehnerln des Schweigens vor. »Ich muss noch in den Stall und ausmisten, aber danach hätte ich Zeit.«

»Seid ihr in einen Bauernhof gezogen?« Soviel sie wusste,

wohnte Jasmin mit ihrer Familie, die eine Wäscherei betrieb, in einem Reihenhaus am Dorfrand.

»Nein, ich hab bloß eine Reitbeteiligung. Samstags muss ich mich um die Box kümmern. Was ist mit dieser Faschingsparty? Wenn du da noch hinwillst, dann bin ich dabei.«

»Ich dachte, du hasst Fasching.«

»Alles ist besser, als bei meinen Alten zu hocken und die Probleme meines Bruders durchzukauen. Wohlgemerkt in seiner Abwesenheit. Rainer hat sich längst zu seinem Freund abgeseilt. Hast du schon ein Kostüm?«

»Nein.« Damit hatte das ganze Desaster ja angefangen.

»Ich schau nach, ob wir noch eine Pappnase oder eine lustige Brille haben, und bringe was mit.«

»Spitze.« Eva freute sich über diesen Lichtblick. Als der letzte Groschen verbraucht war und es schon in der Leitung piepte, verabredeten sie sich für achtzehn Uhr am Hauptbahnhof. Von da wollten sie zu Fuß nach Schwabing laufen, wo es laut Zettel um sieben losgehen sollte. Bis dahin musste Eva die Zeit überbrücken.

Acht Minuten später rollte der Schnellzug Richtung München ein. Von dort aus könnte sie auch in alle Himmelsrichtungen weiterfahren, dachte sie und stieg ein. Sobald sie Murnau verlassen hatte, löste sich die Beklemmung in ihr. Sie war doch frei und konnte selbst bestimmen. Keiner schrieb ihr vor, was sie als Nächstes tun sollte. Erst mal würde sie sich treiben lassen, um herauszufinden, was das mit ihr machte. Weg von den alten Zwängen und Verpflichtungen. Alles, was sie zum Leben brauchte, hatte sie in ihrem Rucksack dabei. Zu gern würde sie durch die Kaufhäuser schlendern, mit den Rolltreppen beliebig oft hoch- und runterfahren, die Dekorationen betrachten und in die Duftexplosion der Kosmetikabteilungen eintauchen. Aber samstags öffneten die Münchner Geschäfte nicht vor neun Uhr dreißig, sie musste also auch dafür noch etwas Geduld haben. Darum schlenderte sie erst mal kreuz und quer durch die Stadt, betrachtete die Schaufenster und beobachtete die Leute, die an ihr vorbeihasteten. Vom Duft einer Bäckerei angezogen, kaufte sie sich eine Brezen mit Kürbiskernen anstatt Salz, die es nur bei einem Bäcker am Marienplatz gab. Betzis Torte in der Tupperdose hob sie sich lieber für den Notfall auf, man konnte nie wissen. Die Sonne drängte sich durch den Wolkenhimmel, der restliche Schnee, der sich an den Rändern der Gehsteige und in den Häuserecken türmte, fing zu glitzern an. Alles Gute, Eva, sagte sie innerlich zu sich selbst und biss in die Brezen. Vom *Alten Peter* her preschte jemand auf einem Rad das Kopfsteinpflaster hinunter. Kein normales Fahrrad, sondern ein Dreirad. Eine Frau, deren bunter Rock zwischen den zwei Reifen flatterte. Erst schien es, als könnte sie nicht rechtzeitig vor der stark befahrenen Straße abbremsen, doch dann stoppte die Radlerin kurz vor Eva und sprang von den Pedalen.

»Verdammt, nicht das auch noch, wo es mir eh schon so pressiert.« In ihrem dunkelblauen Dufflecoat beugte die Frau sich über den Lenker.

Eva glaubte, ihr wäre schlecht und sie müsste sich übergeben. »Was ist los, geht's dir nicht gut?«

»Schau dir das an, so ein Mist aber auch.« Sie ließ ihrem Frust freien Lauf, drückte auf den Vorderreifen, der platt war. »Na, wenigstens nicht hinten, da müsste ich alles ausbauen. Das kleine Glück verlässt dich nie, sagt meine Vermieterin immer.« Sie zuckte mit den Mundwinkeln, als wollte sie ein Lächeln andeuten. Unter ihrer Kapuze lugte ein rotblonder Pony hervor, und ihr Gesicht hatte lauter Sommersprossen. Von ihrer Schönheit berührt, hatte Eva das Gefühl, in einem Weizenfeld voller weicher Ähren zu stehen. Auf einmal duftete es wie im Juli, nach Kornblumen und Mohn – und das im Februar, inmitten der kalten Stadt. Etwas Zitrone, Rosenholz und Basilikum hingen in der Luft, aber Eva prägte sich auch den Geruch nach Moos und Pfirsich ein. Diese Vielfalt hatte sie bisher noch nie an einem Menschen wahrgenommen. Und da war noch ein unbekanntes Aroma an ihr, das sie noch nicht benennen konnte. Hastig ging sie ihre innere Duftbibliothek durch.

»Diarndln, wos werd' des? Miaßt's es ihr unbedingt do ratschn?« Ein Mann mit Cordhut und Ohrenklappen holte sie aus der Duftwolke in all ihre Sinne zurück. Kopfschüttelnd trat er auf die Straße und mit ihm andere Passanten, als hielten sie die Leute absichtlich auf.

»Am besten schieb ich woanders hin, bevor wir den Reifen richten.« Sie nickte Eva zu, die immer noch über der Basisnote grübelte, aber ihr nicht auf die Spur kam. Konnte es Flieder sein oder eher Hyazinthe? »Hallo, du wolltest mir doch helfen? Gilt das noch, oder hast du es dir anders überlegt?«

»Äh, nein, ich meine ja.« Sie tendierte zu Flieder, dem violetten, der in Murnauer Gärten wuchs.

»Ich bin Maja.« Die junge Frau stieg vom Rad und streckte ihr die Hand hin. Der Ring, den sie trug, war nur aufgemalt.

»Eva«, sagte sie, diesmal vermied sie es, auch ihren Nachnamen zu nennen, wie sie es normalerweise tat. Gemeinsam überquerten sie die Straße zum Viktualienmarkt, an den Verkaufsständen vorbei bis zum Liesl-Karlstadt-Brunnen. An der Statue der legendären Münchner Komikerin stellte Maja ihr vollbeladenes Gefährt ab und zog die Kapuze von ihrem Haar. Zum Vorschein kam ein Haarschnitt, der Majas Gesicht einrahmte und an die französische Sängerin Mireille Mathieu erinnerte, allerdings in einer rotblonden Version. »Puh, mir ist vielleicht heiß.« Maja knöpfte ihren Dufflecoat auf. »Ich hab sogar noch eine Strumpfhose an. Völlig übertrieben. Dabei taut's endlich, der Frühling ist nicht mehr aufzuhalten.«

»Nur hier in der Stadt ist das so, außerhalb von München ist noch tiefer Winter.« Über eine Strumpfhose wäre Eva am Bahnsteig vorhin froh gewesen.

»So? Woher kommst du?«

»Aus Murnau, das heißt, meine Eltern, nein, also …« Sie brach ab, wusste plötzlich nicht mehr weiter.

Maja berührte sie am Arm, und das war so unvermittelt und nett, dass Eva die Tränen in die Augen stiegen. »Was ist passiert? Warte, ich werfe nur rasch die Maschine an, bevor mir der Rest der Geschäftswelt davonläuft. Dann können wir in Ruhe reden.« Sie hievte eine Kabeltrommel aus der Gepäcktasche. Was hatte sie vor, fragte sich Eva und wischte sich übers Gesicht. Dass sie vor einer Fremden plötzlich zu heulen anfing, irritierte sie. Maja ging zu dem Gemüsestand, der sich nebenan in einem der grün gestrichenen Häuschen befand, und unterhielt sich mit dem Händler. Der schien sie zu kennen, erzählte mit großen Gesten etwas von Bohnen in Gips, die seine Kinder dank ihr zum Keimen gebracht hätten, und nahm ihr schließlich das Verlängerungskabel ab. Als sie zurückkehrte und mit ihr dieser betörende Duft, schob sie mit der Handkante einen Rest Schnee von der Bretterverschalung des Brunnens und packte den Inhalt ihrer Taschen aus. »Du hast ja noch gar nicht angefangen. Hast du schon mal einen Platten repariert?«

»Klar.« Eva fühlte sich ertappt, weil sie wieder in ihre innere Duftbibliothek abgetaucht war und bloß herumgestanden hatte. Bremsbacken lösen war das Erste, was man tun musste. Das hatte ihr Va-, äh, Ludwig eingeschärft. »Hast du einen Reifenheber?«

»In der Satteltasche müsste einer sein.«

»Am besten, wir laden dein Dreirad ab und drehen es um.«

Maja schüttelte den Kopf. »Das geht nicht. Augenblick, ich setze nur geschwind den Kaffee auf, damit der erste Liter durchläuft.« Sie holte eine Maschine mit Glaskaraffe aus ihren Gepäcktaschen, bereitete alles vor und schaltete sie ein. Sogar Wasser hatte sie in einem Kanister dabei. Nachdem der Kaffee durch den Filter blubberte, reihte sie einen Schwung Tassen in allen Formen und Farben rings um den Brunnen auf. Bei manchen war der Henkel abgebrochen, andere hatten an der Kante einen Sprung. Dazu lehnte sie ein Pappschild an die Liesl-Karlstadt-Skulptur: *Fair-Trade-Kaffee, 1 Mark pro Tasse, aus Solidarität & für eine gerechtere Welt!!!* stand darauf. Zuletzt holte sie Dosen mit braunem und weißem Zucker, einen Spender Süßstoff und einen Becher Sahne aus den Taschen. Sie schien ein ganzes Café dabeizuhaben. Eva staunte.

Kein Wunder, dass Maja ein Dreirad statt eines Zweirads fuhr. »Mist, der Schlagrahm ist ausgelaufen.« Eva nahm ihr den Becher aus der Hand, wusste nicht, wohin damit, die Sahne lief auch ihr über die Finger. Der Aludeckel hatte ein Loch. Da half nur ablecken. Sie grinsten sich an wie zwei

Katzen im Schlaraffenland. »Oh, ich glaub, die erste Kundschaft naht.« Maja wischte sich die Hände an einem Geschirrtuch sauber.

»Zwei Tassen bitte, einmal Milch und ohne Zucker, einmal nur Zucker.« Ein Mann war auf sie zugekommen.

»Sofort.«

»Ich nehm auch eine Tasse. Schwarz, bitte«, rief der Gemüsehändler ihnen zu. Schon ging das Geschäft los. Maja kam kaum hinterher, und Eva half ihr, spülte die Tassen mit einem zweiten Wasserkanister aus. Zwischendurch unterhielten sie sich, und Eva erfuhr alles über die Kaffeeproduktion in Südamerika und wie ungerecht es dabei zuging. Das meiste war neu für sie. Dabei dachte sie sowieso viel über die Umweltverschmutzung, das Waldsterben und den zu hohen Wasserverbrauch der Industriestaaten wie Deutschland nach. Aber über Kaffee und woher er eigentlich kam, darüber hatte sie sich bisher noch nicht den Kopf zerbrochen. Sie hatte ihn einfach getrunken, musste sie zugeben. »Was bedeutet GEPA?« Das stand auf der Packung, die bald leer war.

»Das ist eine Handelsgesellschaft, die sich für faire Partnerschaften mit den Erzeugern in der Dritten Welt einsetzt. Sie sorgen für gerechtere Löhne, indem sie Klein- und Familienbetriebe unterstützen, insbesondere Frauenkooperationen«, erklärte Maja. »Ihr Kaffee und andere Sachen werden bisher hauptsächlich in Dritte-Welt-Läden verkauft, und da gehen meist nur die Eingefleischten hin, die sowieso schon engagiert sind. Darum hab ich mir gedacht, ich bring das Luxusgetränk zu den Leuten und nicht umgekehrt. Denn das ist Kaffee doch eigentlich. Ein Genussmittel, das auch anständig bezahlt werden sollte.«

Dem stimmte Eva zu. Für guten Wein gab man ja auch mehr aus. »Dann bist du immer hier auf dem Viktualienmarkt?« Sie war oft hier, aber Maja war ihr noch nie aufgefallen.

»Nur samstags. Sonntags biete ich ihn nach der Kirche am Dom an, und manchmal radle ich noch zum Geiselgasteig raus, die Filmleute haben auch einen hohen Kaffeekonsum und sind eher bereit, mehr für eine Tasse zu bezahlen.«

»Und davon kannst du leben?«

Maja lachte, reichte ihr eine Tasse, die mit einer großen Sonnenblume verziert war und wie selbst getöpfert wirkte. »I wo, ich krieg keinen Pfennig dafür, die Einnahmen gehen alle in die Projektarbeit. Ich bin Erzieherin in einem Kindergarten.« Den ganzen Tag mit einer Horde Kinder zu verbringen, stellte sich Eva anstrengend genug vor, aber dass Maja sich darüber hinaus noch ehrenamtlich engagierte, beeindruckte sie sehr. Maja schien durch und durch eine Macherin zu sein, redete nicht nur von Veränderungen, sondern tat etwas. So jemanden hatte Eva noch nie getroffen. Sie goss sich Milch in den Kaffee und nippte daran. Er duftete ein wenig nach Nüssen und nach Sommer, so wie Maja selbst, und schmeckte stärker und fruchtiger als Betzis Kaffee Hag oder der Automatenkaffee in der Uni.

»Und, was sagst du?«

»Köstlich und belebend. Ich glaub, für die nächsten zwei Tage bin ich wach.«

Maja lachte. »Dabei ist das noch die mildere Sorte aus Guatemala.«

»Einmal Solidarität ganze Bohne«, verlangte ein neuer Kunde. Maja verkaufte ihm eine Packung aus Nicaragua.

»Der Nica-Kaffee dagegen«, sagte sie, als der Mann bezahlt hatte und gegangen war, »ist echt gewöhnungsbedürftig, aber mein Renner. Siehst du?« Schon wieder verlangte jemand nach dem »Soli-Kaffee«, diesmal aber gemahlen. Maja hatte noch mehr im Gepäck. Denjenigen, die sich über den saftigen Preis beschwerten und behaupteten, dass sie für dasselbe Geld im Supermarkt vier Packungen Kaffee bekämen, erklärte sie mit Ausdauer, wie der Preis zustande kam. Es ging nicht nur um Gerechtigkeit für alle, sondern auch um das Bewahren des Planeten.

In einer Verschnaufpause begannen sie gemeinsam, den Platten zu beheben.

»Und was arbeitest du?« Maja hob den Lenker hoch.

»Ich studiere noch. Pharmazie.« Im Vergleich zu ihr kam sich Eva wie eine Theoretikerin vor. Sie löste die Vorderbremsen. Mit einem Gabelschlüssel aus Majas Satteltasche lockerte sie die Hutmuttern links und rechts und zog das Vorderrad aus der Gabel. Als sie den Mantel von der Felge heben wollte, klemmte er noch am Ventil. Sie schraubte es auf und zog den Schlauch heraus. »Hast du eine Luftpumpe dabei?« Wie nicht anders zu erwarten, hatte Maja eine und reichte sie ihr. Eva pumpte den Schlauch auf und hielt ihn sich an die Wange, um herauszufinden, an welcher Stelle die Luft entwich. Als sie das Loch gefunden hatte, ließ sie Maja ebenfalls den Luftzug im Gesicht spüren.

»Raffiniert«, sagte sie. »Ich kannte bisher nur, dass man den Schlauch ins Wasser hält. Und was hast du vor, wenn du eines Tages Pharmazeutin bist? Nennt man das überhaupt so?«

Das war das erste Mal, dass jemand in Erwägung zog, dass man auch etwas anderes nach dem Studium machen konnte. Für eigentlich alle war es selbstverständlich, dass Eva Apothekerin würde. Maja setzte sich dicht neben sie auf den Holzsockel des Brunnens.

»Ich weiß noch nicht so genau. Mal sehen.« Eva öffnete die Schachtel mit dem Flickzeug, raute die kaputte Stelle am Schlauch auf und bestrich sie mit dem Kleber aus der Minitube. »Ich wollte einfach mehr über die Herstellung von Kosmetik und Medikamenten erfahren.«

»Und, hast du schon was Neues erfahren?«

Eva zuckte mit den Achseln. »Ich glaube schon, es macht jedenfalls viel Spaß, dass ich langsam analysieren kann, was ich schon von klein auf wahrgenommen habe. Alles auf der Welt riecht nach etwas, und dadurch merke ich es mir. Kaffee zum Beispiel. Die Sorte aus Guatemala …«, sie schob den Filter der Kaffeemaschine auf und schnupperte daran, »riecht nach Beeren und Nüssen, aber auch nach Kardamom und Vanille.«

»Stimmt, ich gebe immer eine Prise der Gewürze dazu. Den Tipp habe ich von einem Marokkaner auf einem Festival gekriegt.« Maja grinste kurz, als ob sie an ein besonderes Erlebnis dächte. »Du bist also eine Duftkünstlerin.« Sie formulierte das gar nicht als Frage, sondern als Feststellung. »Und studierst du Vollzeit?«

Eva nickte. »Ich arbeite zusätzlich in einer Apotheke, wo ich auch ein Praktikum gemacht habe.«

»Dann wohnst du noch zu Hause?«

»Wie man's nimmt. Bis gestern dachte ich, dass es mein Zuhause ist. Meine Eltern und meine Oma, bei denen ich aufgewachsen bin.« Und sie erzählte ihr von ihrem Fund auf dem Speicher und der Adoption, klebte nebenbei den Flicken auf das Loch und drückte ihn fest.

»Krass, das muss hart für dich sein. Und hast du vor, deine richtigen Eltern zu suchen?«

Eva schüttelte den Kopf. »Eher nicht, mir ist das momentan alles zu viel. Wer weiß, was das für Leute sind.«

»Das kann ich verstehen. Manche Steine sollte man besser nicht umdrehen.« Maja nahm den Fahrradmantel und tastete ihn innen ab, um zu sehen, ob irgendwas darin steckte. »Ich wollte, ich wäre adoptiert. Versteh mich nicht falsch, wenn ich das jetzt so flapsig sage. Aber das habe ich mir echt oft gewünscht, um mich von meinen Eltern leichter distanzieren zu können, aber da gibt's kein Entrinnen, sie bleiben mir wohl, mit allem, was sie verbrochen haben.«

»Wieso, was haben sie denn getan?«

»Aua.« Maja zuckte zurück und zog die Hand aus dem Reifen. In ihrem Finger steckte eine Tackernadel.

»Darf ich?« Eva zog sie heraus. Blut tropfte. Kurzentschlossen nahm sie Majas Finger in den Mund und lutschte das Blut ab. Es schmeckte stark nach Eisen, aber auch süß, so wie Maja selbst. »Besser?«

»Auf jeden Fall.« Erneut grinsten sie sich an.

»Tiere machen es auch nicht anders. Spucke hat heilende Kräfte«, erklärte Eva aus der Verlegenheit heraus, die sie plötzlich überkam. »Du, hast du vielleicht Lust, mit mir heute auf eine Party zu gehen?« Sie holte aus ihrem Rucksack die Zettel von Milos und Udos Plakat, die sie mit etwas Tesa zusammengeklebt hatte.

»Komm als du selbst«, entzifferte Maja. Noch immer hielt sie den verletzten Zeigefinger in die Luft. »Klingt witzig.«

Eva fasste das als ein Ja auf und freute sich. »Ich weiß nur nicht, woher wir auf die Schnelle Kostüme kriegen.«

»Ich aber.« Maja schaute auf ihre Armbanduhr. »Ab drei, wenn die meisten Stände schließen, kauft sowieso niemand mehr Kaffee, dann können wir aufbrechen.«

»Eine Studienkollegin kommt auch noch mit auf die Party«, sagte Eva schnell und hoffte, dass das für Maja kein Hindernis war. Und die hatte nichts dagegen. Vorsichtig stopfte Eva den Schlauch zurück in den Mantel. Nachdem auch das Ventil wieder an der richtigen Stelle saß, drückte sie den Mantel auf die Felge und pumpte den Reifen voll auf. Gemeinsam setzten sie das Vorderrad in die Gabel, und Eva schraubte es fest. Zuletzt mussten noch die Bremsen eingehängt werden.

»Spitze, danke dir.« Maja strahlte sie an. »Hast du Hunger?« Sie kramte noch mal in ihren Fahrradtaschen. »Mist, jetzt hab ich die Brote vergessen.«

»Aber ich hab Kuchen dabei, vielmehr Torte, falls sie den Transport überlebt hat.« Eva holte die Schwarzwälderkirsch, die etwas zerdrückt war, aus dem Rucksack. Das E ihres Namens, das Betzi aus Sahne draufgekringelt hatte, war auf einem Stück noch immer gut zu erkennen.

»Lecker.« Maja gab ihr einen Kaffeelöffel, und dann aßen sie gemeinsam aus der Tupperdose. »Hast du etwa Geburtstag?«

Eva nickte. »Angeblich wollten sie es mir bei diesem Anlass sagen – das mit der Adoption. Aber ich hab's schon gestern rausgefunden und es nicht mehr dort ausgehalten.«

»Und wie alt bist du heute geworden?«

»Zweiundzwanzig. Und du?«

»Sechsundzwanzig. Ich bin 1950 geboren, in dem Jahr, als die Lebensmittelkarten abgeschafft worden sind, worüber meine Mutter sehr erleichtert war.« Sie schob sich noch einen Bissen von der Torte in den Mund und wedelte dann mit dem Löffel in der Luft. »Die waren nämlich stark rationiert worden. Mütter und Stillende haben normalerweise Milch und Brot auf Marken bekommen. Aber meine Eltern haben nichts gekriegt, nur die sogenannte Friedhofskarte.« Urplötzlich brach sie ab und umarmte Eva.

»Eine Friedhofskarte, wieso?«

»Ach, nichts«, sie wollte anscheinend nicht weiter darüber sprechen. »Auf jeden Fall herzlichen Glückwunsch. Welch Ehre, dass ich mit dir feiern darf.«

Anna

Sie mochte Dietmar, das musste sie sich eingestehen, dennoch sorgten sein Einzug und vor allem die bestimmende Art seiner Mutter für Unruhe und für Veränderungen auf Dreisonnenquell. Die Entlassung der Gouvernante war erst der Anfang, und jeder Tag, oft schon beim Frühstück, brachte Neues hervor. Ruth wollte das gesamte Gut verschönern, wie sie sagte, und begann mit Vaters Zustimmung sofort damit. In den Fluren und nach und nach in jedem Zimmer ließ sie Holzkästen oberhalb der Fenster anbringen, hinter denen sich Vorhangschienen verbargen. Ausstatter kamen mit Fuhrwerken voller Stoffmuster, die sie begutachtete. Außerhalb der Mahlzeiten bekam Anna wenig davon mit, sie war mit ihren Arbeiten beschäftigt und konnte auf diese Weise Ruth aus dem Weg gehen. Die Maulbeerbäume wuchsen gut an und trieben weiter aus. Beim Unkrautharken oder Auflockern der Erdschichten leistete ihr Dietmar Gesellschaft, und sie unterhielten sich über alles Mögliche. Auf Dreisonnenquell gruben sie die Erde vor Ende des Jahres nicht um, anders als es in den meisten Gärten der Fall war, sie lockerten die Beete nur auf, damit die mühsam geschaffenen Bodenstrukturen nicht durcheinandergerieten und keine Unkrautsamen an die Oberfläche gerieten. Am Ende der Woche musste Dietmar wieder nach Lichterfelde ins Internat, erst zur Hochzeit im September käme er zurück. Heute würde Vater geschäftlich nach München fahren. Normalerweise waren seine Erledigungen, und selbst wenn es Audienzen bei Hofe waren, für ihn zur Routine geworden. Doch diesmal wirkte er aufgeregt, aß kaum etwas beim Frühstück und rührte auch die Zeitungen nicht an, die er sonst gleich morgens studierte. Ruth hatte ihm gegenüber Platz genommen. Aus ihren Schrankkoffern voller Kleider, die gleich einen Tag nach ihr eingetroffen waren, trug sie heute eine türkisfarbene Bluse mit mehrstufigen Volantärmeln zu einem blassblauen Rock. Die Weite, besonders an den Handgelenken, verlangte ihr einiges an Contenance ab, damit sie die Ärmel nicht in den Kaffee tauchte oder gleich das ganze Service damit vom Tisch fegte. Bisher hatten Anna und ihr Papá am liebsten das schlichte irdene Geschirr benutzt, das der Wessobrunner Hafner und Annas Lehrmeister im Töpfern in seinem Ofenbaubetrieb anfertigte. Aber nun musste die Dienerschaft das geblümte Porzellan wieder eindecken, das bereits in den Schränken verstaubt war. Wie üblich konnte Vater die Augen nicht von seiner Verlobten lassen und schaute ihr beim Essen zu. Im Gegensatz zu ihm hatte sie großen Appetit.

»Willst du eine neue Pflanzenlizenz anbieten?«, grätschte Anna in diesen Bann. Sie hatte sich beim Essen in einen Artikel der *Frauenbewegung* vertieft. Die Zeitschrift ließ sie sich seit einiger Zeit zuschicken. Wie gewohnt saß sie an seiner rechten Seite und Dietmar zur linken. Wenigstens diesen Platz behauptete sie sich noch. Neuerdings speisten sie immer im Tassilosaal. Früher hatten sie ihn nur zu festlichen Anlässen genutzt – und die waren rar gewesen auf Dreisonnenquell. Anna und Papá hatte der kleine Raum neben der Küche genügt, dafür brauchte die Dienerschaft nicht extra mit dem Servierwagen durchs halbe Gebäude zu rennen. Dietmar genoss das Rührei mit Speck und betrachtete die Jagdszenen, die sich in den grünen Stuckverzierungen ringsum verbargen. Mal verfolgte ein Hund einen Fuchs, mal ein Reh oder ein Wildschwein, mal waren Adler in den Blattranken verborgen. Dieser Saal war einer der schönsten auf dem Gut. Anna gefiel besonders der Löwenkopf, der die Zunge herausstreckte, und jetzt, da sie ihn erneut ansah, erinnerte er sie ein wenig an ihren zukünftigen Stiefbruder mit seiner Verkrustung auf der linken Wange. Die Wunde war zu einer Art Landkarte verheilt. Sie würde Dietmar gleich fragen, ob er ihr half, Komposterde durch das Sieb zu werfen, die sie für neue Sämlinge brauchte. Das war eine anstrengende Arbeit, die ihn bestimmt herausforderte. Doch zuvor wandte sie sich noch mal an ihren Vater. »Was hast du in München vor, Papá?« Es hallte, wenn sie sprachen, das bemängelte Ruth schon länger. Der Saal war nun mal sehr hoch und weitläufig, was selbst für diese anmaßende Person, die am liebsten den gesamten Stuck zugehängt hätte, nicht zu ändern war. Mit den vier Stühlen, auf denen sie um den ovalen Tisch saßen, füllten sie lediglich ein kleines Eck aus.

»Ich treffe Herrn Oskar von Miller«, verkündete ihr Vater feierlich. »Sagt dir der Name was, Annerl?« Sie überlegte. »Ist das der, der in München ein großes technisches Museum einrichten möchte?«

Er nickte. »Von Miller hat bereits an einer Ausstellung im Glaspalast mitgewirkt. Du erinnerst dich vielleicht noch, vor acht Jahren war ich mit dir dort.« Acht Jahre, das war eine Ewigkeit her. Doch sie nickte, wollte nicht zugeben, dass ihr nicht mehr einfiel, was sie damals, als sie knapp dreizehn gewesen war, mit ihrem Vater besichtigt hatte. Vermutlich hatte er ein neues Gemälde gekauft oder eines in Auftrag gegeben.

»Drückt mir die Daumen, dass ich den Herrn Ingenieur für mein Anliegen begeistern kann. Ich will Dreisonnenquell modernisieren. Falls es gelingt, werden wir Vorreiter im ganzen Land sein.«

»Soll er sich um die Instandsetzung der Räumlichkeiten kümmern?«, fragte Ruth und zeigte mit dem Buttermesser auf die Gipsblätterranken, die sich über den Simsen ringsum erhoben. »In diesem Zustand können wir hier doch keine standesgemäße Vermählung feiern.« Anscheinend fühlte sie sich schon als Baronin. Doch auch wenn einige der Pflanzenornamente beschädigt waren und manche kaum noch grüne Farbe aufwiesen, so war es Anna eine Genugtuung, dass auch sie offenbar im Dunklen tappte, was ihr Vater plante.

»Ich glaube kaum, dass wir einen Stuckateurmeister finden, der das so kurzfristig übernimmt, meine Liebe. Aber ich kann es versuchen und im Dorf herumfragen, sobald ich zurück bin.«

»Im Dorf?« Ruth rümpfte die Nase.

»Wessobrunn ist die Wiege der Stuckateure, Mama«, warf Dietmar nicht ohne Stolz ein. »Sie sind weltweit berühmt, seit Jahrhunderten, hat Anna mir erzählt.«

»Soso, dann wird ja wohl einer dieser Weltbürger für uns aufzutreiben sein.« Ruth musterte sie kurz und auch die Zeitschrift, die Anna las. Dann nahm sie sich eine weitere Semmel und schnitt sie auf.

»Um was geht es genau, Papá?« Anna wollte das Gespräch wieder auf viel spannendere Themen als die vermaledeite Hochzeit lenken.

Vater stand auf und drückte ihr einen Kuss aufs Haar. »Mehr will ich nicht verraten. Bitte versteh, es soll eine Überraschung werden.«

»Kann ich mit?« Dietmar sprang auf.

»Aber Diddl.« Ruth leckte den Honig vom Messer und legte es zur Seite. »Sei nicht so vorlaut.« Ihr Blick ging wieder zu Anna, dann wieder zu ihrem Sohn zurück.

»Verzeih, Christoph, aber das Ingenieurwesen fasziniert mich von Kindheit an.« Das hatte Dietmar Anna gegenüber noch nicht geäußert. »Ich wollte höflichst fragen, ob ich dich begleiten darf«, wiederholte er seine Forderung. Vater würde ihn hoffentlich abweisen, wenn ihm überhaupt jemand auf dieser Fahrt Gesellschaft leisten durfte, dann doch wohl sie, seine Tochter.

»Warum nicht? Ich freu mich, in München nicht allein zu sein. Na, dann komm. Ich hab ein Automobil bestellt, so wird dir in den gut gefederten Sitzen hoffentlich nicht mehr schlecht, und vorsichtshalber nehmen wir lieber eine Ingwerwurzel mit.« Das klang, als hätte er ihn ohnehin fragen wollen.

»Dann will ich aber auch mit.« Anna quengelte wie ein kleines Kind, das um die Liebe seines Vaters buhlte. Fast hätte sie unterm Tisch aufgestampft, um ihr Recht zu behaupten.

»Wir beiden Frauen, du und ich, Anna, haben etwas anderes vor«, mischte sich Ruth ein. »Wir werden die Gunst der Stunde nutzen und auch eine Überraschung vorbereiten, solange die Herren der Schöpfung ausgeflogen sind.« Was konnte sie darauf erwidern? Sollte sie stur bleiben oder ihren Vater gar anbetteln? Zumal sie seinen Blick als das deutete, was er ihr ans Herz gelegt hatte. Ihm zuliebe wollte sie sich um Ruth bemühen, auch wenn es ihr schwerfiel. Hauptsache, sie redete ihr sonst in nichts rein.

»Es regnet nicht mehr, lass uns ein bisschen spazieren gehen«, forderte Ruth sie auf, als Vater und Dietmar fort waren. »Dabei unterhält es sich besser. Fein, dass wir endlich die Gelegenheit dazu finden.« Was hatte sie vor? Misstrauisch folgte Anna ihr in den Garten, wo sie wie selbstverständlich durch die Rosenbögen wandelte, die lauter Knospen trugen. Der Frühling und der Herbst waren Annas liebste Jahreszeiten auf Dreisonnenquell. Einmal, wenn alles im Aufbruch war, der Winterschlaf endlich vorbei, und dann nach der Ernte, wenn alles wieder zur Ruhe kam. Der Kreislauf der Natur, der sie jedes Jahr aufs Neue begeisterte. Aber heute erfreute sie sich nicht mal an dem betörenden Duft der Blüten, die über Nacht aufgegangen waren. Kolb, der mit den anderen in den Beeten und Sträuchern arbeitete, schwenkte grüßend seinen Hut. Verglichen mit den Studienräten, die sie in allen Fächern unterrichtet hatten, war er einer ihrer besten und liebsten Lehrer. Zu erleben, wie aus einem winzigen Samen eine fruchtbare Pflanze wurde, wie viel Kraft und Liebe, aber vor allem Geduld man investieren musste, damit sie gedieh, hatte er ihr gezeigt, und jeden Tag lernte sie dazu. »Heute Nachmittag kommt der Schneider, ich dachte mir, du könntest mich vielleicht beim Aussuchen des Stoffes für mein Hochzeitskleid beraten?«

»Ich? Oh. Dafür nehmen Sie besser jemand anderes. Mit Eleganz kenne ich mich leider gar nicht aus. Mir ist praktische, bequeme Kleidung am liebsten.« Konsequent blieb Anna beim Sie, das sorgte für Abstand, fand sie.

»Dann sind wir schon zwei. Ich bevorzuge auch die Behaglichkeit.« Wenn das, was sie da sagte, zu dem passen sollte, was sie heute trug, dann war auch eine Ritterrüstung zum Schwimmen bestens geeignet. Was fand ihr Vater nur an ihr? Wirklich schön konnte man sie nicht nennen, auch wenn Ruth ihre Wangen mit roter Farbe betonte, die sie kreisrund auftrug, ohne sie an den Rändern zu verwischen, was ihr etwas Puppenhaftes verlieh. Dazu zeigte sie keinerlei Interesse an der Pflanzenzucht oder überhaupt an der Natur. Jedenfalls, soviel Anna wusste. »Sag ruhig auch endlich du zu mir, wir sind doch bald eine Familie. Auch wenn das Siezen zwischen Eltern und Kindern in euren Kreisen üblich ist, so wollen wir es anders handhaben, einverstanden?« Anna nickte. Mit Papá hatte sie das von Anfang so gehalten und viele Male Großtante Vera mit diesen modernen Ansichten erzürnt.

»Etikette, Christoph, denk an die Etikette«, konnte sie immer noch ihre Großtante bei den Pflichtbesuchen wettern hören. Ihr Vater tat lieber, was er für richtig hielt, und nicht, was die Familientradition oder die adelige Gesellschaft vorschrieb. Er war sowieso mit allem, was er tat, aus der Art geschlagen. Von klein auf wollte Anna wie er sein und in seine Fußstapfen treten. Begierig memorierte sie alles, was er ihr beibrachte. Besonders nach Mutters Tod, seit Vater und sie, abgesehen von Frau Rufus, allein lebten. Voller Eifer hatte sie dem neuen Hauslehrer, der sie in Sprachen unterrichtete, all die Länder gezeigt, die sie bereisen würde, sobald sie erwachsen war.

»Das schickt sich nicht für Sie als Mädchen, Baronesse«,

hatte Studienrat Wolf damals erwidert. Sofort hatte sich Anna bei ihrem Papá beschwert, ihre langen Haare zurückgeworfen und verlangt, dass er ersetzt würde. Mädchen – das klang, als ob sie ein Ding wäre, ein Das. Wenn sie mit den Dorfkindern spielte, fiel sie unter ihnen kaum auf. Wie die Buben trug sie eine kurze Lederhose und ein gestreiftes *Hemad*, was sie beides nur an den Feiertagen gegen ein kratziges, enges Kleid eintauschte. Nachdem der Lehrer sie derart beleidigt hatte, musste sie sich erst mal beruhigen. Wie üblich nahm ihr Vater sie an der Hand, führte sie durch den Garten und ließ sie ein paar Setzlinge umtopfen. Dabei klärte er sie über die Unterschiede zwischen Junge und Mädchen, Mann und Frau auf. Jede Pflanze und jedes Tier habe sein Gegenstück, so auch wir Menschen. Bestäubung und Befruchtung. Samen, Sprössling, Leibesfrucht. Geburt, Tod und Wiedergeburt. Mädchen und Frauen seien in der Natur das Gefäß, das den männlichen Samen empfange und umhege. Sie wären also für die Hingabe bestimmt, so wie die Blumen auf die Insekten warteten, die sie bestäubten. Anna, noch immer sehr aufgebracht, verstand nicht, was das damit zu tun hatte, dass sie nicht reisen durfte. Wozu dann überhaupt Italienisch, Französisch, Spanisch und Englisch lernen?

»Damit du dich nicht nur verständigen kannst, Annerl, sondern vor allem verstehst. Zumindest die Grundlagen. Und niemand hält dich auf, eines Tages zu reisen. Studienrat Wolf werde ich es erklären. Er hat nur versucht, dich auf deine spätere Rolle vorzubereiten. Aus Mädchen werden Frauen und dann auch Mütter.«

»Das Mutterwerden lass ich aus. Ich will nicht sterben.«

»Jeder stirbt, die einen früher, plötzlich und unerwartet, die anderen nach langer Krankheit oder erst im hohen Alter.

Und wann es passiert, weiß man nie. Darum sollten wir jeden Tag das Leben feiern und genießen, so wie es die Schmetterlinge tun.« Er nahm sie trotz ihrer elf Jahre auf den Arm und drehte sich mit ihr, bis ihnen schwindelig wurde.

»Bei der Gelegenheit, wenn der Schneider kommt, werden wir auch dich ganz neu ausstaffieren.« Ruth holte sie aus ihren Gedanken zurück.

»Ich hab genug Kleider im Schrank, ich brauche keine neuen.« Das war das Letzte, wonach ihr war.

»Ich finde schon. Du läufst noch immer wie ein Bauernmädchen herum, das dachte ich, als ich dich das erste Mal gesehen habe. Dein Kleid war zwar aus Brokat, aber voller …« Sie suchte nach dem passenden Ausdruck.

»Erde?«, half ihr Anna auf die Sprünge.

Ruth rümpfte das spitze Näschen. »Hätte dein Vater mich nicht darauf hingewiesen, dass du seine Tochter bist, dann hätte ich gedacht …«

»Ich kleide mich, wie ich bin, und so, wie ich mich wohlfühle«, unterbrach Anna. »Sag mir lieber, warum du meine Gouvernante entlassen hast. Frau Rufus war seit damals, seit meine Mutter gestorben ist, für mich da und hat sich um mich gekümmert.« Sie bauschte das Ganze etwas auf. Die Gouvernante war Anna in letzter Zeit eher lästig gewesen, wenn, dann hatte sie sich zu Zenzi in die Küche geflüchtet, um Trost zu finden.

»Weil dein Vater mir deine Erziehung anvertraut hat. Aber wir wollen es nicht so streng sehen, Anna. Erziehung, unter uns, dafür bist du doch zu alt, ich nenne es besser Unterweisung von Frau zu Frau. Damit du eines Tages genauso glücklich wirst wie ich.«

»Was für eine Art Unterweisung meinst du? Deine Erfahrungen aus dem Herbergsviertel, aus dem du stammst?« Anna hatte nichts unversucht gelassen und ihre eigenen Nachforschungen über Ruth angestellt, die Bibliothek durchforstet und auch Kolb befragt, der sich in München auskannte. Eines der ärmsten Viertel war die Au, Tagelöhner und Handwerker fristeten mit ihren Großfamilien dort ihr Dasein.

»Es stimmt«, erwiderte Ruth. »So behütet wie du bin ich leider nicht aufgewachsen. Am Lilienberg gehört meiner Familie eine Brauerei mit Wirtshaus, das heute mein ältester Bruder führt. Meine Geschwister und ich mussten von klein auf mitarbeiten, es setzte harte Strafen, wenn wir nicht parierten.« Ruth ließ sich auf der Steinbank im Schatten nieder. Anscheinend hatte sie die Wasserlache nicht bemerkt, die dort in der Morgensonne glitzerte. Anna wollte sie noch abhalten, aber da saß sie bereits und tränkte ihren plissierten Taftrock. »Komm, setz dich dazu, ich verrenke mir ungern den Hals.« Sie klopfte neben sich. Anna widerstand, nahm aber ihr gegenüber auf der gemauerten Einfassung des Hochbeets Platz. »Versteh mich nicht falsch, ich freue mich für dich, dass du in diesem Idyll aufgewachsen bist. Aber es ist eben nicht jedem geschenkt, die meisten müssen sich Wohlstand erarbeiten, und den wenigsten gelingt es. Ich bin auch für Bildung. Wir wollen unsere zukünftigen Ehemänner doch nicht mit stumpfsinnigen Ansichten langweilen. Wenn möglich teilen wir sogar bis zu einem gewissen Grad ihre Interessen. Doch jeder sollte auch seinen Bereich haben, dieses völlige Aufgehen in der Tätigkeit des anderen ist übertrieben. Die Haupttugend einer Frau sollte das Zuhören sein, und deinem Schweigen nach zu urteilen, beherrschst du das bereits, wozu ich dir gratuliere. Dein Zukünftiger wird es dir danken, er soll nicht andauernd merken, dass wir als das schwächere Geschlecht von unseren Gefühlen beherrscht werden.«

»Was du da sagst, glaubst du doch selbst nicht«, entfuhr es Anna. Abgesehen von dem ganzen Kram, den sie anschleppte und der bald das gesamte Gut ausfüllen würde, war Ruth doch ein durch und durch berechnender Mensch, sonst hätte sie Vater doch nie so schnell um den Finger wickeln können.

»Doch, das tue ich.« Sie funkelten sich an.

Anna versuchte, ihrem Silberblick standzuhalten. »Bist du denn gar nicht für Neuerungen und gegen die Ungerechtigkeiten, die wir Frauen ständig aushalten müssen?«

»Das sagst ausgerechnet du, als Baronesse? Du wirst doch den ganzen Tag hofiert.«

»Ich rede nicht von mir, sondern von allen Frauen weltweit. Überall gibt es Bestrebungen und den Ruf nach Reformen. In England kämpfen sie für das Wahlrecht, und auch bei uns im Kaiserreich wird es vorangetrieben. Die Finnen sind am fortschrittlichsten, dort dürfen die Frauen seit vier Jahren wählen und im Parlament mitbestimmen.« Durch die Artikel in der *Frauenbewegung* hatte sie erfahren, dass noch immer der Mann entschied, was die Frau durfte, vor allem, welche Pflichten sie zu erfüllen hatte, ohne im Gegenzug Rechte zu erhalten. Schon gar nicht das Recht zur Selbstbestimmung, geschweige denn, in der Öffentlichkeit oder bei einer Regierung mitreden zu dürfen.

»Bestrebungen, du sagst es, die bringen doch alle nichts. Was sollen wir denn in der Politik? Wir sind nun mal von den Männern abhängig.« Die Verlobte ihres Vaters schien noch eine völlig veraltete und verkrustete Meinung zu vertreten. Anna war entsetzt. »Doch vergiss eines nicht.« Ruths Mundwinkel zuckten. »Trotz allem sind wir keine willenlosen Geschöpfe, die sich herumkommandieren lassen. Es sind die kleinen Dinge, auf die es ankommt, im Privaten, hinter den Kulissen. Da haben wir Frauen sehr wohl die Mittel und meistens auch die Reize, um sie einzusetzen und umzusetzen. Diese Suffragetten sind doch nur neidisch auf unsereins, weil sie noch keinen anständigen Mann abgekriegt haben. Hör auf, solche Zeitschriften zu lesen, die nur Schwachsinn verbreiten. Es gibt wunderschöne Magazine über Schönheit und Haushaltsführung, die solltest du genießen. Ich gebe dir nachher ein paar alte von meinen, die ich schon gelesen habe. Doch jetzt Schluss mit diesen Kindereien. Ich werde dir beibringen, eine gute Ehefrau zu werden, um dann auch eine gute Mutter zu sein.«

»Ich heirate nicht.« So genau, mit aller Konsequenz, darüber nachgedacht hatte Anna noch nicht. Sie bohrte ihre Finger in das Hochbeet hinter sich. Aber nun, da ihre zukünftige Stiefmutter sie derart bedrängte, hatte sie es laut ausgesprochen.

»Und wenn eines Tages doch der Richtige auftaucht, was dann?« Ruths Gesichtshaut spannte sich, als würde sie auf ihrer Zunge kauen.

Anna hob etwas Erde aus dem Beet und drückte sie mit der Faust zu einem Klumpen. »So wie bei dir? Sag, wie hast du Papá rumgekriegt?«

»Was denkst du nur? Wir lieben uns, so einfach, so wunderbar. Ich verstehe, dass es schwer für dich ist, Christoph nach all den Jahren auf einmal mit uns teilen zu müssen. Aber eines versichere ich dir, und ich hoffe, du wirst es auch ganz bald selbst erfahren – im Herzen ist für viele Menschen Platz, die Liebe wächst, man muss nicht teilen. Sie bleibt immer gleich stark, wenn man sich nur umeinander bemüht.«

Wie weise, Frau Weiser, dachte Anna. Hatte sie ihren Vater mit diesem Gesülze eingewickelt? »Du verstehst also auch etwas von der Seidenzucht?« Sie versuchte, sie anders aus der Reserve zu locken, bisher hatte Ruth nämlich keinerlei Interesse an den Anpflanzungen oder dem Garten gezeigt. Anscheinend bevorzugte sie Blumenmuster auf Stoffen anstatt lebendige Natur.

»Leider nein, ich muss sogar zugeben, mich graust es vor der Vorstellung, dass hier eines Tages überall Raupen krabbeln oder Schmetterlinge herumschwirren. Was, wenn sie überhandnehmen? Aber das ist wie mit vielem, das Ergebnis zählt. Will man Seide, braucht man diese Viecher.« Sie zeigte auf ein herrliches Pfauenauge, das sich auf einer Rose niederließ. »Als dein Vater und ich uns wiedergetroffen haben, habe ich ihm vom Seidenhaus erzählt, das neben unserer Wirtschaft in der Au stand. Im siebzehnten Jahrhundert wollte man dort Strümpfe und Seidenbänder herstellen. Die Einfuhr von Seidenwaren aus dem Ausland wurde deshalb sogar verboten oder mit hohen Zöllen belegt.«

»Und woran ist es gescheitert?« Endlich gab es etwas, worüber sie sich unterhalten konnten.

»Wie kommst du drauf, dass das Unternehmen gescheitert ist?« Ruth musterte sie durchdringend.

»Weil du gesagt hast, sie wollten Seide herstellen, nicht, dass sie es gemacht haben«, erläuterte Anna.

»Dir entgeht aber auch nichts. Du hast recht. Es wurde zwar eigens dafür eine Seidengesellschaft in München gegründet, aber niemand wusste so recht, wie man so etwas anstellt. Darum schickte man Boten nach Italien und Frankreich, um Fachkräfte nach Deutschland zu holen. Doch die wurden wegen Industriespionage verhaftet. Und das war das Aus für diese Unternehmung in der Au. Aber zurück zu dir. Deine Leidenschaft in vielen Bereichen in Ehren – und ich verstehe auch, dass du lieber selbst zupackst, als die Aufgaben anderen zu überlassen –, aber du musst nicht alles eigenhändig tun, dafür habt ihr doch schließlich eine Menge Personal.«

»Papá hat mir die Maulbeerbäume anvertraut, wie du hoffentlich weißt«, fiel sie ihr ins Wort. »Und ich kümmere mich so, wie ich es für angemessen halte. Das kannst du mir nicht verbieten.«

»Wer redet denn davon, Anna! Ich will nur, dass du dich auf das Wesentliche konzentrierst, also lass das mit dem Töpfern sein, oder wie man das auch immer nennen mag. Diddl hat mir von deinem Gebatzl in einer abgelegenen Kammer erzählt. Das kannst du später tun, wenn du, trotz einer hoffentlich großen eigenen Familie, Mußestunden findest. Doch bis dahin, bin ich mir sicher, wirst auch du erkennen, dass es genügend andere Tätigkeiten gibt, die das Herz erfreuen und den Geist erfrischen. Belass es beim Zeichnen, wenn es unbedingt sein muss.«

Anna konnte es nicht fassen. Was hatte Dietmar seiner Mutter erzählt? Sie hatte geglaubt, er und sie wären Freunde, doch offensichtlich hatte sie sich in ihm getäuscht.

Ruth ließ ihr keine Gelegenheit, genauer nachzuhaken. »Ich hab auch mit deinem Vater darüber gesprochen, er ist derselben Meinung. Deine Besuche in der Hafnerei sind ab sofort gestrichen. Zusammen mit Gesellen und Lehrlingen in einer Werkstatt, das schickt sich nicht für eine Baronesse.« Also auch Papá wollte ihr ihre Kunst verbieten? Das wurde ja immer grotesker. Solange sie es nicht von ihm selbst hörte, glaubte sie gar nichts mehr. Ihr fiel etwas ein. »Wo genau seid ihr euch eigentlich zum ersten Mal begegnet, Papá und du?«

Ruth zögerte einen Moment, als müsste sie sich erst etwas zurechtlegen. »Hat dein Vater dir das nicht schon längst erzählt?«

»Ich wollte dich zuerst fragen.« Anscheinend hatte Anna sie mit dieser Frage kalt erwischt, was ihr ein kleiner Triumph war.

»Bei einer Gesellschaft war's. Christoph kam mir ziemlich einsam und verlassen vor, da hab ich mich seiner angenommen.«

»Was für eine Veranstaltung war das denn?«

»Wenn er es dir nicht gesagt hat, dann will ich es auch für mich behalten. Wir haben uns auf Anhieb sehr gemocht, das ist die Hauptsache. Doch bleiben wir bei dir.« Angewidert schaute sie auf die Erdkrümel, die auf Annas Schoß lagen. »Ohne Frage – du bist geschickt und klug, beherrscht neben mehreren Fremdsprachen, wie mir zu Ohren kam, auch einige andere Fertigkeiten. Deine Ausbildung, was das Schulische betrifft, scheint mir ausgereift.«

»Es gibt immer etwas zu lernen, zu untersuchen und zu begreifen, sagt Vater.« Anna hoffte, dass seine Worte Eindruck hinterließen, auch wenn er längst nicht mehr auf ihrer Seite war.

»Das mag auf Christoph zutreffen, aber nicht auf dich.« Ruth erhob sich, zupfte an ihrem Taillenband und wandelte weiter. Anna schaute ihr hinterher. Ein großer nasser Fleck zierte ihren Hintern. Das Fräulein von der Au hatte sich *o-gsoarcht*, dachte sie in breitestem Bayerisch, und spürte Genugtuung.

»Was ist?« Ruth wandte sich um. »Steh auf, ich finde es etwas zu kühl draußen, und wir wollen keine Blasenentzündung riskieren.« Sie hatte wieder einen milderen Ton angeschlagen. Anna tat ihr den Gefallen, umrundete mit ihr den Entenweiher, um zum Haus zurückzugehen. Sie grüßte Alfred, den Gärtnerburschen, der den durchlöcherten Strohhut vor ihnen zog. Dann leerte er einen Kübel voller Schnecken über den geflochtenen Weidenzaun, die er jeden Morgen und Abend in mühseliger Arbeit von den Pflanzen absammelte. Gierig watschelten die Enten herbei und zupften unter lautem Gequake die Schnecken mit und ohne Häuser aus dem Gras. Anna wusste, dass ihnen der Schleim bald die Schnäbel verklebte und sie sie nur mit Hilfe von Schlamm wieder aufbringen würden. Ruth war zur Seite gesprungen und hatte die Röcke gehoben, damit sie keinen Dreckspritzer abbekam. Der Ekel stand ihr ins Gesicht geschrieben. Und wenn Anna ihr einen Streich spielen wollte, wüsste sie, was sie ihr unter die Bettdecke kippen könnte.

»Komm her.« Ruth winkte sie in die Stallgasse, als läge dort das rettende Ufer. »Ich habe dir für die nächsten Wochen einen Plan erstellt, vor allem, was dein Äußeres betrifft. Ein biegsamer, geschmeidiger Leib ist das A und O für alles, was auf uns zukommt. Du solltest mehr auf deine Figur achten.« Das sagte die Richtige, dachte Anna. Wenn Ruth kein Korsett trüge, würde sie aufgehen wie eine *Montgolfière*. Über dem Zellsee war schon mal einer dieser bunten Freiluftballons mit seinen mutigen Fahrern gesichtet worden. Komet wieherte und trabte zu ihnen herüber, als sie an seiner Box vorbeigingen. Anna streichelte den dunkelbraunen Leutstettener Hengst, den Vater letztes Jahr vom Gestüt der Wittelsbacher oberhalb des Starnberger Sees für sie gekauft hatte. Sie hatte ihn nach dem Halley'schen Kometen benannt, der am Himmel mit seiner Ellipse erschienen war.

»Noch bist du schlank, fast zu schlank, finde ich. Ein paar mehr Rundungen würden dir mehr Weiblichkeit verleihen.« Ruth ließ ihren Blick an ihr auf- und abgleiten. »Denk dran, unser Körper ist unser Kapital! Erst locken wir die Männer damit an, dann brauchen wir den Leib, um einen Erben zu gebären, und später ein bisschen Fett auf den Rippen, um bei allem, was Familie und Haushaltsführung bedeutet, die Nerven zu bewahren.« Sie hörte sich eins zu eins wie Annas Großtante an. Bestimmt gab es einen Verhaltensratgeber für den Aufstieg in bessere Kreise. Oder korrespondierte Ruth etwa mit Vera in Eisleben? Allerdings glaubte Anna nicht, dass ihre Großtante von der Partie ihres Neffen sonderlich angetan war. Eine Bürgerliche, der Kaiser bewahre! Doch Vater, so wie Anna ihn kannte, scherte sich vermutlich nicht um ihre Meinung und tat, was er wollte. »Ich werde mit der Köchin reden, wie wir deinen Speiseplan nahrhafter aufwerten, und du wirst bis zur Hochzeit auch deine Kenntnisse im Tanzen auffrischen. Mit welchen Gesellschaftstänzen bist du vertraut?«

»Falls du einen langweiligen Walzer meinst, den krieg ich hin.« Dabei mochte Anna das Tanzen. Sich frei und nach Gefühl zur Musik zu bewegen, gefiel ihr. Zusätzlich hatte sie mit Frau Rufus den Wiener Walzer geübt, zur Strauß-Musik von Vaters Schelllackplatten, die sie auf seinem silbernen Grammophon abgespielt hatten.

»Nun gut, wenn du das sagst, dann stellen wir das vorerst

hintan. Zunächst wirst du aber wieder Klavierstunden nehmen. Man sagte mir, dass du ganz passabel spielst.«

»Auf keinen Fall, damit habe ich schon als Kind aufgehört.« Gegen Zenzis Kochkünste hatte sie keine Einwände, aber Etüden? Immer nur Etüden? Die *Schule der Geläufigkeit*, wie das Lehrbuch hieß, damit sich die Finger auf den Tasten verselbständigten, sie hatte es gehasst. Viel lieber erprobte sie ihre Geläufigkeit beim Töpfern. Es forderte die Beine beim Antrieb der Drehscheibe, doch besonders die Finger, und wenn es gelang, entstand wie durch Zauberhand aus einem Klumpen Ton eine Schale oder eine Figur. Doch das Thema warf sie lieber nicht noch mal auf, ihre Kunst würde sie sich von nichts und niemandem nehmen lassen. Sie kamen am maurischen Tor vorbei, in dessen Rautenfenstern sich der Himmel spiegelte. »Fürs Klavier bin ich einfach zu ungeduldig.«

»Keine Widerrede. Ich habe Assessor Diefenbach für elf Uhr einbestellt. Es wäre doch hübsch, wenn du uns und den Gästen auf der Hochzeit bereits etwas Nettes darbieten könntest. Es muss ja nicht gleich Schoping sein.« Sie meinte wohl Chopin. Wie arrangiert erklang ein Flötenton, und ein Schatten fiel auf Annas Gesicht. Der Beo! Mit seinem schillernd schwarz-grünen Gefieder flatterte er direkt über ihr. Seit längerem hatte sie nach ihm Ausschau gehalten, jetzt freute sie sich sehr, den Beo wiederzusehen. Schnurgerade flog er weiter, mitten auf die Fenster des Glaspalastes zu.

»Nein, nicht!« Anna schrie auf, wollte ihn warnen. Zu spät. Mit seinem leuchtend orangefarbenen Schnabel prallte er gegen eine Scheibe, schlitterte über das halbrunde Dach und fiel wie ein Stein senkrecht in den Kies. Anna hastete zu ihm, hob den großen Vogel vorsichtig mit beiden Händen hoch und bettete ihn in ihre Dirndlschürze. Sie strich ihm über den Kopf mit den gelben Hautlappen. Seine breiten Schwingen zuckten noch, doch seine Augen trübten sich, und ein Blutstropfen löste sich vom Schnabel. Er war tot, hatte sich das Genick gebrochen. Armer Beo. Immer wieder kam es vor, dass Vögel gegen eines der vielen Fenster knallten, in denen sich offenbar der Himmel für sie spiegelte. Meistens saß Humboldt darunter und brauchte sein Futter bloß noch aufzusammeln. Ob Meise, Taube, Amsel oder Specht, jedes Tier reute Anna, doch dass es dieses Mal den Beo erwischt hatte, traf sie ganz besonders. Vater hatte ihr erklärt, dass diese Vögel aus dem Himalaya bei guten Bedingungen über zehn Jahre oder noch älter werden konnten. Er war kaum ein Jahr alt geworden. Schon kam Alfred mit einer Schaufel, den Ruth herbeigewinkt hatte, und hob den Beo darauf.

»Was geschieht jetzt mit ihm?« Noch ganz benommen, wie schnell ein Leben zerrann, ließ Anna ihn gewähren.

»Das, was mit allem geschieht, was keinen Nutzen mehr bringt«, sagte Ruth, bevor der Gärtnerbursche den Mund aufbrachte. »Los, ab ins Haus, und wasch dich gründlich mit Kernseife, bevor du dich an die Tasten setzt. Du riechst nicht nur nach Pferd, sondern hast auch noch den Tod berührt. Wer weiß, was für Ungeziefer dieses Viech überträgt. Und noch etwas, Anna«, so schnell gab Ruth nicht auf, »hör auf, mit den Burschen auf dem Gut zu liebäugeln. Hast du verstanden?«

»Ich liebäugle nicht, ich bin nur freundlich, im Gegensatz zu dir. Außerdem mach ich, was ich will. Basta!« Sie hatte es satt. »Du hast mir gar nichts zu befehlen. Such dir doch einfach ein anderes Zirkusäffchen, das du dressieren kannst.« Anna wandte sich abrupt ab und lief davon, den Hang hinunter.

Wütend und traurig zugleich setzte sie sich in die Tassilolinde, in der es vom nächtlichen Regen noch raschelte und tropfte. Ihre Frisur hatte sich aufgelöst, der lange Zopf fiel ihr schwer über den Rücken. Sie dachte an den Beo. Was hatte er für eine Odyssee hinter sich gebracht, um in einem engen Käfig zusammen mit vielen seiner Artgenossen auf der langen Reise nach Bayern zu überleben. Dann hatte er sich in einem Klima fern seiner Heimat zurechtfinden müssen, mit der Aussicht, niemals eine Gefährtin zu finden. Was für ein trauriges Schicksal! In ihren Riemenschuhen sammelte sich das Wasser, und der Saum ihres Kleides sog sich mit Matsch voll. Und dann noch Ruth, diese Zerstörerin! Von wegen Kennenlernen. Alles, was sie von Anna wusste, hatte sie über andere herausgefunden. Nicht eine ihrer Arbeiten hatte sie sich angesehen, und jetzt verbat sie ihr auch noch das Töpfern. So konnte es nicht weitergehen! Anna beschloss, mit Vater zu reden, sobald er zurück war. Bis dahin würde sie gute Miene zum bösen Spiel machen und sich fügen. Was blieb ihr übrig? Also saß sie eine Stunde später gewaschen und umgezogen, mit halbwegs aufgesteckten Haaren brav am Klavier neben ihrem alten Lehrer Diefenbach, den Ruth aus der Versenkung oder zumindest vom Rand des Grabes geholt haben musste. Im letzten Jahrhundert war er ein virtuoser Konzertpianist gewesen. Trotz des gestärkten Anzugs wirkte er noch magerer als früher, hatte kaum mehr Haare und wie es schien inzwischen ein Porzellangebiss, das er fletschte, während er aus Clementis

Lehrbuch brillierte. Seine knochigen Hände flitzten über die Tasten, als spielte der Herr Gevatter persönlich mit seinen Gebeinen. Träge holperte Anna ihm nach, nur halbherzig konzentriert. Dabei überlegte sie fieberhaft, wie sie dieser quälenden Situation entkommen konnte. Der durchdringende Pfiff des Beos klang ihr noch in den Ohren. Am Fenster, auf der Chaiselongue, fläzte Ruth, umgeben von einem Stapel *Bazar*-Zeitschriften, und lauschte ihnen. Ab und zu kreuzte sie etwas an oder knickte eine Ecke in einem Heft. Sosehr sich Anna auch verspielte und der Herr Assessor die Akkorde mit einer schier endlosen Geduld für sie wiederholte, auf einmal rührte die Musik etwas in ihr. Eine Melodie ertönte, die sie erwidern wollte, und es gelang ihr auch. Trotz ihres Widerwillens fand sie in das Klavierspiel und auf einmal packte sie der Ehrgeiz. Sie wollte wissen, ob sie noch ein paar der Etüden beherrschte. Und siehe da, es machte sogar Spaß! Bald folgte sie Diefenbach wie ein Echo, und kurz bevor sie eigene Akzente zu setzen begann, war die Stunde vorbei. Der Lehrer tupfte sich mit einem großen Tuch Stirn und Mundwinkel, stellte das Metronom ab und zuckte zusammen, als Ruth eine Seite aus einer Zeitschrift riss.

»Das wird, Fräulein von Quast.« Aus stark umschatteten Augen wandte er sich an Anna. »Wenn wir von nun an täglich miteinander üben und Sie das Gelernte zusätzlich vertiefen, damit es sich setzen kann, könnten wir in Kürze mit einem Stück beginnen.«

»Täglich?« Sie glaubte, sich verhört zu haben, so viel Zeit würde sie auf keinen Fall aufbringen. »Früher haben Sie mich einmal pro Woche unterrichtet.« Und geübt hatte sie zu seinem Leidwesen nie.

»Denk an deinen Auftritt, Anna, du willst uns doch nicht blamieren«, erinnerte sie Ruth und hievte sich aus den Polstern. »Was halten Sie davon, Herr Diefenbach?« Sie zeigte die ausgetrennte Seite, auf der Klaviernoten abgedruckt waren. Neben Mode, Frisuren, Handarbeitsanleitungen mit Schnittmustern präsentierte die *Bazar* in jeder Ausgabe auch Unterhaltungslieder zum Nachspielen.

»Sie verlangen Kapellmeistermusik von mir?« Diefenbach seufzte tief aus knöcherner Brust. Das Stück aus Franz Lehárs Operette *Die lustige Witwe* war wohl nicht nach seinem Geschmack. Doch wer zahlte, schaffte an, und so fügte er sich und mit ihm auch Anna.

Nach den Fluren nahm sich Ruth die Zimmer vor und gestaltete sie um. Wo vorher der Stuck mit seinen kunstvollen Ornamenten ausreichend Schmuck gewesen war, hing nun zusätzlich Stoff in sämtlichen Mustern, als wollte sie die Geschichte des ehemaligen Klosters verhängen. Jedes Fenster, und das waren eine Menge auf Dreisonnenquell, zierten bald Volants wie muffige Schleppen. Die Säle, so auch den vom Tassilo, ließ sie mit schwerem Samt ausstaffieren, was den Hall eindämmte und Unterhaltungen erleichterte. Dennoch flirrten Anna die Augen bei so viel Dekoration. Noch dazu hängte sich der Staub überall fest. Das Personal kam kaum mit dem Federwisch hinterher. Ständig stand jemand auf einer Leiter und kehrte, wischte oder wedelte, um all dem Firlefanz Herr zu werden. Ein beklemmendes Gefühl machte sich in Anna breit. Es war, als ob ihr Zuhause von innen zuwucherte. Leider nicht mit etwas Lebendigem wie Pflanzen – was sie begrüßt hätte. Überall im Gebäude verteilte sich Ruths Plunder. Hier ein bemaltes Tischchen, da ein verschnörkeltes Stühlchen oder eine wacklig hohe Kommode, die man besser nicht anhustete, sonst brachen die Beine. All das konnte man zu nichts gebrauchen, als weiteren Kram darauf zu stapeln oder darin zu verstauen, bis die Schubladen überquollen und eine weitere Anschaffung vonnöten war. Auf diese Weise hatte Ruth die komplette Haushaltsführung übernommen, sie schaffte an, und Vater bezahlte. Unermüdlich trieb sie mit neuen Einfällen ihr Unwesen, und er duldete es, ja er begrüßte es sogar, allerdings ohne es weiter zu beachten. Er schien völlig in seinem neuesten Vorhaben versunken und konnte darin, anders als Anna, alles um sich herum vergessen. Gestern war er spät in der Nacht mit Dietmar zurückgekehrt und frühmorgens, bevor Anna aufgestanden war, bereits wieder auf den Beinen. Sie suchte ihn überall auf dem Gut, fand ihn schließlich bei den drei Quellen, im Gespräch mit einem Fremden. In der Arkadenhalle, über große Papiere gebeugt, unterhielten sie sich.

»Papá, darf ich dich kurz stören?« Das, was sie zu sagen hatte, würde zwar länger dauern, doch wenn sie jetzt nicht endlich die Gelegenheit bekam, mit ihm zu sprechen, dann wäre es womöglich zu spät.

»Verzeihung, Herr von Miller, meine Tochter Anna.« Christoph von Quast nahm den Nasenzwicker ab und stellte sie vor. Rasch knickste sie. Dabei fiel ihr Blick auf Pläne von großen Gebäuden, die auf den Simsen zwischen Säulen lagen. Eines wirkte mehr wie ein Schloss mit einem einzigen Turm auf dem Dach, das andere wie eine Fabrikhalle. Daneben waren verschiedene Turbinen, groß wie Riesenräder des Oktoberfestes, zu sehen.

»Grüß Sie Gott, Fräulein von Quast.« Herr von Miller

unterbrach seine Notizen, schob sich den Bleistift hinters Ohr und schüttelte ihr die Hand. Er war eine imposante Erscheinung, etwas jünger als Vater, mit einer stark gebogenen Nase zwischen buschigen dunklen Augenbrauen. Dazu der Vollbart, der ihm bis über den Hemdkragen reichte. »Ihr Herr Papá hat mir von Ihrer künstlerischen Begabung erzählt. Sie arbeiten mit Ton, wie ich hörte?«

»Ein wenig.« Hoffentlich sollte sie jetzt nichts vorzeigen, das, was sie bisher geschaffen hatte, war nur für sie bestimmt, mehr Versuch als Werk. Aber immerhin erfuhr sie auf diese Weise, dass das Töpferverbot nicht von Vater herrührte. Ein Hoffnungsschimmer.

»Meine Frau ist Malerin«, ergänzte Miller, »sie widmet sich aber auch der Fotografie, sofern es unsere Kinder ihr erlauben.«

»Verwendet sie die Fotografien für die Malerei?« Anna hatte sich schon oft eine Methode gewünscht, mit der man einen flüchtigen Eindruck festhalten konnte. Sosehr man sich auch etwas einprägte und im Gedächtnis verankerte, kaum entdeckte man etwas Neues, verblasste die Erinnerung. Die Fotografie, wenn auch noch aufwendig und kostspielig, schien ihr ein gutes Mittel für die Ewigkeit zu sein.

»So ist es. Marie nutzt die Aufnahmen als Vorlage für ihre Aquarelle. Sie werden sicher bald ihre Bekanntschaft machen, jetzt, da Ihr Vater und ich zusammenarbeiten. So, ich verabschiede mich nun für heute, ich muss wieder an meine andere Baustelle.« Er faltete ein Notizblatt zusammen und schob es in die Innentasche seines Jacketts. »Alles wie besprochen, Herr von Quast, in Kürze geht's los.« Dann rollte er auch die Pläne ein und verstaute sie in einem Behälter mit Tragriemen. Vater begleitete ihn noch am Grauen Herzog vorbei bis zur Einfahrt, wo ein Fahrer bei einem weißen Automobil wartete. Anna glaubte schon, er hätte sie vergessen, als er danach mit gesenktem Kopf eine andere Richtung einschlug, und lief ihm hinterher. »Papá, können wir reden?«, wiederholte sie ihre Bitte.

»Selbstverständlich. Komm, begleite mich. Was sagst du, Anna? Hast du die Entwürfe gesehen?«

»Ist das dein Vorhaben für Dreisonnenquell?«

Er lachte. »Nein, das wäre eine Nummer zu groß für uns, das wird Millers neues Riesenprojekt am Walchensee, für das er endlich die Geldmittel und damit die Baugenehmigung erhalten hat.«

»Aber was hat das mit uns zu tun, ich dachte, du brauchst ihn für die Umsetzung einer eigenen Idee?«

»So ist es. Es hat mich zwar ziemliche Überzeugungskraft gekostet, ihn dazu zu bringen, dass er diesen zusätzlichen Auftrag annimmt, aber dank Dietmar ist es gelungen.«

Diese Aussage versetzte ihr einen Stich. »Wieso, was hat der denn dazu beigetragen?« Sie merkte, wie verbittert ihre Stimme auf einmal klang.

»Ach, weißt du, Annerl, er ist wie ein Sohn für mich, der, den ich mir immer gewünscht habe. Wir hatten eine vergnügliche Zeit in München.« Genauer ließ er sich nicht dazu aus. »Besonders die Audienz beim Kronprinzen hat ihm gefallen. Du kennst das alles schon, für dich wäre es langweilig gewesen, aber der Bub lässt sich noch leicht begeistern.« Darauf wusste sie nichts mehr zu erwidern, in ihr ballte sich etwas zusammen, als wollte es sie von innen heraus umwerfen. Wie wäre es ihr jetzt noch möglich, Papá davon zu überzeugen, dass seine Verlobte zu weit ging mit ihren Veränderungen und Verboten und dass sie nicht länger Ruths Spielball sein wollte? Alles, was sich Anna mühsam ersonnen und zurechtgelegt hatte, war mit einem Mal verpufft.

Von all ihrer Pein schien ihr Vater nichts zu merken, er hatte offenbar den Zugang zu ihr verloren, urteilte über sie, ohne sie überhaupt wahrzunehmen. Von wegen langweilig, brennend gerne hätte sie ihn unterstützt. »Möchtest du es sehen?« Er war völlig in seinem Element.

»Was sehen?« Sie folgte ihm mit großen Schritten, schlang die Arme um den Leib und versuchte, sich dabei selbst zu stützen.

»Unser Miniaturkraftwerk.« Er führte sie in der Nähe des Ententeichs zu einer hölzernen Regenrinne, die von den Dächern abgeleitet wurde, wo sie in eine andere mündete. Das aufgefangene Wasser rann von dort durch weitverzweigte Schläuche und verteilte sich über den Hang hinunter auf die Felder und Wiesen. Unter dieser Rinne, vor der sie nun standen, war am Ende ein kleines Rad angebracht, das sich rasant im Wasserlauf drehte. Vater schob ein Brett davor. Das Rad verlangsamte sich, und erst als Anna näher trat, erkannte sie, dass es nicht aus Holz, sondern aus lauter Löffeln bestand. Ein Dutzend oder mehr, glaubte sie, doch als das Rad stillstand, zählte sie genau sechs Stück, die mit einem Gewinde an eine Achse geschraubt waren.

»Hübsch«, sagte sie. »Als Kind hätte es mir gefallen, wenn du aus Mutters Silberbesteck so eine Mühle für mich gebastelt hättest.« In ihrer Stimme schwang Schwermut mit. Die Zeiten der Gemeinsamkeit als Vater und Tochter waren anscheinend vorbei. »Aber ich verstehe nicht, wozu das gut sein soll. Unsere Trinkwasseranlage funktioniert doch ausgezeichnet.«

»Du sagst es. Dietmar hat dem Herrn Ingenieur von unserem Gut vorgeschwärmt. Ich habe Oskar von Miller vorgeschlagen, sein Walchenseeprojekt bei uns im Kleinen auszuprobieren. Die Gräben und Becken, die wir als Speicher verwenden, aber besonders auch das Gefälle sind optimal. Mit seiner Unterstützung und seinem Fachwissen werde ich mein Vorhaben verwirklichen. Dieses Modell …«, er öffnete die Schleuse, und sofort setzte sich das Löffelrad wieder in Bewegung, »wird Miller mit maschinell hergestellten Turbinen verwirklichen. Durch die Drehbewegung werden dann Generatoren angetrieben. Verstehst du jetzt?« Er holte Luft und machte eine feierliche Pause. »Bald werden wir auf Dreisonnenquell Strom haben. Stell dir vor, nicht nur elektrisches Licht durch Glühbirnen, sondern wir können auch lauter Gerätschaften damit antreiben und die Arbeit erleichtern, die vorher mühsame Handarbeit war. Falls es funktioniert, und das wird es, da bin ich mir sicher, werden nicht nur wir einen Nutzen davon haben, sondern ganz Wessobrunn mit Elektrizität versorgen. Aber pst.« Er legte den Finger auf die Lippen. »Sag Ruth bitte nichts. Das soll nämlich mein Hochzeitsgeschenk für sie sein.«

Eva

Als sich der Markt am frühen Nachmittag leerte und die letzte Tasse Fair-Trade-Kaffee verkauft war, räumten sie zusammen und brachen auf. Eva erfuhr nun doch von Maja, dass sie aus der Oberpfalz stammte und gleich nach der Realschule für die Ausbildung zur Erzieherin nach München gegangen war. Also schon mit sechzehn, weil auch sie es nicht mehr zu Hause ausgehalten hatte. Bis zum Hauptbahnhof durfte sie sich dicht hinter Maja auf den Sattel setzen. Jasmin war überrascht, als sie zu zweit auftauchten, noch dazu mit so einem besonderen Gefährt. Eva spürte einen Anflug von Eifersucht, als sie feststellte, dass sich Maja und ihre alte Schulkameradin auf Anhieb verstanden. Dabei kannte sie Maja doch auch erst seit heute Morgen, aber sie wollte ihre neue Freundin ungern teilen. Der Kindergarten, in dem sie arbeitete, lag am Rotkreuzplatz und war fußläufig zu erreichen. Maja sperrte auf und führte sie über einen weichen Teppichboden durch das leere Gebäude. Vorbei an einem Bären- und einem Hasentürschild bis zum Igelgruppenzimmer, wo sie zusammen mit einer Kinderpflegerin unter der Woche arbeitete. Die kleinen Stühle waren auf die Tische gestellt, damit der Boden gewischt werden konnte. Der Bauteppich wirkte verlassen. Dennoch meinte Eva, Kinderlachen und fröhliche Stimmen zu hören, als sie die vielen Bilder an den Wänden und die gemalten bunten Blumen an den Fenstern betrachtete. In einem Nebenraum befand sich die Puppenecke mit Stofftieren. Von der Decke hingen Zweige mit Blättern aus Filz, kleine Elfenfiguren schwebten darin. Ein Zauberwald. Maja öffnete einen großen Schrank. »So, hier ist unser Kostümfundus von den Sommerfesten, die wir jedes Jahr zu einem bestimmten Motto veranstaltet haben. Hier zum Beispiel alles für ein Wiesenfest. Da war ich noch Praktikantin und bin als Spinne gegangen.« Sie zeigte ihnen einen braunen Plüschoverall, an den mehrere Arme und Beine genäht waren, deren Gelenke bunte Bommel betonten.

»Du warst aber eher eine freundliche Spinne«, sagte Eva.

»Sagen wir, hinterhältig.« Maja grinste sie an. »Vordergründig liebenswürdig, um meine Opfer ins Netz zu locken.«

»Ach, so eine bist du.« Eva lachte auch. »Willst du heute noch mal als Spinne gehen?« Die Auswahl an Verkleidungsmöglichkeiten war so groß, dass es schwierig war, eine Entscheidung zu treffen.

»Nein, lieber was Neues. Oder wie lautet gleich das Motto?«

»Maskenzwang, komm als du selbst.« Eva wiederholte es.

»Dann braucht man sich eigentlich gar nicht zu verkleiden«, stellte Jasmin fest. »Obwohl, wenn ich ganz ich selbst wäre, würde ich als …« Sie schob die Kleiderbügel zur Seite, bis ein grüner Frack zum Vorschein kam. Dazu nahm sie sich einen Zylinder von der Hutablage und setzte ihn auf. »Grashüpfer gehen, von Blatt zu Blatt springen, das ist meins.«

»Dann bin ich ein Marienkäfer.« Maja hatte ein rotschwarz gepunktetes Kostüm gefunden. Nach einigem Hin und Her wählte Eva eine gelb-schwarz geringelte Strumpfhose, die zwar etwas zu eng war und die sie nur mit Mühe bis ganz nach oben ziehen konnte, aber unter dem gelben Plüschminikleid, das sie entdeckte, würden ihre Beine perfekt zur Geltung kommen. Allein das Auswählen und das Anziehen waren eine Gaudi. Die Weste, die Maja über ihr rotes Hemd zog, war ihr viel zu weit und schlackerte um ihren Körper, aber sie stopfte sie mit einem Kissen aus, sozusagen als Käfervorbau.

»Hast du Faschingsschminke?«, fragte Eva, als sie sich fertig umgezogen hatten.

»Na klar.« Maja holte aus einer Schublade einen Kasten mit allem, was man brauchte. Ölkreiden, Farbnäpfe, Makeup in vielen Farben. Im Bad knieten sie sich auf die Fliesen vor die kleinen Waschbecken, um in die Spiegel sehen zu können, und Eva fing an, sich zu bemalen. Wie aus dem Nichts zauberte sie sich ein Bienengesicht. Erst trug sie eine gelbe Grundierung auf, und dann malte sie sich Streifen auf die Wange, betonte den Mund und die Nase mit einem schwarzen Punkt und zog lange Wimpern um die Augen. Schließlich wollte sie eine elegante Biene sein, vielleicht sogar eine Königin.

»Ich weiß gar nicht, wie eine Heuschrecke im Gesicht ausschaut. So vielleicht?« Jasmin spitzte den Mund und schielte mit weit aufgerissenen Augen zu ihr herüber. »Das halte ich aber nicht den ganzen Abend durch.« Sie lachten.

»Ich hab einem Käfer, ehrlich gesagt, auch noch nie so genau in die Augen geschaut.« Maja lief zurück ins Gretelzimmer, holte ein Tierlexikon aus dem Bücherregal und schlug die Doppelseite mit den Insekten auf. Dennoch zögerte sie mit dem Pinsel in der Hand. »Du machst das so verdammt gut, Eva. Kannst du mich auch schminken?«

»Mich auch«, bat Jasmin.

»Gern.« Das war Evas Metier.

Hinterher betrachtete sich Maja im Spiegel. »Super, danke. Du hast echt Talent. Ich wüsste einen Job für dich, falls du Geld brauchst. Im Geiselgasteig, wo ich in der Maske meinen Kaffee anbiete, suchen sie ständig Leute.«

»Du meinst im Filmstudio?«

Maja nickte und schob ihre roten Haare unter eine schwarze Kappe, auf der große spiralförmige Fühler wackelten.

»Danke, ich arbeite doch schon in einer Apotheke.« Eva wollte Meitl sogar fragen, ob er sie in den Semesterferien länger einstellte, sie brauchte jeden Pfennig.

»Wie du meinst. Aber Apotheke, ist das auf die Dauer nicht langweilig?« Maja verdrehte die rot-schwarz umrandeten Käferaugen. »Da erlebst du ja nichts, außer dass du dir die Wehwehchen der Kunden anhörst.«

»Na ja, manchmal drucksen die Leute auch herum und verraten mir dann im Flüsterton und nur, wenn sonst keiner in der Nähe ist, dass sie eine Packung Kondome möchten. Oft ist es aber auch nur die Hämorrhoidensalbe.« Aber Maja hatte recht, das war auch schon fast das Spannendste, was in der Apotheke passierte. Ausgenommen die besonderen Arzneimittel, die sie selbst herstellten. Die Elixiere und auch die Verschüttelungen der homöopathischen Mittel für die »Gespinnerten«, wie Meitl die Naturheilkundler nannte. Das alles gefiel ihr nach wie vor sehr.

»Sag einfach Bescheid, wenn du Abwechslung brauchst«,

Maja streifte sich schwarze Handschuhe über, die ihr bis über die Ellenbogen reichten, »dann red ich mit dem Berti, so heißt der Maskenbildner im Studio zwei.«

»Du kommst ganz schön rum.« Grashüpfer Jasmin pfiff durch die Zähne. »Kennst du auch Prominente? Wer dreht denn gerade?«

»Keine Ahnung.« Maja zuckte mit den geflügelten Schultern. »Ich geh selten ins Kino, Fernseher hab ich auch keinen. Ich erkenne einen Filmstar wahrscheinlich nicht mal, selbst wenn er oder sie vor meiner Nase steht.«

Als es dunkel wurde, wandelten drei Insekten in Winterschuhen durch den Hofgarten. Im Schlepptau ein Dreirad, auf dem jede von ihnen abwechselnd fuhr. Es war zwar kalt, und Eva fror ein wenig in ihrem Kostüm, aber immerhin regnete oder schneite es nicht, dann wäre der gesamte Aufwand dahin gewesen. Im Schein der Straßenbeleuchtung erreichten sie die Kaulbachstraße. Hinter einer hohen Umzäunung verbarg sich ein kastenförmiges Haus ohne Fensterläden. An der Fassade hing ein stilisierter Adler, als wohnte hier jemand von der Bundesregierung. Nirgends brannte Licht.

»Sieht unbewohnt aus. Und du glaubst, dass wir hier richtig sind?« Maja kratzte sich an der schwarzen Marienkäfernase.

»Nummer vier, da steht's doch.« Jasmin zeigte auf den Adler, der die große Ziffer in seinen Krallen hielt. Trotzdem, nach einer Party sah es nicht aus. »Lasst uns einfach klingeln und fragen.« Beherzt drückte sie auf den Knopf, der sich unter einem Hundewarnschild an der Säule neben dem Gartentor befand. Sofort bellte der Hund laut und durchdringend schrill, aber nichts geschah. Weder wurde die Haustür geöffnet, noch ertönte ein Summer. »Vermutlich sind wir noch zu früh. Mein Bruder sagt, nichts ist peinlicher, als vor Mitternacht auf einer Fete aufzutauchen.«

»Du hast recht, falls wir es an dem Riesenköter vorbeischaffen, ist es erst kurz vor acht.« Maja schaute wieder auf ihre Uhr. »Was sollen wir bloß vier Stunden lang machen? Mich friert's langsam, euch auch?« Sie nickten und bliesen gleichzeitig kalte Atemwolken aus.

Jasmin drückte erneut die Klingel. Wieder schlug der Hund an, bellte und verstummte dann.

»Klingt fast wie ein Automat«, fiel Eva auf. »Gibt's so was, Hundegebell als Klingel?«

»Es gibt nichts, was es nicht gibt«, sagte Jasmin.

»Stammt das auch von deinem Bruder?« Maja verschränkte die Arme und tänzelte auf der Stelle. »Eva, zeig noch mal die Einladung.«

Eva zog den Zettel aus dem Rucksack, der bereits ziemlich zerfleddert war, und hielt das Kleingeschriebene unter die Laterne. »Wirklich, da könnte noch ein kleines A oder ein B hinter der Vier sein.«

»Also ein Haus weiter oder im Hinterhof. Kommt.« Maja sperrte ihr Dreirad mit einem Zahlenschloss ab, langte über das Tor und drückte die Klinke herunter.

»Aber was, wenn uns gleich ein Schäferhund anspringt?« Jasmin wirkte ängstlich.

»No risk, no fun, sagt mein Bruder immer, den ich leider nicht habe. Wenn da ein echter Hund wäre, oder überhaupt jemand zu Hause, hätte sich längst jemand über unsere Klingelei beschwert.« Sie trippelten über bemooste Steinplatten um den Bungalow herum, an einem Swimmingpool vorbei, der mit mehr Laub als Wasser gefüllt war, und erreichten ein voll beleuchtetes efeubewachsenes Haus, das noch Sprossenfenster hatte und einen leicht schief hängenden Balkon. Zwei Kerle überholten sie, schleppten keuchend ein Bierfass an ihnen vorbei.

»Hey, was fliegt uns da Schönes in die gute Stube?«, sagte der eine, der zu den breiten Koteletten schulterlanges Haar hatte und ein Hemd mit weiten Trompetenärmeln trug. »Aber so wie ihr ausschaut, müsst ihr sowieso bald ins Bett.«

»Auf meiner Matratze wäre noch ein Plätzchen frei, auch für euch alle drei«, ergänzte der andere in Jeansschlaghose und Lederweste, der rückwärtsgehen musste.

»Bevor ihr nicht herausgefunden habt, dass man ein Fass auch rollen kann, könnt ihr nur von uns träumen«, erwiderte Maja.

»Süße, wir wollen ja nicht nur Schaum«, erwiderte der Glitzertyp.

»Wir auch nicht«, rief Eva, ermutigt von Majas Schlagfertigkeit. Sie kicherten.

»Dann kommt rein, glei werd o'zapft.« Der Typ in Lederweste drückte mit dem Rücken die Tür auf, und sie folgten ihnen. Laute Beats wummerten ihnen entgegen, und dann wechselte die Musik zu *Bohemian Rhapsody*. Das ganze Haus schien unter Freddy Mercurys »Is this the real life, is this just fantasy …« zu beben, und kurz danach zitterten die Wände, als das schrille »Gali-leo, Gali-leo« der Band erklang. Der Song brach ab. Vermutlich musste jemand die Kassette umdrehen. Eva hielt nach Milo und Udo Ausschau. Überall stapelten sich Umzugskisten, nackte Glühbirnen hingen von den Zimmerdecken. Es gab keine Möbel. War das ein Einzugsfest? Zum Glück kamen bald weitere Gäste. Alle unverkleidet oder eher wie der mit dem Trompetenhemd, der sich als Manuel Eckberger, genannt Ecki, vorstellte, für die Disco angezogen. Die meisten waren lässig gekleidet, in Schlaghosen, bunten Blusen oder Fransenhemden, in superkurzen Röcken oder wallenden Stufenkleidern zu Stiefeln. Ecki besprach sich eine Weile mit Lutz, wie der andere Bierträger hieß, wie und wo man das Fass am besten anzapfte. Bald artete es in eine Diskussion aus, in die sich auch andere einmischten. Einer behauptete, dass man einen möglichst großen Schlegel bräuchte. Ein Zweiter meinte, dass der runde, den Lutz hielt, aber besser in der Hand läge, der Fäustel mit seinem eckigen Kopf hätte zwar das richtige Gewicht, da würde aber der Stiel wackeln. »Haltet lieber den Rand und das Fass.« Maja nahm Lutz den Zapfhahn ab, setzte ihn auf das noch verschlossene Anzapfloch und holte mit dem Schlegel aus. Mit zwei kräftigen Schlägen trieb sie ihn in das Eichenfass. Es spritzte, und schon floss das Bier in den ersten Krug. Es gab anscheinend nichts, was sie nicht konnte. Eva bewunderte sie und applaudierte mit den anderen. Da die Musik verstummt war, hallte der leere Raum von ihrem Klatschen und dem Gejohle. *Kein Gott, kein Staat, kein Fleischsalat*, hatte jemand über die gesamte Wand mit schwarzer und blauer Farbe geschrieben. Hatten hier vorher Vegetarier gewohnt, oder was sollte der Spruch bedeuten?

»Hey, Udo, was ist mit dem Sound los?«, rief Lutz das Treppenhaus hinauf. Er war geschminkt, wie Eva jetzt von nahem auffiel, und hatte sich auch die Fingernägel lackiert. »Hat dein Ghettoblaster den Geist aufgegeben?« Wenigstens einer der beiden aus ihrer Unibegegnung musste da sein, stellte sie erleichtert fest. Es hätte auch sein können, dass Milo und Udo das Plakat bloß für jemand anderen aufgehängt hatten. Oder war das ein anderer Udo dort oben? Anders als ihre neue Freundin Maja, die direkt auf alles zuging, neigte Eva dazu, zuerst immer abzuwägen, um alle Eventualitäten auszuschließen, was sie oft ausbremste. Sie gab sich einen Ruck und ging an Lutz vorbei nach oben. Auf den Stufen standen zwei große Lautsprecher, die rauschten und knackten. In einem türkis gefliesten Bad brannte eine Stehlampe. Barfuß wie gestern, in ausgefranster Jeans und T-Shirt kniete Udo vor einem Radiorekorder, der offenbar durch die Boxen auf der Treppe verstärkt wurde, und versuchte, die Kassette aus dem Fach zu ziehen, doch das Band hatte sich um die Tonköpfe gewickelt. Was nutzte die tollste Stereoanlage, wenn sich die Kassette verhedderte?

»Hallo, Udo.« Sie winkte ihm vom Flur aus, kam sich im selben Moment bescheuert vor. Zum einen, weil sie winkte, und zum anderen, weil sie wie für einen Kinderfasching angezogen war.

»Hereinspaziert. Bist du die neue Freundin vom Ecki?« Er erkannte sie offenbar nicht. »Fühl dich wie zu Hause, na ja, jedenfalls einigermaßen, ist ja heute das letzte Mal hier. Morgen sind wir alle weg.« Er stand auf, ließ die Kassette im aufgeklappten Fach hängen und hob aus der Badewanne, in der lauter Gegenstände lagen, eine Kochplatte. »Hast du was zu futtern mitgebracht?«

»Tut mir leid, das hab ich vergessen.« Vor lauter Schminken und Verkleiden hatte sie gar nicht dran gedacht.

»Macht nichts. Dann gibt es eben Udos Spezialpfannkuchen für alle.« Er brachte noch eine zerkratzte Teflonpfanne zum Vorschein und holte ein paar Lebensmittel aus einer Supermarkttüte, breitete alles entlang der Fliesenwand aus, aus der die Anschlüsse für eine Waschmaschine ragten.

»Soll ich's mal mit dem Kassettenband versuchen?«, schlug Eva vor.

»Das wäre super, Lutz bringt mich um, wenn ich sein kostbares Mixtape zerstört habe. Ein Mitschnitt von der BBC-Sendung *Top of the Pops* vom letzten November, als Queen das allererste Mal ihren Song vorgestellt haben.«

»Man merkt deutlich, wer das Idol von Lutz ist. Der Kajalstrich und die schwarz lackierten Fingernägel.«

Udo lachte. »Unser kleiner Lutz Mercury.«

»Ich bin übrigens die Eva. Von gestern in der Uni, weißt du noch?« Sie gab sich zu erkennen und kniete sich neben ihn.

»Richtig, Kleineva, die uns mit ihrem Curlingstein erschlagen wollte, dachte ich's mir doch.« Noch bevor sie ihm erklären konnte, dass das kein Eisstock, sondern ein Rundkolben gewesen war, gab er ihr einen Kuss auf die Wange, einfach so. Seine Lippen färbten sich gelb, was sie zum Lachen brachte. Dass sie bestimmt rot geworden war, merkte man unter ihrer Schminke nicht, und selbst wenn, dann leuchtete sie eben orange, was bei einer Biene nicht weiter auffiel. Mit etwas Fingerspitzengefühl und dem Draht aus ihrem Fühler schaffte sie es, das Band aus dem Rekorder zu ziehen und die Kassette mit Hilfe eines sechseckigen Bleistifts, den sie dabeihatte, wieder aufzuwickeln. Dabei schaute sie Udo zu, der aus Orangensaft, Eiern, Kokosflocken und Mehl einen Teig anrührte. Als die Margarine geschmolzen war, goss er mit einer Schöpfkelle etwas Teig in die Pfanne, hob sie an und drehte sie so geschickt, dass sich der Teig hauchdünn und gleichmäßig verteilte. Plötzlich warf er den

Pfannkuchen hoch, Eva glaubte schon, er würde gleich am rissigen Putz des ehemaligen Badezimmers kleben, aber Udo fing ihn ganz knapp wieder auf. Ein exotischer Duft machte sich breit.

»Was für Mehl nimmst du? Das ist kein Weizen, stimmt's?«, fragte sie.

Er nickte. »Dinkel, selbst gemahlen. Milo hat sich eine Getreidemühle und sogar eine Flockenpresse gekauft. Wir wollten eigentlich mit unserer Firma groß durchstarten, aber daraus wird vorläufig nichts. Gib mir mal einen Teller.«

Sie stand auf und holte einen großen geblümten Teller mit Goldrand aus dem Waschbecken, der Eva an Oma Betzis Sammelgeschirr erinnerte.

»Und was für eine Firma?« Im Schneidersitz ließ sie sich neben ihm nieder, legte die reparierte Kassette in den Rekorder und drückte auf die rote Taste für Play. Es zischte, als Udo den nächsten Pfannkuchen briet.

»Die Müslibrothers oder so ähnlich.«

»Wieso, seid ihr Brüder?« Das würde das Zusammenspiel erklären und das Vertrauen zueinander – gestern bei der Show mit der Leiter.

»Nein, aber könnte gut sein. Wir kennen uns schon ewig, seit dem Kindergarten. Und seit kurzem mischen wir unsere Müslis selbst, weil uns die, die es fertig abgepackt zu kaufen gibt, nicht schmecken. Noch dazu ist das Zeug dermaßen gespritzt, und die Trockenfrüchte sind voller Schwefel. Wir nehmen lieber Vollkorn, rösten die Nüsse und mischen alles selbst. Das hat sich rumgesprochen, und jetzt schwören nicht nur wir auf unser Frühstück.« Während er erzählte, wuchs in null Komma nix ein Pfannkuchenberg auf dem

Blumenteller. »Wir wollten uns noch ein Dörrgerät für Obst besorgen. Ungespritzte Lebensmittel kriegt man in Deutschland nur schwer, und wenn, dann nur in Fünfundzwanzig-Kilo-Säcken. So eine Riesenmenge verdirbt schnell, und die verbrauchen wir allein nie. Also dachten wir, wir könnten anfangen, unsere Müslis zu verkaufen. Magst du probieren?«

»Gern.« Eva wollte sich einen Pfannkuchen nehmen.

»Moment.« Er zog ein Glas Marmelade aus einer Tüte. Laut dem handgeschriebenen Etikett war es Aprikose von 1954 – ihr Geburtsjahr. Aber als das Glas beim Öffnen knackte, war sie beruhigt. »Von meiner Oma, das Geschirr und die Kochplatte auch. Sie hat mir noch lauter andere Spitzengeräte aus der Vorkriegszeit hinterlassen. Zum Beispiel eine Buttermaschine und eine Zentrifuge mit Handkurbel.« Er deutete mit dem Kopf zur Badewanne, aus der eine Blechschüssel ragte.

»Ist deine Oma gestorben?« Eine Zentrifuge kannte Eva aus dem Studium, nur war die im Labor elektrisch und trennte durch die kreisende Beschleunigung Massen voneinander.

»Sie kam ins Pflegeheim, weil meine Eltern in ihrem neuen, schicken Haus keinen Platz für sie hatten.«

Udo strich die Marmelade mit einem Löffel auf den obersten Pfannkuchen, rollte ihn ein und gab ihn ihr.

Es schmeckte so gut, wie es roch. »Sehr lecker! Bist du Koch?«

»Nur ab und zu auf Festivals und in unserer WG, die es ab morgen nicht mehr gibt.«

»Und was machst du sonst? Also von Beruf, meine ich.«

Gerade als er antworten wollte, schaute Milo ins Bad.

»Dachte ich's mir doch, dass du wieder jemanden mit deinen Spezialitäten bezirzt, und dieses Mal sogar eine echte Biene.« Er lächelte Eva an, drückte seine Brille auf der Nase fest, die zu ihrer Erleichterung wieder beide Gläser hatte, und beugte sich über sie, um sich ebenfalls einen Pfannkuchen zu schnappen. Als Udo ihm die Marmelade geben wollte, winkte er ab, streute sich stattdessen Zimtzucker auf den Pfannkuchen, bevor er ihn einrollte. Eva konnte gar nicht aufhören, ihn anzusehen, Milo gefiel ihr heute sogar noch besser als gestern, besonders als sie seinen Geruch wieder wahrnahm. Diese Mischung aus Sandelholz und Vanille, und da war noch ein Hauch Ambra, der Duftstoff, den Pottwale ausscheiden und der vielleicht von Milos Gesicht ausging. Im Gegensatz zu Udo, der einen Vollbart trug, rasierte er sich. Komischerweise hatte sie sich nämlich sein Gesicht nicht mehr in Erinnerung rufen können. Wenn sie an ihn gedacht hatte, roch sie ihn zwar noch, aber sie sah ihn nicht mehr. Mit Leuten, die ihr nahestanden, ging ihr das oft so. Kaum waren sie fort, war auch ihr Bild weg, so als gäbe es nur noch das Innere, das bei ihr mit dem Geruch verbunden war.

»Das ist Kleineva von gestern, die Meisterin im Eisstockschießen«, stellte Udo sie vor. Eigentlich war sie ja eine von Quast, fiel ihr plötzlich ein, aber sie verbesserte ihn nicht.

»Servus, ja. Ihr seid die vom Kindertheater, eine von deinen Freundinnen unten hat mir davon erzählt. Die Heuschrecke, glaub ich, oder nein, die Käferfrau.« Dank der Version von Maja oder Jasmin brauchte sie sich wenigstens nicht für ihr Kostüm zu rechtfertigen. Milo setzte sich auf den Wannenrand und genoss sein Essen.

Eva stand auf, wollte ihm die Hand geben, wie man das

halt so machte in Murnau, wenn man jemanden traf, behielt sie dann aber bei sich und verschränkte die Arme vor ihrem Plüschkleid. »Udo hat erzählt, was ihr vorhattet. Eine eigene Müsliproduktion mit ungespritzten Zutaten. Das finde ich super.«

»Ja, in der Badewanne.« Milo lächelte, auf seinen Lippen hingen Zimtzuckerkristalle.

»Wie?« Sie verstand nicht, was er meinte.

»Na, die Müslis haben wir da drin gemischt. Aber vorläufig ist Schluss damit. Wir müssen leider raus hier, der Besitzer hat Eigenbedarf angemeldet.«

»Und wo zieht ihr alle hin?« Sie hoffte, dass es nicht zu weit weg war, jetzt, da sie sich in München eine Bleibe suchen wollte und endlich Freunde fand.

»Ich kann für ein paar Wochen ins Studentenwohnheim am Olympiazentrum in das Zimmer eines Kommilitonen, der ein Auslandssemester macht. Udo wird wohl wieder bei seinem Vater, einem Mathematikprofessor, in Starnberg anklopfen und um Einlass betteln müssen, und Lutz und Ecki wollen irgendein leerstehendes Haus besetzen.«

»So was gibt's in München?« Bisher hatte Eva davon nur in der Zeitung gelesen oder in den Nachrichten gehört. Das betraf meistens Köln, Frankfurt, Hamburg oder Westberlin.

»Du kennst doch die Parole: Einen Mieter schmeißt du raus …« Aus dem Hintergrund fiel Udo mit ein: »Fünfzig nehmen sich dein Haus.« Die beiden lachten laut, doch sofort wurde Milo wieder ernst, mit seinem feinen Gesicht, das etwas Feminines und doch Männliches zugleich hatte, und wenn seine leicht vergrößerten Augen auf Evas trafen, kribbelte es in ihrem Bauch. »Die Wohnungsnot ist hier nicht kleiner als anderswo, die Mietpreise explodieren. Die

Bonzen aus dem Norden rücken mit Zweit- und Drittwohnsitzen in den Süden vor und kaufen die ganze Gegend auf.«

»Das kenn ich aus Murnau, wo ich herkomme. Dort werden alte, geschichtsträchtige Häuser abgerissen und Gärten planiert, um neue Bürokomplexe zu bauen. Und es kommt noch schlimmer. Wir haben jetzt nicht nur die hässliche Autobahn mit der längsten Brücke Bayerns über die Loisach …«, nun redete sie sich in Rage, »an der einst Franz Marc, ich weiß nicht, ob der Künstler euch was sagt, seine blauen Pferde gemalt hat und mit seinen heute berühmten Malerfreunden Gabriele Münter und Wassily Kandinsky entlanggewandert ist – jedenfalls, jetzt will man da, am Rand vom Murnauer Moos, auch noch eine Müllverbrennungsanlage errichten.«

»Und leistet ihr Widerstand?«

»Bisher schon, der Bund Naturschutz und viele Bürger. Es gab Unterschriftenlisten und Aktionen. Allen voran unsere Moorhex, Ingeborg Haeckel, die sich für das Murnauer Moos, in dem über tausend verschiedene Pflanzenarten wachsen, seit vielen Jahren einsetzt und darum kämpft, dass es unter Naturschutz gestellt wird. Aber unser Landrat will die Anlage mit allen Mitteln durchdrücken, und auch der bayerische Umweltminister hat zugestimmt. Die Planung steht, das Gelände ist verkauft.«

»Darum will ich eines Tages in die Politik. Man muss sich bei den Herren Staatsträgern mit einmischen, sonst passiert nichts.« Das imponierte Eva, außerdem hatte sie sich noch nie mit jemandem so intensiv über Umweltschutz und Widerstand unterhalten.

»So, ich glaub, das reicht fürs Erste.« Udo riss den Stecker aus der Wand, anders ließ sich die Kochplatte nicht mehr ausschalten. Er balancierte seinen Pfannkuchenturm, der ums Dreifache gewachsen war, auf sie zu. »Wollt ihr noch welche? Den Rest bring ich nach unten.«

»Was ist eigentlich mit der Musik los?«, fragte Milo. »Deswegen bin ich raufgekommen. Moni und Floh haben neue Tapes mitgebracht.« Aus seiner Jacke zog er ein paar Kassetten. Abba, Pink Floyd und eine selbstbeschriftete Hülle.

Vom Rekorder war außer einem leichten Quietschen nichts zu hören. Eva erschrak. So ein Mist! Anstelle der Play-Taste hatte sie aus Versehen auf die Aufnahmetaste gedrückt und alles überspielt.

Anna

Durch die Arbeiten im Garten, die Versorgung der vielen Pflanzen, verbrachte sie den Tag von frühmorgens bis spätabends im Freien oder in den Treibhäusern. Auf diese Weise entkam sie Ruths Fängen, von der sie sich, außer zu den Klavierstunden, die sie weiterhin zu absolvieren hatte, nicht im Haus einspannen lassen wollte. Anna besuchte die Bauern im Dorf und in der Umgebung, um ihnen beim Obstbaumschnitt oder dem Auslesen der Blüten zu helfen, genoss den Duft der Blumen und die Artenvielfalt auf den Feldern und Wiesen, beobachtete den Tanz der Insekten, den Kreislauf des Wachsens und Werdens und hielt diese Wunder in ihren Skizzen fest. Manches setzte sie heimlich in Ton um, sorgfältig darauf bedacht, dass Ruth nichts davon bemerkte. Weder einen Spritzer auf dem Kleid oder in den Haaren noch Ton unter den Fingernägeln. In dem ganzen Trubel vor der Hochzeit war das ihre Form des Widerstands und auch Genugtuung, der Bevormundung zu entkommen. Gegen die Versorgung der Pflanzen konnte Ruth nichts einwenden, schließlich hatte ihr Vater sie damit betraut. Und seit sie von Ruths Ekel vor Raupen wusste, legte sie ihr oftmals einen Regenwurm auf die Türschwelle oder ließ ein paar Engerlinge aus der Schürzentasche fallen, falls sie ihr nachlief, um sie wieder hereinzulocken. Gewissenhaft betreute Anna die Maulbeeren, deren Blätter denen der geliebten Linde ähnelten. Mit Kolb zusammen tüftelte sie an einer Form der Bewässerung über Rohre mit kleinen Löchern, weil die Bäumchen keine Staunässe vertrugen. Vater staunte und lobte sie dafür, als sie ihm die Methode zeigte. Es erfüllte sie mit Stolz und stärkte sie, so dass sie fortan allein die Überwachung der Sprinkleranlage übernahm. Wenn auch nur langsam und kaum erkennbar, gediehen die Bäumchen zu ihrer großen Freude. Dennoch zog Anna sich innerlich mehr und mehr zurück. Wenn sie dann manchmal glaubte, der Kopf zerspränge ihr gleich, weil sie nicht wusste, was die Zukunft für sie bereithielt, sattelte sie Komet und galoppierte mit ihm durch den Pfaffenwinkel. Einmal ritt sie zum Hohenpeißenberg, der auf neunhundertachtundachtzig Metern lag. Bei der Bergwetterwarte stieg sie ab, lockerte die Zügel und nahm dem Hengst die Trense aus dem Maul, damit er auf der Wiese etwas Gras zupfen und sich ausruhen konnte. Auch Anna war erschöpft, glaubte, sich aber wenigstens von den quälenden Gedanken befreit zu haben. Sie blickte über ihre Heimat, vom Ammergebirge bis zum Lech hinunter. Über ihr türmten sich Wolken, und der Wind blies wie zum Gefecht. Bald fror sie in ihrer durchschwitzten Bluse. Sie durfte nicht zu lange verweilen, sonst erkältete sie sich noch. Vielleicht war das ein Weg, der vermaledeiten Hochzeit zu entkommen? Krank im Bett liegen und alles verschlafen? Doch die Vermählung ihres Vaters konnte sie damit auch nicht mehr aufhalten. Momentan war es aussichtslos, Papá ihre Sorgen anzuvertrauen. Das hatte sie nach Oskar von Millers erstem Besuch erkannt, als er sie nach der Vorführung seines Miniaturkraftwerks tatsächlich noch gefragt hatte, warum sie ihn hatte sprechen wollen. Plötzlich war es ihr schwergefallen, gegen Ruth anzureden, die er offenbar so sehr liebte, dass er ihr ein solch großes Geschenk machte.

»Nun sag schon, Annerl, es schien dringend zu sein«, hatte er da nachgehakt. »Ist es wegen Dietmar? Ihr versteht euch doch? Er hat mir erzählt, was ihr alles zusammen unternommen habt. Er macht sich gut, der Junge, ich denke, ich wüsste einen Platz für ihn, wenn er die Schule abgeschlossen hat.«

Anna ahnte, was er meinte. In Dietmar hatte er endlich den Nachfolger gefunden, den er sich seit langem wünschte. In ihr als Tochter hatte er dagegen nur ein Mittel zum Zweck gesehen, um einen geeigneten Schwiegersohn herbeizuschaffen. Die Leitung des Guts würde er ihr jedenfalls nicht anvertrauen. Es schmerzte sie, als ihr das klargeworden war. »Gib's zu, Papá, du kennst Dietmar und seine Mutter schon länger. So vertraut, wie ihr seid. Das Ganze hat sich doch nicht erst vor kurzem entwickelt?« Oberhalb des Römerturms hatte der Postwagen gehalten. Götz, ihr langjähriger Hausdiener, ein ergrauter, aber immer noch rüstiger Herr, den so gut wie nichts aus der Ruhe bringen konnte, stand schon mit der Sackkarre bereit und nahm wie üblich zahlreiche Pakete entgegen. Früher hatten sie nur ein- bis zweimal in der Woche Post erhalten, hauptsächlich Briefe, einmal im Jahr ein Namenstagspäckchen aus Sachsen-Anhalt oder eine Pflanzensamenbestellung aus Übersee, doch neuerdings trafen täglich ganze Paketladungen ein, die zwar an Christoph von Quast adressiert, aber von Ruth bestellt worden waren.

»Das habe ich dir doch schon erklärt, ja, wir sind uns vor

dem Theaterbesuch schon mal begegnet, wann genau, weiß ich nicht mehr. Es war in einem der Münchner Etablissements am Sendlinger Tor.«

Anna versuchte, sich die Sendlinger Straße in Erinnerung zu rufen, als sie das letzte Mal dort gewesen war. Sie wusste nur noch, dass es dort viele Lokale gegeben hatte, vor denen sich vor allem die Männer drängten. Viel zu schnell war sie von ihren Eltern durchgeschleust worden, als gäbe es nicht viel zu sehen. Dabei war das Gegenteil der Fall. »Im Varieté?«, fragte sie. Wie eine Tänzerin wirkte Ruth nicht, vermutlich war sie eher die Kartenabreißerin gewesen.

Doch mehr gab ihr Vater nicht preis. »Jedenfalls haben wir einen Abend zusammen verbracht und uns dann hinterher wieder aus den Augen verloren. Wie das manchmal so ist. Und als wir uns dann letztes Jahr wiederbegegnet sind, haben wir uns ineinander verliebt.«

Auf einmal war alles sonnenklar. »Bist du etwa ... Ist Dietmar mein Bruder?«

Er lachte. »Nein, so lange ist unsere Bekanntschaft auch nicht her, Anna. Als er geboren wurde, hat Gesine noch gelebt, und ich war deiner Mutter immer treu. Nach ihrem Tod ist es mir schwergefallen, wieder unter Leute zu gehen, aber schließlich haben mich meine Münchner Freunde überredet. Die Einsamkeit in Wessobrunn und all die Erinnerungen haben mich genauso verrückt gemacht, und als ich es endlich gewagt habe, bin ich Ruth begegnet.« Überschwänglich winkte er jemandem. »Sieh an, wenn man von der Sonne spricht.«

Seine Verlobte war durch das Eingangsportal getreten, als müsste sie die Paketannahme beaufsichtigen, damit auch kein einziges Schächtelchen verlorenging. An ihrer Seite tauchte Dietmar auf, wie ein treues Hündchen. Er schleppte einen Koffer mit sich, und Anna fiel ein, dass er an diesem Tag wieder zurück in die Kadettenanstalt fuhr. Immerhin ihn war sie in Kürze los. Jetzt, nach dem, was sie erfahren hatte, noch so zu tun, als ob sie ihm trotz allem eine gute Reise wünschte, war ihr zu viel. Vater gegenüber behauptete sie, sie müsste kurz zur Toilette, und sie verschwand durch einen Seiteneingang.

»Beeil dich, die Kutsche wartet nicht ewig«, rief er ihr nach. Aber kaum war Anna allein, trödelte sie auf den Stufen absichtlich. Sie hoffte, dass Dietmar längst fort war, als sie sich an das Fenster im langen Flur des oberen Stockwerks stellte und hinaussah. Doch er war noch da, und Papá umarmte ihn, als wollte er ihn gar nicht fortlassen. Viel zu lange für ihren Geschmack. Über seine Schultern hinweg blickte Dietmar zu Anna und winkte ihr. Ein Kunststück, wie hatte er sie nur bei den vielen Fenstern, die das Gebäude besaß, entdeckt. Schnell duckte sie sich, diesem Verräter wollte sie vorerst nicht mehr begegnen. Erst als der Postillon ins Horn blies, was er immer tat, bevor er losfuhr, schaute sie wieder hoch. Ruth und Vater standen noch Arm in Arm da und schauten der Kutsche nach, bis sie um die Kurve verschwunden war.

Anfangs hatte es geheißen, dass die Hochzeit in aller Bescheidenheit stattfinden sollte, nur die nächsten Verwandten und ein paar Gäste von außerhalb wollte man einladen. Doch die Liste verlängerte sich von Tag zu Tag. Bald schien das halbe Kaiserreich einbestellt, auffallend viele Junggesellen waren darunter. Anna wusste, was Ruth damit bezweckte. Was Vater nur locker, auch auf Drängen der fernen

Verwandtschaft, vorangetrieben hatte, ging seine Zukünftige nun mit Entschlossenheit an. Annas Tage auf Dreisonnenquell waren gezählt. Aber das waren sie so oder so. Bald würde sie völlig unter der Fuchtel ihrer Stiefmutter stehen, die bestimmte, wen sie heiratete, um sie dann mit dem Auserwählten fortzuschicken. Dem wollte sie zuvorkommen. Noch bereitete ihr dieses Vorhaben schlaflose Nächte. Sollte sie trotz aller Widerstände als Frau die Welt bereisen? Die Frankfurterin, Maria Sibylla von Merian, hatte das bereits vor zweihundert Jahren geschafft. Ansonsten könnte sie sich in einem Lehrerinnenseminar einschreiben, vielleicht gäbe es dort auch etwas mit Pflanzen zu tun. Allerdings müsste sie damit ein Zölibat in Kauf nehmen und ein ewiges Fräulein bleiben. Dann könnte sie auch gleich ins Kloster gehen wie Hildegard von Bingen. Doch dafür war sie nicht gläubig genug, jedenfalls nicht im katholischen Sinn. Das selbst kleine Kinder schon vom Teufel besessen schienen, wenn sie vor der Taufe starben, leuchtete ihr nicht ein, genauso wie die Vergebung der Sünden, egal welcher Art, wenn man nur genug betete. Dasselbe mit dem Himmelreich, das jeden vom irdischen Dasein erlöste. Wenn, dann glaubte sie an ein Leben im Hier und Jetzt und daran, dass es darauf ankam, wie man es gestaltete, um sich und niemand anderem Leid zuzufügen, was oft genug eine Gratwanderung war. Der Gedanke, keine eigene Familie oder wenigstens einen geliebten Menschen an ihrer Seite zu haben, wie ihr Vater es einst gewesen war, machte ihr zu schaffen. Darüber hatte sie nach dem Gespräch mit Ruth lange nachgedacht. Ihr Leben einzig als eine Berufung zu verstehen, fiel ihr schwer. Zu gern würde sie Einfälle und Entscheidungen mit jemandem besprechen, sich nicht nur um sich selbst sorgen, wieder mit jemandem lachen oder sich nach einem anderen Menschen sehnen. So stellte sie sich die Liebe vor, von der sie schon oft gelesen hatte, aber das waren eben nur Romane und nicht die Wirklichkeit. Zumal der Geliebte die Natur so mögen müsste wie sie, sonst kämen sie nie zusammen. Bevor sie wieder aufsaß, betrachtete sie noch mal vom Hohenpeißenberg aus ihre Heimat, die wie eine Spielzeuglandschaft unter ihr lag. Die verschiedenfarbigen Wiesen mit ihren unterschiedlichen Formen, von Büschen und Bäumen begrenzt. Die Wälder, Moore, Seen und Flussläufe. Die Alpen, deren Gipfel in den Wolken hingen. Anna drehte sich in alle Himmelsrichtungen und prägte sich jeden Fleck ein.

»He, Fräuleinchen, was soll das? Ihr Gaul frisst unsere Blumen!« Ein Mann in einer Kutte eilte auf sie zu und scheuchte Komet auf. Vor lauter Sinnieren hatte Anna nicht auf ihn geachtet, so dass das Pferd bis zum Zaun der Bergwetterwarte gestapft war und dort die Sonnenblumen kappte. Sie schnappte sich das Halfter und zog Komet mit einigen Mühen fort.

»Verzeihung, das tut mir wirklich leid.« Anna holte ein paar Reichsmark aus der Satteltasche und wollte sie dem Mönch geben.

Er lehnte ab. »Was nützt mir Ihr Geld, Fräulein, die Schönheit lässt sich damit nicht ersetzen.« Dem musste sie zustimmen. Peinlich berührt entschuldigte sie sich erneut, saß auf und ritt zurück.

Zu Hause angekommen, empfing sie schon Ruths durchdringend schrilles Lachen, aber auch Vater hatte allerbeste Laune und wirkte sehr glücklich, so dass sie sich wie ein

Störenfried vorkam, als sie den Tassilosaal zum Essen betrat und die beiden sich aus ihrer inniglichen Umarmung voneinander lösten. Da die Hochzeitsplanung auch bei den Mahlzeiten das Gespräch beherrschte, wurde Anna eingebunden, ob sie wollte oder nicht. Vater und Ruth gingen zum wiederholten Male die Gästeliste durch, besprachen, wen man einladen musste und wen man nicht vergessen durfte. Anna hörte nur mit halbem Ohr zu, löffelte die wohlschmeckende Eierstichsuppe und fischte ein leuchtend grünes Petersilienblatt aus dem Suppenteller. Es musste dem Hackmesser der Köchin entwichen sein. Vorsichtig trocknete sie es auf ihrer Serviette. Wie konnte man diese besondere Form auf etwas Getöpfertem verewigen, überlegte sie. Wenn sie das Kraut in den noch feuchten Ton drückte, würden nach dem Brennen all diese feinen Umrisse erhalten bleiben? Als nächster Gang wurde Vaters Lieblingsspeise aufgetischt: Zenzis legendärer Krustenbraten von den eigens gezüchteten Schweinen, die sie mit Küchenabfällen mästeten und die sich hinterm Stall beim Entenweiher im Matsch suhlen durften, bevor sie auf ihren Tellern landeten. Auch wenn Anna das Schlachten unerträglich fand, so hatte sie begriffen, dass ohne den Dünger der Tiere kein Pflänzchen gedeihen würde. Der Mist der Pferde, Schafe, Schweine, Enten, Hühner und Kühe, die sie im Meierhof hielten, trug zum Wachstum der Vielfalt bei, damit etwas auf Dreisonnenquell blühte. Leben und Sterben – das eine bedingte das andere. Doch anders als in der Wildnis, bestimmten hier die Menschen, wer leben durfte und zu welchen Bedingungen. Zum Braten gab es eingelegten Sellerie, frisch geernteten Lauch und Knödel. Vom zartrosafarbenen Fleisch mit dem knusprigen Rand ließ sich Ruth gleich zwei Scheiben auflegen, doch bei den Kartoffelknödeln winkte sie ab. Neuerdings achtete sie auf ihre Linie, damit sie in das Brautkleid passte, bei dem die Schneiderin bereits zweimal Änderungen hatte vornehmen müssen. Sie wünschten sich guten Appetit und aßen.

»Anna, ich dachte mir, dass du doch unsere Tischkarten gestalten könntest?« Ruth zerteilte ihr Fleisch in mundgerechte Stücke. »Etwas mit Blumen oder irgendwelchen Blattranken. Die kannst du doch so wunderbar zeichnen, und das weist dann gleich auf Dreisonnenquell hin.« Woher wusste sie, dass sie bevorzugt Pflanzen skizzierte? Hatte sie ihr Tagebuch durchstöbert, dem sie ihre allergeheimsten Gedanken anvertraute? Anna bewahrte es in ihrem Schreibtisch auf, das Türchen zu den Schubladen war stets abgesperrt, und den einzigen Schlüssel dafür trug sie an einem silbernen Kettchen um den Hals. Rasch räusperte sie sich, als habe sie sich verschluckt, klopfte sich auf den Halsansatz, um sich möglichst unbemerkt zu versichern, dass die Kette samt Schlüssel noch unter ihrem Kragen hing. Sie fehlte. Anna tastete ihren Hals und das Oberteil ab, erkundete den Schürzenbund. Vielleicht war die Kette abgerissen oder runtergefallen und sie saß darauf? Sie rutschte auf dem Stuhl zur Seite und schaute nach, suchte auch auf dem Boden. Nichts. Vermutlich hatte sie sie samt Anhänger beim Reiten verloren, war beim Auf- und Absitzen hängen geblieben. Oder sie lag in ihrem Zimmer bei der Waschschüssel – ja, so musste es sein. Und wenn nicht, würde sie gleich nach dem Essen noch mal auf den Hohenpeißenberg reiten und dort im Gras suchen oder den Mönch fragen. Vielleicht hatte er den Schlüssel gefunden und aufbewahrt.

»Was ist, Annerl? Ist dir nicht gut?« Vater hatte ihre Unruhe bemerkt.

»Doch, mir ist nur etwas heiß«, antwortete sie und musste nun wirklich husten. Dabei sah sie, wie Ruths Mundwinkel zuckten, als wüsste sie, dass sie log.

»Du hast recht, es ist ziemlich stickig hier. Machen Sie doch bitte ein Fenster auf«, wies Vater Götz an, der wie üblich bei den Hauptmahlzeiten neben der Tür stand. Direkt nebenan lag der Pferdestall. Anna mochte den Geruch, aber Ruth wedelte sofort mit der Serviette.

»Aber die Fliegen!«, wandte sie ein.

»Dafür haben wir doch jetzt deine Vorhänge, mein Schatz.« Vater lehnte sich zurück, schloss die Augen und kaute genüsslich. Der Hausdiener zog eine Gardine vor das geöffnete Fenster, die sich im kühlen Luftzug aufblähte. Anna schlang das Essen hinunter, danach würde sie nur noch eine Ausrede finden müssen, um vor dem Dessert aufstehen zu dürfen.

Ruth legte das Besteck zur Seite und nahm die Finger, um das Fleisch abzufieseln. »Etwas Schlichtes um unsere Initialen. Vielleicht ein Korb mit Blumen, was meinst du, Stofferl?« Das war noch einer der harmloseren Kosenamen von ihr für Papá, mit denen sie Annas Trommelfell malträtierte.

»Blumenkörbe? Wozu? Für die Brautjungfern?« Sie merkte ihrem Vater an, dass er in Gedanken ganz woanders war.

»Stimmt, die brauchen wir auch noch. Oje, und dann muss noch der gesamte Blumenschmuck für die Kirche und die Säle ausgesucht werden. Abgesehen von den Einladungen und der Organisation, damit sich die Gäste wohlfühlen. Ich fürchte, das schaffe ich nicht allein, das übersteigt selbst meine Fähigkeiten.« Anna glaubte schon, sie würde sie um Hilfe bitten, und suchte nach einer Ausrede, doch sie sagte:

»Hast du über die Anschaffung eines Fernsprechers nachgedacht? Meine Schwester Cecilie arbeitet als Fräulein vom Amt, sie konnte es gar nicht glauben, als ich sie neulich vom Postamt Weilheim aus anrief, dass wir hier draußen noch keinen Apparat haben.«

»Mit ihr hast du doch schon gesprochen. Mit wem willst du sonst noch telefonieren?« Er blieb gelassen. Sonst der modernen Technik gegenüber aufgeschlossen, sperrte sich ihr Vater beim Telefon. Für ihn war die Welt laut genug, man musste nicht auch noch ständig an der Strippe hängen und versuchen, sich gegenseitig das Wetter zu beschreiben. »Gerade hast du doch das Annerl gebeten, Tischkarten für uns zu entwerfen. Lass es uns mit den Einladungen genauso halten. Es geht nichts über Feder und Tinte. Und was das Fernmeldewesen betrifft, das ist für meine Begriffe noch im Entwicklungsstadium. Besser wir warten ab, bis jemand handlichere Apparate erfindet oder man den anderen am anderen Ende der Leitung auch versteht, ohne dass man sich ständig anschreien muss.«

Ruth seufzte. Einmal nicht ihren Willen zu kriegen, war schwer. »Dann brauche ich aber Unterstützung. Bist du einverstanden, wenn ich einen Hochzeitslader bestelle?«

»Tu das. Alles, was dir die Arbeit erleichtert, ist mir willkommen.« Krachend biss er auf die Schweinekruste.

»Fein, und wenn Anna das Symbol für unser Glück gefunden hat, könnten wir es doch auch auf Fahnen nähen lassen, die wir überall aufhängen.«

So viel zu ihrer Bescheidenheit, dachte Anna, aber sie beschloss, den Auftrag anzunehmen. Die Herausforderung reizte sie, und so würde auch die Zeit bis zu ihrem Geburtstag schneller verstreichen. »Dann entwerfe ich am besten gleich etwas.« Sie hob die Petersilie von der Serviette, tupfte sich den Mund ab und stand auf. »Ihr entschuldigt mich?«

»Alles in Ordnung mit dir, du wirkst etwas blass«, fragte Ruth, als sie im Begriff war aufzustehen. Anna behauptete, es sei nichts, und war froh zu entkommen.

»Schau mal, was ich vorhin im Flur gefunden habe. Bestimmt hast du ihn schon vermisst.« Zwischen Daumen und Zeigefinger wedelte sie mit dem Schlüssel.

Eva

Ich weiß nicht, ich …« Ihr fehlten die Worte. Sobald sie auf Milo und Udo traf, passierten ihr nur Missgeschicke.

»Mach dir nichts draus, shit happens.« Udo wollte sie trösten und legte den Arm um sie. »Und Lutz soll sich nicht so haben, der Queen-Song ist längst ein Hit und wird ständig kopiert. Wir sagen einfach, dass wir sein Mixtape nicht mehr finden. Bei so einem Umzug geht viel verloren, an das sich später sowieso niemand mehr erinnert.« Milo nickte, zog die Kassette aus dem Fach und tauschte sie gegen eine von Abba aus, die nagelneu war und noch in Zellophan verpackt. Doch Eva beschloss, sich zu ihrem Fehler zu bekennen, und ging nach unten, um es Lutz zu beichten. Sie musste ihn suchen, fand zuerst seine Lederweste, die am Türgriff eines Zimmers baumelte. Dort knutschten mehrere Paare auf Matratzen, und er war in inniglicher Umarmung mit Jasmin beschäftigt. Ihre Freundin hatte das Heuschreckenkostüm bis auf die Nadelstreifenhose ausgezogen und war bereits oben ohne. Und wo steckte Maja? Eva ging noch mal in das ehemalige Wohnzimmer zurück, wo das Fass und nun auch Kästen mit Limo und etliche Flaschen Wein und Schnaps standen. Auf einem Klapptisch hatten sie ein Buffet mit Salaten, Broten und Kuchen aufgebaut. Ein paar hatten ans Mitbringen gedacht. In der Mitte tanzten die Leute zu Abbas *SOS* und sangen lauthals den Refrain mit. Überwiegend hüpften und sprangen die Frauen zur Musik, die Männer standen rauchend und trinkend an der Wand und schauten zu. Plötzlich durchfuhr sie ein weiterer Schreck. Hoffentlich war Maja nicht schon gegangen? Aber ohne sich zu verabschieden? Sie hatten doch noch nicht einmal Adressen ausgetauscht. Zu verdenken wäre es ihr nicht, Eva hatte sie einfach allein gelassen. Erst bat sie Maja, mit auf die Party zu gehen, und dann ließ sie sie stehen. Und das alles nur wegen Milo und Udo. Verständlich, dass sie deswegen sauer war. Zu ihrer großen Erleichterung fand sie Maja dann doch in einem Zimmer voller Qualm. Sie hockte auf einem großen indischen Kissen am Boden und sog zusammen mit ein paar anderen an einer Wasserpfeife. Joints wurden ebenfalls verteilt – wie früher beim Kindergeburtstag die Lutscher.

»Immer hereingesummt, du süßes Bienchen.« Ein Typ mit wallender Mähne und Stirnband bot ihr eine Tüte an. Er trug eine Perücke, wie Eva gleich an seinem Haaransatz bemerkte. Der süßliche Geruch von Haschisch war ihr schon im Flur in die Nase gestiegen. Sie lehnte ab. Haschisch, genauso wie Alkohol und Nikotin, verfälschte ihren Geruchssinn. Diese Art von Rausch behagte ihr nicht, sie hatte erlebt, wie sich das anfühlte, nachdem sie sich bei der Abifeier dazu hatte verleiten lassen. Das Leben war abgefahren genug, stellte sie hinterher fest, sie brauchte keinen Extrakick. Und wegbeamen wollte sie sich gerade auch nicht, jetzt da sie Udo und Milo, aber vor allem Maja begegnet war.

»Eva, da bist du ja wieder, setz dich zu mir und Sara.« Maja rückte zur Seite und klopfte auf die handbreite freie Stelle neben sich. Ihr Käferteint war abgeblättert, und ihren

Flügelumhang hatte sich eine schläfrige Blondine umgehängt, der eine ihrer künstlichen Wimpern am Kinn klebte. »Wir diskutieren gerade über unsere Rechte als Frauen oder nennen wir es besser die Diskriminierungen, die wir aushalten müssen.« Eva zwängte sich zwischen Maja und die ältere Frau. Sara war barfuß wie Udo, hatte viele silbergraue Zöpfe, in die Perlen eingeflochten waren. Sie trug eine bestickte Bluse zu einer längs gestreiften Pumphose und lauter Fußkettchen um die schmalen Knöchel.

»Willst du?« Maja bot ihr die Pfeife an. Eva verneinte, auch wenn es ihr schwerfiel, von ihr etwas abzulehnen. Stattdessen nahm sie sich einen von den sternförmigen Doppeldeckerkeksen, die ihr eine andere Frau namens Heike als ihre »Specials« anpries. Auf den ersten Blick sahen sie wie Spitzbuben aus. Hatte sie übrig gebliebene Weihnachtsplätzchen mitgebracht? Wenn Eva daran dachte, dass Betzi bereits Anfang November zu backen anfing, um möglichst an Heiligabend viele Sorten präsentieren zu können, waren diese Plätzchen vielleicht möglicherweise ebenfalls vier Monate alt. Sie schnupperte daran, bevor sie hineinbiss, glaubte etwas Blumiges, ja fast Zitrusartiges zu riechen, darunter auch etwas Schweres, Erdiges, einen leichten Verwesungsgeruch. Marihuana in Mürbteig.

»Wir waren gerade beim Jahr der Frau, letztes Jahr, und ob sich für uns dadurch etwas verändert hat«, sagte Maja.

»Und, hat es?« Möglichst unauffällig ließ Eva den Keks hinter dem gemeinsamen Sitzkissen verschwinden.

Es knirschte, als Maja sich an die Wand lehnte. »Verändert nicht, haben wir festgestellt, aber unsere Probleme sind zumindest aufgezeigt worden und dass es noch ein weiter Weg ist bis zur Gleichberechtigung.«

Dem stimmte Eva zu, sie fand auch, dass vieles angestoßen worden war. »Immerhin soll nun das Strafrecht zum Paragraphen zweihundertachtzehn reformiert werden.«

»Yes.« Ein paar applaudierten. Abtreibung war zwar weiterhin illegal, aber eine Frau machte sich nicht mehr strafbar, wenn sie den Schwangerschaftsabbruch innerhalb der ersten drei Monate und nach einer ausführlichen Beratung vornahm.

»Meine Oma hat mit dem Jahr der Frau gar nichts anfangen können«, ergänzte Eva. »Heißt das jetzt, dass ich dreihundertfünfundsechzig Tage lang Muttertag habe und die Füße hochlegen darf? Sie ist Friseurin, wie meine …« Sie stockte, als ihr einfiel, dass es nicht mehr ihre Familie war.

»Muttertag, puh, der gehört sowieso abgeschafft, stammt doch alles noch aus der Nazizeit«, wusste Heike, die einen grün gefärbten Igelschopf hatte und offenbar als Einzige ihre Kekse genoss.

»Stimmt nicht. Den gibt's schon länger, schon vorm Zweiten Weltkrieg haben wir in unserem Blumengeschäft Plakate mit ›Ehret die Mutter‹ gedruckt«, sagte eine andere und zog an einem Joint.

»Ja, aber die Nazis haben damit Politik gemacht, um unsere Mütter zu einem Leben als Gebärmaschinen zu verurteilen«, setzte Heike dagegen.

Eva hielt sich den Unterarm an die Nase und roch an ihrer Haut, damit sie die vielen Gerüche, die in dem kleinen Zimmer voller Leute auf sie einströmten, aushielt. Dabei dachte sie an die Fernsehansprache der Ministerin für Familie und Gesundheit, die sie zu Beginn dieses Jahres mit ihrer Adoptivmutter angeschaut hatte. Gleicher Lohn für gleiche Arbeit. Dazu die Doppelbelastung mit Kindern und Haushalt. Das meiste berührte Cordula nicht, aber dann zeigte sie sich dennoch von den Beschlüssen angetan. Das Gesetz der sogenannten Hausfrauenehe war endlich geändert worden. Von nun an sollten sich beide Ehepartner die Verpflichtungen in der Familie teilen, aber auch das Einkommen, selbst wenn die Frau nicht berufstätig war. Sogar von einer Mütterrente war die Rede.

»Kannst du mir dieses Gesetz irgendwo abschreiben?«, hatte sie Eva gebeten. »Das lese ich Ludwig das nächste Mal vor, wenn er schon vor der *Tagesschau* sitzt, während ich noch die Wäsche anstelle oder die Küche aufräume.« Dass sie kein geregeltes Einkommen hatte, sondern sozusagen unentgeltlich im Salon Klein mitarbeitete, seit sie dort eingeheiratet hatte, verschwieg sie dabei.

Eva war verblüfft gewesen, als sie davon hörte. »Wir leben doch im zwanzigsten Jahrhundert, Mama. Willst du nicht über dich selbst bestimmen, auch was das Finanzielle betrifft?«

»Ich will vor allem Frieden«, war ihre Standardantwort, wenn es Probleme gab. Wer wollte das nicht?

Als die ersten Takte von Penny McLeans *Lady Bump* erklangen, sprang Maja auf. »Ui, mein Lieblingslied.« Sie zog Eva hoch und tanzte mit ihr durch den Flur zurück ins Wohnzimmer. Zusammen kreischten sie wie die Sängerin, hüpften und gingen dabei in die Knie. Es war befreiend. Auch wenn es an allen Ecken und Enden ungerecht zuging, gab es zugleich auch Menschen wie Sara oder Maja, die sich engagierten. Auf einmal waren Udo und Milo mit dabei. Zu viert sprangen sie herum, warfen Arme und Beine in die Luft. Wie zufällig berührte Eva mal Milo, mal Udo, aber dann drehte sie sich auch wieder mit Maja wie beim Schäfflertanz. Milo schwankte und stieß an die Umzugskisten, die zu einem Turm an der Seite gestapelt waren. Die oberste kippte, und Blechdosen fielen heraus, deren Deckel offenbar nicht ganz zugedrückt waren. Er wandte sich um, wollte sie auffangen, doch schon tropfte gelbe Farbe heraus und bespritzte sein Haar und seine Brille. Udo schnappte sich eine weitere Dose, riss den Deckel ganz ab und tauchte die Finger hinein. »Sei du selbst!«, rief er und schmierte sich die rote Farbe quer übers Gesicht. Sofort stiegen die anderen mit ein, griffen nach den anderen Farbdosen und bemalten sich gegenseitig im Rhythmus der Musik. Manche wälzten sich sogar darin.

Auch Eva bekam ein paar Spritzer ab. »Ist das nicht euer letzter Tag vor der Wohnungsübergabe?« Sie wandte sich an Milo, der seine Hände an der Jeans abgewischt hatte und die Farborgie fotografierte.

»Wir müssen sowieso noch weißeln.«

»Da werdet ihr aber sehr viele Schichten brauchen, bis das deckt.« Die Wände und der Boden, ja sogar die Fenster waren bunt, abgesehen von den Leuten selbst und den Fuß- und Handabdrücken, die sie hinterließen.

»Ach, das Haus wird wahrscheinlich sowieso abgerissen.« Er knipste auch Lutz und Jasmin, die Mund auf Mund inniglich umschlungen tanzten, obwohl die Musik längst verstummt war. Kurz danach brachen die meisten Gäste auf. Lutz begleitete Jasmin noch zum Bahnhof. Sie bot Eva an, dass sie mitkommen und bei ihr übernachten könnte, aber sie lehnte ab. Spatzenhausen war ihr zu nah an Murnau, lieber blieb sie bis zum Morgengrauen auf und spazierte durch München, falls sie keinen Schlafplatz fand. Bei diesem Gedanken kam sie sich ziemlich verwegen vor. Maja kehrte aus dem Bad zurück, wo sie sich die Farbe halbwegs abgewaschen hatte, und Eva wollte es ihr gleichtun, bevor alles antrocknete. »Also dann, ich muss auch los, hab morgen einen Kirchenverkauf.« Maja bedankte sich bei Udo.

»Oh, du verkaufst gleich ganze Kirchen, Respekt.« Er lallte bereits, fiel ihr um den Hals und wollte sie küssen. »Und was kostet so ein Dom oder ein Dömchen für den Anfang?«

Maja schob ihn von sich. »Für dich unbezahlbar.« Doch sie gab ihm trotzdem einen kleinen Kuss.

Eva wusch sich hastig, verabschiedete sich von den Jungs und folgte Maja bis zu ihrem Dreirad. »Wollen wir noch Adressen oder Telefonnummern austauschen? Also ich hab zwar momentan keines von beidem, aber magst du mir deine geben?«

»Und wo willst du vorläufig hin?«

Eva zuckte mit den Schultern. »Ecki und Lutz wollen ein Haus besetzen, vielleicht schließe ich mich ihnen an.«

»Du kannst bei mir übernachten, wenn dir das nicht zu spießig ist«, schlug sie vor.

»Keineswegs. Also, ja. Gern.« Eva freute sich. Noch ein paar Stunden länger mit Maja zusammen zu sein, war das Schönste.

»Na dann. Auf geht's. Meiner Vermieterin erkläre ich es schon irgendwie, falls sie es um diese Uhrzeit mitbekommen sollte. Sie hat allerdings Ohren und Augen wie ein Luchs und wohnt über mir. An sich eine reizende alte Dame, die aber sehr pingelig ist und keine Unruhe oder Veränderungen im Haus duldet.« Vielleicht begann jetzt das wilde Leben, das sie nur aus Büchern und Filmen kannte, dachte Eva, als sie losfuhren. Als bunte Biene – warum nicht?

Maja hielt an einem kleinen Haus in Haidhausen, wovon es nur noch wenige gab, und schob das Dreirad in einen Holzschuppen. »Versuch, möglichst leise zu sein«, warnte sie, als Eva ihr abladen half. »Am besten, wir machen im Flur kein Licht. Nicht dass wir Frau Wendt aufscheuchen und uns eine Moralpredigt anhören müssen.«

»Hallo, wer ist da?« Kaum hatte sie den Schlüssel im Schloss der Haustür gedreht, erklang schon eine Stimme von oben.

Maja drückte nun doch auf den Schalter. »Ich bin's. Entschuldigen Sie, hab ich Sie geweckt?« Erst erschienen ein paar Plüschpuschen auf den teppichbelegten Stufen des steilen Treppenhauses, dann beugte sich eine alte Dame im Morgenmantel zu ihnen herunter. Eine Hand am Geländer, in der anderen hielt sie ein Nudelholz.

»Ach, Fräulein Pellkofer, Sie sind's. Ich hab Sie nicht gleich erkannt, dachte schon ... Da bin ich aber froh. Sie haben jemanden dabei? Doch hoffentlich keinen Herrenbesuch?«

»Ganz und gar nicht, Frau Wendt, das ist meine Cousine Eva. Wir waren auf einer Faschingsfeier. Sie bleibt ein paar Tage, wenn's recht ist.«

»'n Abend, vielmehr guten Morgen.« Eva grüßte ebenfalls.

»Ihre Cousine, soso. Sind Sie auch Erzieherin?«

»Sie studiert noch«, antwortete Maja an ihrer Stelle.

»Ach was, dann feiert ruhig, ihr jungen Leute, solange es nicht im Haus geschieht.« Endlich wandte sie sich um, zog sich wieder am Geländer hinauf, zurück in ihre Wohnung.

»So, das hätten wir.« Maja sperrte die Tür zu ihrer Wohnung auf, die aus kaum mehr als einem Zimmer bestand. Es gab noch eine winzige Küche und ein Bad, in dem man an die Toilette stieß, wenn man sich umdrehte. Eva fand es urgemütlich, vor allem wie Maja es eingerichtet hatte. Die

Couch war zugleich das Bett, das sie nun auszog, während Eva duschte und versuchte, die restlichen Farbschichten abzukriegen. Zusammen pumpten sie eine Matratze auf, die sie quer vor die Wohnungstür legten. Doch an schlafen war noch nicht zu denken, obwohl es schon halb drei war. Sie mussten alles besprechen, was sie erlebt hatten, und sich voneinander erzählen. Eva von Milo und Udo und dass sie nicht wusste, wer von den beiden ihr besser gefiel.

»Nimm doch beide«, warf Maja ein.

»Und du?«

»Bei Bedarf zwack ich mir von jedem etwas ab, vielleicht auch von dir. Du kannst ruhig so lange bleiben, wie du willst, ich freu mich über eine Mitbewohnerin.« Als es endlich stiller wurde und die Pausen im Gespräch länger, stellte Eva fest, dass das vielleicht ihr schönster Geburtstag überhaupt gewesen war, auch wenn außer Maja sonst niemand davon gewusst hatte.

Anna

Sie eilte in ihr Zimmer, schaute im Schreibtisch nach ihrem Tagebuch. Auf den ersten Blick war alles noch an seinem Platz, die Zeichenfedern, die Tinte, die Kreiden und Bleistifte. Genau so, wie sie es beim letzten Mal hinterlassen hatte. Auch das Tagebuch lag unter dem Briefpapier und den Kuverts. Sie schlug es auf, blätterte zu den letzten Einträgen, worin sie all ihren Zorn über eine gewisse R. W. rausgelassen hatte. Leider sah man den Buchstaben nicht an, wer sie gelesen hatte. Eines der wenigen Dinge, die sich auch bei vielfachem Gebrauch nicht abnutzten. Sonst gäbe es keine jahrhundertealten Bibliotheken. Dieses Mal hätten Anna ein paar Kratzer oder das Verblassen der Schrift oder auch ein aschblondes Haar als Hinweis weitergeholfen. Das Lesezeichen, eine Taubenfeder, lag noch an der Stelle, wo sie zu schreiben aufgehört hatte, mitten im Satz, vorgestern, als sie nicht weiterwusste und keinen Sinn mehr im ewigen Nachdenken sah. Sie legte das Tagebuch zurück, holte ihr Zeichenzeug heraus und begann, auf ein paar losen Blättern zu skizzieren. Sie zeichnete ein paar harmonische Pflanzenanordnungen, strich sie schließlich wieder durch und zerknüllte das Papier. Stimmte es, dass Ruth den Schlüssel wirklich nur gefunden hatte? Oder hatte sie ihn absichtlich an sich gebracht, und besaß sie nun einen Zweitschlüssel? Genügend Zeit hätte sie dafür gehabt, von vorgestern, als Anna den Schreibtisch zuletzt zugesperrt hatte, bis heute. Sie misstraute ihr, so viel stand fest, aber völlig sicher mit ihrem Verdacht war sie sich nicht. Was hätte Ruth davon, in ihr eine ewige Feindin zu haben? Da das Kettchen verloren war, wickelte sich Anna den Schlüssel an einem Bindfaden mehrfach ums Handgelenk, so hatte sie ihn die meiste Zeit vor Augen. Sie schnitt sich einen weiteren Bogen Papier zurecht und vertiefte sich in neue Entwürfe, versuchte, den Auftrag einfach als Zeichenübung zu sehen und nicht an die Auftraggeberin zu denken. Anstelle eines geschlossenen Kranzes, in dem in der Mitte die Initialen R & C stehen würden, entschied sie sich für ineinander verschlungene Blätter, die oben in Gräsern endeten. Als sie eine Linie korrigieren wollte und in die Schublade griff, wo der Radiergummi lag, fand sie ihn nicht. Er befand sich im Fach darunter, bei den Glanzbildern, die sie als Backfisch gesammelt hatte, da gehörte er nicht hin. Schluss! Auch wenn es vielleicht bloß Einbildung war, sie brauchte eine Strategie, wie sie dem lästigen Klavierspiel und den anderen Verpflichtungen entkommen konnte. Es gab etwas, das sie noch mehr als Zeichnen und Reiten erfüllte, und dem würde sie auch wieder nachgehen, kostete es, was es wollte. Das brachte sie auf einen Einfall. Etwas Geld besaß sie, falls Ruth es ihr aus der muschelbesetzten Schatulle, die im Bücherregal stand, nicht genommen hatte. Anna holte ihr Briefpapier heraus.

Und dann war es endlich so weit – der vierundzwanzigste August brach an, ihr einundzwanzigster Geburtstag. Ihr Herz schlug schneller, als sie am Morgen erwachte und ihr bewusst wurde, dass sie nun volljährig war. Wie eine Königin mit einer unsichtbaren Krone schritt sie in den Tassilosaal, wo Ruth an einem Nebentisch bereits mit dem Hochzeitslader saß und die letzten Dinge besprach. Vater verschlang das Frühstück halb im Stehen, gratulierte ihr aber und drückte sie lange an sich, als sie hereinkam. »Nun habe ich eine erwachsene Tochter und eine wunderschöne noch dazu. Alles Liebe, Annerl!« Auch Ruth wünschte ihr alles Gute, erst mit Handschütteln, dann doch mit einem kurzen Andrücken, und das war's. Vater musste auf die Baustelle, wo auch immer die gerade auf dem Gut war. Ansonsten schien ihr Geburtstag ein gewöhnlicher Mittwoch zu sein, der für die Bediensteten und die anderen Angestellten noch dazu bedeutete, dass in knapp eineinhalb Wochen die Hochzeit stattfand, und nur die zählte. Die Geschäftigkeit auf Dreisonnenquell schien kein Ende zu nehmen. Das Hämmern, Klopfen und Schlagen irgendwo im Haus setzte wieder ein und vibrierte bis in jeden Trakt. Anna aß allein an der ovalen Tafel ihren Haferbrei mit frischen Himbeeren und überlegte, mit was sie sich selbst eine Freude machen könnte. Es duftete nach Rosmarin. Am Hut des Hochzeitsladers steckten kleine Zweige dieses Gewürzes, das böse Geister vertreiben sollte. Dabei saß er dem Rumpelwicht, seiner Auftraggeberin, doch direkt gegenüber, dachte sie. Unvermeidlich lauschte sie den Hochzeitsbesprechungen, die am anderen Ende des Saals stattfanden. Florian Dellinger war im übrigen Leben Viehhändler, ein gestandenes Mannsbild von fast zwei Metern und dementsprechender Breite, das so schnell kein Stier umwarf, aber selbst er kam bei Ruths Ansprüchen und Forderungen ins Schwitzen. Tagelang war er durchs ganze Land unterwegs gewesen, um die Gäste persönlich einzuladen. Der Brauch verlangte, dass er dabei vor jedes Haus zog, um mit seinem bunt geschmückten Rosenholzstock anzuklopfen. Ein rotes Band für die Liebe, ein blaues für die Treue, grün für die Hoffnung und eigentlich weiß für die Jungfräulichkeit, doch das hatte Ruth gegen goldgelb als Symbol für die Ewigkeit austauschen lassen. Da sie bestimmt noch eine Weile beschäftigt sein würde, stahl sich Anna davon. Heute wollte sie sich selbst überraschen, und sie wusste auch schon mit was. Sie holte ihre Tasche aus ihrem Zimmer und machte sich auf den Weg am Grauen Herzog und an den drei Quellen vorbei und dann weiter über die Versuchswiesen, wo noch der Pfeiler der einstigen Klosterkirche stand. Unter freiem Himmel gediehen in angehäuften Reihen nicht nur neue Kartoffelsorten, sondern auch die Usambaraveilchen hatten die Frostnächte überlebt, und neuerdings gab es auch Tag- und Nachtschattenblumen, die sie hier kultivierten. Es war ein herrlich kühler Spätsommermorgen und die Luft noch vom nächtlichen Regen gesättigt. Mehrmals schaute sich Anna um, ob ihr jemand folgte. Erst hinter der Klostermauer würde sie aus Ruths Blickfeld und damit auch aus dem ihrer Spione sein. Sie erreichte den Torbogen, der das morsche Westtor ersetzt hatte, und schlich hinaus. Sie spurtete los und lief prompt in Ruth hinein, die gerade mit dem Plantagengärtner sprach. Wie war sie bloß so schnell hierhergekommen? Sie schien überall zu sein. Gerade gab sie Kolb Anweisungen – das war bisher allein Vaters Hoheitsgebiet gewesen. Anna hörte lieber auf seinen Rat, würde sich nie trauen, ihn zurechtzuweisen, noch dazu in diesem Ton. Ruths Vollmacht erweiterte sich von Mal zu Mal. »Wie sieht denn der Eingang von dieser Seite aus? Was soll das Gestrüpp hier überall?« Sie zeigte auf die Blaukissen mit ihren unzähligen Blättchen, die in vielen Büscheln aus den Mauersteinen rankten und das ganze Frühjahr über wie vom Himmel herabgegossen geblüht hatten. »Mein Verlobter sagte mir, Sie seien vormals Gärtner der Königsfamilie gewesen. Weshalb wurden Sie entlassen?« Kolb murrte etwas, was Anna nicht verstand. Sie versuchte kehrtzumachen, um halbwegs unbemerkt davonzukommen. Aber zu spät. »Ach, Anna, was tust du denn hier? Ist die Klavierstunde schon vorbei? Ich habe Assessor Diefenbach heute gar nicht gesehen.«

»Er hat sich krankgemeldet, auf unbestimmte Zeit.« Dass Anna ihn per Brief abbestellt hatte, musste sie nicht erfahren. Zusätzlich hatte sie ihn für das nächste halbe Jahr im Voraus entlohnt, damit er auch garantiert fortblieb. Inklusive Schweigegeld. Hoffentlich hielt er auch dicht. Ruth konnte sehr überzeugend sein, das sah man an Kolb, der anfing, die Blaukissen aus den Steinen zu reißen, als wären sie Unkraut.

»Wieso krank?« Ruth rümpfte die Nase, als hätte er sie dafür vorher um Erlaubnis fragen müssen. »Letzten Freitag sah er aber noch kerngesund aus. Was hat Diefenbach denn?«

Anna zuckte mit den Schultern. »Das hat er nicht geschrieben. Eine Männerkrankheit vielleicht.«

»Eine Männerkrankheit?« Ruth musterte sie. »Was soll das sein?«

»Keine Ahnung.« Anna machte kehrt.

»Kann ich den Brief mal sehen?«

»Es war ein Telegramm, an mich adressiert. Liegt bei der übrigen Post beim Kamin«, erwiderte sie. Gemeint war der Berg von Pack- und Zeitungspapieren, der sich jeden Tag im

Haus ansammelte und zwischen dem leicht etwas verlorenging, weil es zum Anschüren verwendet wurde.

»Und wohin willst du jetzt?«, fragte Ruth, als Anna zurück Richtung Haus ging. Manchmal fühlte sich Lügen richtig befreiend an.

»Weiterzeichnen, was sonst?«

»Und das Stück, das du zur Hochzeit einstudieren wolltest?«

»Daraus wird wohl nichts. Es sei denn, die Wessobrunner Blaskapelle spielt neben den Gstanzln jetzt auch eine Operette.«

Als sie endlich in der Hafnerei ankam, die etwas abseits der Dorfstraße lag, atmete sie auf. Sie hatte sich vorne aus dem Haus geschlichen, solange sie Ruth noch im hinteren Teil des Gartens vermutete. Johann Bartl, der Hafnermeister, lupfte die Kappe und begrüßte sie, als sie anklopfte. Sofort wies er einen Lehrling an, seinen Platz an der Drehscheibe für das Fräulein Baronesse zu räumen, und schickte ihn zum Holzhacken nach draußen. Sie band sich eine Schürze um, die er ihr reichte, und setzte sich.

»Wollen Sie allein arbeiten, oder brauchen Sie meine Anleitung?«, fragte Bartl.

»Ich komme zurecht, danke.« Eine Weile krallte sie ihre Hände in den Klumpen Ton, den der Lehrjunge gegen den angefangenen Kelch getauscht hatte, und genoss das befreiende Gefühl, das sie noch immer überraschte. Sie schaute zu den Arbeitern hinüber, die nicht wie sie nur zum Vergnügen hier waren, sondern ihre Familien mit der Herstellung der Wessobrunner Keramiken ernährten. Die irdenen Krüge, Teller und Schüsseln fanden nicht nur in den Bierschänken

Verwendung und gingen dort bei den Raufereien zu Bruch, auch auf Dreisonnenquell hatten sie das Geschirr von der Waschschüssel bis zur Tasse verwendet. Jedenfalls bevor Ruth nach Porzellan verlangt hatte. Ton bot so viele Gestaltungsmöglichkeiten – unendlich viele aus Annas Sicht. Man konnte ihn glätten oder rau belassen, Muster einritzen, Steine oder Mineralien mit einbrennen oder die Oberfläche eines Gesteins nachbilden. Und später kam noch das Glasieren dazu, was ihr besonders gefiel, weil es ihre Leidenschaft zu zeichnen mit dem Formen vereinte. Allmählich legte sich die Unruhe wieder, die sie mit ihrem Besuch hereingebracht hatte, und die Töpfer arbeiteten weiter. Die Drehscheiben schnurrten, gefolgt von einem leisen Klatschen, das die Fußsohlen erzeugten. Hinter ihr saßen die zwei Gesellen. Sie nickte ihnen mit einem Lächeln zu. Frau Bartl und die Tochter Liese, die etwa in Annas Alter war, trugen die fertig geformten Teile zum Trocknen oder fingen an, andere zu glasieren. Ganz hinten, mit dem Rücken zur Wand, arbeitete Meister Bartl selbst, um alles, was in seiner Werkstatt vorging, im Blick zu behalten. Ein Schriftzug zierte die Wand: *Mit Erde und Verstand macht der Hafner allerhand.* Anna zog ihre Spangenschuhe aus, stellte sie, wie die anderen ihre Holzpantinen, unter die Werkbank, setzte ihre nackten Füße auf das Antriebsrad und begann, es zu bewegen. Rechts, links, rechts, links, damit die Drehscheibe gleichmäßig lief. Wie der Hafnermeister es ihr beigebracht hatte, warf sie den Klumpen ein paarmal mit aller Kraft auf ein Brett, damit er weich wurde und keine Luft mehr enthielt, die sonst später im Ofen die Arbeit zunichtemachte. Danach zentrierte sie den Ton auf der Scheibe. Von außen betrachtet wirkte dieser Schritt leicht, für eine Anfängerin war es aber der wichtigste und oft auch der schwierigste Teil. Sie hatte lange geübt, bis es ihr gelang. Außerdem achtete sie auf ihre Haltung, der Oberkörper bildete die Mitte, die angewinkelten Arme waren zwei symmetrische Achsen. Sie beugte sich etwas vor, kreuzte die Daumen und umfasste den Ton, damit er beim Drehen nicht auswich. Es dauerte, bis sich ihre Füße verselbständigten und Anna den Schwung fand, aber dann hatte sie den Dreh wieder raus. Sie feuchtete ihre Hände im Wasserkübel an, der neben ihr stand, und brach mit einem Finger den Klumpen auf, drückte den Ton nach unten, wo sie den Boden bildete und nach und nach glättete. Zu dünn durfte er nicht sein, es sollte kein Loch entstehen. Außerdem schwand das Material beim Brennen, und beim Abnehmen von der Scheibe blieb ebenfalls ein Teil des Tons zurück. Durch die Reste an ihren Fingern, die sie mit Wasser vermischte, entstand Schlicker, der es ihr erleichterte, die Wand hochzuziehen. Der Zauber begann. Von unten nach oben, mit sanftem Druck, und weiter über die Fingerspitzen, von innen und außen. Sie tränkte einen Schwamm mit Wasser und ließ ihn über den breiten Zylinder, der entstanden war, gleiten.

»Sie werden immer besser, Fräulein Anna.« Bartl war aufgestanden, um nach ihr zu sehen. »Wenn Sie keine von Quast wären, würde ich Sie auf der Stelle als Dreherin einstellen. Hundert Krüge am Tag, würde Ihnen das gefallen?« Mit seinem lückenhaften Gebiss grinste er sie an. Sie wusste, dass er sie nur aufzog. Für ein so anspruchsvolles Handwerk, noch dazu, um sein Geld damit zu verdienen, reichten ihre Fertigkeiten keineswegs. Sie wollte sich an einer bauchigen Vase versuchen, die nach oben in einer Blütenform enden sollte, aber nun stellte sie fest, dass sie ein wenig eierte. Bartl gab ihr einen Handspiegel, damit sie überprüfen konnte, woran es lag. Durch die kleinen Fenster fiel nur spärliches Licht. Er bot ihr an zu helfen, während sie weiterdrehte. Er besaß einfach mehr Geschick. Gemeinsam, er über den Tisch gebeugt und sie an der Drehscheibe, brachten sie die Vase ins Lot. Schließlich bremste Anna mit den Füßen, löste ihr Werk mit einem Draht vom Untergrund und hob es auf das Brett, auf das die anderen in derselben Zeit ein Dutzend bauchige Krüge gestellt hatten. Jetzt musste ihr Werk trocknen, bevor es zum ersten Mal gebrannt wurde. Danach konnte sie die Vase bemalen. Dann wurde sie erneut gebrannt, damit die Keramik wasserdicht und zu benutzen war.

Als Anna aus der Nische kletterte und in ihre Schuhe schlüpfte, merkte sie, dass sie sich verausgabt hatte. Ihre Waden schmerzten, und im Rücken hatte sie sich verspannt. Sie streckte sich, wusch sich die Hände im Becken, das an der Seite des Raumes stand. »Ich habe Neuigkeiten für Sie.« Sie wandte sich um, sofort sahen die Gesellen von ihrer Arbeit auf. »Mein Vater baut ein Kraftwerk. Bald wird es im ganzen Dorf Strom geben. Dann haben Sie auch im Winter und bei Nacht Licht, und Sie könnten vielleicht sogar die Drehscheiben elektrisch antreiben lassen.« Schließlich war auch eine Töpferscheibe eine Art Turbine.

»Strom?« Frau Bartl bekreuzigte sich. »Dieses Teufelszeug, das man nicht sehen kann, aber das Tote wieder zum Zucken bringt? Davon lassen wir besser die Finger.«

»Wie kommen Sie denn darauf?«, fragte Anna.

»In der Zeitung stand's neulich.« Sie holte den Stapel *Weilheimer Tagblatt* vom Kachelofen, suchte eine Weile und tippte schließlich auf die Seite mit dem Fortsetzungsroman: *Im Spiegel des Teufels* von R. Abe, Kapitel acht: »Im Gleichstrom gefangen«.

»Aber das ist doch nur ein Roman, den sich ein Autor oder eine Autorin ausgedacht hat«, erklärte Anna.

»In den meisten Geschichten steckt viel Wahres«, erwiderte die Hafnergattin. Dem konnte Anna allerdings nicht widersprechen.

Aber auch Herr Bartl winkte ab. »Das hieße für unsereins bloß noch mehr schuften – lieber nicht, Fräulein Baronesse.«

Dass Fortschritt die Menschen und besonders die Arbeiter nur noch mehr unter Druck setzte, darüber hatte Anna bisher noch nicht nachgedacht. Sie begleitete Bartl noch nach draußen, wo er das Einräumen des Brennofens überwachte. Das war eine aufwendige Prozedur mit vielen Schritten bis zum fertigen Erzeugnis. Sie passte genau auf, fragte nach, wenn sie etwas nicht verstand. Den Kopf voller neuer Ideen und erfüllt von den Anregungen, verabschiedete sie sich. »Vielen Dank, dass ich hier sein durfte, ich hoffe, ich hab Sie nicht zu sehr aufgehalten. Sagen Sie mir bitte nach dem Schrühbrand Bescheid, dann komme ich zum Glasieren.« Bartl versprach es.

Beschwingt und selig über ihr eigenes Geburtstagsgeschenk trat Anna aus der Hafnerei. Eine Kutsche tauchte auf, donnerte an ihr vorbei. Schnell drückte Anna sich in den Holzverschlag, als sie erkannte, wer darinsaß. Zu spät. Die Moralpredigt erwartete sie gleich, als sie zu Hause ankam, kaum dass sie durch die Tür am Haupthaus eingetreten war. Götz gab ihr zwei Briefe und sagte, Fräulein Weiser erwarte Anna im Theaterflügel, wo sich die Bibliothek befand und der bisher von den Bauarbeiten verschont geblieben war. Die beiden anderen Trakte wurden Stockwerk für Stockwerk renoviert. Bisher hatten sie sämtliche Gäste stets aufs

Bequemste im Prälatentrakt untergebracht, aber Ruths Ansprüchen genügte die Ausstattung nicht, und sie wollte die ehemaligen Nonnenzellen vollständig umgestalten lassen. Den Geräuschen nach wurde noch immer der Putz von den Wänden geschlagen. Fraglich, ob die Instandsetzung rechtzeitig abgeschlossen sein würde, damit die zahlreichen Hochzeitsgäste untergebracht werden konnten. Vielleicht hatte Ruth aber auch eher an eine urige Herberge in Form einer Tropfsteinhöhle gedacht?

»Ich bin enttäuscht von dir, Anna, auch wenn du Geburtstag hast, so hatte ich gehofft, dass du dich an unsere Vereinbarung hältst.« Anna schwieg, sie wollte sich nicht rechtfertigen und sich schon gar nicht den Tag verderben lassen. »Ich hatte sowieso etwas in Weilheim zu erledigen«, fuhr Ruth fort. »Bei der Gelegenheit habe ich einen Abstecher zu Assessor Diefenbach gemacht.«

Gleich flog sie auf, Anna sah sich bereits innerlich rund um die Uhr die *Lustige Witwe* üben, bis ihre Finger bluteten. Dem wollte sie zuvorkommen. »Du kannst sagen, was du willst, ich spiele nicht mehr Klavier, und auch sonst werde ich nicht mehr nach deiner Pfeife tanzen. Ich kann ab sofort über mich selbst bestimmen.«

Ruth zeigte sich unbeeindruckt. »Großjährig zu sein, heißt noch lange nicht, über alles Bescheid zu wissen. So wie du dich benimmst, brauchst du noch eine ganze Weile meine Führung. Aber erst mal zurück zu Diefenbach. Er leidet an Gicht, fällt also tatsächlich aus.« Anna stutzte, sie traute ihren Ohren nicht, der Herr Assessor hielt dicht? »Als Ersatz hat er mir einen Kollegen aus Kaufering genannt«, ergänzte Ruth, »dem ich gleich telegraphiert habe.« Sie hatte sich zu früh gefreut, es gab kein Entrinnen.

Entmutigt setzte sie sich in ihrem Zimmer auf ihr Himmelbett und holte ihr Tagebuch heraus, in dem sie alle Möglichkeiten, von hier fortzugehen, bereits durchgespielt hatte. Auch über ihr, im Fürstentrakt, wurde gehämmert. Vordergründig hatte Vater behauptet, dass sich die Handwerker im Rahmen der umfänglichen Renovierungsarbeiten ebenfalls diesen Dachstuhl vornehmen sollten, doch Anna wusste, dass er durchs gesamte Gebäude die Stromleitungen verlegen ließ. Ihr Zimmer war im Vergleich zu den anderen Räumen auch optisch ein Ort der Ruhe, ihre letzte Zuflucht in diesem Haus. Kein Schnickschnack und Firlefanz, nur Dinge, die sie mochte und die sie brauchte, um sich wohlzufühlen. Ihre Bücher in einem Regal, der schöne Schreibtisch, ein Schrank, ein Waschtisch und ein Ofen. An den fliederfarbenen Wänden ein paar gerahmte Skizzen und der Holzstich von Dreisonnenquell – so wie es in Klosterzeiten, vor der Säkularisierung, noch ausgesehen hatte. Anna versuchte, den Lärm weitgehend auszublenden, und ging ihre Liste durch, auf der sie mehr und mehr gestrichen hatte. Nonne und Lehrerin, aber eigentlich auch Pflanzenjägerin. Wenn dann Naturforscherin. Lieber wollte sie Pflanzen studieren, als sie aus ihrer natürlichen Umgebung zu reißen und irgendwo anders zu kultivieren. Doch wovon sollte sie leben und solche Reisen finanzieren? Sie könnte sich auch als Künstlerin versuchen. Zwar fühlte sie sich noch nicht ausgereift, aber immerhin talentiert genug. Sie brauchte eben mehr Unterricht und Anregungen, um sich zu entwickeln. Sie sehnte sich nach dem Austausch mit anderen, die Ähnliches durchlitten. Wie gingen sie mit Zweifeln und Existenzängsten um, wie verhielten sie sich zu den vielen Einfällen und erkannten, welchen sie praktisch umsetzen sollten?

All das wollte sie gerne erfahren. Dazu die Vorstellung, den ganzen Tag unter Gleichgesinnten zu arbeiten, über Kunst zu sinnieren und im Idealfall vielleicht dabei eine Freundin oder einen Freund zu finden. So hatte Papá es neulich ausgedrückt – immer nur die Probleme im eigenen Kopf zu wälzen, machte am Ende noch verrückt. Sie betrachtete die Fotografie, die sie aus der Zeitschrift *Die Woche* ausgeschnitten hatte. Sie zeigte die Bildhauerklasse der Münchner Akademie unter der Leitung von Professor Hildebrand. Künstler, die eine Steinplatte mit Hammer und Meißel bearbeiteten, um ein Porträt nach einem lebenden Modell anzufertigen. Anna könnte ihr Glück versuchen und sich dort ebenfalls einschreiben. Dazu müsste sie sich ein paar Tage in München einmieten und sich in Ruhe erkundigen, zu welchen Bedingungen eine Aufnahme erfolgte und ob ihr Talent ausreichte. Schon tauchte die nächste Sorge auf, was sie an Geld besaß, stammte hauptsächlich aus Geschenken der sächsischen Großtante. Sie öffnete die Glückwunschkarte und fand eine Postanweisung, die dieses Mal etwas großzügiger ausgefallen war. Eine Anzahlung für ein Automobil, schrieb Vera in ihrer krakeligen Schrift, was Anna zum Lachen brachte. Von dem bisschen würde sie sich nicht mal ein Ersatzrad leisten können, geizig wie die Großtante war. Doch zumindest hatten ihre Ersparnisse gereicht, um den Klavierlehrer zu bestechen. Bisher hatte sie in Wessobrunn kaum Geld gebraucht, also warum es nicht ausgeben? Aber in der Stadt kostete fast jeder Schritt etwas. Neben den Fahrten und einer Unterkunft würde sie sich selbst verpflegen müssen, dazu kämen die Materialien und vielleicht auch Studiengebühren. Wie sie es drehte und wendete, sie würde Vater um einen Zuschuss bitten müssen, und das möglichst an Ruth vorbei, die bestimmt niemals mit einem Kunststudium einverstanden wäre. Der zweite Brief war von Dietmar, auch er gratulierte ihr, was sie trotz allem freute. Wie geht's den Maulbeerbäumen, fragte er, und Anna durchfuhr ein Schreck. Die Bewässerung! Vor lauter Assessor Diefenbach und allen anderen Dingen, die sie in den letzten Tagen zu erledigen hatte, hatte sie vergessen, den Wasserhahn aufzudrehen. Hoffentlich hatte Kolb statt ihrer daran gedacht. Gerade als sie aufspringen wollte, um nach den Bäumchen zu sehen, hörte sie ein Rascheln an der Tür. Anna dachte zuerst, die Handwerker hätten ihre Arbeit im Flur fortgesetzt und kratzten an der Wand, doch jetzt drückte jemand langsam die Klinke herunter. Die Tür öffnete sich. Es war Zenzi, die Köchin. Sie trug ein Tablett mit einem Guglhupf herein, auf dem eine Kerze brannte. »Herzlichen Glückwunsch, liebe Anna.«

»Dass du daran gedacht hast!« Sie wollte ihr entgegenlaufen, da rauschte und rumpelte es über ihr. Sie schaute nach oben, sah, wie die Decke Risse bekam und aufplatzte. Ihr hölzerner Betthimmel bog sich unter der Last aus Putz und Balken, die durch den geweißelten Plafond brachen. Anna hechtete nach vorne zur Tür, hoffte, noch rechtzeitig zu entkommen, doch etwas traf sie mit Wucht und drückte sie nieder. Ein stechender Schmerz flammte auf und steigerte sich ins Unermessliche. Sie wollte schreien, hustete und spuckte stattdessen. Durch den Nebel aus Staub erkannte sie die Umrisse von Zenzi, die das Tablett hatte fallen lassen und auf sie zustürzte. Dann traf auch sie etwas im Rücken und begrub sie vor ihren Augen.

Eva

Manchmal bekam man mehr, als man sich erträumen konnte, dachte sie in den nächsten Tagen oft. Maja meinte es ernst, sie durfte bei ihr wohnen, solange sie wollte. »Schreib deinen Eltern, also deinen Adoptiveltern, einfach eine Postkarte, wo du bist und dass es dir gut geht«, schlug sie beim Frühstück vor. »Dann müssen sie sich keine Sorgen machen.« Die Idee fand Eva gut, ohne Angabe einer Adresse ging sie allen Rückfragen und Beteuerungen aus dem Weg. Es sei denn, sie riefen in der Apotheke an. Mit Handkuss hatte Meitl sie für mehr Stunden in den Semesterferien eingestellt – und das wortwörtlich.

Er hatte ihr einen Kuss auf die Hand gedrückt und gesagt: »Fräulein Klein, Sie sind meine Rettung. Frau Buck hat sich krankgemeldet, und da es bei ihr bald so weit ist, wird sie vermutlich nicht mehr kommen.« Die Apothekenhelferin erwartete in Kürze ihr zweites Kind. »Diese neue Beipackzettelpflicht macht mich noch verrückt, ständig kommen Leute und wollen das Kleingedruckte erklärt haben. Ich weiß nicht, was sich die Zulassungsbehörde dabei gedacht hat, solch unleserliche Texte zu verfassen. Der Kunde versteht nicht mal mehr die einfache Einnahme von Aspirin. Ein ›Mund auf und runter damit‹ in Großschrift hätte gereicht.« Er hatte sein verbindliches Seufzen geseufzt. Eva hatte schon darauf gewartet, wann es käme. »Machen Sie sich also trotz Ihrer Ferien auf einige Vorlesungsstunden gefasst.« Nun hatte er kurz über seinen eigenen Witz gegrinst. »Ingrid kann dringend Unterstützung gebrauchen.« Das jedoch bezweifelte Eva. Ingrid Schwalbe, die pharmazeutisch-technische Assistentin, würde am liebsten den Laden alleine schmeißen. Sie war die Einzige im Team, einschließlich der Putzfrau, die der Apotheker duzte. Eine hagere Frau um die fünfzig mit einer toupierten Kurzhaarfrisur, die seit bald dreißig Jahren in der Rosen-Apotheke arbeitete und den Chef länger als seine eigene Frau kannte, wie sie spätestens auf den Weihnachtsfeiern, wenn sie beschwipst war, betonte. Weil sie zu Hause ihre Mutter pflegte, arbeitete sie mittlerweile nur noch halbtags bei Meitl. Auf diese Weise gaben sie sich meistens nur die Klinke in die Hand, was Eva angenehm fand. Frau Schwalbe schaute ihr nämlich stets genau auf die Finger, ob sie alles richtig machte. Ihr missfiel es, dass eine Ungelernte, nur weil sie Abitur hatte, genauso wie sie die Kunden bedienen durfte. Das sah sie als ihr Privileg an. Ihr missfiel es auch, dass Meitl Evas Neugier auf alles, was mit Tinkturen und Medikamentenherstellung zu tun hatte, förderte. »Heute kann ich Ihnen gleich mal das Pillendrehen zeigen, solange Ingrid mit den Kunden zurechtkommt.« Meitl hatte in den Verkaufsbereich geschaut und dann die Tür zum Hinterzimmer zugezogen. Das hatte Eva schon immer wissen wollen. Als Kind hatte sie tatsächlich schon erste Versuche gestartet, und ihre selbstgemachten Pillen waren eher den bunten Liebesperlen ähnlich gewesen, die es im Gemischtwarenladen gab – mit Puderzucker oder Kakao gefüllt. Aber Oma Betzi schwor auf sie, angeblich konnten sie damals in Windeseile ihre Kopfschmerzen wegzaubern. Seit die Pharmaindustrie jegliche Art von Medizin in Tabletten presste, verlangte Meitls Kundschaft kaum noch selbst hergestellte. Trotzdem nutzte Eva jede Gelegenheit, etwas Neues zu lernen, vor allem auch, damit das alte Wissen nicht verlorenging.

Abgesehen davon, dass es unter strengen hygienischen Bedingungen mit Gummihandschuhen, Mundschutz, Schutzbrille und Haube geschah, erinnerte der Vorgang an das Backen eines Kaugummikuchens. Meitl verwendete grüne Lebensmittelfarbe, um die Pillenmasse vom eingestreuten Wirkstoff zu unterscheiden. Anstelle eines Backbretts hatte er ein Pillenbrett aus Metall. Eva schaute ihm einmal zu und durfte es selbst probieren. Nachdem sie die Dosierung des gewünschten Medikaments exakt abgewogen und auf den Pillenteig gestreut hatte, rollte sie alles ein, legte den Strang in die halbrunden Rillen des Bretts, deckte es mit dem passenden Gegenstück ab und schnitt den Teig so zu gleich großen Tabletten. Sie ging konzentriert und bedächtig vor, um nichts von der kostbaren Substanz zu verderben.

»Lassen Sie sich ruhig Zeit, Fräulein Klein, lieber besonnen und exakt arbeiten als hudeln.« Der Apotheker lobte sie, was ihr guttat. »Haben Sie schon darüber nachgedacht, ob Sie …?« Er legte eine Pause ein und seufzte besonders gedehnt. »In ein paar Jahren werde ich in Pension gehen, ich habe es meiner Frau versprochen.« Gisela Meitl arbeitete in der Stadtverwaltung, schräg gegenüber im Rathaus, und hatte sozusagen immer ein Auge auf ihn. »Sie sagt, ich müsste endlich auch auf meine Gesundheit achten, nicht nur auf die der anderen. Langsam werde ich also nach einem Nachfolger Ausschau halten müssen.« Meitl machte eine kurze Pause und seufzte, dann sprach er weiter. »Und ich dachte, bis dahin sind Sie mit dem Studium fertig, und ich hoffe sehr, dass Sie …«, er bog mitten im Satz ab, als Frau Schwalbe hereinkam, um ein Rezept abzeichnen zu lassen, »bis dahin auch mit Ihrem Herbarium fertig sind.«

»Äh, das wird erst vor dem ersten Staatsexamen verlangt, Herr Meitl. Sobald ich damit beginne, kann ich es Ihnen dann gerne zeigen.« Eva merkte, dass er eigentlich etwas anderes hatte sagen wollen, aber es passte, dass er sie an das Herbarium erinnerte. Sie musste anfangen, die Gift- und Heilpflanzen, die sie dafür brauchte, zu sammeln und zu pressen.

Frau Schwalbe schaute kurz zu, was Eva tat, und erinnerte Meitl an ihren Zahnarzttermin. »Ich muss doch heute früher gehen, ich hoffe, du hast es nicht vergessen?« Meitl seufzte und übernahm die nächste Kundschaft, bis Eva die Tabletten abgefüllt hatte. »Großartig, Fräulein Klein«, sagte Frau Schwalbe, als sie beide alleine im Hinterzimmer waren. Ein Lob von ihr? Eva staunte. Aber da setzte Frau Schwalbe auch schon nach: »Pillendrehen habe ich bereits in meinem ersten Ausbildungsjahr beherrscht, da war ich siebzehn, und Sie sind jetzt wie alt?«

»Man ist so alt, wie man sich fühlt«, erwiderte Eva und beschriftete die Dose. Sie war stolz auf ihr Werk.

Frau Schwalbe schwieg, verknotete ihr Kopftuch fest unterm Kinn, nahm Mantel und Handtasche und ging.

»Grüß Gott, bitte schön?« Eva löste Meitl beim Bedienen ab. Die nächste Kundin trat vor.

»Meine Medizin, bitte«, sagte die Dame, als wäre solch ein Anliegen in einer Apotheke etwas Außergewöhnliches.

Eva nickte mit einem freundlichen Lächeln. »Dann bräuchte ich bitte Ihren Abholschein.«

»Ach so. Moment.« Die Frau, die ihr langes Haar am Oberkopf stufig kurz wie eine herausgewachsene Meckifrisur trug, was Eva als Friseurtochter oder vielmehr Friseuradoptivtochter faszinierte, begann in ihrer Handtasche zu wühlen. Nach und nach breitete sie den gesamten Inhalt vom Brillenetui über Nagellack bis zum benutzten Papiertaschentuch auf dem Glastresen aus – zwischen dem Pinzettenaufsteller und der Traubenzuckerauswahl. Schließlich öffnete sie ihren Geldbeutel und zog verschiedene Zettel heraus.

»So ein kleiner gelber ist das«, half ihr Eva auf die Sprünge. »Eigentlich schwer zu übersehen. Um welches Medikament handelt es sich denn?« Vielleicht fand sie es auch so.

»Das weiß ich doch nicht, ist lange her. Es war etwas gegen … gegen …«, nun flüsterte sie, beugte sich über den Tresen und zog ihren Rollkragen runter, »meine Muttermale. Herr Meitl hat etwas dagegen gewusst.«

»Frau Pechstein, wie schön, ich grüße Sie.« Mit einem Seufzen erschien der Apotheker. »Ihre Lebensbaumessenz, ich weiß schon, selbstverständlich, die steht bereit.« Er wandte sich an Eva. »Ich übernehme.«

»Ach so, der Zedernsaft?« Eva glaubte, etwas falsch gemacht zu haben, dabei hatte sie sich bei der Zubereitung große Mühe gegeben. Die Zedernblätter sorgfältig gewaschen und klein geschnitten und in hochprozentigen Branntwein gelegt, der allerdings noch eine Woche brauchte, um die Heilwirkung zu entfalten. Sie wollte sich noch retten, doch Meitl sagte:

»Gehen Sie nach hinten. Telefon für Sie, es scheint dringend zu sein.«

Ihre Adoptiveltern, dachte sie, wer sonst. Sie merkte, wie ihr Herz zu rasen anfing.

Anna

Hustend kam sie wieder zu sich. Doktor Lachner, mit seinem ergrauten Spitzbart, der sie seit ihrer Geburt kannte, reichte ihr eine Tasse, aus der es nach Salbei duftete. Sie nippte daran, es schmeckte nach Honig. Erneut kitzelte es im Hals, sie trank noch mal in hastigen Zügen, obwohl der Tee heiß war, aber die Hitze linderte den Hustenreiz. Ihr Atem rasselte. Sie musste lange geschlafen haben, hatte wirres Zeug geträumt – von Bergen, die lebendig wurden, alten Gesichtern in Felsen, die auf sie herabblickten, von Armen aus Steinen, die nach ihr grabschten, dabei auseinanderfielen und wie eine Lawine über sie rollten. In ihrer Not hatte sie sich ins Wasser gerettet, doch darin schwamm ein Wasserwesen, das sie mit seinen Tentakeln zu fangen versuchte. Anna war mit ihrer List entkommen, die sie schon als Kind angewandt hatte, wenn sie die Nachtmahre plagten. Sie hatte geblinzelt, was eigentlich niemandem gelang, der träumte, und war endlich aufgewacht. »Warum … sind … Sie hier?« Jedes einzelne Wort musste sie herauspressen, ihre Kehle fühlte sich an wie zugeschnürt, obwohl sie fast sitzend auf dem Kissen lag.

»Es gab einen Unfall, Fräulein von Quast, das Dachgeschoss über Ihrem Zimmer ist eingestürzt, und Sie wurden darunter begraben.« Der Doktor saß neben dem Bett. Vom zartblau karierten Bezug her war es ihr vertraut, aber es war nicht ihres. Sie lag auf einem viel schmaleren Holzgestell mit gedrechselten Bettpfosten und geschwungenen Seiten ohne Himmel. An den Wänden fehlten die Bilder, man sah Umrisse auf der Tapete, wo jahrelang welche gehangen hatten. Den wenigen Möbeln nach – einem Waschtisch mit Spiegel, einer schlichten Kommode und einem Regal, in dem noch ein paar Bücher lagen – befand sie sich im Zimmer ihrer ehemaligen Gouvernante. Und ein Blick aus dem Fenster bestätigte das. Sie lag im zweiten Stock des Theatertrakts, im Westflügel von Dreisonnenquell. Hier waren die Dienstbotenräume und darunter die Küche.

»Zenzi, ist sie …?« Schlagartig kehrte die Erinnerung zurück.

»Frau Floßberger ist gesund und munter. Sie wird sich freuen zu hören, dass Sie wieder bei Bewusstsein sind, und Ihnen bestimmt gleich die allerbeste Hühnerbrühe servieren.«

Anna hustete erneut, wollte sich die Hand vorhalten und zog sie unter der Decke heraus. Ihre Rechte war eingebunden, was sie seltsamerweise jetzt erst bemerkte. Sie spürte ihre Finger kaum, der ganze Arm bis zur Schulter war taub. »Ist meine Hand … Bin ich … gelähmt?«

Lachner verneinte, bat sie, noch mal zu trinken. »Dann hätten Sie den Arm gar nicht bewegen können! Ich habe Ihnen Morphin gespritzt. Während der Operation und gegen die Schmerzen. Sie werden sich noch eine ganze Weile benommen fühlen. Ihr Arm und auch die Hand sind stark geschwollen, aber zum Glück nur geprellt, der Mittelhandknochen ist wie durch ein Wunder unversehrt geblieben.

Dennoch habe ich Ihnen eine Schiene angelegt, um die Hand und den Ringfinger fürs Erste komplett ruhigzustellen. Außerdem dürfte es ein großes Hämatom geben.«

»Ein Hä-ma-tom?« Sie konnte das schreckliche Wort kaum sagen.

Er lächelte und entblößte seine schräg stehenden, etwas zu klein geratenen Schneidezähne, was ihm einen drolligen Ausdruck verlieh und jedem Kind den Schrecken vorm Herrn Doktor nahm. Früher hatte Anna gedacht, dass er deswegen Lachner hieß. »Keine Angst. Das ist nichts weiter als ein großer Bluterguss, ein blauer Fleck – davon hatten Sie bestimmt schon ein Dutzend im Laufe der Jahre.«

»Ich wurde operiert?« Keuchend lehnte sich Anna zurück, das Schlucken fiel ihr schwer. Sie versuchte, ihre Beine und den anderen Arm zu bewegen. Ihre Füße reagierten, wie sie sollten, als sie mit den Zehen wackelte. Mit der linken Hand tastete sie ihren Bauch und ihre Brust ab. »Sagen Sie schon, wo haben Sie mich aufgeschnitten?«

»Nirgends. Ich habe vielmehr etwas abgetrennt – abtrennen müssen. Ihre Hand war noch unter dem ganzen Schutt eingeklemmt, als man sie herausziehen wollte. Jetzt fehlt Ihnen das oberste Glied des rechten Ringfingers, ich musste es leider amputieren.«

Das musste Anna erst mal verdauen.

»Aber wie soll ich denn je wieder schreiben und malen können?«

»Wenn die Wunde zugewachsen ist, wird man es kaum sehen, dass ein Finger kürzer ist. Sobald Sie sich daran gewöhnt haben, werden Sie auch bei sämtlichen Tätigkeiten keinerlei Unterschied merken. Aber erst mal müssen Sie sich und die Hand schonen.« Er legte ihr ein Ärmelbügelbrett auf die Matratze und bettete ihre verbundene Hand darauf. »Das soll Sie daran erinnern, dass Sie sich nicht aus Versehen auf den Wundverband stützen. Ich habe es mir von Ihrem Hausmädchen geborgt. Sobald die Schwellung zurückgegangen ist und auch die Bruchstelle verwachsen ist, fangen Sie mit dem hier zu üben an.« Er holte einen kleinen Lederball aus seiner Arzttasche. »Damit beugen wir einer möglichen Versteifung Ihrer Hand vor. Diese Methode hat sich bei den Peißenberger Grubenarbeitern bewährt. Leider Gottes muss ich deren vom Steinschlag zerquetschte Gliedmaßen häufig genug behandeln. Aber dadurch sind mir solche Eingriffe vertraut.« Er knetete den Ball selbst in einer Hand. »Alles in allem hatten Sie verdammt großes Glück, Fräulein Baronesse.« Er lächelte wieder, und Anna erschauderte. Sie hustete und schluckte hart dagegen an. »Mehr Kummer macht mir allerdings Ihre Lunge«, fuhr Lachner fort, als sie getrunken und sich wieder beruhigt hatte. »Sie haben leider sehr viel Staub eingeatmet, ihre Bronchien sind stark in Mitleidenschaft gezogen. Auch da ist Ruhe das oberste Gebot. So, den lass ich schon mal hier.« Er stand auf, legte den Lederball in die obere Schublade des Nachtkästchens. »Das war sehr viel für den Anfang. Grübeln Sie nicht, sondern versuchen Sie, ein wenig zu schlafen. Schlaf ist auch für uns Ärzte die beste Medizin.« Er schloss seine Arzttasche, verriegelte sie mit den goldenen Schließen neben dem Griff und tätschelte ihr die gesunde Hand. »Ich schaue morgen zum Verbandswechsel wieder nach Ihnen.« Der Doktor verabschiedete sich, und kurz darauf wurde erneut die Tür aufgerissen.

»Was machst du nur für Sachen, Annerl!« Vater kam herein, drückte und küsste sie. »Es tut mir so leid, ich hätte das Dach vorher besser stützen lassen müssen, die morschen Balken und …« Er holte Luft. »Ich dachte schon, ich hätte dich verloren.«

»Ein Stückchen von mir ist auch weg, für immer«, murmelte sie, noch ohne es selbst zu begreifen. Ihr fehlte von jetzt an bis in alle Ewigkeit etwas – von der Hand, mit der sie gezeichnet und getöpfert hatte. Noch dazu hatte der Doktor etwas von Versteifung gesagt. Vielleicht hing fortan ihr Arm wie der einer leblosen Puppe an ihr herab. Ob sie je wieder uneingeschränkt arbeiten konnte? Dennoch – von Papá gehalten, ließ es sich sofort leichter atmen. Wahrscheinlich war in dem Gebräu mehr als bloß Salbei mit Honig gewesen. Schon fielen ihr wieder die Augen zu. Noch durch die Wimpern, bevor das Liebeträumeland ihr die goldene Pforte öffnete, erkannte sie Ruth und ihren Sohn, die an ihre Bettkante traten. Was tat Dietmar schon hier? Sollte er nicht in der Kadettenanstalt sein? Ach ja, die Hochzeit. Wann fand die noch mal statt?

»Gute Besserung, Anna.« Ruth stand jetzt neben ihrem Kopf, zog etwas hinter ihrem Rock hervor und stellte es auf dem Nachtkästchen ab. Ein Ast, auf dem ein großer Vogel saß. »Ich hoffe, du freust dich?« Aus den Augenwinkeln bemerkte sie schwarzes Gefieder und einen leuchtend orangefarbenen Schnabel. Der Beo. Lebte er wieder?

Am Sonntag, dem zehnten September 1910, war ganz Wessobrunn auf den Beinen, und mehr noch – der halbe Pfaffenwinkel schien zusammenzuströmen. Dass der Herr Baron, der so lange als heißbegehrter Witwer gegolten hatte, heiratete, wollte sich anscheinend niemand entgehen lassen. Auch ein paar Zeitungsfotografen hatten bereits in aller

Herrgottsfrühe ihre Kameras aufgestellt und große Schirme über ihre kostbaren Geräte gespannt. Anfangs hatte es nach Regen ausgeschaut, aber gegen elf Uhr riss die Wolkendecke auf, und ein strahlend schöner Herbsttag präsentierte sich an diesem Gnadentag. So hatte ihn Zenzi bezeichnet und sich bekreuzigt, als sie Anna persönlich das Frühstück brachte. Ihre Retterin – wenn sie nicht rechtzeitig Hilfe geholt hätte, wäre Anna womöglich gestorben. Sie bedankte sich bei ihr mit einer Umarmung und bat sie, ihr aufzuhelfen. Selbstverständlich würde sie bei der Hochzeit dabei sein und den Platz einnehmen, der ihr gebührte. Auf dem Weg vom Standesamt bis zur Kirche versammelten sich die Leute entlang der Dorfstraße, durch die der Brautzug führte. Eröffnet von der Blaskapelle, die zu Mendelssohn-Bartholdy marschierte, gefolgt von den Fahnenabordnungen der Bünde und Vereine, denen Vater angehörte, und schließlich von den Kranzljungfern, den Mädchen aus dem Dorf, die Blumen streuten.

Dellinger, der Hochzeitslader, ging der Kutsche, in der das Hochzeitspaar saß, mit seinem bunten Hochzeitsstab voraus. Ruth trug ein hochgeschlossenes sandfarbenes Kleid, das glänzte, dazu einen kurzen Spitzenschleier. Ob das wohl schon das erste Wessobrunner Seidenerzeugnis wäre, hörte Anna die Leute munkeln. Die Älteren empörten sich mehr über die Farbe. Hier in der Gegend heiratete man noch immer in Schwarz, was einer Witwe, die einen Witwer ehelichte, auch angemessener gewesen wäre. Christoph von Quast trug das Pendant zu Ruths Brautkleid, einen ebenso hellen Frack und einen Zylinder. In der Kutsche dahinter saß Anna mit Dietmar und den Trauzeugen, Vaters Freund Edi, der aus Weimar angereist war, und eine von Ruths

Schwestern, der sie zum ersten Mal begegnete. Zuletzt folgten ihnen alle anderen Verwandten und Gäste in weiteren Fahrzeugen. Großtante Vera saß allein mit ihrem Fahrer in einem weinroten Automobil. Anna hatte sich geweigert, sich extra zu diesem Anlass etwas schneidern zu lassen. Wozu etwas Neues in Auftrag geben, wenn das Alte noch taugte? Sie trug ihr Festtagsdirndl, das sie kaum von den Dorfleuten, die ebenfalls in ihren Sonntagsstaat gekleidet waren, unterschied. Dank der Ruhe und der guten Pflege hatte sie sich erstaunlich rasch erholt. Ihr Atem rasselte noch ein wenig, doch der Doktor hatte ihr erlaubt, ein paar Stunden aufzustehen, um am Fest teilzunehmen. Der Finger, oder besser die Wunde oberhalb des zweiten Knöchels, pochte fürchterlich, wenn sie ihn nach unten hielt. Also mied sie es, legte die verletzte Hand, die in einem Handschuh mit ausgestopfter Ringfingerspitze steckte, auf ihrer linken Schulter ab, was den Eindruck machte, als würde sie ständig auf etwas schwören. Die Gäste, ihnen voran Dietmar, waren um sie bemüht. Doch obwohl er von nun an für alle Ewigkeit ihr Stiefbruder war, ließ sie ihn abblitzen, redete bloß das Notwendigste.

Die Trauung fand in der Kirche statt, die sich oberhalb des Guts neben dem Grauen Herzog befand. Als das Jawort, untermalt vom Kirchenchor, von Gott besiegelt war, baute sich die gesamte Hochzeitsgesellschaft unter der Sonnenuhr auf. Ein schwieriges Unterfangen für den Fotografen, mehr als fünfzig Personen für ein paar Augenblicke zum Stillhalten zu bringen. Hinterher gab es Weißwürst' und Brezen für alle. Vater hatte das ganze Dorf eingeladen. Neben Bänken und Tischen war im Klostergarten auch eine Bühne zum

Tanzen errichtet worden. »Darf ich bitten, Fräulein Baronesse.« Einer der Burschen, die schon eine ganze Weile zu ihrem Tisch geschaut hatten, wagte sich vor. Mit dem Ohrring und dem Silberschmuck auf der Weste sah er reichlich verwegen aus. Warum nicht, dachte sie, endlich hatte das Üben mit Frau Rufus einen Sinn. Sie hob Humboldt von ihrer Dirndlschürze, der sich trotz des Trubels auf ihrem Schoß breitgemacht hatte, stand auf und ließ sich die drei Stufen zur Tanzfläche führen, die wie eine Terrasse über den Hang ragte.

Als fränkischer Zimmerergeselle auf der Walz stellte sich der Kavalier vor. Das Gestell und die Treppe hätte er zusammen mit seinen Wessobrunner Kameraden gestern Abend errichtet. »Gar nicht so leicht, eine Waagrechte in einer Schräglage zu erschaffen.« Mit einem Schwenk seines Kopfes deutete er zu einer Gruppe junger Männer, die wie auf ein Zeichen ihre Krüge hoben und ihnen zuprosteten. Als wollten sie ihm zu seiner Eroberung gratulieren. »Wir verstehen unser Handwerk, Fräulein Baronesse. Oder darf ich Apfel-Anna sagen? Seien Sie versichert, dass diese Bretter halten. Und ich passe auf Sie auf – auf Ihre verletzte Hand, meine ich.« Also hatte sich im Dorf bereits herumgesprochen, was ihr widerfahren war. Die Kapelle spielte einen Tusch und begann mit einem Landler, einem bayerischen Schreittanz, der es trotz der gemächlichen Geschwindigkeit in sich hatte. Mit festem Griff umfasste der Zimmerer ihre Taille, und wie die anderen Paare stellten sie sich im Kreis auf. Einen Takt später hob er sie hoch und setzte sie wieder ab. Sie legte ihre Hände um seinen Hals und sprang mit ihm über die Bühne, oder sie drehte sich um sich selbst, eine Hand an der Schürze, während er klatschte. Ihr Rock und Unterrock wallten auf, und ihr Herz raste. Bald kam sie aus der Puste, der Hustenreiz kehrte zurück, aber zum Atemschöpfen blieb keine Zeit, schon warb sie der Nächste ab. Nachdem der Geselle von auswärts den Anfang gemacht hatte, trauten sich auch die Einheimischen. Manch einer roch stark nach Bier, als hätte es jede Menge Mut gebraucht, um sie aufzufordern. Ihre Wunde pochte schon eine ganze Weile, und durch den Handschuh drang Blut, aber Anna ignorierte es. Sie genoss es, einmal so begehrt zu sein. Bisher hatte sie sich eher als Unsichtbare gefühlt, schon gar nicht als Frau. So ging es weiter, kaum war ein Stück zu Ende, verbeugte sich ein anderer vor ihr und wirbelte sie zur nächsten Musik über die Bretter. Plötzlich stand Dietmar vor ihr. Er wirkte besorgt.

»Übernimmst du dich nicht ein bisschen? Ruh dich doch wenigstens kurz aus und trink etwas.«

Anna schnappte sich den Bierkrug des Quetschenspielers und trank einen kräftigen Schluck. »Zufrieden?«, sie wischte sich über den Mund. »Ich dachte, du willst mit mir tanzen.«

»Das will ich auch.« Zu spät. Ein weiterer Trachtler umfasste sie und zog sie fort. Auf diese Weise entkam sie sogar den vornehmen Herren, die Ruth eingeladen hatte, um sie miteinander bekannt zu machen. Manche davon waren in Uniform und hochdekoriert. Entweder trauten sie sich nicht auf die Bühne, die eindeutig die Hiesigen beherrschten, oder der Volkstanz war unter ihrer Würde. Anna gefiel es, und wenn es ihr diese Heiratskandidaten vom Leib hielt, umso besser.

Gegen Abend, als die Leute aus dem Dorf nach Hause gingen, wo bei den meisten die Stallarbeit wartete, gönnte auch Anna sich eine Pause. Sie wollte in ihr Zimmer gehen, kehrte aber auf der Treppe um, als ihr auf halber Strecke einfiel, dass es noch immer unbewohnbar war. Stattdessen machte sie einen Abstecher ins Schlafzimmer ihrer Eltern, das Vater so viele Jahre allein bewohnt hatte und das ab heute ihm und seiner neuen Frau gehörte. Im Gegensatz zu allem anderen hatte Ruth erstaunlich wenig darin umgestaltet. Wenn man über die schweren Samtvorhänge und die geplusterte Tagesdecke mit den übergroßen Blumen hinwegsah, war alles beim Alten geblieben, und das wuchtige Doppelbett füllte noch immer den Raum. Die gedrechselten Pfosten erinnerten an viele aufeinandergesteckte Kugeln. Vielleicht hatte auch Vater darauf bestanden, dass dieses Zimmer halbwegs so blieb, aber so wie Anna Ruth mittlerweile kannte, würde sie sich auch da bald durchsetzen. Zu ihrem Erstaunen fand sie in einer Ecke noch die Truhe, die die wenigen noch erhaltenen Sachen von ihrer Mutter enthielt. Halb versteckt stand sie hinter dem Kleiderkasten an der Fensterseite und nicht wie vorher bei der Tür – aber sie existierte noch. Aber womöglich hatte Ruth den Inhalt ausgemistet und weggeworfen. Anna kauerte sich auf den Teppich und hob den gewölbten Deckel. Zuoberst, auf der hellblauen Häkeldecke, lag die gerahmte Schwarzweißfotografie, die ihre Eltern und sie zeigte. Es war die letzte Aufnahme, bevor Mutter gestorben war. Vormals hatte sie auf Vaters Nachtkästchen gestanden. Anna hielt eine zahme Gans, die unbedingt mit aufs Bild musste – das wusste sie noch, sonst hätte auch sie nicht stillgehalten. Das Tier mit seinem langen Hals überragte sie und schnappte nach Vaters Fliege. Er tat so, als wäre nichts, blickte durch den Nasenzwicker, den er gelegentlich trug, nach links am Fotografen vorbei in die Ferne und hatte den Arm um Mutter gelegt, die wiederum

Anna hielt. Im Hintergrund waren die Veranda zu erkennen und der Garten von Dreisonnenquell. Verständlich, dass Ruth dieses Familienidyll verbannt hatte. Als Nächstes faltete Anna die Häkeldecke auf. Wie sie erwartet hatte, kam darin Säuglingskleidung zum Vorschein, dennoch löste der Anblick Beklemmung in ihr aus. Eduard Christoph hätte ihr Bruder geheißen, so stand es auf dem Grabstein. Vaters bester Freund Edi wäre auch der Taufpate ihres Bruders gewesen, doch er hatte nur eine Nottaufe durch die Hebamme erhalten, damit seine Seele in den Himmel auffahren konnte. Obwohl Vater nun Dietmar an Sohnes statt angenommen hatte, hatte er es anscheinend trotzdem nicht übers Herz gebracht, die Sachen wegzugeben. Das weiße Spitzenkleidchen mit dem runden Kragen und auch die ledernen Schuhe mit der weichen Sohle – viel zu groß für ein Neugeborenes, aber Mutter hatten sie gefallen, daran erinnerte sich Anna noch. Sie hob sie heraus und legte sie zur Seite. Darunter lagen Mutters Kleider, einzeln in Seidenpapier gewickelt und sorgfältig mit Zedernholzspänen gegen Motten geschützt. Sie suchte in den Päckchen nach Mutters rotem Kleid von der Familienfotografie, das Anna schon damals sehr gefallen hatte. Mutter war bereits hochschwanger gewesen und hatte es ohne Korsett getragen. Es war weit und federleicht. Anna stand auf, zog das Dirndl samt Bluse und Schürze aus und schlüpfte hinein. Das Kleid lag nur an der Brust eng an, der Rock fiel gleich danach in mehreren bestickten Bahnen weit auseinander. Dazu war es schulterfrei, die Ärmel nur angedeutet, sie endeten in flatternden Volants. Sie öffnete den Kleiderkasten und stellte sich vor den Spiegel, der an der Innenseite der Tür hing. Herrlich. Der Stoff umschmeichelte ihre Figur. Trotz des Kratzens im

Hals und des blutenden Fingers fühlte sich Anna leicht und frei. Sie gefiel sich und drehte sich in dem Kleid. Ihr hüftlanger Zopf, der sich mal wieder aus der Hochsteckfrisur gelöst hatte, schaukelte mit.

Nachdem sie Elvira, eines der Hausmädchen, gebeten hatte, ihr beim Verbinden und mit einem neuen Handschuh zu helfen, begab sie sich zum eigentlichen Hochzeitsmahl. Dafür war im Tassilosaal eine riesige Festtafel aufgebaut worden, die den gesamten Raum ausfüllte. Inzwischen dämmerte es, drinnen war es schon dunkler als draußen, doch weder Kerzen noch Petroleumlampen standen bereit. Vater hatte die Diener angewiesen, damit noch zu warten. Es gab einen kleinen Tumult, bis es allen gelungen war, die Tischkarten, die Anna gestaltet hatte, zu entziffern, und sie ihre Plätze fanden. Prompt stolperte Großtante Vera über die Teppichkante, wurde aber von einem der zahlreichen Kavaliere, die sich als Annas Cousins dritten oder vierten Grades vorgestellt hatten, aufgefangen.

Als endlich alle saßen, zogen die Diener obendrein die Vorhänge zu. Nun saßen sie in der absoluten Finsternis. Geflüster und Geraschel erfolgten, auch räusperten sich einige, als säßen sie im Theater, kurz bevor sich der Vorhang hob. Anna hustete, wie es sich für ein Publikum gehörte, sie wusste, was gleich stattfand, und hoffte, dass die lang geplante Überraschung gelang.

Ein Streichholz zischte, Vater war aufgestanden und hatte eine Tranlampe angezündet. »Sie haben sich bestimmt schon gefragt, was hier gespielt wird. Ist den von Quasts das Geld für die Beleuchtung ausgegangen, so dass sie sich keine Kerzen leisten können?« Einige lachten. »Keine Sorge, unsere gutseigenen Bienen liefern weiterhin fleißig Wachs, daran liegt es nicht, meine Damen und Herren, jedenfalls soweit ich weiß noch nicht. Ich möchte Sie alle abermals herzlich auf Dreisonnenquell begrüßen, besonders auch unsere Ehrengäste – Oskar von Miller und seine werte Gattin Marie. Von der Quelle zum Haus, das habe ich Herrn von Miller zu verdanken, mit dem ich in letzter Zeit sehr eng zusammengearbeitet habe. Was das genau bedeutet, und ob unser Wirken fruchtbar war, werden Sie alle in wenigen Augenblicken erleben. Im wahrsten Sinne werden Ihnen hoffentlich die Augen aufgehen. Doch dafür brauche ich deine Hilfe, liebste Ruth. Von nun an geht eben nichts mehr ohne dich. Welch Glück habe ich, dass du mich heute gewählt hast.« Sie applaudierten alle, als er sich zu Ruth hinunterbeugte und sie küsste. »Bevor der erste Gang serviert wird, musst du bitte etwas für mich tun. Würdest du mir bitte kurz folgen?« Er bat sie aufzustehen, ging mit der Tranlampe voran und strahlte einen kleinen Eisenkasten an, der neben den Marmorsäulen an der Wand befestigt war. »Es werde Licht.« Wie ein Dirigent schwang Vater den freien Arm und bat seine Neuvermählte, den Hebel, der aus dem Kasten ragte, nach unten zu schieben. Die Anspannung im Saal war spürbar. Atemlose Stille herrschte. Erst sirrte es kurz, dann flammte der Kronleuchter über der Festtafel auf. Bisher war er mit Kerzen bestückt worden, die man über einen langen Stab entzündete oder löschte. Nun glitzerten sämtliche Kristalle in elektrischem Licht, und auch an den Wänden waren Lampen mit Glühbirnen angebracht, die brannten. Verhaltenes Ah und Oh und auch ein Ui entfuhr den Gästen, aber außer Oskar von Miller, der sein Glas hob, um auf das Brautpaar anzustoßen, wagte keiner, es ihm nachzutun oder überhaupt laut zu sprechen oder gar sich zu bewegen. Selbst das Personal mit den abgedeckten Serviertabletts, das bereits in einer Reihe vor dem Eingang wartete, harrte wie versteinert aus.

»Was ist?« Vater klatschte in die Hände, wandte sich an den Hausdiener. »Los, los, Götz, was zögern Sie noch, lassen Sie auftragen.«

»Aber Herr von Quast, der Strom«, erwiderte er.

»Was soll mit ihm sein? Er fließt, das sehen Sie doch.«

Götz schaute ihn an wie eine Kuh, wenn's donnert. »Ja, aber kann man ihn betreten, oder müssen Sie ihn erst wieder abstellen?«

»Unsinn!« Christoph von Quast zeigte wenig Verständnis für solche Bedenken. »Sie alle können sich ganz frei bewegen, wie sonst auch. Der Strom läuft völlig unabhängig von uns durch die Leitungen in der Wand und hindert uns an keinerlei Tätigkeit. Im Gegenteil, nach und nach werden wir sämtliche Geräte im Haus elektrisieren und uns allen damit die Arbeit erleichtern.« Großtante Vera atmete laut auf, schwerhörig, wie sie war, hatte sie vermutlich nur die Hälfte verstanden.

Anna ergriff die Gelegenheit und stand auf: »Auf Vaters Einfall, auf Herrn von Miller, der dieses großartige Wasserkraftwerk bei uns verwirklicht hat.« Sie erhob ihr Glas. »Und natürlich vor allem auf das Hochzeitspaar. Sie leben hoch!« Nach dem, was ihr passiert war und wie frei sie sich heute trotz ihrer Verletzung fühlte, hatte sie beschlossen, Papá sein Glück zu gönnen. Offenbar liebte er Ruth, und sie liebte ihn – egal, unter welchen Umständen sie auch zusammengekommen waren. Die anderen taten es ihr nach und prosteten den Neuvermählten zu. Vaters Lächeln erstarb, als er Anna anschaute. Auch Ruth war anzumerken, dass wieder einmal mit ihr etwas nicht stimmte. Wie auch immer, Anna hatte ihre Pflicht getan und inzwischen auch großen Hunger. Sie freute sich auf das Acht-Gänge-Menü, das ausschließlich aus den gutseigenen Erzeugnissen von Dreisonnenquell kreiert worden war. So viel hatte ihr die Köchin am Morgen verraten. Es begann mit einem Schaumsüppchen und gelben Tomaten und … Das Vergnügen dauerte nur kurz, Funken flogen, und zack, war es wieder dunkel.

»Lassen Sie sich nicht stören.« Vater orderte nun doch übergangsweise Kerzen und Leuchter, die auf den Tisch gestellt wurden. »Das war nur die Sicherung. Kein Problem, wir finden die Fehlerquelle und beheben die Störung im Nu.« Auch von Miller stand von seinem Stuhl auf und bot seine Hilfe an und verließ mit Vater den Raum. Obwohl der Bräutigam fehlte, entspannte sich nach und nach die Tischgesellschaft beim Essen. Das Gewohnte und Handfeste in Form von Kerzen und Feuer war den meisten doch lieber als etwas Unsichtbares wie Strom.

Auch Anna, der es nach dem Tanznachmittag schmeckte und die sich in ihrem roten Kleid und besonders mit sich selbst wohlfühlte, ließ sich zu einem Gespräch mit ihrem Nachbarn zur Linken hinreißen. Er berichtete ihr von der weltweit ersten Übertragung elektrischer Energie, die von Miller bei ihnen im Dorf zusammen mit einem Franzosen namens Depréz schon 1882 gebaut hatte. Die Gleichstromfernübertragung führte von Miesbach über Holzkirchen und Sauerlach bis nach München. »Waren Sie damals überhaupt schon geboren?«, fragte Anna, um ihn aufzuheitern. Dabei schätzte sie den Herrn, seiner beginnenden Halbglatze nach zu urteilen, die er mit darübergekämmten Schläfensträhnen kaschieren wollte, auf an die vierzig, wenn nicht älter.

»Oh, Gnädigste, ich war bereits zwölf Jahre alt«, gab er mit Stolz in der Brust zu und legte sich ein weiteres Stück des Forellenfilets auf die Gabel. »Sie können sich denken, was solch ein Ereignis für Spuren bei mir hinterlassen hat.« Hoffentlich keine Verletzungen wie bei ihr, dachte Anna sofort. Er geriet ins Schwärmen. »Als ich diese große Dampfmaschine an unserem Bahnhof gesehen habe, die mit einem Dynamo angetrieben wurde. Eins Komma fünf PS, das muss man sich mal auf der Zunge zergehen lassen.« Er zupfte sich eine Gräte aus dem Mund und legte sie auf den Tellerrand. »Über eine siebenundfünfzig Kilometer lange Telegraphenleitung von unserem Dorf bis zum Münchner Glaspalast.«

»Und der wird jetzt damit beleuchtet?« Für so ein gigantisch großes Gebäude brauchte man schon deutlich mehr Strom als auf Dreisonnenquell, vermutete sie.

»Wo denken Sie hin? Das reicht gerade mal dafür, dass man den Springbrunnen antreibt, aber immerhin. Jedenfalls wusste ich von da an, wonach ich strebe. Mein Vater hätte mich lieber als Nachfolger der Metzgerei gesehen, aber ich … Bitte entschuldigen Sie mich kurz.« Er legte das Besteck zur Seite und sprang auf. Von Miller hatte ihn gerufen. Offenbar war er einer seiner Assistenten und wurde gebraucht. Noch zwei weitere Gänge lang blieben die drei Stühle leer, erst bei Gang Nummer vier, Schweinemedaillons in Steinpilz-Käse-Soße, brannte der Kronleuchter wieder. Doch weder Oskar von Miller noch der Miesbacher kehrten an ihre Plätze zurück. Und auch Marie von Miller verabschiedete sich noch vor dem Dessert, als der Strom wieder floss. Die Pflichten einer Mutter riefen, erklärte sie, dabei hätte sich Anna zu gern später mit ihr über Kunst unterhalten. Ihr Sitznachbar zur Rechten dagegen sagte alle acht Gänge lang so gut wie nichts. Er war etwa in ihrem Alter und errötete jedes Mal von der Stirn bis in den Kragen, wenn sie auch nur eine Bemerkung in seine Richtung machte. Ihr war es recht, sie musste keine Konversation betreiben, hatte auf diese Weise mehr Gelegenheit, die anderen zu beobachten und vor allem das Essen zu genießen. Für den Rest des Mahls, unter dem sirrenden und knirschenden Kronleuchter, der sich anhörte, als hätte sich ein ganzer Fliegenschwarm darin verfangen, wirkten die Hochzeitsgäste wieder verhalten. Vielleicht übertrug sich elektrische Spannung doch auf den Menschen, dachte Anna. Oder es war der Respekt vor dem Unbegreiflichen, das wie ein Blitz einschlagen oder erlöschen konnte und noch dazu kreuz und quer durch die Räume geleitet wurde. Erst als man wieder nach draußen gehen durfte, wo anstelle der örtlichen Blaskapelle nun ein Kammerquartett musizierte, besserte sich die Stimmung. Wind kam auf und fegte bunte Blätter von den Bäumen. Das Brautpaar drehte sich zum Hochzeitswalzer auf der Bühne, und bald gesellten sich andere Paare dazu. Die wenigsten bemerkten, dass die Stromleitungen hoch über ihren Köpfen, die zu einem Transformator führten, bedenklich schwankten.

Ruth hatte Anna bei Tisch anscheinend bewusst neben zwei Junggesellen platziert, draußen holte Dietmar sie jetzt ein. »Solange du mir nicht sagst, was ich dir getan habe, Anna, lass ich dich nicht in Ruhe.«

»Du hast mir gar nichts getan.« Sie war es leid, sich irgendwem erklären zu müssen, sollte er doch von ihr denken, was er wollte. Anna lehnte sich an den Stamm eines

Baums, ihr war ein wenig schwindelig, vermutlich vom schnellen Aufstehen oder vom Essen. Nach der reinen Suppenkost der letzten Tage war sie so viel Nahrung auf einmal nicht mehr gewohnt.

»Machen wir demnächst im Garten zusammen weiter? Ich habe noch bis Ende des Monats frei – Sonderurlaub, wenn die eigene Mutter heiratet …« Er grinste im Schein der wippenden Lampions, die ebenfalls mit Elektrizität gespeist wurden.

»Soll das ein Witz sein?« Anna stemmte die rechte Hand in die Hüfte und sog die Luft durch die Zähne, als sie an die amputierte Stelle stieß. »Du bist schuld, dass Ruth mir meine Kunst verboten hat, du Petze!« Sie hustete, räusperte sich und blaffte ihn weiter an. »Du bist sofort zu deiner Mutter gerannt, um ihr brühwarm von mir zu berichten.«

»Das tut mir leid. Ich war einfach so angetan von dem, was du kannst – ich konnte doch nicht ahnen, dass sie dir das Töpfern verbietet. Das darf sie nicht, das ist … das wäre jammerschade. Warte, ich rede mit ihr.« Er hielt nach Ruth Ausschau, wollte gehen.

»Bleib.« Anna hielt ihn zurück. Sein Einsatz rührte sie. »Du glaubst doch nicht, dass ich es mir verbieten lasse.«

»Nicht?« Unter dem Licht eines mondförmigen Lampions, der über ihnen wippte, strahlte er sie an. »Recht so, lass dir nur nichts gefallen. Das ist der einzige Vorteil der Kadettenschule, nur dort entkomme ich eine Zeitlang der Fuchtel meiner Mutter. An was arbeitest du gerade? Zeigst du es mir?«

»An nichts.« Sie hob die verletzte Hand. »Und ich weiß auch nicht, ob ich es je wieder kann.«

Ein Unwetter braute sich zusammen. Bald fegte der Wind nicht nur Laub, sondern auch die Dekorationen, die Blumen und Girlanden durcheinander, schon fing es zu regnen an, platschte in großen Tropfen auf die Tribüne und in die leeren Bierkrüge, die überall herumstanden. Manche der auswärtigen Gäste nutzten die Gelegenheit zum Aufbruch, ob mit dem Automobil oder der Kutsche. Der Rest der Festgesellschaft feierte im Haus weiter, wo die Dienerschaft Handtücher reichte. Klitschnass und durchweicht lief auch Anna mit Dietmar nach drinnen, dem der Regen in seinem eleganten Frack offenbar nichts ausgemacht hatte. Sie zitterte, schnappte sich rasch ein Handtuch und trocknete sich die Haare.

»Du solltest dich schämen, Anna.« Ruth, immer noch in ihrem eleganten Brautkleid, nur den Schleier hatte sie abgenommen, fing sie gleich am Eingang ab und zog sie zur Seite. »Mich haben schon einige angesprochen, wie du herumläufst. Was trägst du da überhaupt für einen Fetzen? Noch dazu sieht man jetzt mehr, als man vorhin schon erahnt hat. Du könntest genauso gut gleich nackt herumlaufen.«

»Wieso, hatschi, liebe Stiefmama?« Ruth wich zurück, als Anna sie annieste. »Ich hab doch nichts zu verbergen. Ich fühl mich in meinem Körper wohl, so wie ich bin, und das darf man auch ruhig sehen.« Auf einmal spürte sie eine unerwartete Kraft in sich. »Und beleidige das Vermächtnis meiner Mutter nicht, das Kleid gehörte nämlich ihr.«

»Du weißt schon, dass du durch die Verstümmelung schwerer zu vermitteln sein wirst? Offenbar hast du keinen meiner Ratschläge beherzigt.«

»Ratschläge sind …«, der Hustenreiz kehrte zurück, es kratzte und stach in ihrer Kehle, Anna keuchte, »nichts weiter als Schläge …« Und unter großer Anstrengung fügte sie noch hinzu: »Und die … kannst du behalten.« Erneut hustete sie. »Und ich lasse mir von niemandem, schon gar nicht von dir, vorschreiben, was ich …« Sie wollte noch viel mehr sagen, aber das ging in einem neuen Hustenschwall unter.

»Mama, so lass sie doch. Hört auf zu streiten.« Dietmar mischte sich ein, zog seinen Frack aus und hüllte Anna damit ein.

»Du wirst schon sehen, wohin das führt.« Mit diesen Worten ließ Ruth sie beide stehen. Wie einen Hut setzte sie ein freundliches Gesicht auf und wandte sich wieder den anderen Gästen zu.

Auf dem Weg durch den Flur fing sie ihr Vater ab: »Kann ich mit dir reden? Dietmar, lässt du uns bitte kurz allein?« Er zog Anna in die Hausapotheke, wo die Heilkräuter und selbstgewonnenen Öle in beschrifteten Gläsern oder auch getrocknet in Säcken lagerten. Anna liebte das Gemisch aus Düften, das diesen gewölbten Raum erfüllte, und sog ihn tief ein. Das linderte für einen Moment den Hustenreiz, und sie konnte wieder Atem schöpfen. Sie nahm den Frack ab, inzwischen war ihr warm genug, sie schwitzte sogar. Gespannt, was sie erwartete und warum Papá ihr mitten in der Feier etwas unter vier Augen zu sagen hatte, setzte sie sich auf einen Drehhocker, der unter einem hohen Regal voller glänzend brauner Tiegel stand.

Vater lehnte sich ihr gegenüber an die Theke und stützte sich mit den Händen ab. »Warum hast du ausgerechnet heute dieses Kleid angezogen, Annerl? Kannst du dir nicht vorstellen, wie schwer das für mich ist, dich darin zu sehen?«

Oje, dachte sie, drehte sich mit dem Sitz einmal im Kreis.

Nicht auch noch er. »Gerade hat mich deine neue Frau deswegen schon angepflaumt.« Sie räusperte sich. Ihr war schwindelig. »Fang du bitte nicht auch noch an. Das Kleid gefällt mir, es trocknet schon wieder, keine Sorge.«

»Verstehst du nicht, was ich sagen will?« Auf einmal hatte er feuchte Augen, es schien ihm wirklich ernst zu sein. »Du schaust wie Gesine aus. Warum quälst du mich so?«

»Ich quäle dich, Papá? Was soll ich da sagen? Von einem Tag auf den anderen muss ich eine neue Frau an deiner Seite aushalten, die mir Sachen verbietet, die ich liebe, und du duldest es, dass das ganze Gut nach ihrem Geschmack verändert wird. Hast du gar keine Augen im Kopf, wie scheußlich das alles ist?« Sie griff nach einem der plüschigen Rüschendeckchen, die auch hier herumlagen, und riss es von der Ablage. So hatte sie noch nie mit ihrem Vater gesprochen, aber plötzlich platzte alles aus ihr heraus. »Warum hast du mir verschwiegen, dass du Ruth und Diemar schon viel länger kennst?«

»Ich hab dir nichts verschwiegen, ich wollte mir selbst erst sicher sein, bevor ich es dir sage. Außerdem gibt es wahrscheinlich keinen richtigen Zeitpunkt dafür, und so, wie du dich aufführst, vermutlich dreimal nicht. Mir ging es eher darum, dass du endlich jemanden hast, der dich formt und in die richtigen Bahnen lenkt. Aber das ist wohl missglückt. Dabei bemüht sich Ruth wirklich um dich. Ich bin traurig, Anna, und das an meinem Hochzeitstag. Ich dachte, ich könnte mich auf dich verlassen und könnte dir mehr zutrauen. Um ein Haar wäre die gesamte Maulbeerplantage eingegangen.« Das bereute sie selbst zutiefst, Kolb hatte ihren Fehler bemerkt und den Zulauf zu den Bewässerungsrohren ohne ihre Anweisung aufgedreht. Ein Glück! Aber alles andere, was Papá ihr vorwarf, war unverständlich. Er und traurig wegen ihr? Trotz keimte in ihr auf – Trotz und Zorn.

»Und wer ist schuld an dem hier?« Sie hob die verletzte Hand hoch. »Du oder Ruths Umgestaltungswahn? Wäre es dir vielleicht sogar lieber, ich wäre unter den Trümmern gest…?« Der Rest ging in erneutem Husten unter.

Vater ging zu ihr und fuhr ihr über den Rücken. »Hättest du auf Ruth gehört und deine Aufgaben gewissenhafter erfüllt, wäre es wahrscheinlich gar nicht so weit gekommen. Wir reden besser ein anderes Mal weiter. Kuriere dich erst mal ordentlich aus, aber vor allem zieh dieses Kleid aus. Ich will dich nie wieder darin sehen.«

Eva

Als sie am Bahnhof in Starnberg ausstieg, kaufte sie sich eine Kugel Stracciatella und eine Kugel Nuss in der italienischen Eisdiele an der Ecke. Das erste Eis in diesem Jahr – und das Anfang März. Es war bereits ungewöhnlich warm für diese Jahreszeit. Waren das die ersten Anzeichen für den gefürchteten Treibhauseffekt, über den sie gelesen hatte? Sie fragte nach dem Prinzenweg, rechnete mit Kopfschütteln oder einem italienischen Akzent, nachdem sie mit »Buongiorno, Signorina« begrüßt worden war. »Der Straß' nach links, dann den Almeidaberg nauf.« Der Verkäufer wechselte ins Bayerische. »Sie kenna den Fuaßweg mit de Treppn nehma.« Der steile Aufstieg lohnte sich, trotz der dichten Wolkendecke, die über ihr hing, war die Aussicht herrlich. Eva schaute über den gesamten Starnberger See bis zu den Alpen, in denen noch Schnee hing. Ein Wunderland, das sie bisher nur bei der Durchfahrt, vom Zug aus, gesehen hatte. Das Wasser war dunkelblau und schäumte unter den Wellen. Trotz Sturmwarnung, die an den Ufern orange blinkte, waren noch ein paar Segelboote unterwegs. Dass Udo in diesem Paradies aufgewachsen war, hatte er ihr am Telefon nicht gesagt. Vielleicht bemerkte man es nicht mehr, wenn man darin lebte. Wie ein Detektiv hatte er sich durch sämtliche Münchner Apotheken durchtelefoniert, bis er seine Kleineva in der Rosen-Apotheke ausfindig gemacht hatte. Das hatte er ihr gestanden. Der Prinzenweg zog sich, lauter Villen reihten sich aneinander, und als sie das Eis längst aufgegessen hatte, war sie sich nicht mehr sicher, ob sie in die richtige Richtung spazierte. Sie kam zu einer HNO-Klinik mit der Nummer elf und fragte einen Mann, der die Nase in einem wattierten Futteral trug, nach der Nummer neunzehn. Mit der Zigarette deutete er nach links, sprechen konnte er offenbar nicht. Noch mal ging es einen Berg hinunter und dann wieder hoch, und da war es. Das blaugrün gestrichene Haus thronte an einem Hang. Auf den ersten Blick schien es keinen rechten Winkel an ihm zu geben. Verschieden große Dachgauben und ein überdachter Balkon mit Rundbogen ragten aus dem Gebäude. Zur Straße hin wirkte es einstöckig, aber als sie ein paar Stufen hinabstieg, um die Haustür zu erreichen, sah sie, dass es zum See hin mehrstöckig war. Jedes Fenster war anders unterteilt, mal mit Bögen, mit Sprossen oder rund wie ein Bullauge. Das perfekte Haus für einen Mathematikprofessor, dachte sie. Anscheinend hatte Udos Vater alle geometrischen Formen in dieser Architektur verewigt. Sie klingelte. Es dauerte, bis jemand öffnete. »Frau Tannstetter?«

»Nicht da«, sagte eine ältere Frau mit gelb gepunkteter Rüschenschürze und Staubwedel in gebrochenem Deutsch. Sie hatte starke Tränensäcke, und Eva überlegte sofort, ob sie dagegen ein Mittel wüsste. Vielleicht Lindenblüte oder Augentrost?

»Ich wollte zu Udo.«

»Garage.« Ehe sie fragen konnte, wo die Garage war, hatte die Frau die Tür wieder geschlossen. Sie schaute sich um. Oben auf dem Weg war keine gewesen, die Autos parkten am Straßenrand. Gab es etwa eine Tiefgarage im Berg? Aber wo befand sich der Eingang? Sie ging ein Stück den Hang hinunter und entdeckte ganz unten an der Grundstücksgrenze einen Flachbau mit moosbedecktem Dach. Falls sie es aus der Ferne richtig erkannte, lehnte dort Udos Maschine, die rote Benelli, am Zaun. Sie wusste nicht, ob sie außen herumgehen sollte oder über die Wiese nach unten laufen durfte. Der Rasen war auf wenige Zentimeter getrimmt, die Buchsbäume zu perfekten Kugeln geschnitten, und das bei dem Gefälle. Der Gärtner brauchte bestimmt Steigeisen zum Mähen. Eva wollte die Tannstetters nicht verärgern, wenn sie den englischen Rasen zertrampelte. Doch dann entdeckte sie dreieckige Schieferplatten, die in einer Schlangenlinie an der Seite nach unten führten, und folgte ihnen. Auf einmal traf sie ein Wasserschwall im Rücken. Der Rasensprenger. Mit durchnässter Bluse kam sie unten an, bemerkte eine Tür, klopfte und rüttelte an der Klinke. Es war abgesperrt. »Udo?«

»Du musst außen rum, über den Zaun«, hörte sie ihn von drinnen. Als sie über die gekreuzten Latten geklettert war, schob er das Garagentor auf. Mit seinen blonden Strubbelhaaren, dem etwas längeren Bart, dafür nackt bis auf die Unterhose stand er vor ihr, was Eva in Verlegenheit brachte.

Letzte Woche, gleich nach der Party, hatte er sie ausfindig gemacht und eingeladen, ihn zu besuchen, und nun war sie da. Sie hatte erwartet, dass er sein Motorrad wartete oder reparierte, stattdessen wirkte es so, als hätte er hier geschlafen. Eine Matratze, ein Schlafsack, und vor die Tür zum Garten war eine Kommode geschoben, auf der lauter Geräte standen. Seine Wasserpfeife und Tabakutensilien, und soviel

Eva im Schummerlicht erkennen konnte, waren überall Flaschen, Gläser und Dosen mit Essen verteilt. »Sag mal, wohnst du hier?« Ein Fenster gab es nicht, nur Glasbausteine an einer Wand, durch die kaum Licht fiel.

Er schmierte sich Signal direkt aus der Tube auf die Zähne, verstrich die Zahnpasta mit den Fingern, gurgelte mit einem Schluck Mineralwasser und spuckte unter dem Tor an ihren Füßen vorbei hinaus. »Herzlich willkommen im Ableger der Villa Tannstetter. Gefällt's dir?« Er zog sie unter dem Tor durch, nahm ihr Gesicht in beide Hände und betrachtete sie eine Zeitlang, grinste sie an. »Kleinevabesuch, spitze!« Er küsste sie. Erst kurz, dann immer länger. Trotz der Zahnpasta schmeckte sie mit der Zunge in seinem Mund alles, was er gegessen, getrunken, geraucht oder geschnupft hatte. Scharfes wie Peperoni, Würziges mit Pfeffer und Salz, aber auch Süßes wie Honig. Bin das ich, dachte sie, unterwegs, im Mund dieses Mannes, der Pfannkuchen backen konnte und auch sonst ein ziemlich lustiger Kerl war. Es war, als erzählte er ihr, was er in den letzten Tagen gemacht hatte. Dabei fingen sie an, sich gegenseitig zu streicheln und auszuziehen, bald war auch sie nur noch in Unterhose, und schließlich streifte sie auch die ab. Eva, Eva, dachte sie noch, wenn das Cordula wüsste – Adoptivmutter hin oder her. Wenn im Fernsehen ein Fassbinder-Film lief oder eine Sendung, bei der mehr als geküsst wurde, schaltete sie in Evas Beisein sofort ab. Dabei war es doch einfach nur wunderschön, sich gegenseitig zu spüren und sich nahe zu sein, ob man sich besonders gut kannte oder nicht. Hauptsache, man konnte sich riechen. Ein Hund bellte.

»Ja, schau sich einer diese Saubären an.« Auf dem Gehsteig gegenüber stand eine Frau mit einem Dackel an der

Leine. Udo zog von innen an der Schlinge und schwang das Garagentor zu.

Hinterher lagen sie ineinander verschlungen auf der Matratze, und er zündete sich eine Zigarette an. »Wie kannst du hier drin überhaupt rauchen, man kriegt ja kaum Luft.« Sie wedelte den Qualm fort, was ungefähr so viel half, als würde man Wasser durchschneiden. »Hast du mit deinen Eltern gestritten?«

»Nur das Übliche, als ich wieder einziehen wollte. Meinem Vater passt mein Lebensstil nicht, also hat er mir ein Ultimatum gestellt. Entweder ein Internat in England, um endlich das kleine und große Einmaleins zu lernen, oder eine Ausbildung in irgendeiner Firma, die er mir vermittelt. Auf jeden Fall irgendetwas, damit sein missratener Sohn vorzeigbar wird.«

»Und deine Mutter?«

»Die ist schon längst verduftet. In einem Haus, in dem jeder Pfurz dividiert wird, ist es schwer auszuhalten. Ich bin der Erste aus einer langen Linie von Mathematikern, die bis ins fünfzehnte Jahrhundert reicht, der nicht richtig bis zehn zählen kann.«

»Du übertreibst.« Sie waren beide verlassene Kinder, stellte sie fest. Eva suchte sich kriechend eine noch geschlossene Colaflasche und öffnete sie. Sie hatte Durst.

»Eins, zwei, drei, vier, fünf, sieben, acht? Irgendetwas stimmt nicht, hat man mir gesacht.«

»Du hast sechs ausgelassen.«

»Oje, die teuflisch unanständige Zahl, die nehm ich nicht in den Mund.« Er umfasste ihre Wade und zog sie wieder zu sich. »Oder warte. Doch – Sex, Sex, Sex.«

»Eure Familie geht bis ins fünfzehnte Jahrhundert zurück, hast du gesagt. Stimmt das wirklich?«

»Eigentlich bis ins sex-zehnte«, ergänzte er mit einem Kichern. »Mein Vater hat über unsere Familie geforscht und einen Stammbaum erstellt. Zu Zeiten von Leonardo da Vinci gab's auch schon einen Georg Tannstetter, ein Mathegenie und Sterndeuter, der dem Kaiser den Tod prophezeit hat.«

»Und hat er recht gehabt?«

Udo blies den Rauch in Kringeln in die Luft. »Klar, jeder stirbt doch irgendwann, bloß wenn man sein Ende vorher kennt, wird's schwierig.«

Darüber hatte Eva noch nie nachgedacht. »Krass, aber auch spannend, vielleicht hat dein Urahne tatsächlich Leonardo kennengelernt?«

»Den mit der Mona Lisa?«

»Ach, der hat so viel mehr gemacht, es gab kaum einen Bereich, in dem er nicht geforscht und experimentiert hat.« Eva beschäftigte sich immer wieder mit Leonardo. »Er hat zum Beispiel damals schon die Auswirkungen der Erdanziehungskraft auf die Pflanzen erkannt, dass sie immer zum Licht wachsen oder dass man das Alter der Bäume an den Jahresringen ablesen kann.« Neben der Matratze fand sie eine Dose mit Walnüssen, Mandeln und Rosinen und nahm sich eine Handvoll. Sie hatte Hunger. »Aber diese Art Druck von den Eltern kenne ich. Die Kleins sind bis in die dritte Generation Friseure, und ursprünglich hätte ich den Murnauer Salon übernehmen sollen. Das zählt jetzt alles nicht mehr, ich bin adoptiert.«

»Dann bist du gar nicht mehr meine Kleineva?«

»Laut meiner Geburtsurkunde bin ich eine von Quast, das hab ich alles an dem Tag rausgefunden, als ich dich und

Milo zum ersten Mal getroffen habe.« Und sie erzählte Udo von sich, fütterte ihn nebenbei auch mit den Müslizutaten, die Udo anscheinend hier bunkerte. Und er schob ihr, während sie sprach, Butterkekse, die wohl auf seiner Seite lagen, in den Mund. Gesättigt und gestärkt, fingen sie wieder an, sich zu küssen.

»Übrigens einen schönen Gruß von Maja«, sagte sie, als sie sich nach einem Blick auf die Uhr schweren Herzens von ihm löste und ihre Sachen zusammensuchte. Morgen musste sie pünktlich um acht in der Apotheke sein.

»Warum hast du sie nicht mitgebracht?« In seinem Chaos hatte er endlich eine Taschenlampe gefunden und leuchtete ihr im Liegen.

Sie fand einen Büstenhalter, der nicht ihr gehörte. Eva war wohl nicht die Einzige, die ihn besuchte. »Du meinst, wir zu dritt?«

»Warum nicht?« Udo schnappte sich das Feuerzeug und rauchte wieder.

Darauf antwortete sie nicht. Was gerade passiert war, war ohnehin neu für sie. Weitere Spielarten der Liebe würden sie überfordern. »Was hältst du davon, wenn wir zusammenziehen?«, fragte sie dafür.

»Sag mal, hab ich dich entjungfert, und nun müssen wir heiraten?«

Sie lachte. »Nein, so schlimm ist es nicht. Schmarrn. Ich fand es sogar sehr schön mit dir, und vielleicht können wir das öfter tun. Nur zu zweit, das genügt mir fürs Erste. Aber das mit dem Zusammenziehen war ernst gemeint. Du und Milo und Maja und ich, wir könnten uns doch eine Wohnung suchen, möglicherweise schließt sich uns noch jemand an.« Sie dachte an Lutz, Jasmin oder Ecki. Auf einmal hatte sie einen Freundeskreis. »Je nachdem, was wir finden. Je größer die Gemeinschaft, desto besser. Was hältst du davon?«

Er dachte eine Weile darüber nach. »Obwohl ich dich ungern teile, finde ich die Idee klasse. Das machen wir.«

»Wieso willst du mich nicht teilen? Gerade wolltest du doch noch mit Maja und mir ...« Eva konnte es kaum glauben, dass sie solche Sachen sagte. Die, die bei der Abifeier in der Ecke gestanden und zugeschaut hatte, wie die anderen rummachten. Die, die sich dann einfach mit irgendeinem zugedröhnten Typen auf ein Sofa gesetzt hatte, um sich entjungfern zu lassen, damit sie es endlich hinter sich brachte, und die sich hinterher gefragt hatte, ob das alles gewesen war.

»Weil Milo sicher auch etwas von dir abhaben will.«

»Dann musst du eben teilen lernen. Ich kann's doch auch.« Sie wedelte mit dem fremden BH. Über ihre neue Unbefangenheit und Selbstsicherheit war sie selbst erstaunt. Erneut wollte Udo sie wieder zu sich in die Arme ziehen. Sie schaute erneut auf ihre Uhr, die sie seit Studienbeginn nur mehr in der Hosentasche trug. Schon kurz nach Mitternacht, sie musste sich beeilen. Laut Fahrplan ging die letzte S-Bahn um halb eins, und der Weg zum Bahnhof zurück dauerte bestimmt zwanzig Minuten.

»Kein Stress, ich fahr dich, dann kann ich vielleicht auch noch kurz mit Maja knutschen.«

»Aber hast du einen zweiten Helm?« Seit kurzem war der auf dem Motorrad nämlich Pflicht.

»Du kriegst meinen.«

»Dann haben wir ja noch mal für eine Runde Zeit.« Sie holte ein neues Präservativ aus ihrem Rucksack. Als Apothekerin war sie gerüstet. Rasch schlüpfte sie wieder aus den Klamotten und setzte sich auf ihn.

Anna

Im Morgengrauen weckte sie ein Klopfen an der Tür. Sie schreckte hoch. Es war Götz, der Hausdiener. »Es tut mir sehr leid, Fräulein Baronesse, aber Ihr Herr Vater ist tot.«

»Tot? Was reden Sie da?« Erst hatte sie seine Erscheinung für ein Trugbild gehalten, das im Aufwachen von einem Traum überlagert wurde. In der Nacht hatte sie weiter stark geschwitzt, das Bettzeug und auch ihr Nachthemd waren nass.

»War es der Strom?«, fragte sie, nur um irgendetwas zu sagen. Sie stand auf, schnappte sich ihren Schlafrock und knotete den Gürtel um die Taille.

»Der Doktor sagt das Herz. Ihr Herr Vater ist im Bett gestorben.«

»In seiner Hochzeitsnacht?«

Götz druckste herum und wischte sich mit dem Ärmel seiner Livree über die Augen. Am besten ging sie der Angelegenheit selbst nach. Die gestrige Auseinandersetzung fiel ihr ein. Die würde sie auch gleich mit Papá bereinigen. Vielleicht war sie wirklich zu hart mit Ruth umgegangen, hatte sich aufgeführt wie ein Kind, mit den Raupen und so. Womöglich fanden sie doch noch einen Weg, sich zu verständigen. Jetzt, wo Papá und Ruth ein Ehepaar waren, würden sich die Wogen glätten und sich das Augenmerk auf andere Dinge verlagern. Hoffentlich könnten sie miteinander reden wie Erwachsene und Ruth nicht mehr so von oben herab. Vergeblich suchte Anna nach ihren Schuhen, vor ihren Augen flimmerte es. Kurz entschlossen drängte sie sich barfuß an Götz vorbei in den Flur. Dort kam ihr Dietmar entgegen, auch er im Schlafanzug.

»Es ist unbegreiflich und schrecklich, liebe Anna. So warte doch, wohin willst du?« Sie beachtete ihn nicht, hastete bis zur Treppe und dann weiter zu Vaters Gemächern. Als sie im Elternschlafzimmer ankam, war niemand darin. Sie hielt sich an der Türklinke fest, war völlig außer Atem. Das Bett war abgezogen, sämtliche Kissen lagen auf dem Boden. In einer Ecke häuften sich die Laken, Bezüge und Kleider, Vaters helle Hochzeitsschuhe und auch seine Hosenträger waren achtlos daraufgeworfen worden. Was ging hier vor? »Der Bestatter hat ihn bereits abgeholt, Mama ist unten und …« Dietmar war ihr hinterhergelaufen und hatte sie eingeholt.

»Der Bestatter? Wird er nicht hier aufgebahrt?« So hatten sie es mit Mutter getan, drei Tage und Nächte lag sie in der Kammer neben dem Eingang. Den winzigen Bruder in den Armen, der sein Taufkleid trug. Die Sterbekerze brannte, und jeder, der wollte, konnte Abschied nehmen und für die zwei beten. Papá wachte die ganze Zeit neben seiner Frau und dem toten Kind. »Er hätte nie fortgewollt aus Dreisonnenquell, selbst wenn er wirklich …« Sie stockte, bückte sich und nahm seinen Nasenzwicker, der auf einem Stuhl lag. Nicht dass sich noch jemand draufsetzte.

»Er ist tot, Anna, glaub mir, ich hab ihn gesehen.« Dietmar hielt sie auf, als sie zurücklaufen wollte.

Sie wand sich aus seinem Griff, hustete, beugte sich nach unten und stützte sich auf den Knien ab, bis sie wieder zu Atem gelangte. »Das bildest du dir bloß ein. So einfach stirbt man nicht.« Keuchend richtete sie sich auf und wischte sich mit dem Ärmel über den Mund und schmeckte Eisen. »Und Papá schon gar nicht. Ich muss zu ihm.«

»Du blutest.«

Anna betrachtete ihren Schlafrock, er war rot verschmiert.

»Und ich glaub, dass du hohes Fieber hast, du solltest dich wieder hinlegen.« Dietmar gab nicht auf.

»Bist du jetzt auch noch Arzt? Scheinbar kennst du dich mit allem aus und weißt Bescheid, ganz wie deine neunmalkluge Mutter. Lass mich vorbei.« Sie hatte die Bevormundung satt, schob ihn von sich, rannte los, schwankte auf den ersten Stufen nach unten und umklammerte das Treppengeländer. Erneut hustete sie und spuckte Blut. Wenn es trocknete, würde es sich dem Marmor anpassen und nicht mehr zu erkennen sein, dachte sie noch, merkte, dass sie sich nicht mehr halten konnte und ihr die Sinne schwanden.

Dietmar fing sie auf, als sie fiel. »Setz dich oder besser leg dich hin, aber rühr dich nicht vom Fleck.« Er bettete sie auf den Treppenabsatz. »Ich lauf und hole den Doktor, er müsste noch im Haus sein.« Sie hörte Stimmen aus dem Erdgeschoss, versuchte, Vaters darunter auszumachen. Warum sagte er nichts? Er sollte tot sein, für immer? Sie streckte sich auf dem Treppenteppich aus, der an den Kanten ausgetreten war. Alles drehte sich, als säße sie in einem Karussell, das Geländer, die Stufen, die stuckumrahmten Gemälde an den Wänden, der gemalte Himmel über ihr, der die Decke optisch erhöhte, aber auch die Fensterkreuze, durch die Licht fiel. Das vermaledeite Licht war's, dachte sie. Das hatte Papá umgebracht. Sie schloss die Augen. Kurz darauf spürte sie, wie man ihr aufhalf. Der Doktor, wieder Dietmar und auch Ruth waren bei ihr. Anna fehlte die Kraft, um sich zu widersetzen, sie ließ es geschehen. Nur nicht die Augen öffnen, das kleinste Fitzelchen tödliches Licht reinlassen und das Karussell wieder anstellen. Sie trugen sie in das Zimmer zurück und legten sie aufs Bett, wo Lachner sie erneut untersuchte. Dass er nicht mit ihr sprach, sondern mit Ruth, nahm sie nur durch einen Spalt zwischen den Wimpern wahr.

»Es war leichtsinnig von mir, dass ich ihr das Aufstehen erlaubt habe.« Der Doktor nahm das Stethoskop aus den Ohren. »Anna hat mehr als einen Katarrh, wir müssen achtgeben, dass sich diese Bronchitis nicht zu einer Lungenentzündung oder gar Schlimmerem entwickelt.« Was gab es Schlimmeres als eine Lungenentzündung, fragte sie sich. Sie bemühte sich, die Augen offen zu halten. »Ich verordne allerstrengste Bettruhe, bis Ihre Stieftochter vollständig auskuriert ist. Zusätzlich Umschläge mit Beinwell. Zwei Löffel der Tinktur geben Sie ihr bitte auch in einem Liter Wasser aufgekocht zu trinken, das müsste die Lungenblutung stillen.« Beinwell, die spindelförmige, außen schwarze Wurzel mit den zungenförmigen Blättern, hatte ihr schon bei der Heilung der Hand geholfen. Anna sank mehr und mehr ins Kissen. Schlafen, einfach nur schlafen, nicht denken und fühlen. Vielleicht war danach alles wieder wie früher, wenn sie erwachte. Oder besser, hoffte sie.

In Schuhen mit angeschnallten Kufen zog sie Kreise auf dem zugefrorenen Zellsee und schaute den Kratzern hinterher, die auf dem Eis entstanden. Lauter Schlaufen, wie die Übungen, wenn man schreiben lernte. Sie setzte zu einer neuen Drehung an. Vielleicht schaffte sie es, ihren Namen ins Eis zu kratzen.

»A-n-n-a, was für ein wunderbarer Name, von vorn und von hinten gleich«, hörte sie Papá rufen. Seine Stimme hallte in ihr. Plötzlich riss der See auf, sie stürzte ins Wasser, klirrende Kälte umschloss ihre Beine und zog sie hinab. Sie blinzelte und erwachte. Jemand legte ihr Wadenwickel an, was sie zum Schlottern brachte. »Pppp-a-pá?«, fragte sie. Ihre Stimme war bloß ein Hauch.

»Ich bin's bloß, Fräulein von Quast.« Es war Lachner. »Mein herzliches Beileid. Ihr Vater wird heute zu Grabe getragen.« Sie setzte sich auf, rückte ihr Nachthemd gerade und starrte auf ihre rechte Hand, wo sich anstelle des Ringfingernagels eine dünne rote Linie zog. Merkwürdig. Lag der Rest ihres Fingers am Grund des Zellsees, bei den Karpfen im Schlick?

»W-wann?« Vor lauter Zittern fiel ihr das Sprechen schwer.

Der Doktor zog seine Taschenuhr aus der Weste. »In einer Stunde.«

»Ich w-ill ddd-abei sein.« Ungeachtet ihrer eingepackten Beine stand sie auf. Die Wickel rutschten zu Boden. Sie stieg darüber, stützte sich am Waschtisch ab und schob das Tuch fort, mit dem der Spiegel verhängt war. Dem Volksglauben nach sollte das den nächsten Todesfall verhindern. Wer in einen Spiegel schaute, wo noch ein Leichnam im Haus war, würde der nächste sein. Anna betrachtete ihr blasses, schmales Gesicht, das von wild zerzausten Haaren eingefasst war. Noch immer klang Vaters Stimme in ihr, wie er ihren Namen gerufen hatte. Würde sie ihm folgen? Da fiel ihr ein, dass sein Leichnam gar nicht im Haus aufgebahrt gewesen war. Ruth hatte ihn fortschaffen lassen.

»Sie sollten hierbleiben und erst gesund werden, Fräulein Baronesse. Setzen Sie sich doch ans Fenster, von hier aus hat man einen guten Blick bis zur Kirche.« Sie ignorierte die Empfehlung des Doktors, schickte ihn fort und klingelte nach dem Hausmädchen. Elvira half ihr beim Ankleiden und der Frisur. Vor ihren Augen flimmerte es wieder, und in ihren Ohren rauschte es, als befände sie sich immer noch unter Wasser. Dietmar stützte sie, als sie sich in ihrem dunkelblauen Wintermantel in den Trauerzug einreihte. Er bestand darauf, dass sie sich einhakte, und Anna glaubte, das Gleiche wie vor vier Tagen noch mal zu erleben. Wie hieß dieses Phänomen? Ein Déjà-vu. Ein sonniger Herbsttag. Dieselben Leute, nur dass diesmal nicht der Hochzeitslader mit seinem bunten Bänderstab und den Rosmarinzweigen vorausging, sondern der Pfarrer und die Ministranten mit Kreuz und Weihrauch. Die Pferde zogen einen blumenübersäten Karren, auf dem ein goldbeschlagener Eichensarg lag. Gefolgt von Ruth, der trauernden Witwe, die nur ein paar Stunden Braut und Ehefrau gewesen war. Daneben Dietmar und sie. Wieder säumten Leute die Straße, manche scherten aus und legten Blüten auf den Sarg. Jeder aus dem Dorf wollte dem Blumenbaron die letzte Ehr' erweisen. Erneut war die Kirche bis auf den letzten Platz besetzt, und wie üblich murmelte der Pfarrer die Messe auf Latein, sprach von Anfang und Ende, Alpha und Omega. Von Christus, dem Ersten und dem Letzten, was nur Anna als eine der wenigen Trauergäste verstand. Die meisten reimten sich den Verlauf der Messe an den Gesten und Handlungen zusammen. Bloß die Predigt hielt er auf Deutsch, zählte Vaters wichtigste Lebensstationen und seine Verdienste auf. Es war eine lange Liste für die fünfundfünfzig Jahre. Endlich wandte sich der Pfarrer vom Hochaltar ab und richtete die letzten Worte an die Gemeinde: »Et cum spiritu tuo«, erwiderten alle. Der Herr sei mit euch – und mit deinem Geiste, übersetzte Anna für sich. Sie schwitzte und fror zugleich in ihren Kleiderschichten, an Dietmars Seite hangelte sie sich bis zum Friedhof. Die Träger stellten den Sarg auf Brettern über dem Quast'schen Familiengrab ab, das wieder geöffnet war. Schwarze, nasse Erde häufte sich hinter dem großen Steinengel, der darüber thronte und für ihre Mutter und ihren kleinen Bruder seit zehn Jahren gebetet hatte. Ein schwarzes Erdloch tat sich unter ihren Schuhen auf, als sie sich mit den anderen davor versammelte. Die Böllerschützen machten sich zum Ehrensalut bereit und gaben ihre Schüsse ab. Eins, zwei … Leise zählte Anna mit und zuckte bei jedem weiteren zusammen.

Dietmar legte den Arm um sie. »Gleich geschafft«, flüsterte er, und sie sah, dass er weinte. Ruth, nun doch ganz in Schwarz, bebte regelrecht und schluchzte laut auf. Einundzwanzig Böller, wie es einem Baron gebührte, erst da hörte die Schießerei auf. Der Letzte schien noch in der Luft zu hängen. Nachdem der Pfarrer den Segen gesprochen hatte, traten die Träger erneut ans Grab. Sie hoben die Seile an und begannen, begleitet von einem Streicher-Requiem, langsam den Sarg hinabzulassen.

»Nein, nicht, hört auf!« Anna schrie, so laut sie konnte, bis ihre Kehle brannte. Vater sollte nicht in der Erde versinken, nicht auch noch er. Sie trat nach vorne, um den Sarg aufzuhalten, und rutschte ab.

Eva

Mit dem Einverständnis der Vermieterin und bis sich etwas anderes ergab, durfte sie weiterhin bei Maja wohnen, wofür sie sehr dankbar war. Sie teilten sich die Miete und auch die sonstigen Ausgaben, und Eva genoss es, jede Minute ihrer Freizeit mit Maja zu verbringen. Oft saßen sie bis spät in die Nacht zusammen, erzählten sich, was sie tagsüber erlebt hatten, und warteten, bis die Gesichtsmasken einwirkten, die Eva für sie beide gemixt hatte. Oder sie probierten die Cremes für Hände und Füße aus, an denen sie noch experimentierte. »War Erzieherin schon immer dein Traumberuf?«, fragte sie Maja, während sie auf ihrem Herd Bienenwachs und Kakaobutter in einem Wasserbad schmolz.

»Ja, ich liebe meinen Beruf, und auch wenn er schlecht bezahlt und oft anstrengend ist, könnte ich mir keinen besseren vorstellen. Kinder sind doch die Zukunft, sie sind neugierig und wissbegierig, und alles, was sie lernen, wird im Spiel verarbeitet.« Maja leerte lauter Streichholzschachteln für ein Memory aus Naturmaterialien, das sie mit ihrer Igelgruppe morgen basteln wollte. »Ein Holzbogen wird zur Wippe, zum Haarreif, zum Dach oder zum Bett. Es braucht nur etwas Phantasie, damit eine ganze Welt entsteht. Außerdem haben die Kleinen noch Respekt vor jedem Lebewesen, wenn man es ihnen beibringt oder am besten ihnen den Umgang mit der Natur vorlebt.«

»Und hattest du selbst eine glückliche Kindheit?« Eva vermischte das geschmolzene Fett mit etwas Traubenkernöl und träufelte Lavendel dazu. Sofort war das Zimmer von einem fein-würzigen Duft erfüllt, der schon in Gedanken ein Wohlbehagen in ihr auslöste.

»Eigentlich schon, bis ich herausgefunden habe, dass mein Vater bei der SS war. Hey, das riecht ja herrlich.«

»Es muss noch kalt werden.« Sie drehte das Gas ab. »Und wie hast du das mit deinem Vater rausgefunden?« Endlich erfuhr sie mehr über Maja und ihre Familie.

»Als wir beim Schwimmen waren und Papa sich umgezogen hat, da habe ich ihn gefragt, was das da in seiner Achselhöhle für ein Zeichen ist. Ein B, seine Blutgruppe, die sich die von den Totenkopfleuten eintätowiert haben, damit sie bei einer Verwundung schneller versorgt werden konnten.«

»Und dann?« Eva setzte sich zu ihr an den Tisch und baute aus den Streichhölzern einen achteckigen Turm.

»Dann habe ich ihn gelöchert mit Fragen, und meine Mutter auch, natürlich, aber Antworten habe ich keine bekommen, nur Ausreden. Also hab ich sämtliche Bücher darüber gelesen, sofern es die bei uns in Teublitz über die Fernleihe gab, auch Vorträge über die NS-Vergangenheit besucht und sie immer wieder mit meinen Erkenntnissen konfrontiert. Es gab keine Mitläufer bei der SS, das habe ich ihnen einfach nicht abgekauft. Und dann ist es irgendwann eskaliert, und ich bin nach München gezogen. Seitdem reden wir kaum noch. Und du? Wie geht's dir mit dem, was du erfahren hast?«

Eva zuckte mit den Schultern. »Geht so, viel war es ja ohnehin nicht, was die Kleins preisgegeben haben, eigentlich gar nichts. Aber ich müsste meine Unterlagen fürs Studium und ein paar neue Klamotten bei ihnen holen.« Bisher wusch sie ihre wenige Kleidung täglich bei Maja und zog die Unterwäsche oft noch halbnass morgens an. Vor allem ihr Zubehör zur Kosmetikherstellung und die Essenzen wollte sie holen. »Dann benutze ich nicht mehr ständig deine Küchengeräte.«

»Ach, das ist schon okay.«

»Trotzdem. Aber mir graust es ein wenig davor, nach Murnau zu fahren.« Sie legte ein neues Streichholz auf den Turm, er wackelte, sie stupste ihn an, und er stürzte ein. »Hast du Lust auf eine Fußmassage?«

»O ja, gern. Meine Beine sind heute sowieso schwer wie Blei.«

»Das sagt meine Oma, also Betzi Klein, auch fast jeden Abend.«

»Und hast du für sie auch schon eine Creme gemixt?«

»Immer, das war schon von klein auf meine Leidenschaft. Auch Haarkuren, Handcremes und Lippenbalsam.« Und sie erzählte ihr von Evas Salon, den sie in ihrem Zimmer eingerichtet hatte, mit einer Liege aus dem Garten zum Entspannen. Es gab sogar selbstgemachte Limonade aus Zitronenmelisse und Himbeeren für die Kundschaft.

Maja zog die selbstgestrickten Wollsocken aus, legte auf ihrem Bett die Beine hoch und ließ sich eincremen, auch wenn sie an den Fußsohlen kitzelig war. »Dass du so viele Düfte voneinander unterscheiden kannst – wie geht das genau?«

»Ich musste es erst lernen, vielmehr begreifen oder benennen, was ich da gerochen habe. Als Kind hab ich diese Vielfalt nur wahrgenommen und in meine Bibliothek eingeordnet.«

»Du hast eine Bibliothek in Murnau?« Maja zuckte, wenn Eva wieder an eine kitzelige Stelle kam.

»Nicht in Murnau, sondern in mir.« Und sie erzählte ihr von ihrer inneren Duftbibliothek. Das hatte sie noch nie jemandem anvertraut. »Erst dachte ich, es wäre vielleicht mehr eine Bücherei, aber ich verleihe ja nichts daraus. Vielmehr stelle ich ständig neue Gerüche dazu. Bibliothek als Sammlung, das passt am besten.« Eva verrieb die restliche Creme auf ihren eigenen Fußsohlen, die sich sofort weicher anfühlten, und machte es sich zum Einwirken neben Maja auf einem Kissen bequem. Sie wackelten beide mit den Zehen.

Maja hatte kleine Füße und winzige Zehen, logisch, bei Schuhgröße sechsunddreißig. »Und wie rieche ich?«, fragte sie.

Eva schnupperte an ihr. »Nach Sommer, nach Mohn, nach einem Gewitterregen und auch ein bisschen zitronig. Oder in der Fachsprache ausgedrückt – blumig, minzig, ätherisch. Du riechst fast jeden Tag anders, darum hast du auch ein eigenes Regal in meiner Bibliothek.«

»Oh, welch Ehre. Unter M einsortiert?«

Sie nickte. »Und wie rieche ich?« Der Gedanke kam Eva zum ersten Mal. Ihren eigenen Duft hatte sie bisher noch nicht selbst benannt, das konnte man vermutlich auch nicht.

»Ich würde sagen …« Maja drehte sich zu ihr, so dass ihre Nasenspitzen fast aneinanderstießen. »Nach Lavendel. Jedenfalls heute.« Sie kicherten.

»Was hältst du eigentlich davon, wenn wir mit Milo und Udo eine Wohngemeinschaft gründen? Wir vier, oder wer sonst noch Lust hat.«

»Ich fände es super, vorausgesetzt, jeder hat seinen eigenen Bereich und die Hausarbeit wird nicht nur auf uns Frauen abgewälzt. Und wenn du magst, begleite ich dich zu deinen Adoptiveltern.« Das freute Eva sehr.

Von der Vorstellung beflügelt, bei allem, was sie unternahm, nicht mehr allein zu sein, beschloss sie gleich in der kommenden Woche, nach Murnau zu fahren. Sie hatte bewusst einen Donnerstag gewählt. Normalerweise herrschte da Hochbetrieb im Friseursalon. Auf diese Weise hoffte sie, die Angelegenheit reibungslos hinter sich zu bringen, ohne Fragen oder Vorhaltungen zu riskieren. Als Eva mit Maja dann den Obermarkt erreichte, kostete es sie trotzdem Überwindung, hineinzugehen. Sie sah durch die Schaufenster. Alle Drehstühle waren leer und keine Kundschaft in Sicht. *Heute Nachmittag geschlossen! Wir bitten um Verständnis* verkündete ein Zettel an der Tür. Trotzdem brannte innen Licht. Betzi stand auf einer Trittleiter, und Ludwig kniete am Boden, um ihn herum lagen die Trockenhauben wie Kegel.

»Ich glaub, wir kommen besser ein anderes Mal.« Sie wollte lieber kehrtmachen.

»Jetzt sind wir schon da, hol dein Zeug, und wenn's brenzlig wird, steh ich dir bei. Keine Sorge.« Maja sprach ihr Mut zu. Für einen Rückzieher war es jetzt sowieso zu spät. Ihr Adoptivvater hatte sie entdeckt, sein Gesicht, unter der pelzig blonden Perücke mit den breiten Koteletten, die eher an eine Filzkappe erinnerte, hellte sich auf, als er sie erkannte. Mit einem Schraubenzieher in der Hand sperrte er auf. »Ja, wer beehrt uns denn da? Hereinspaziert.«

»Was ist passiert? Hattet ihr einen Wasserschaden?« Eva

fiel ihm ins Wort, bevor er mehr sagen konnte. Putzeimer und Besen lehnten an der Theke neben dem Eingang.

»Nur die Thermostate, die hätte ich längst auswechseln sollen. Die Trockenhauben überhitzen ständig«, erklärte er. »Gestern hab ich der Frau Hering fast die Haare verbrannt, wie früher mit der Brennschere, weißt du noch?« Er redete munter drauflos, als sei nichts gewesen.

»Ich wollte nur ein paar von meinen Sachen holen, wenn's recht ist.« Eva hielt Ausschau nach ihrer Adoptivmutter, um möglichst ohne Umwege und große Reden in ihr Zimmer zu gelangen. »Das ist übrigens Maja Pellkofer.«

»Soso, die berühmte Maja.« Ludwig zeigte auf die Schwarzweißpostkarte über Evas Verbleib, die hinter einem Spiegel auf der Herrenseite klemmte. Die Karte stammte aus Majas Fundus, die historische Ansichten vom alten München sammelte. 1910 war noch die Trambahn durchs Karlstor gefahren. Erst seit vier Jahren, zur Eröffnung der Olympiade in München, war die Innenstadt zur Fußgängerzone erklärt worden. »Nicht weit davon, ein Stück die Kaufinger Straße runter, hat mein Großvater sein erstes Friseur-, vielmehr Coiffeurgeschäft, wie das damals noch hieß, gehabt, bevor er mit der Familie nach Murnau gezogen ist und hier den Salon eröffnet hat. Und bei Ihnen wohnt unsere Eva nun?« Sie gaben sich die Hand. »Sind Sie auch Apothekerin oder noch Studentin?«

»Wo ist Cordula?«, grätschte Eva dazwischen, bevor die Fragen überhandnahmen.

»Beim Arzt.«

»Was Ernstes?« Hoffentlich hatten sich die Herzbeschwerden nicht verschlimmert.

Er schüttelte den Kopf. »Nur das Übliche. Diesmal die

Knie. Sie ist bei einem Arzt in Bad Tölz, der ihr Schweineknorpel spritzt, soviel ich verstanden habe. Aber kommt doch mit nach oben, setzen wir uns. Wollt ihr eine Tasse Kaffee? Mama hat Donauwellen gebacken, stimmt's?« Er wandte sich an Betzi, die noch immer mit den Haarpflegemitteln beschäftigt war. Als das letzte Spray aus dem Karton im Regal stand, stieg sie von der Leiter, ohne sie weiter zu beachten, und verschwand hinter der Seitentür. Eva saß in der Falle. Würde sie nach oben gehen, müsste sie sich mit Betzi auseinandersetzen, und hier im Salon wäre sie weiterhin mit Ludwig beschäftigt. Beim Kaffeetrinken noch mal alles aufwühlen, das wollte sie vermeiden. Doch kaum hatte sie darüber nachgedacht, kehrte Betzi zurück. In ihrem hellen Übergangsmantel, einen selbstgenähten Stoffbeutel überm Arm, verknotete sie ein Kopftuch unterm Kinn. »Ich geh einkaufen, der Schlagrahm ist aus.« Ohne Eva auch nur anzuschauen, wackelte sie an ihnen vorbei und war fort.

»Schade, dass Sie geschlossen haben, Herr Klein«, sagte Maja. »Ich bräuchte nämlich dringend einen neuen Haarschnitt.«

»Ich mache gern eine Ausnahme für Sie. Der einfache Föhn funktioniert noch. Bitte sehr, nehmen Sie Platz, heute haben Sie freie Auswahl.« Kaum hatte sich Maja gesetzt, schien sein Friseurinstinkt geweckt worden zu sein. »Sie haben außergewöhnlich dichtes, aber auch sehr feines Haar. Rothaarige Menschen haben normalerweise sehr kräftiges.« Er untersuchte bereits Struktur und Kopfhaut.

»Fangen Sie nicht auch noch damit an, Herr Klein!« Maja verdrehte die Augen. »Meine Mutter hat mir als Kind die Haare mit Essig gewaschen, in der Hoffnung, dass damit das Hexenrot rausgeht.« Sie kniepte Eva durch den Spiegel zu, die langsam nach hinten verschwand.

»Nicht falsch verstehen, ich mag Ihre Farbe sehr. Sie ist besonders und selten. Wussten Sie, dass nur ein bis zwei Prozent der Weltbevölkerung rote Haare haben? Außerdem haben Sie im Alter den Vorteil, dass sie langsamer grau werden. Was schwebt Ihnen vor? Spitzen schneiden oder mehr?« Eva hörte noch, wie ihr Adoptivvater Majas Haar mit Wasser einsprühte und einen Kamm aus der Schublade holte. Nun hatte sie freie Bahn. Merkwürdig, wieder in diesem Haus zu sein. Alles kam ihr plötzlich viel beengter vor. Als wäre sie Jahre fort gewesen. Als sie das Notwendigste in ihrem Rucksack und in einer großen Jutetasche verstaut hatte, sah sie sich noch mal um, ob sie nichts Wichtiges vergessen hatte. Glaskolben, Feinwaage, Thermometer, Reibe, Filter, Rührlöffel, Spatel, Pipetten und ihren Mixer. Ihre Möbel – das Bett, den Schrank und den Schreibtisch – wollte sie erst später holen, sofern die Kleins es erlaubten. Schließlich gehörten ihr die Sachen nicht. Noch dazu war es in den eineinhalb Zimmern in München dafür momentan viel zu beengt. Im Salon empfing sie eine verwandelte Maja. Die neue Frisur machte sie noch schöner, was Eva kaum für möglich gehalten hätte. Kein Topfschnitt mehr, sondern ein kinnlanger Stufenschnitt, der ihre Ohren umschmeichelte. Dazu betonte ein kurzer Fransenpony ihr feines Gesicht mit den Sommersprossen. Einfach Maja, durch und durch. Flott und modern.

Ludwig wirkte ebenso begeistert. »Ein Bild von einer Frau, Fräulein Pellkofer, sehen Sie selbst.« Mit einem Handspiegel zeigte er ihr den formvollendeten Hinterkopf.

»Du siehst Hammer aus«, bestätigte Eva.

Mit einem Lächeln nickte Maja ihrem Spiegelbild zu. »Ja, das gefällt mir. Danke, Herr Klein. Was bin ich schuldig?«

»Natürlich nichts. Der erste Schnitt geht aufs Haus.« Er lachte, und Eva spürte auf einmal den Kummer, wie einen Stich, darüber, dass dieser Mann nicht ihr richtiger Vater war – sie mochte ihn so. Gleichzeitig wurmte es sie, dass es dieses Gefühl überhaupt gab. Sie schulterte den Rucksack, hob die Tasche mit dem Zubehör an.

»Ihr wollt doch nicht schon gehen? Cordula müsste jeden Moment zurück sein.«

Jetzt aber schnell, dachte Eva. »Gib mir etwas Zeit, Ludwig, ich kann gerade nicht mit euch reden. Grüß Cordula und auch Betzi von mir.«

Auf dem Weg zum Bahnhof fielen sie sich in die Arme. Geschafft. »Du hast die Wogen geglättet, Maja, und sogar deine Haare für mich geopfert.«

»Oh, ich dachte, es schaut gut aus.«

»Das tut es, und sogar sehr, du bist so hübsch! Einfach atemberaubend.« Und Eva meinte es ernst. Bei Majas Anblick und wenn sie ihr nah war, so wie jetzt, hielt sie oftmals die Luft an. »Aber ich meinte, wie machst du das nur, dass dir alles gelingt?«

»Wir zusammen waren das, gemeinsam«, war ihre Erklärung.

»Ich bin gespannt, was Udo zu deiner neuen Frisur sagt. Ihm fallen bestimmt die Augen aus dem Kopf.« Maja winkte ab. Auf der Rückfahrt analysierten sie noch ein bisschen Ludwigs und auch Betzis Verhalten und ob hinter ihrem Verschwinden etwas steckte, aber Eva wollte sich nicht länger damit befassen. Sie lebte im Hier und Jetzt und musste nicht ständig über die Vergangenheit grübeln oder möglicherweise etwas herausfinden, was sie enttäuschte oder erschreckte. Maja war anderer Meinung. Sie fand es wichtig, seine Wurzeln zu kennen, um zu verstehen. Nur so würde sich die Geschichte nicht wiederholen. Am nächsten Tag gerieten sie deswegen aneinander, als Maja ziemlich aufgelöst mit abgerissener Gepäcktasche und losem Gepäckträger heimkam. Wieder einmal hatte sie am Stachus mit ein paar Neonazis diskutiert, die am Brunnen wie eine schwarze Armee Spalier gestanden hatten. Das Wort Demo würden solche Typen nie in den Mund nehmen. Diesmal war Maja nicht nur bespuckt und bedroht worden, einer der Kerle hatte ihr mit den Springerstiefeln ins Dreirad getreten, so dass sie bis nach Haidhausen hatte schieben müssen. Sie fürchtete sich vor nichts und niemandem, suchte mit jedem das Gespräch und oft auch die Auseinandersetzung, egal, wie schmerzhaft sie war.

Eva war schockiert, aber auch froh, dass ihre Freundin nicht verletzt war. Gemeinsam begutachteten sie den Schaden am Dreirad, das im Durchgang zum Treppenhaus stand. Die Stangen vom Gepäckträger waren lose und mussten gerade gebogen werden. Außerdem hatten die Hinterräder einen Achter. »Frag Udo, ob er den rausmacht, der kann das und hat das richtige Werkzeug.«

»Gute Idee, ich ruf ihn gleich an. Vielleicht hat er heute noch Zeit. Meinst du, die Haushälterin holt ihn aus der Garage ans Telefon?« Sie gingen wieder nach oben. Bevor Maja zum Hörer griff, sagte sie noch: »Wie wäre es, wenn wir demnächst zusammen zu diesem Heim fahren, wo du geboren bist, und uns nach deiner Mutter erkundigen?«

Eva schüttelte den Kopf. »Und was dann? Was, wenn ich

sie wirklich finde und ihr gegenüberstehe?« Insgeheim hatte sie sich dieses Szenario schon oft ausgemalt, dann aber möglichst schnell wieder verdrängt. »Schon vergessen? Sie hat mich loswerden wollen. Die ersten zwei Jahre, das muss eine unerträglich langatmige Zeit für sie mit mir gewesen sein.« Eva war sofort auf hundertachtzig und knallte den Wasserkessel auf das Eisengestell des Gasofens. »Meinst du, wenn sie mich jetzt sieht, breitet sie die Arme aus und sagt, schön, dass wir uns endlich treffen? Wie geht's dir, mein liebes Kind?« Ihr Blut pulsierte, sie steigerte sich rein, was sie eigentlich vermeiden wollte. Es gab so viele Ungerechtigkeiten in der Welt, wozu dann noch etwas aufwühlen, was sie nicht mehr ändern konnte?

Maja blieb zuversichtlich. »Das weißt du doch nicht. Es kommt nicht immer so, wie man es erwartet. Deine Mutter könnte auch nett sein.« Sie strich ihr über den Rücken. »Willst du gar nicht wissen, warum deine Mutter das getan hat? Vielleicht gibt es eine Erklärung, die dich mit ihr und deiner Vergangenheit versöhnt, so dass du sie loslassen kannst.«

»So wie bei dir?« Im selben Moment bereute sie ihre Worte. Zu erfahren, dass die eigenen Eltern Täter oder vielleicht sogar Mörder waren, die allerdings jegliche Form von Beteiligung an irgendwelchen Gräueltaten leugneten, musste furchtbar sein. Maja wandte sich ab und wählte Udos Nummer, der Telefonapparat hing gleich neben der Wohnungstür. Sie wartete, sprach offenbar gleich mit ihm und legte bald auf.

»Und – hat er Zeit?«, fragte Eva.

Maja nahm den Wohnungsschlüssel. »Er ist in einer halben Stunde da.« Sie lief schon nach draußen.

»Warte.« Eva hielt sie zurück. »Das eben wollte ich nicht. Tut mir leid.«

Maja nickte, ihre Miene blieb ernst. »Ich bin für dich da, jederzeit.«

»Das weiß ich, und ich danke dir sehr dafür.« Eva drehte das Gas ab und folgte ihr die Treppe hinunter. »Aber was meine Mutter betrifft, lass mich lieber mit der Hoffnung leben, als dass ich enttäuscht werde.« Schweigend warteten sie im Hof, bis Udo mit seiner Maschine in der Einfahrt bremste. Hinten saß Milo auf, was Eva besonders freute. Die beiden sorgten rasch dafür, dass sich die Anspannung legte. Nach der gelungenen Fahrradreparatur schleusten sie sie sogar in die Wohnung, obwohl Herrenbesuche laut Vermieterin strengstens verboten waren. Gemeinsam machten sie Brotzeit und diskutierten bis weit nach Mitternacht über alles Mögliche. Über die Umwelt und die Politik, über ihre gemeinsamen Pläne und was sonst noch jeden beschäftigte. Auf Majas Bett, das sie tagsüber durch einen bunten Überwurf in ein Sofa umfunktionierte, konnte man sich nicht ausweichen, ob man wollte oder nicht. Doch bevor es zu mehr als nur zufälligen Berührungen kam, schickten sie die Männer fort. Solange sie keine alternative Wohnmöglichkeit hätten, wollten sie keinen Rauswurf riskieren. Das leuchtete ein, und murrend zogen sie ab. Udo, der Maja mit der neuen Frisur vergötterte, erhaschte sich dennoch einen Kuss von ihr. Und von Eva bekam er sowieso einen, als Dankeschön für die Reparatur. Milo und sie umarmten sich dagegen nur, eher freundschaftlich – immerhin.

Als sie sich schlafen legten, fing Eva mit dem, was ihr auf dem Herzen brannte, noch mal an. »Konzentrieren wir uns besser auf die Gegenwart und auf das, was wir noch mehr für die Umwelt tun können.« Die bedrohte Erde retten, sofern das überhaupt noch möglich war. Jeder redete von fünf vor zwölf für die Welt. Die Wälder starben, Tier- und Pflanzenarten wurden ausgerottet, der Müll nahm überhand. Die Luft, besonders in den Städten, war verschmutzt, das Wasser nicht nur verunreinigt, sondern auch weltweit knapp. Für die Erde sollten sie sich weiterhin mit aller Kraft einsetzen. »Was unsere Eltern verbrochen haben, können wir nicht mehr ändern. Und wir sind auch nicht dafür verantwortlich.«

»Das sehe ich anders. Wenn wir die Vergangenheit nicht aufarbeiten, tragen wir sie von Generation zu Generation weiter. Stell dir vor, was mit unseren Kindern ist.«

»Ich wusste gar nicht, dass du eigene Kinder möchtest.« Darüber sprachen sie zum ersten Mal. Bisher hatte Maja nicht erwähnt, dass sie selbst einmal Mutter werden wollte. Alles, was sie zu diesem Thema sagte, bestand aus den Erlebnissen mit ihren Schützlingen und deren Eltern im Kindergarten. »Udo und du, bahnt sich da etwas an?«

»Ganz sicher nicht.« Maja schüttelte den Kopf.

Evas Ellbogen gab nach, als sie sich auf ihrer Luftmatratze aufstützen wollte. »Aber ihr habt euch doch endlich geküsst.«

Maja verdrehte die Augen und gähnte. »Gute Nacht. Wenn ich jetzt nicht schlafe, wird das nichts mehr.« Sie knipste die Lampe aus, die mangels Platz am Fensterbrett klemmte. Also auch Maja hatte ihre Geheimnisse, zumindest in der Liebe, dachte Eva noch und kuschelte sich in die Decke.

»Nicht suchen, sondern finden«, betonte Maja. Nachdem Milo von der Idee zusammenzuziehen ebenso begeistert war, fingen sie an, eine große Wohnung oder noch besser ein geeignetes Haus zu suchen. Als ihre Vorlesungen und Seminare wieder begannen, durchforstete Eva das Schwarze Brett in der Uni. Aber außer einem Zimmertausch während eines Auslandssemesters oder Angeboten für gebrauchte Lehrbücher war dort kaum etwas zu finden.

»Da ist es. Unser Haus.« Eines Morgens beim Frühstück tippte Maja auf eine Immobilienanzeige im *Münchner Merkur*. Den holte sie sich jeden Morgen vor der Arbeit aus Frau Wendts Briefkasten, blätterte ihn vorsichtig durch und faltete ihn hinterher wieder so zusammen, dass die alte Dame nicht merkte, dass sie ihn gelesen hatte. »*Großes Haus, stadtnah und doch im Grünen, Obermenzing, Nahe Nymphenburg, sieben Zimmer, zwei Bäder mit Extratoiletten, Terrasse, zwei Balkone, Keller, Garage und Speicher. Fünfhundert Quadratmeter Garten. Ideal auch für zwei Familien, kann evtl. geteilt werden.*« Maja strahlte sie an. »Ein Traum, wie für uns gemacht.«

Eva zog die Zeitung zu sich und überprüfte die Anzeige. »Das klingt zu schön, um wahr zu sein. Ist wahrscheinlich unbezahlbar. Und selbst wenn, gibt es dafür bestimmt unzählige Anwärter. Und außerdem.« Sie las die letzte Zeile vor. »Keine Chance. Da steht's. Haustiere oder WGs unerwünscht. Sobald die hören, dass wir zu viert oder zu fünft einziehen wollen, nehmen die uns niemals.«

»Versuchen können wir's doch. Ich ruf sofort an.« Schon griff Maja zum Telefon. »Ja, grüß Gott, Monika Maria Pellkofer hier, ich melde mich wegen Ihres Inserats in unserer Hauszeitung.« Hauszeitung, das stimmte. Eine für alle. Maja verwendete ihre zwei vollen Vornamen und spitzte den Mund beim Sprechen. Eva lauschte gespannt. »Wann gäbe es denn einen Besichtigungstermin? Heute Nachmittag bereits? Sekunde, ich kläre das kurz mit meinem Kalender ab.

Ja, doch, das können wir einrichten. Ich bringe auch die andere interessierte Partei mit. Wir sind nämlich zwei Familien.« Eva schlürfte ihren Kaffee und prustete los, als sie das hörte. Der Kaffee spritzte über die Zeitung. Oje, die mussten sie doch zurückgeben. Sie holte einen Lappen und versuchte, das Papier trocken zu tupfen. »Lass.« Kaum hatte Maja aufgelegt, nahm sie diesen Teil der Zeitung einfach heraus. »Das fällt Frau Wendt schon nicht auf. Ich bring sie ihr und frage sie gleich, ob sie uns etwas zum Anziehen leiht. Sie war doch Protokollantin bei Gericht und hat bestimmt noch ein paar Kostüme im Schrank.«

Pünktlich um sechzehn Uhr erreichten sie die Benderstraße dreizehn in Obermenzing. Eva richtete noch mal ihre Frisur. Mit vielen Haarnadeln hatte sie sich ihre Locken hochgesteckt, um seriöser zu wirken, passend zu Jackett und Bleistiftrock, dessen Reißverschluss unter der Synthetikbluse nicht ganz geschlossen war. Frau Wendt war deutlich zierlicher als sie. Dafür war Maja, die in etwa ihre Größe hatte, der Faltenrock etwas zu lang, so dass sie ihn fast bis unter den Busen hochziehen musste. Den Bund verdeckten ihr dunkelblaues Jackett und die Schleife, die anstelle eines Kragens ihr Oberteil zierte. Zusammen mit den klobigen Handtaschen, die sie sich in die Ellbogen hängten, war das Old School pur. Nur Evas Schuhwerk, flache Sandalen, passte nicht zu ihrem Schickeria-Auftritt. Maja dagegen trug die hochhackigen Pumps ihrer Vermieterin. Sie waren ihr sogar noch eine Nummer zu groß, sie hatte mit Watte in der Spitze nachgeholfen.

»Hab ich dir zu viel versprochen?« Maja schob die Sonnenbrille wie einen Haarreif auf ihren roten Haarschopf.

»Du siehst das Haus doch auch zum ersten Mal, oder?«

»Ich wusste einfach, dass es genau das ist, was wir wollen. Mein Hexengespür.« Vor ihnen lag ein hohes, eher schmal wirkendes Wohnhaus mit zwei Balkonen, deren Säulen und Ecken mit Schnitzereien verziert waren.

»Mit diesem Knick im Dach vorne ähnelt es dem Münter-Haus in Murnau. Dort hat Gabriele Münter mit Kandinsky gelebt.« Eva fühlte sich sofort heimisch. »Dass es so was mitten in München noch gibt.«

Leider waren sie nicht die einzigen Interessenten. Leute drängten sich auf der Terrasse, wo sie der Makler, der im Auftrag der Besitzerin die Verhandlungen führte, begrüßte und sie nacheinander einließ. Vereinzelt standen noch alte Möbel und sogar ein Klavier in den Zimmern. Der Parkettboden knarzte, und die Stufen im Treppenhaus waren mit rotem Samt belegt. Es roch, wie es in alten Häusern oft roch, nach Geschichte. Es gab zwei Bäder und vier Toiletten, ideal, um morgens Gedränge zu vermeiden. Dazu noch ein Dachzimmer und einen geräumigen Keller. Die Schlafzimmer waren unterschiedlich groß, manche sogar stuckverziert. In der Küche stand noch ein alter Wamsler-Herd mit Eisenringen und einem Wasserschiff an der Seite, sogar Kupferpfannen hingen darüber. »Schau mal«, sagte Eva, »der wäre doch ideal für Milos und Udos Müslirösterei.« So traumhaft das Haus war, die Miete war auch durch vier geteilt hoch. Außerdem standen ihre Chancen schlecht, den Zuschlag zu erhalten. Hauptsächlich ältere Paare bewarben sich, die vermutlich besser der Vorstellung der Vermieterin entsprachen.

Doch Maja blieb zuversichtlich, selbst als eine Familie

mit vier Kindern eintraf, die sofort zu planen anfing, was sie wo hinstellen würde. Die halbwüchsigen Buben stritten sich um das Balkonzimmer, klimperten auf dem Klavier, bis der Makler sie ermahnte, dass sie diesen echten Bösendorfer doch bitte in Ruhe lassen sollten. Er wischte sich die Stirn, als die Kinder endlich nachgaben und in den Garten liefen.

Diese Gelegenheit nutzte Maja und trat auf ihn zu. »Verzeihung, Pellkofer mein Name, wir hatten telefoniert.« Sie ließ ihre zweireihige Süßwasserperlenkette aus dem Wendt'schen Arsenal los, um ihm die Hand zu reichen. »Dieses Objekt ist ja, wie soll ich sagen, ganz und gar entzückend.« Wieder gingen ihre Finger zurück zu den Perlen. Der Makler, ein übergewichtiger Herr, der nach Eau de Cologne duftete, aber stark schwitzte und ein Poloshirt von einer undefinierbaren graugrünen Farbe unter der Anzugjacke trug, wirkte unbeeindruckt. Also legte Maja zu Evas Staunen noch eine Schippe drauf. »Zu gern hätten wir unsere *Ehe*männer mitgebracht«, sie betonte Ehe, als wären sie tatsächlich verheiratet, »leider sind sie beruflich verhindert. Als Dirigent ist mein Udo gerade auf Tournee, und der Mann von Eva ist zurzeit in den Staaten unterwegs.«

»Den Staaten?« Der Makler riss die Augen auf.

Maja nickte. »In Washington, im Auftrag des Europaparlaments. Aber sie werden begeistert sein, wenn wir ihnen von diesem Objekt berichten. Mein Udo besonders von dem Bösendorfer, was für ein Schmuckstück. Wir haben ihnen versprochen, dass wir etwas Passendes finden, bis sie zurück sind. Und das ist es, gell, Eva?« Sie schaute kurz zu ihr. »Voilà, zumal sich Nachwuchs ankündigt.« Beiläufig strich sie sich über den Bauch. Etwas krachte im Garten, gefolgt von Geschrei. Einer der Buben der Familie war vom Kirschbaum gefallen und hatte gleich einen ganzen Ast mit sich gerissen.

Der Makler stöhnte. »Na gut. Füllen Sie das hier aus, bevor Sie gehen.« Er reichte ihnen ein Formular. Maja trug in ihrer beider Namen ihre Adresse und Telefonnummer ein und kritzelte in winziger Schrift noch etwas dahinter, geschmückt mit Pfeilen und Ausrufezeichen.

»Ich wusste gar nicht, dass du so lügen kannst«, sagte Eva, als sie draußen waren.

»Notlügen meinst du wohl – die sind erlaubt.«

»Na ja, Udo und Dirigent. Und Milo – ich nehme an, dass er mein Auserwählter sein sollte?«

»Sag du's mir?« Maja lächelte und hakte sich bei ihr ein. »Er will doch eines Tages in die Politik, oder nicht?«

Eva zuckte mit den Schultern, sie wusste es wirklich nicht. Sie mochte Milo, und ihr gefiel es, was sie mit Udo im Bett oder vielmehr auf der Matratze angestellt hatte. Wiederholt hatten sie es seither nicht. Aber war sie in einen von beiden verliebt oder in alle zwei? Wenn sie einen Menschen vermisste, kaum dass er aus der Tür war, dann Maja, sonst niemanden. »Und verheiratet sind wir auch nicht, das fliegt doch auf, und dann war's das ganz und gar mit dem Haus.«

»Siehst du, jetzt glaubst du doch ein bisschen dran, dass wir es kriegen. Wart's ab, wenn es so weit ist, können wir es geradebiegen.« Maja klang so, als hätten sie bereits den Mietvertrag unterschrieben. »Wir wollen ja auch nicht nur zu viert einziehen, selbst ein Viertel der Miete kann ich mir mit meinem Erziehergehalt nicht leisten. Und ich will auch noch etwas zurücklegen, wenigstens ein bisschen.« Seit ihrer Jugend sparte sie auf eine Reise nach Indien.

»Was hast du noch dazugeschrieben?«, fragte Eva, zurück bei ihren Rädern, die sie am Anfang der Straße abgestellt hatten. Sie tauschten die Kostüme wieder gegen ihre Hosen, damit sie bequemer radeln konnten und Frau Wendts kostbarer Faltenrock nicht in die Speichen geriet.

»Sagen wir mal so, ich hab der Besitzerin ein Angebot gemacht, das sie nicht ablehnen kann.«

»Und was für eins?«

»Dass ich Zwill…« Der Rest ging in Pfiffen und Rufen unter, die ertönten, als sie aus den Kleidern schlüpften. Ein Auto hielt. Eva, in Unterhose und Bluse, nahm an, dass jemand sie nach dem Weg fragen wollte und griff nach ihrer Jeans, die noch im Fahrradkorb lag. Der Fahrer kurbelte die Scheibe herunter und warf etwas heraus. Ein Zigarettenstummel landete knapp neben ihrem nackten Fuß in der Sandale. »Los, runter mit dem Schlüpfer, Schneckerl, zeig uns mehr.« Der Beifahrer johlte und feuerte sie an, als der Typ am Lenker weiter aufs Gas trat und das Getriebe des Wagens aufjaulen ließ.

Maja wollte etwas erwidern, doch Eva hielt sie zurück. »Die sind's nicht wert, du ermunterst sie nur.« Also ignorierten sie sie, was bei dem Lärm schwer war. Eva fing einfach zu singen an, das nächstbeste Lied, das ihr einfiel, und bald stimmte Maja mit ein. »Auf einem Baum ein Ku-hu-kuck, simsalabim, bamba saladu saladim, auf einem Baum ein Ku-hu-kuck saß.« Maja konnte sogar alle Strophen, die Eva halbwegs, aber möglichst laut, mitträllerte. Auf diese Weise blendeten sie alles um sich herum aus, zogen sich fertig um und sperrten in Ruhe ihre Räder auf. Noch bevor sie aufstiegen, waren die Kerle abgedampft.

Anna

Die folgenden Wochen erlebte sie wie im Nebel, als hätte die Zeit Wände, die sich bogen, wenn sie sich irgendwo festzuhalten versuchte. Die Stunden rauschten an ihr vorbei, ohne dass sie im Dämmerlicht des Zimmers, in das sie nach ihrem Zusammenbruch wieder verfrachtet worden war, einschätzen konnte, welche Tageszeit gerade war. Selbst die Mahlzeiten, die hauptsächlich aus Suppe oder pürierten Speisen bestanden, weil Anna kaum schlucken konnte, halfen ihr nicht dabei. Allerdings merkte sie, dass die Blumen in ihrer selbstgetöpferten Vase jeden Tag andere waren. Auf Kolbs Veranlassung hin brachte man ihr jeden Tag frische. Trotz der Ansteckungsgefahr widersetzte sich Dietmar dem Verbot seiner Mutter und besuchte sie. Er brachte ihr ein paar bunte Blätter der Tassilolinde und erzählte ihr, dass er oft im Inneren des Baums säße. Außerhalb der ehemaligen Klostermauern wäre er dort ganz für sich. »Es stimmt, Anna, es ist der allerbeste Platz zum Nachdenken und um Entschlüsse zu fassen.« Er hielt inne, streichelte Humboldt, der als Einziger nicht von ihrer Seite wich. Mal lag der Kater schwer auf ihren Beinen, mal dicht neben ihrem Kopf. Anna zuckte mit den Mundwinkeln und nickte leicht als Aufforderung, dass Dietmar einfach weiterreden sollte. Ihr fehlte noch die Kraft zu sprechen, sie hatte Angst, dass sie erneut Blut hustete. »Mama entkomme ich zwar auf diese Weise, aber ganz allein bin ich nicht. Du solltest sehen, wer alles in der Linde haust oder Radau macht, wenn ich mich mal nicht rühre. Den Specht und die lustigen Eichhörnchen, die sich gegenseitig den Stamm hinaufjagen, kennst du wahrscheinlich schon. Aber was es auch für besondere Insekten gibt. Schwebfliegen und Libellen. Und dann solche«, er holte eine Streichholzschachtel aus der Hosentasche und zog sie auf. Darin lag der Kadaver eines schillernd blaugrünen Käfers. »Der war schon tot«, ergänzte er und gab ihn ihr. »Und ganz oben in einem der Stämme hat, glaube ich, ein Steinkauz seine Höhle. Gestern war ich bis spätnachts draußen, um zu warten, bis er ausfliegt. Aber vielleicht war es auch eher eine Fledermaus.« Fledermäuse oder Eulen waren doch leicht an ihrer Flugsilhouette zu unterscheiden. Anna öffnete schon den Mund, schloss ihn wieder, als er ihr zunickte und sie begriff, dass ihr Stiefbruder sie hatte bloß zum Sprechen verleiten wollen. »Und dann tauchen auch ab und zu Dorfkinder auf, ist ja klar. So ein mächtiger Baum hätte sich bei mir früher genauso in ein Piratenschiff, einen Dschungel oder einen Wolkenkratzer verwandelt. Sie haben dir ein Bild gemalt, als ich ihnen gesagt habe, dass du krank bist.« Er fischte den Lederball unter der Kommode heraus, wohin ihn Humboldt geschossen hatte, und warf ihn von Hand zu Hand.

»Was ist ein Wolkenkratzer?« Nun flüsterte sie doch.

»Das höchste Gebäude der Welt. Es steht in New York, soll hundertsiebenundachtzig Meter hoch sein und siebenundvierzig Stockwerke haben. Ich könnte mir vorstellen, dass es in der obersten Etage ähnlich schwankt, wie in der Krone der Linde. Bestimmt läuft einem da die Suppe aus dem Teller, mal nach rechts, mal nach links, dann vor und zurück.« Er wippte mit dem Oberkörper und verdrehte die Augen, eindeutig, um sie aufzuheitern. Sie stellte die Schachtel mit dem Skarabäus auf das Nachtkästchen zu dem ausgestopften Beo, der sie aus seinen Glasaugen anstarrte, und trank etwas von der Medizin und gleich einen Schluck Tee hinterher, um den üblen Geschmack zu vertreiben. Lachner hatte ihr zusätzlich einen besonders starken Ehrenpreis verordnet, pfui Teufel, keinen milden Salbei mehr, der verstärkte die Bitterkeit. Anna schüttelte sich.

»Ich muss dir was sagen.« Auf einmal nahm Dietmar ihre Hand, die rechte, verstümmelte, und legte sie sich vorsichtig in die eigene. »Ich hab vorhin mit dem Doktor gesprochen, er meinte, so wie er es beurteilt, hast du keine Schwindsucht, also muss ich mir keine allzu großen Sorgen machen. Du sollst dich noch eine Weile schonen und vielleicht im Winter irgendwohin zur Luftkur fahren, wo es wärmer ist.« Was sollte das bedeuten? Sie würde nirgendwohin fahren. Wenn, dann erholte sie sich in Dreisonnenquell, wo es zu jeder Jahreszeit die reinste Luft gab. Noch dazu ärgerte es sie, dass Lachner mit ihm über ihre Krankheit gesprochen hatte, als ob sie immer noch nicht zurechnungsfähig wäre. »Versprich mir, dass du auf dich achtgibst«, ergänzte Dietmar. »Ich will mich nämlich verabschieden.«

»Geht's ... wieder ...«, sie schluckte, wagte ein paar Worte, »nach Berlin?«

»Nein, nach Kiel. Ich habe mich bei der kaiserlichen Marine gemeldet. Wenn ich die Anforderungen erfülle, darf ich bald in See stechen. Dreieinhalb Jahre dauert die Ausbildung bei der kaiserlichen Flotte. Anfangs bin ich zwei Jahre mit einem Schulschiff unterwegs.«

»Zwei Jahre? Aber ich dachte …«, sie schluckte und flüsterte weiter, »ich dachte, du hasst das Militär?«

»Bei der Marine wird es hoffentlich anders sein als in der Kadettenanstalt. Doch das heißt auch, dass wir uns voraussichtlich länger nicht mehr sehen werden. Aber Anna …«, sein Löwengesicht erhellte sich wieder, »wenn alles glattgeht, werde ich genau wie Christoph die Welt entdecken. Verzeihung, ich wollte nicht …« Er biss sich auf die Lippen.

»Was?«

»Dich aufwühlen.«

Anna schüttelte den Kopf. »Das macht nichts, ich denke sowieso ständig an ihn.« Fassen konnte sie es noch nicht, dass Papá für immer fort sein sollte. Die bloße Erwähnung seines Namens verschlimmerte es aber nicht.

»Also dann, leb wohl.« Er stand auf, gab ihr den Lederball zurück, streichelte Humboldt, der miaute, ohne die Augen zu öffnen. Dietmars Narbe leuchtete bläulich auf der Wange. Beide waren sie Gezeichnete.

»Na, komm her.« Sie breitete die Arme aus, zum ersten Mal umarmten sie sich als Bruder und Schwester. Wenn es stimmte, was der Doktor gesagt hatte, war sie nicht mehr ansteckend. »Danke«, flüsterte sie. »Dass du für mich da warst.«

»Und du für mich.« Er löste sich von ihr.

»Und danke für den Käfer. Warte.« Zwischen ihren wenigen verbliebenen Dingen suchte sie nach dem Bindfaden, fädelte den Anhänger ab. »Der Schlüssel meiner Schreibtischschublade, als Glücksbringer für dich.« Beim Einsturz der Zimmerdecke war ihr Schreibtisch komplett zerstört worden, genau wie alle anderen Möbel, hatte man ihr gesagt. Ein Wunder, dass Anna so glimpflich davongekommen war.

»Und hast du deine Sachen zurückgekriegt?« Dietmar nahm den Schlüssel an sich, betrachtete ihn ehrfürchtig, als hätte sie ihm eine sehr seltene Kostbarkeit geschenkt.

Sie verneinte. »Mein Tagebuch und auch mein gesamtes Malzeug liegen im Schutt begraben.« Ihr fiel noch etwas ein. »Weißt du …«, sie griff sich an den Hals, der vom vielen Sprechen wieder brannte, »… wie Papá genau gestorben ist?«

»Im schönsten Moment, würde ich sagen.«

»Du meinst, als deine Mutter und er gerade …?«

Dietmar nickte. »Sie ist übrigens jetzt auch deine Mutter«, erinnerte er sie. »Und ja, aufeinander, ineinander. Wie würde man in einem Roman sagen? In flagranti. Du hättest Kolb hören sollen, als er davon erfuhr.« Er stellte sich ans Bettende und baute sich auf, ahmte mit geschwellter Brust die sonore, tiefe Stimme des Gärtnermeisters nach: »In Südamerika sind wir sämtlichen Giftspinnen und Riesenschlangen ausgewichen, auch Krokodilen und fleischfressenden Pflanzen, aber dass ein Christoph von Quast auf diese Weise aus dem Leben scheidet, hätte unsereins niemals erwogen.« Anna musste lachen, obwohl ihr gleichzeitig zum Heulen zumute war. Das tat sie erst, als Dietmar fort war. Sie rollte sich auf der Seite ein, zog den Kater samt Bettdecke zu sich und weinte in sein rot-weißes Fell. Ihm schien es nichts auszumachen. Er schnurrte, leckte ihr das Gesicht, das bestimmt salzig schmeckte. Später erwachte sie im Finstern. Humboldt war fort oder hatte sich einen anderen Platz gesucht. Anna erhob sich, tastete nach dem Schalter an der Wand und drehte das Licht an. Vaters Vermächtnis. Dreisonnenquell hatte ein Wasserkraftwerk, das sogar nachts Strom erzeugte – was für eine Sensation. Sie schaute sich nach dem Kater um, vermutlich hatte Elvira ihn rausgelassen, als sie das Essen gebracht hatte. Im Bett war noch sein Abdruck zu sehen, eine Kuhle voller Katzenhaare. Anna setzte sich in den Sessel und dachte an Dietmar. War er bereits abgereist? Zwei Jahre würde er fort sein, eine Ewigkeit, wo sie doch gerade erst Freunde geworden waren. Sie aß die kalte Suppe, die auf dem Tischchen stand, und knabberte an Zenzis frischem Sauerteigbrot, das dick mit Butter bestrichen war. Das Schlucken fiel ihr schon deutlich leichter, und auch das Atmen war weniger beschwerlich. Dann widmete sie sich dem Papierstapel auf dem Fensterbrett, der neben ihrer Vase lag, die die Hafnerfamilie ihr hatte zukommen lassen. Anna hatte ihr letztes selbstgedrehtes Stück zuerst nicht erkannt, das lindgrün glasiert war, aber dann das Genesungskärtchen gefunden, das daran gebunden war. *Wir haben uns erlaubt, Ihre Vase eigenmächtig zu glasieren, und hoffen, es gefällt Ihnen*, hatte Frau Bartl geschrieben. Es gefiel ihr sehr. Anna faltete ein großes Blatt auf. Kinder der Gutsarbeiter hatten gemeinsam ein Bild gestaltet, vielleicht unter Dietmars Anleitung. Eine Art Draufsicht auf das Gut mit all seinen Tieren und Maschinen. Manche Gebäude waren auch liegend in der Vorderansicht gemalt. Kopffüßler arbeiteten neben exakt dargestellten Männchen, die sogar Hüte trugen. Eine minutiös gezeichnete Taube mit Blumenzweig im Schnabel flog inmitten eines Schwarms auf einen Strich vereinfachter Vögel. Das schaffte nur die Kunst, sie hob die Logik auf und zeigte mehr, als man sah. Am Bildrand stand: WERD BOID WIEDA GSUND, FREIN APFE-ANNA, DES WINSCHN DIR: KAJETAN, GEORG, MAR-

GARETE. Das waren die Buben von Zenzi, und Margarete war Kolbs jüngste Tochter, der Anna manchmal bei den Hausaufgaben half.

Die Briefe bestanden ebenfalls hauptsächlich aus Genesungswünschen der Verwandten, die ihr gleichzeitig ihr Beileid bekundeten. Zwei Fliegen mit einer Klappe, das sparte Porto. Großtante Vera hatte ihre zittrige Unterschrift unter die schwungvoll mit der Feder geschriebenen Worte ihres Sekretärs gesetzt. Zur Beerdigung war sie nicht erschienen. So kurz hintereinander hatte sie den weiten Weg von Eisleben bis zum Pfaffenwinkel nicht noch mal auf sich nehmen wollen. Aber auch Frau Rufus hatte ihr geschrieben. Ihre Zeilen rührten Anna am meisten.

Liebes Fräulein von Quast, der Verlust Ihres Vaters tut mir unendlich leid, ich hoffe, Sie kommen eines Tages drüber hinweg. Alles Gute auf Ihrem weiteren Lebensweg wünscht Ihnen von Herzen, Ihre Dorothea Rufus
PS: Jean Paul sagt: Die Erinnerung ist das einzige Paradies, aus dem wir nicht vertrieben werden können.

Das klang, als bezöge sich das Zitat auch auf sie selbst. Knapp zehn Jahre war sie ihre Gouvernante auf Dreisonnenquell gewesen und hatte sich vermutlich weder als Angestellte noch als richtiges Familienmitglied gefühlt. Ob sie inzwischen eine neue Stelle gefunden hatte? Anna drehte den Umschlag um und las die Landshuter Adresse, anscheinend wohnte sie noch immer bei ihrem Bruder. Was würde sie sagen, wenn sie erfuhr, dass Anna notgedrungen in ihr Zimmer eingezogen war? Fräulein Rufus hatte schon immer bescheiden gelebt und offenbar in der Eile ihres Aufbruchs nicht mal alle Bücher mitgenommen. Anna griff sich eines heraus. Ein Französischlehrgang, darin lag ein Vokabelheft. Anscheinend hatte sie während Annas Unterricht nicht nur stumm dabeigesessen und wie üblich gestrickt, gestickt oder gehäkelt, sondern mitgelernt. Das nächste Buch war ein Heilpflanzenführer, in dem als Lesezeichen ein Stück Stoff lag, durch das bunte Fäden gezogen waren. Annas erstes Fädelwerk, das zugleich das Weihnachtsgeschenk für ihre Gouvernante wurde. Manche Stellen im Buch hatte Fräulein Rufus mit Bleistift unterstrichen und mit einem Ausrufezeichen versehen. Bisher hatte Anna geglaubt, alles Wissen, das sie über Pflanzen, die Natur und ihre Zusammenhänge besaß, stammte von ihrem Vater oder von Kolb. Aber als sie das Unterstrichene las, erinnerte sie sich, dass es Fräulein Rufus war, die ihr einen Sud aus Thymian einflößte, als Anna ihre erste Periode bekam und daraufhin jeden Monat an starken Unterleibsschmerzen litt. Auf der Seite achtunddreißig stand sogar: *Auf Annas Lunge achtgeben!* Es war die Seite mit dem Schlangenkraut, auch Ehrenpreis oder Wundkraut genannt. *Veronica officinalis. Kriechender, ringsum behaarter Wurzelstock mit auftreibenden Zweigen und gegenständigen, verkehrt-eirunden am Rande kleingesägten, weichhaarigen Blättern.* Sie hatte es schon immer bewundert, welche Worte der Verfasser von solchen Büchern finden musste, um das, was ein Laie einfach nur als etwas Grünes in der Natur wahrnahm, zu beschreiben. *Blütentriebe in den Blattachseln*, wie bildhaft. Als sie weiterlas, verstand sie, warum sie den bitteren Ehrenpreis in den letzten Tagen nicht nur literweise trinken sollte, sondern auch auf Veranlassung des Doktors zweimal täglich damit gurgelte und sogar ihren verletzten Finger darin gebadet hatte.

Ehrenpreis half bei Asthma, Lungenkatarrh, Heiserkeit, Blutspeien und Geschwüren, aber auch als Wundbalsam. Vermischt mit der Wollblume und vier Gramm pulverisiertem Anis. Hatte Lachner sich insgeheim mit Fräulein Rufus abgesprochen? Noch dazu hatte Anna gar nicht gewusst, dass ihre Lunge schon als Kind geschwächt gewesen war. Bevor sie das Büchlein wieder zurückstellte, blätterte sie noch zur ersten Seite. *Für Anna, zur Erinnerung an Dein Fräulein Rufus*, stand dort.

Eva

Um zwölf läutete die Heilig-Geist-Kirche in G-Dur, der Alte Peter in E-Dur und die Frauenkirche in C-Dur. Nachdem der Mittagsdreiklang in der Innenstadt abgeebbt war, hängte Eva den Notdienstzettel fürs Wochenende in die Glasscheibe der Tür, räumte den Fahrradständer rein und ließ noch Frau Nagel hinein, bevor sie für die Kundschaft zusperrte. »So ein Aprilwetter heute, dabei haben wir doch schon Mai!« Meitls Zugehfrau, die kaum eins sechzig war, dafür sehr voluminös, nahm ihr durchsichtiges Plastikkopftuch ab, das ihre Dauerwelle schützen sollte, und puschte ihre steifen blonden Locken in Form. »Ich bin gespannt, wann der Frühling zurückkommt oder ob es das heuer war.« Eva mochte den Regen, vor allem hielt er sie davon ab rauszugehen. Sie hatte sich vorgenommen, das gesamte Wochenende zu lernen. Allerdings nicht bei Maja auf dem Sofa, obwohl das sehr gemütlich und verlockend wäre, sondern im Lesesaal der Staatsbibliothek, möglichst fern von jeder Ablenkung.

Bevor Eva den Kittel auszog, legte sie die Rezepte und das Bargeld aus der Kasse in den Tresor, ließ einen letzten Blick durch das Hinterzimmer, das Séparée, wie Meitl es nannte, schweifen, damit Frau Schwalbe, wenn sie am Montag aufsperrte, alles ordentlich vorfand. Da es noch immer regnete, zog sie ihren K-Way aus dem Beutel und verabschiedete sich von Frau Nagel, die am Regler eines Transistorradios drehte, damit die Stimme des Fußballkommentators klarer wurde.

»Wer spielt?«, fragte Eva, weniger aus Interesse, mehr aus Freundlichkeit.

»Na, wer wohl?« Mit einem Staublumpen bewaffnet, stieg die kleine Frau die Trittleiter hinauf, um die Regale zu wischen. »Hoffentlich verpassen wir diesmal den Aufstieg nicht.« Frau Nagel war 1860er-Fan.

Draußen hupte ein Auto, was nichts Ungewöhnliches am Rindermarkt war, wo die Fußgängerzone endete und ständig jemand einem ungeduldigen Fahrer vor den Kühler sprang. Ein silberner Mercedes mit weinrotem Verdeck. »Huhu, Kleineva!« Milo und Udo winkten ihr.

Sie lief zu ihnen. »Hey, was macht ihr denn hier?«

»Dich abholen, was sonst? Lust auf eine Spritztour?«

»Was für ein schicker Wagen. Wem gehört der?«

Udo, der am Steuer saß, zuckte mit den Schultern und schaute zu Milo.

»Soll das etwa heißen, dass …?«

»Pst.« Er legte den Finger an die Lippen. »Also steig ein, wir müssen noch Maja abholen.«

»Ihr spinnt doch, was, wenn ihr erwischt werdet?«

»Werden wir nicht.« Milo grinste und klopfte neben sich. Die beiden Rücksitze waren erhöht wie bei einer Kutsche. »Noch kannst du es dir aussuchen, neben mir oder neben Udo.«

Eva zögerte, an einer Straftat wollte sie sich nicht beteiligen. Sie schaute zum Lenkrad, unter dem Udos haarige

Beine in seiner abgeschnittenen Jeans steckten, hatte mit herausgerissenen Kabeln gerechnet, womit er die Zündung aktiviert hatte. Doch der Schlüssel steckte, und am Bund baumelte ein Stern. »Was ist? Hast du Skrupel?« Udo küsste sie. »Nur ein klitzekleiner Ausflug. Wir stellen ihn nachher brav zurück, versprochen. Der Besitzer wird es nicht mal merken, dass wir ihn ausgeliehen haben. Und außerdem ist das doch die allerbeste Ablenkung, bis wir die Zusage kriegen.« Anscheinend war er wie Maja davon überzeugt, dass sie den Zuschlag für das Haus erhielten.

Sie kletterte zu Milo auf die Rückbank, auch er empfing sie mit einem Kuss, was Eva als vielversprechenden Auftakt empfand. Nachdem sie Maja von ihrem Fair-Trade-Verkauf weggelotst hatten, reihte sich Udo auf die Garmischer Autobahn ein. Wohin genau sie die beiden entführen wollten, verrieten sie nicht.

»Das nächste Lied liefert euch den Hinweis. Ich hoffe, ihr habt eure Reisepässe dabei?« Udo schaltete das Autoradio ein und drehte die Lautstärke bis zum Anschlag. *Mississippi* von Pussycat schallte über den Mittleren Ring.

»Liegt Amerika nicht etwas weiter westlich?«, brüllte Maja, die mit der Fahrt in einem gestohlenen Wagen weniger Skrupel hatte als Eva. Anstelle einer Antwort klappte Udo per Knopfdruck das Verdeck auf, über ihnen öffnete sich der Himmel. Es hatte zu regnen aufgehört, und der Fahrtwind blies ihnen um die Nase. Eva fror etwas, aber Milo legte den Arm um sie, und sie kuschelte sich an ihn. Von ihr aus könnten sie auch bis zum Nordpol fahren.

Maja, neben Udo, schlang sich ihr buntes Tuch um den Kopf und verknotete es um den Hals. Im Handschuhfach fand sie eine sternförmige Sonnenbrille und setzte sie auf.

Nun sah sie wie ein Filmstar aus, was Milo sofort zu einem Foto veranlasste. Er hatte seine Kamera dabei. Maja schnappte sich Udos selbstgedrehte Zigarette und posierte für Milo à la Audrey Hepburn. Das pure Glück durchströmte Eva. Wie lange hatte sie sich nach einer Freundin oder einem guten Freund gesehnt, vielleicht auch nach einem Geliebten, und plötzlich hatte sie all das zusammen. Udo verkörperte für sie Abenteuer und Experiment, Milo Neugier, Geheimnis und Zärtlichkeit. Vielleicht würden sie später zu mehr als zu einem weiteren Kuss übergehen. Er schien nichts dagegen zu haben, dass sie mit Udo ab und zu schlief. Eva wusste nicht, was sie für die beiden Freunde war, aber das machte ja den Reiz aus. Keiner verpflichtete sich momentan zu irgendetwas. Udo hatte noch andere neben ihr, das störte sie nicht. Oft empfing sie ein Potpourri an Gerüchen, das an ihm klebte, wenn sie in seinen Armen versank. Majas herrlich würziger Sommerduft war bisher noch nicht darunter gewesen. Die beiden verhielten sich noch wie Feuer und Wasser zueinander. Obwohl Udo großes Interesse an ihrer Freundin signalisierte, war, soweit Eva wusste, bisher nichts zwischen den beiden passiert. Lauthals schmetterten sie die Songs aus dem Radio mit, und nach der letzten Tankstelle auf deutscher Seite, wo Udo ein paar Flaschen Sekt, Wasser und Knabberzeug gekauft und sich mit neuem Tabak eingedeckt hatte, fügten sich Maja und Eva in ihr Schicksal, wohin es sie auch immer führte.

Fünf Stunden später hatten sie die Alpen überquert und den Gardasee erreicht. Die Luft schmeckte nach Sommer. Wellen klatschten auf die Promenade. Sie fuhren eine kurze steile Straße hinauf, an bunt bemalten Villen vorbei, die wie auf losen Steinen gebaut wirkten. Verwunschene Grundstücke an steilen Hängen, in den Gipfeln der Berge ringsum hing noch Schnee. Gleichzeitig säumten Pinien die Uferstraße und auch Palmen. Die Häuser standen auf großen Steinen, wirkten wie lose gehalten. Wieder kurvte Udo enge Serpentinen hinauf, bis Maja schlecht wurde. Rasch hielt er an, und Maja übergab sich in einen Rhododendron. »Ich hab das Autofahren noch nie vertragen«, sagte sie. »Darum fahre ich lieber Rad.« Und Eva ärgerte sich, dass sie keinen Ingwer dabeihatte, der könnte gegen die Reiseübelkeit helfen. Dafür tropfte sie ihr von ihren Aromen etwas Pfefferminze auf den Handrücken, das half hoffentlich auch. Die Jungs waren ebenfalls ausgestiegen. »Kommt, wir laufen den Rest.« Udo schloss das Verdeck des Cabrios und holte die Vorräte aus dem Kofferraum. »Ich weiß ein Haus, wo wir übernachten können.« Ein paar Minuten später erreichten sie ein Gebäude mit hohen schmalen Fenstern, die Läden waren geschlossen. Udo stieg über den Gartenzaun und lief zur Tür.

»Hast du sie noch alle?«, rief ihm Eva hinterher. Erst klaute er ein Auto, und dann wollte er noch in ein Haus einbrechen? Sie und Milo hatten Maja untergehakt, der immer noch schlecht war.

Udo wühlte in den großen Tontöpfen neben dem Eingang, in denen kleine Palmen wuchsen. Auf einmal wedelte er mit einem Schlüssel. »Dachte ich es mir doch. Was ist, wo bleibt ihr?« Inzwischen dämmerte es. Der Abendhimmel leuchtete orangerot.

Maja hielt sich den Bauch und stapfte als Erste los.

»Ist doch auch schon egal, ob wir wegen eines Delikts oder zwei verhaftet werden. Ich muss mich jedenfalls eine halbe Stunde hinlegen, sonst bin ich zu nichts mehr zu gebrauchen. Mein Kreislauf fährt immer noch Achterbahn.« Sie tappten in den finsteren Hausflur.

»Schuhe aus.« Udo rieb sich die nackten Füße am Fußabstreifer ab. »Wir wollen doch möglichst keine Spuren hinterlassen.« Er knipste sein Feuerzeug an, öffnete ein Fach in der Wand, wo sich die Sicherungen befanden, schaltete den Strom ein und drehte an einem altmodischen Schalter. »Es werde Licht.« Weiße Kugellampen in grellgrünen Fassungen flammten auf, erhellten das pompöse Treppenhaus. Dann lief er nach nebenan, in die Küche, öffnete ein Fenster und drückte von innen einen der hohen, schweren Fensterläden auf. Über dem Abendrot funkelten bereits Sterne. Pinien rauschten im Wind.

»Was, wenn die Nachbarn das Licht sehen?«, warf Eva ein. Sie hatte ein mulmiges Gefühl bei der ganzen Sache. In Murnau, wo die Häuser dicht an dicht den Ortskern säumten, würde so etwas sofort auffallen. Hier waren die Grundstücke zwar am Hang verschachtelt, wirkten aber dennoch weitläufig und durch die vielen Bäume getrennt.

»Ach, in Malcesine haben eine Menge Deutsche ihren Zweitwohnsitz, und die kommen meistens nur zur Ferienzeit her.« Udo durchsuchte die Schränke nach Gläsern und einer Schüssel, leerte eine Tüte Brezen und Flips hinein und spurtete die Treppe hoch, um Maja einzuholen, die auf der Suche nach einem Bad nach oben gewankt war. Ein deutsches Autokennzeichen war ihr bei der Herfahrt nicht aufgefallen, bis auf eines. Langsam kam Eva ein Verdacht. Sollte sie nach ihrer Freundin sehen?

Milo hielt sie zurück, als sie auf die erste Stufe trat. »Lass die beiden, bei Udo ist Maja in guten Händen, glaub mir. Er hat zwei Jahre als Wehrdienstverweigerer im Krankenhaus gearbeitet.«

»Gibt es etwas, was er noch nicht gemacht hat?« Mit siebenundzwanzig hatte er scheinbar so gut wie alle Berufe durch.

Milo zuckte mit den Mundwinkeln. »Das musst du ihn selber fragen, aber ich schätze Astronaut und Mathematikprofessor.«

»Und du, was hast du noch vor?« Sie wandte sich um, beugte sich zu ihm und küsste ihn, traf seinen Mund nicht, sondern mehr die Mulde unter der Unterlippe. Seine Haut fühlte sich glatt und weich an und schmeckte nach Eukalyptus. »Sag mal, habt ihr euch abgesprochen? Du mit mir und Udo mit Maja?«

Von ihrem Kuss überrascht, spitzte Milo den Mund, als erwartete er mehr. »Mit Udo kann man so etwas nicht absprechen, er ist der impulsivste Mensch, den ich kenne. Aber das heißt nicht, dass er verantwortungslos ist«, ergänzte er schnell und umfasste sie, zog sie zu sich.

»Abgesehen vom Autoklauen und Einbrechen, oder gehört das auch in die Kategorie seiner Berufserkundung? Und mit so etwas, meinst du das?« Sie fuhr mit der Zunge über seine Lippen, bis er sie öffnete und sie wieder küsste. Bestimmt hatte er sich extra rasiert und die Zähne geputzt für diesen stundenlangen Kurztrip mit einem gestohlenen Cabrio – von wegen. Allein das Starnberger Kennzeichen mit TG hätte sie früher stutzig machen sollen. Hieß Udos Vater nicht Georg Tannstetter wie der berühmte Urahn? Langsam dämmerte es ihr. Dennoch beschloss sie mitzuspielen, schlüpfte in die Rolle der Ahnungslosen und genoss den Reiz des Verbotenen. Eine Weile knutschten sie unter der grellen Kugel auf der Treppe, bis sie sich einen bequemeren Ort suchten. Ohne sich loszulassen, tänzelten sie ins Wohnzimmer auf das Sofa, das sich auf drei Seiten durchs ganze Zimmer zog und eher einer in den Boden versenkten Wohnlandschaft glich. Alles war mit samtweichem Teppichboden belegt. Über sich hörten sie Geräusche, es klang wie Möbelrücken. Taten es Maja und Udo auch gerade? Oder war Maja immer noch schlecht? So richtig entspannen konnte sich Eva nicht, als sie nackt aufeinander und schon halb ineinander lagen.

»Was ist? Soll ich langsamer oder anders?« Milo merkte, dass sie verkrampfte.

»Nein, es ist nur ...«

»Keine Angst, wir sind nicht in einem fremden Haus, es gehört Udos Eltern und auch das Auto.« Er machte weiter.

»Ich weiß.«

Er stützte sich von ihr ab und betrachtete sie im Schein des Treppenhauslichts, das bis zu ihnen leuchtete. »Kleineva, Kleineva, du haust mich um.« Er ließ sich wieder auf sie fallen.

»Warte, in meiner Tasche.« Sie drehte sich unter ihm und kletterte über die Sofalehne. »Oder dachtest du, ich nehm die Pille?«

»Äh, ich hab gerade kaum was gedacht.« So viel zur Verantwortung – Verhütung blieb nach wie vor der Frau überlassen und wurde von den Männern erst gar nicht thematisiert. Zwischen ihren Sandalen und Milos Fotoausrüstung suchte sie in ihrer Tasche. Hoffentlich waren noch Präservative im Seitenfach. Waren sie. Es konnte losgehen. Sie liebten sich, bis die letzte Packung verbraucht war, taten es in allen möglichen Stellungen, kopfüber auf dem Sofa oder gleich auf dem Teppichboden. Zwischendurch holten auch sie sich, was sie in der Küche fanden, fütterten sich mit Zwieback oder bestrichen sich mit Nutella, Marmelade und Erdnussbutter und leckten sich gegenseitig ab. Sie sollten doch möglichst keine Spuren hinterlassen.

»Na so was, zwei Nackedeis.«

Von plötzlicher Helligkeit geblendet, schreckte Eva aus dem Schlaf hoch, schnappte sich ihr Shirt und setzte sich auf. Zum Glück war es bloß Udo. Er kurbelte die Jalousie der Panoramascheibe hoch. Der Gardasee begrüßte sie. »Lust auf einen Abstecher nach Verona? Falls ihr schon genug voneinander habt.« Milo streckte sich auf dem Teppich, die Beine noch immer auf dem Sofa. Sie schauten sich an und grinsten.

»Genug ist nie genug«, sagte Eva und warf sich noch mal auf ihn, nur für einen Gutenmorgenkuss oder auch zwei.

Anna

Als der Doktor das nächste Mal nach ihr sah, erklärte er ihr noch mal ausführlich, was er Dietmar gesagt hatte. *Tuberkulose*, wie die Schwindsucht in Fachkreisen genannt wurde, war äußerst ansteckend und unheilbar, die Kranken mussten von den Gesunden isoliert werden. »Die Ursache für Ihre Lungenentzündung sehe ich darin, dass Sie beim Einsturz der Zimmerdecke sehr viel Staub eingeatmet haben, was die Bronchitis, unter der Sie bereits litten, verstärkt hat.«

»Und das Blut, das ich gespuckt habe?«

»Vom vielen Husten sind Ihre Schleimhäute stark in Mitleidenschaft gezogen worden, da kann es schon zu Blutungen kommen. Die haben aber doch aufgehört, oder?«

Sie nickte, auch der Husten hatte bis auf ein leichtes Kitzeln im Hals nachgelassen. Aber um den Verdacht einer Tuberkulose auszuschließen, wollte Lachner sie testen.

»Sie wollen mir etwas entnehmen?« Anna dachte dabei an ein Stück krankes Lungengewebe, dass er unter dem Mikroskop untersuchen wollte, und schluckte.

»Nein, ich werde Ihnen vielmehr etwas geben, ein paar Tropfen des Erregers, um herauszufinden, ob Sie infiziert sind.«

»Aber dann bin ich es hinterher doch auf jeden Fall?« Die Vorstellung beunruhigte sie.

»Dazu ist die Menge zu klein«, versicherte der Doktor. »Es handelt sich um gereinigte Eiweiße, die aus Bakterien gewonnen wurden. Der Wiener Kinderarzt Pirquet hat den Test vor drei Jahren entwickelt. Er setzte mit seinen Erkenntnissen nicht nur auf die des sehr geschätzten Kollegen Robert Koch auf, der den Tuberkuloseerreger entdeckt hat, sondern auch auf die des Franzosen Pasteur. Sagt Ihnen der Name etwas?«

Anna überlegte. »Ich kenne nur den Begriff pasteurisieren, um Lebensmittel haltbar zu machen.«

»Genau, da steckt sein Name drin. Louis Pasteur hat das Verfahren entwickelt. Mir gefällt es übrigens, einen Menschen zu ehren, indem man ihn in einem Tun verewigt«, sagte er und entblößte wieder seine ulkigen Schneidezähne. Nach ihm war bereits eine Handlung benannt. »Darüber hinaus entdeckte er als einer der Ersten die Mikroben in Eiter und Wundbrand, das sind winzige, mit bloßem Auge nicht erkennbare Tierchen.« Dass es jenseits der sichtbaren Welt eigene, unendlich kleinere gab, genauso wie die Menschheit auf ihrem Planeten möglicherweise eine Welt in unendlich viel Größerem war, beschäftigte Anna bereits länger. In einer Handvoll Erde schien es genauso zu sein, es steckten bestimmt noch viel mehr Tierchen darin, als der Mensch mit bloßem Auge erkennen konnte. »Pasteur verdanken wir die antiseptische Wundbehandlung, die seither Tausende Leben gerettet hat«, fuhr der Doktor fort. »Mit Ihrem Vater habe ich mich zuletzt auch über dessen Forschungen zur Seidenraupe und wie man einen möglichen Pilzbefall verhindert unterhalten. Vielleicht hat er Ihnen davon erzählt?«

»Ich glaube nicht.« Anna wusste zwar, dass Lachner und Papá sich oft über die neuesten wissenschaftlichen Erkenntnisse in Medizin und Wissenschaft ausgetauscht hatten, aber seit Ruth und Dietmar in ihr gemeinsames Leben getreten waren, hatte er sie leider nur noch selten an seinen Erkenntnissen teilhaben lassen.

»Na, jedenfalls hat mein Wiener Kollege Pirquet, der heute in Breslau lehrt, eine Möglichkeit entdeckt, die Schwindsucht nachzuweisen. Dafür wurde ihm bereits mehrmals der Nobelpreis zugesprochen, doch bisher hat er ihn noch nicht erhalten.« Wie üblich bei seinen Untersuchungen hatte er, während er sprach, wie nebenbei seine Gerätschaften ausgepackt und auf dem Nachttisch ausgebreitet. Als erfahrener Landarzt versuchte er, durch ein Gespräch seinen Patienten abzulenken, aber der Anblick der chirurgischen Instrumente verstärkte die Furcht eher. »Dann lassen Sie uns anfangen. Bereit?« Anna nickte, sie wollte es möglichst schnell hinter sich bringen und schielte auf das Messer mit der dreieckigen Spitze, das neben einer Schere mit krummer Schneide und einer Spritze lag. »Besser, wir verwenden Ihren linken Arm dafür, der rechte hat genug gelitten.« Er bat sie, ihr Nachthemd hochzukrempeln, anschließend fettete er ihren Unterarm mit Lanolin ein, dem Wollfett der Schafe. »Jetzt ziept es ein wenig, nicht erschrecken.« Zwischen Handgelenk und Ellbogen ritzte er ihre Haut dreimal kreuzförmig ein, und als Anna glaubte, es schon überstanden zu haben, setzte er die scharfe Klinge in die Mitte der Schnitte und drehte sie rasch um die eigene Achse. Lachner bohrte kleine Löcher, aus denen sofort Blut quoll, was er abtupfte. Doch auch dies war noch nicht alles. Mit einer Pipette träufelte er eine trübe Flüssigkeit in die obere und die untere Wunde.

In den mittleren Einschnitt gab er etwas Klares aus einem anderen Fläschchen. Anna biss die Zähne zusammen und zählte, bei A angefangen, sämtliche Kräuter und Heilpflanzen auf, die ihr einfielen. Anis, Arnica, Baldrian, Basilikum, Bockshornklee, Borretsch ... Dabei betrachtete sie den Riss im Plafond, der die Form einer Landkarte mit lauter eingezeichneten Flüssen hatte. Trotz aller Ablenkung brannte es wie Feuer. »So, das war's schon. Sehr tapfer, und Sie haben sich kein bisschen erschreckt.« Er lächelte sie mit seinem unwiderstehlichen Grinsen an. »Meinen jüngeren Patienten, die diese Tortur überstehen müssen, gebe ich etwas Kandis zur Belohnung. Wollen Sie auch welchen?«

Sie nickte, lutschte die süßen Kristallstücke, die er ihr in den Mund schob. »Sagen Sie, haben Sie sich mit Frau Rufus, meiner Gouvernante, beraten, was meine Heilung betrifft?«

»In letzter Zeit nicht, sie arbeitet doch nicht mehr hier, oder? Aber in Ihrer Kindheit, Fräulein Baronesse, selbstverständlich. Sie war eine große Stütze, schließlich kannte sie Sie genau.« Nun nagte das schlechte Gewissen an Anna, dass sie sich nicht für Frau Rufus eingesetzt oder sie zumindest würdig verabschiedet hatte. Sie hatte einige Fehler begangen in letzter Zeit, und die wenigsten waren wiedergutzumachen.

»Nun bitte ich Sie, den Arm möglichst ruhig zu halten, mit nichts zu bedecken und auch nicht zu waschen.« Lachner stellte das kleine Bügelbrett, das sie längst aufs Fensterbrett verbannt hatte, unter ihren frisch präparierten Arm. »Legen Sie ihn hier ab, damit Sie dran denken, das kennen Sie ja schon.« Mit Blick auf ihre immer noch verfärbte Hand sagte er: »Tut mir leid, dass Sie noch mal eingeschränkt sind, aber es geht nicht anders.«

»Und wie zeigt sich die Tuberkulose?«, fragte Anna, die Schnitte röteten sich bereits, und Rinnsale aus Blut rannen auf das Bügelbrett. Hoffentlich war diese Schlacht bald geschlagen und der Test überstanden. Was gäbe sie jetzt für eiskaltes Wasser aus den drei Quellen, um ihren Arm zu kühlen.

»Es würden sich Knoten bilden, vergleichbar mit den Windpocken, die Sie als Kind hatten, können Sie sich noch daran erinnern?« Lachner bettete noch ein Tuch unter den Arm, um das Blut aufzufangen.

Sie nickte, es war schrecklich gewesen, vor allem, weil sie sich nicht kratzen durfte, sonst wären ihr Narben geblieben, die sie ein Leben lang entstellt hätten, wie die Gouvernante ihr eingeschärft hatte. »Und wie lange dauert es bis zum Ergebnis?« Sie wurde jetzt schon unruhig und wusste nicht, wie lange sie so aufrecht im Bett sitzen konnte.

»Übermorgen um diese Zeit erlöse ich Sie.«

»Zwei Tage? Das ist nicht Ihr Ernst.«

»Ich fürchte doch.« Lachner räumte die Utensilien in seine Tasche und ging. Anna dachte schon, das war's, nicht mal verabschiedet hatte er sich. Doch nach einer Weile kehrte er zurück. »Ich habe Ihre Stiefmutter gefragt, ob ich mir das für Sie ausleihen darf, und Ihnen ein paar meiner Schelllackplatten mitgebracht, die Sie hoffentlich noch nicht kennen.« Er rollte den Servierwagen mit Vaters Grammophon herein, das einen silbernen Trichter besaß, und schob es dicht an ihre rechte Seite, damit sie es selbst bedienen konnte. Dazu stellte er eine Kiste mit Papierhüllen auf den Besucherstuhl. »Ich tausche am besten noch die Nadel aus, warten Sie. Mein Fachgebiet.« Mit einem schelmischen

Blick wechselte er die sehr spitze Nadel im Tonarm. Das musste man ständig tun, da sie leicht Staub fing und so die Rillen in den kostbaren Schelllackplatten vertiefte, was schließlich das Klangerlebnis beeinträchtigte. »Ankurbeln sollten Sie inzwischen selbst können, dank der Lederballübungen ist das Gewebe Ihrer verletzten Hand wieder gestärkt. Nun, ich hoffe, mein Musikgeschmack ist für Sie nicht allzu antiquiert. Mögen Sie Caruso?«

»Den Opernsänger?« Anna wusste, dass Ruth für den italienischen Tenor schwärmte, allein aus diesem Grund hatte sie ihn bisher abgelehnt.

Er las den Titel der Platte vor, bevor er sie auflegte. »*Una furtiva lagrima.* Was auf Deutsch … so viel heißt wie …«

»Eine heimliche oder verstohlene Träne«, ergänzte sie, sie konnte etwas Italienisch. Vater hatte Wert darauf gelegt, dass sie nicht nur in Latein unterrichtet wurde, sondern auch die Sprache lernte, die man heute in Italien sprach.

Der Doktor schaute seine Sammlung durch. »Einige sind Geschenke von Patienten. Die hier zum Beispiel, der fidele Bauer, oder auch die von der preisgekrönten Jodlerin. Ach ja, und ich habe Ihnen auch das Allerneuste mitgebracht, was es laut meiner Frau auf dem Markt gibt. Eine sprechende Schallplatte oder schallende Sprechplatte, die genaue Bezeichnung ist mir entfallen. Leider hatte ich bisher selbst noch keine Gelegenheit, sie anzuhören, Sie können mir ja sagen, ob's sich lohnt.«

In den folgenden zwei Tagen vertrieb sich Anna die Zeit hauptsächlich mit Zuhören und lauschte der erhabenen, überdeutlichen Stimme eines Schauspielers, der Goethes *Faust* mit rollendem R vortrug: »*Ach, wenn in unsrer engen*

Zelle die Lampe freundlich wieder brennt. Dann wird's in unserm Busen helle, im Herzen, das sich selber kennt. Vernunft fängt wieder an zu sprechen und Hoffnung wieder an zu blühn. Man sehnt sich nach des Lebens Bächen. Ach, nach des Lebens Quelle hin.« Ja, sie sehnte sich auch danach, fühlte sich wie eine Gefangene im eigenen Heim. Seit zwei Monaten lag sie nun schon fast rund um die Uhr im Bett, um gesund zu werden. Der Sommer war ohne sie auf Dreisonnenquell zu Ende gegangen, die Ernte im Herbst und die farbenfrohe Verwandlung der Natur waren an ihr, außer durch Kolbs Blumengeschenke und Zenzis köstliche Speisen, mit denen sie beide versuchten, Anna aufzupäppeln, vorübergezogen. Vater lag seit Wochen unter der Erde, und der Gedanke daran, dass sie ihm vielleicht bald nachfolgte, um ganz mit ihrer Familie vereint zu sein, löste Beklemmung in ihr aus, so dass sie erneut nach Atem rang. Ihr Leben begann doch erst, noch hatte sie außerhalb ihrer Familie niemanden geliebt und nicht herausgefunden, ob es einen Menschen gab, der auch sie lieben würde. Ohne Bedingungen und mit neuneinhalb, nein, neundreiviertel Fingern. Schließlich wagte sie sich doch an Caruso und lenkte sich von diesem quälenden Stillhalten und In-sich-selbst-Versinken mit seiner Musik ab, frischte dabei ihre Italienischkenntnisse auf. Anfangs verstand sie von dem schmetternden Gesang aus Donizettis Oper *Der Liebestrank* kein Wort, aber beim dritten oder vierten Mal Hören reimte sie sich zwischen dem Rauschen und Kratzen der Nadel im Hartwachs einzelne Sätze zusammen. Der Tenor verlangte offenbar, noch einen einzigen Augenblick lang das Klopfen des Herzens seiner Geliebten zu spüren, um es mit seinem Seufzer zu vermischen. *Di più non chiedo, non chiedo –*

mehr verlange ich nicht, verlange ich nicht. Anna kam das reichlich übertrieben vor, würde sich Verliebtsein wirklich so anfühlen, dass man sich nach jedem Atemzug des anderen sehnte? Oper war Schauspiel und entsprach nicht der Wirklichkeit, dennoch gingen die Leute in Scharen hinein. Es musste an der Musik liegen, die gefiel auch ihr, je länger sie sich darin vertiefte. Sie war beschwingt und besonders und setzte sich in den Ohren fest, so dass Anna sie auch noch nachts hörte, wenn das Grammophon längst stillstand und sie zu schlafen versuchte. Der Arm blieb weiter gerötet, und manchmal, wenn das Licht ungünstig durch die Fenster fiel, dachte sie, dass sich Pusteln gebildet hatten. Was, wenn sie doch an Schwindsucht litt und bis ans Ende ihrer Zeit an dieses Bett gefesselt war? Dann würde sie nie erfahren, ob Caruso recht hatte. Besser, sie sinnierte nicht weiter. Leicht gedacht in der Nacht, wenn alles noch bedrohlicher wirkte, was tagsüber bequem in einem Mauseloch verschwand. War ihr Schicksal besiegelt? Oder bekam sie noch die Gelegenheit, es selbst in die Hand zu nehmen? Zuletzt jodelte sie sogar mit Mirzl Hofer um die Wette, und auch Elvira, die ihr das Essen brachte und die Grammophonnadeln regelmäßig wechselte, stimmte mit ein. Dabei stellte Anna fest, dass ihre Kehle nicht mehr belegt war, die Halsschmerzen waren weg, was sie als gutes Zeichen für ihre Gesamtkonstitution deutete.

Als Lachner zwei Tage später wieder erschien, inspizierte er ihren Unterarm sehr genau, drehte und wendete ihn wie ein Brathuhn am Spieß und zog die kaum verschorften Stellen etwas auseinander, so dass einige wieder zu bluten anfingen.

»Und?« Anna hatte sich zusammenreißen wollen, doch nun hielt sie es nicht mehr aus.

Der Doktor tränkte den Zipfel eines Lappens mit Lysol und betupfte ihren Arm. »Jeder Mensch hat eine Achillesferse, Fräulein Anna. Bei manchen ist es die Haut, bei anderen die Augen oder Ohren. Ihre Lunge wird immer Ihr Schwachpunkt sein, aber wenn Sie bald anfangen, sich wieder viel draußen zu bewegen, um Herz und Lunge zu stärken, bin ich zuversichtlich, dass Sie Ihre alte Kraft zurückgewinnen.«

»Dann heißt das, dass ich …?«

»Ich sehe keinerlei Reaktion auf das Tuberkulin, das ich Ihnen appliziert habe. Das werde ich Ihnen auch noch schriftlich bestätigen, damit kein Verdacht mehr an Ihnen klebt.« Trotz allem Kummer war das ein Grund zur Freude. Sie durfte und sie sollte weiterleben! Anna bedankte sich für die Schelllackunterhaltung und gab die Schallplatten zurück.

Kaum hatte sich der Doktor verabschiedet, kam Ruth herein und sagte, es gäbe etwas Wichtiges zu besprechen. Anna schlug vor, zusammen spazieren zu gehen. Das hatte sie sowieso gerade vorgehabt, nachdem Lachner sie dazu ermuntert hatte. Allerdings nicht ohne Begleitung, falls ihr schwindelig würde. Ende Oktober gäbe es durchaus noch warme Stunden um die Mittagszeit, in denen sie es wagen konnte. Hoffentlich könnten sie und ihre Stiefmutter sich dabei endlich aussprechen, jetzt, da sie auf Dauer miteinander auskommen mussten.

»Bleib ruhig liegen«, sagte Ruth in ihrem schieferfarbenen Stehkragenkleid, das Anna an die Tracht einer Ordensschwester erinnerte. Zumal sie neuerdings eine breite Kette wie einen Büßergürtel um die Taille geschlungen hatte.

Vaters Schlüsselbund klimperte daran, der jeden ihrer Schritte begleitete und ihr Erscheinen schon von weitem ankündigte. »Bitte sehr, nur herein, hier liegt die Bedauernswerte.« Ruth drehte sich zur Tür und winkte einen Mann ins Zimmer, dessen Bart sich um die glatt rasierten Wangen kräuselte. Hastig zog Anna die Beine an und die Bettdecke bis zum Hals. Eigentlich schickte es sich nicht, im Nachthemd, noch dazu im Bett, einen Fremden zu empfangen. Was hatte sich Ruth dabei gedacht? Sonst achtete sie doch so penibel auf die Etikette.

»Grüß Gott, Fräulein von Quast.« Der Mann streckte den Arm aus, um Anna die Hand zu reichen, zog sie aber schnell zurück, als Ruth ihn warnte. »Davon rate ich ab, Herr Höllriegl. Mit einem Lungenkatarrh ist nicht zu spaßen.«

»Soso. Na, dann fasse ich mich besser so kurz wie möglich. Ich arbeite als Notar in Landsberg und bin heute als Testamentsvollstrecker Ihres Vaters und Ihres verstorbenen Gatten hier.« Er nickte ihnen beiden, einer nach der anderen, zu.

»Es gibt ein Testament?«, fragte Anna.

Höllriegl nickte. »Ihr Herr Vater hat es mir im August gebracht, um es beglaubigen zu lassen.« Der Notar griff sich einen zweiten Stuhl und stellte ihn in die offene Tür, als wollte er sich einen Fluchtweg schaffen, falls Annas Krankheitserreger auf ihn überzuspringen drohten. Dann warf er seine Rockschöße über die Sitzfläche des ersten Stuhls, der neben dem Bett stand, holte eine Mappe aus seiner Tasche und schlug sie auf. »Sein letzter Wille.« Er räusperte sich, wohl um den feierlichen Anlass heraufzubeschwören, und begann mit getragener Stimme vorzulesen. »Ich, Christoph von Quast, geboren am siebten Dezember 1856, vermache im Falle meines Todes sämtliche Güter, Pflanzenlizenzrechte und Sachwerte sowie alle Vollmacht und Zuständigkeit über die Pachtverträge und Ländereien rund um das Gut Dreisonnenquell in Wessobrunn meiner geliebten Gattin Ruth von Quast, geborene Weiser. Ihr vertraue ich im besten Wissen und Gewissen die Verwaltung und Weiterführung meines Lebenswerks an. Sollte ihr, Gott bewahre, eines Tages etwas zustoßen, übertragen sich diese Rechte auf ihren Sohn, meinen Stiefsohn, Dietmar, den ich an Kindes statt angenommen habe, und meine Tochter Anna zu gleichen Teilen. Außerdem vermache ich jedem meiner Kinder ein Sparbuch zu seiner freien Verfügung.« Wieder griff er in die Ledertasche und zog ein kleines Büchlein heraus. »Das ist Ihres, Fräulein Baronesse, wenn Sie mir den Erhalt quittieren, händige ich es Ihnen aus.« Das war's? Ein Sparbuch mit ein paar Mark und sonst nichts? Dafür gehörte von heute an Ruth ganz Dreisonnenquell allein, ohne dass sie, die Tochter, ein Mitspracherecht hatte? Sie schaute zu ihrer Stiefmutter, die angesichts ihres riesigen Erbes keineswegs überrascht wirkte. In ihrem Gesicht spiegelte sich Zufriedenheit, ja vielmehr Triumph, so als ob sie es längst gewusst hätte. Musste man ein Testament nicht vor allen Beteiligten gleichzeitig eröffnen? Dietmar ließen sie genauso außen vor.

»Ist das alles?«, fragte Anna, auch wenn ihr bewusst war, dass sie sich damit eine Blöße gab. Vermutlich würde sie in Kürze ähnlich wie Fräulein Rufus davongejagt werden, doch sie wollte nichts unversucht lassen oder es zumindest verstehen.

»Noch nicht ganz.« Höllriegl hob die handschriftliche

Seite hoch und wendete sie theatralisch, wie um zu beweisen, dass ihr Vater das Testament auch wirklich selbst verfasst hatte. Dann las er weiter. »Darüber hinaus vermache ich meiner Tochter Anna Gesine von Quast, geboren am vierundzwanzigsten August 1889, aus unserem Familienbesitz die Tonkaalm in der Jachenau, unterhalb des Rabenkopfes in den bayerischen Voralpen. Möge sie dort so glücklich sein, wie ihre Mutter und ich es viele Jahre waren. Gezeichnet Christoph von Quast, am elften August 1910.« Ruth gab ein Geräusch von sich, das wie ein Kichern klang. Rasch verwandelte sie es in ein Hüsteln, als der Notar sie anblickte. Anna wusste nicht, was sie davon halten sollte. Neben ein bisschen Geld erbte sie ein vermutlich längst verfallenes Haus auf einem Berg mit Wiesen, für die man Steigeisen brauchte. Was war mit ihrem Vater geschehen, dass er ihr das antat? Hatte sie sich wirklich so unmöglich benommen, dass er diesen Entschluss schon so lange vor seinem Tod gefasst hatte? Höllriegl zog aus seinen Unterlagen ein weiteres Blatt, schraubte seinen Füllfederhalter auf und erhob sich. »So, dann bitte ich Sie noch um die Unterzeichnung, und das war's dann auch.« Samt Mappe legte er ihr ein mit einer Maschine getipptes Papier vor, worauf sie den Erhalt des Sparkassenbuchs bestätigen sollte. Anna blieb gefasst, obwohl alles in ihr pulsierte. Gegenüber Ruth wollte sie sich nichts von ihrer Wut anmerken lassen, die in ihr aufwallte. Diese Genugtuung gönnte sie ihr nicht. Sie lockerte die Finger und dehnte ihre rechte Hand, die aber dank der Übungen, die sie täglich absolvierte, kaum noch schmerzte, und unterschrieb. Als der Notar und Ruth fort waren, dauerte es eine Weile, bis Anna begriff, ja bis es überhaupt in sie einsickerte, was gerade geschehen war. Sie starrte auf das Sparbuch, das vor ihr auf der Bettdecke lag. Dann blätterte sie es auf. Bis auf eine Zeile war das Büchlein leer. Laut dem ersten Datum existierte es seit ihrer Geburt, und Vater hatte glatte fünfhundert Mark zu diesem freudigen Ereignis einbezahlt. Das war alles, was sie besaß, um ihre Zukunft zu gestalten. Selbst wenn sie bescheiden lebte, konnte sie sich davon nur das Notwendigste kaufen. Verflixt und zugenäht! Wie hatte Papá ihr das bloß antun können? Anna sprang aus dem Bett, sah sich nach etwas Brauchbarem um, an dem sie ihre Wut auslassen konnte, wollte schon dem Grammophon den silbernen Trichter abreißen, schnappte sich stattdessen aber den kleinen Lederball und schmetterte ihn mit voller Wucht gegen die Tür. Er prallte ab, traf auf dem Boden auf und sprang ans Fenster und drohte, die Vase herunterzureißen. Anna hechtete hin, wollte sie auffangen und verhedderte sich dabei in ihrem Schlafrock, der über dem Bettende hing. Sie stolperte und fiel. Diese verfluchte Ruth mit ihrem süßlichen Getue, wie eine Spinne hatte sie ihren Vater in die Falle gelockt und ihn sogar gleich während der Paarung vernichtet, damit er ihr nur ja nicht entkam. Anna zerrte an den Vorhängen, mit ihnen hatte alles angefangen. Sie versuchte, den Stoff aus den Schienen zu reißen, doch sie hielten. Schließlich hängte sie sich mit ihrem gesamten Gewicht daran und gab noch das ihrer Seele dazu. Die Narbe ihres Fingers pochte, ihre Lunge brannte, ihr ganzer Körper tobte, Anna loderte vor Zorn. Es schepperte und klirrte. Die lindgrüne Vase fiel und zerbrach in tausend Stücke. Bebend kniete sich Anna zwischen die Scherben und fischte die Blumen heraus. Eine gelbe Dahlie, ein violetter Eisenhut und weißes Leinkraut, die Farben ihrer verstümmelten Hand.

Eva

Beseelt von ihrem Ausflug nach Italien, fing sie am Montag pünktlich in der Uni an. Sie ertappte sich dabei, wie sie immer wieder mal vor sich hin lächelte, anstatt Professor Hacker die volle Aufmerksamkeit zu schenken, der über die Ernährungsgrundlagen dozierte.

»Anders als die Pflanzen, können weder der Mensch noch das Tier die lebenswichtigen Stoffe, unmittelbar aus den Elementen der Natur, der Erde, dem Wasser oder dem Sonnenlicht, ziehen.«

Sie dachte an all das, was sie am Gardasee erlebt hatte, sah wieder Milos Gesicht vor sich, seinen schokoladeverschmierten Mund, und erinnerte sich, wie er geschmeckt hatte. Dabei fiel es ihr schwer, sich zu konzentrieren.

»Auch wenn es Leute gibt, die versuchen, allein von Luft und Liebe zu leben, wie anscheinend unser Fräulein Klein. Hab ich recht?« Im Hörsaal aus zweihundert Studenten herausgefischt zu werden, war schon ein Kunststück. Aber seit der Cremeherstellung vor den Semesterferien hatte er sie im Visier. »Schönes Wochenende gehabt?« Die anderen lachten.

»Äh, ja, danke.«

»Was gab's zu essen? Wo wir doch gerade dabei sind, falls Sie es mitgekriegt haben?«

Kurz vor dem Staatsexamen wollte sie ihren Schein nicht riskieren, sie spickte auf ihre Notizen, die hauptsächlich aus Herzen bestanden. Jasmin konnte ihr nicht beistehen, sie tauchte nur noch selten auf. Seit sie mit Lutz zusammen war, lebte sie in einem Tipidorf am Stadtrand. Eva und Maja hatten sie neulich besucht und gefragt, ob sie Interesse an ihrer WG hätten. Sie hatten abgelehnt. »Ich glaube nicht, dass mein Essverhalten relevant ist«, konterte Eva jetzt im Hörsaal. »Aber Fragen zur Stunde beantworte ich gerne.«

»Oha, da hat jemand wohl etwas in den falschen Hals gekriegt. Dann erklären Sie mir und den anderen bitte, was Nährstoffe sind.«

Sie atmete auf, das wusste sie. »Das sind Substanzen, die in unveränderter oder umgewandelter Form zu körpereigenen Stoffen werden, dem Stoffwechsel. Sie sind für den Lebenserhalt und den Ablauf der Körperfunktionen notwendig.«

»Haben Sie ein Beispiel?«

»Fette, Kohlenhydrate und Vitamine.«

»Und was noch?« Zum Glück wandte er sich jetzt an alle und schrieb die Aufzählung an die Wandtafel.

Im Laufe der Woche schwand die Hoffnung, dass sie je wieder etwas von diesem Makler hören würden. »Was hast du eigentlich noch auf das Formular bei der Besichtigung geschrieben?«, fragte sie Maja, als sie erneut anfingen, die Immobilienseiten der Zeitungen zu durchforsten.

»Dass wir beide in anderen Umständen wären, ich sogar mit Zwillingen, zwei Paare und vier Freunde fürs Leben, die in diesem Haus mit ihren zahlreichen Kindern vereint wären.« Sie zuckte mit den Schultern. »Schade, war wohl die falsche Strategie.«

»Dafür eine wunderbare Feststellung.« Eva strahlte sie an. »Bis auf die Kinder natürlich, die sind erfunden.«

»Natürlich. Aber was nicht ist, kann ja noch werden.« Maja musterte sie.

»Als halbe Apothekerin weiß ich, wie man verhütet, und sitze an der Quelle. Oder bist du etwa …?«

»Ich wüsste nicht, von wem.« Maja vertiefte sich wieder in die Wendt'sche Leihzeitung.

Am Donnerstag, nach einem langen Tag im Labor und den Ausfahrten für die Apotheke, freute Eva sich aufs Bett. Maja war bei einem Elternabend, bei ihr würde es spät werden. Eva hatte einiges an Schlaf nachzuholen und nahm sich vor, nicht noch fürs Studium zu lesen, sondern zur Abwechslung mal wieder einen Roman. Sie stöberte in Majas Bücherregal, überlegte, ob sie *Die wunderbaren Jahre* von Rainer Kunze oder lieber Erica Jongs *Angst vorm Fliegen* anfangen sollte. Also entweder über die Auseinandersetzung mit Macht und Unterdrückung in der DDR lesen oder sich in die sexuellen Eskapaden einer jungen Amerikanerin vertiefen. Von beiden Büchern hatte ihr Maja begeistert erzählt. Das Telefon klingelte. Eva hob ab, wusste nicht gleich, wer dran war. »'n Abend, Frau Pellkofer, Schneider hier.«

»Hier ist Klein, Eva. Frau Pellkofer ist nicht zu Hause. Kann ich ihr etwas ausrichten?«

»Gern, Frau Klein, das betrifft Sie genauso. Ich wollte Ihnen mitteilen, dass sich Frau Kirner für Sie entschieden hat.«

Kirner, das war doch die Vermieterin aus Obermenzing,

jetzt fiel es ihr wieder ein. »Sie meinen, wir haben die Zusage für das Haus?« Eva konnte es nicht fassen und rutschte mit dem Rücken an dem schmalen Sockel zwischen Eingangstür und Küchenzeile hinunter auf den Boden.

»Ja. Es gibt allerdings ein paar Bedingungen. Hätten Sie kurz Zeit, dass ich Sie Ihnen nenne, dann können Sie sich untereinander besprechen und mir möglichst bald sagen, ob Sie einverstanden sind.«

»Moment, ich hole mir was zu schreiben.« Eva nahm sich einen Stift aus einer Schublade und notierte alles auf dem Briefumschlag mit der Telefonrechnung. Als sie es später Maja vorlas, verpuffte die große Freude, kaum dass sie aufgekommen war.

»Eine Kaution von drei Monatsmieten, wie sollen wir die denn aufbringen?« Maja ließ sich aufs Sofabett fallen. »Und eine Bürgschaft, weil du unter fünfundzwanzig bist und ich zu wenig verdiene.« Dass sie mit der Familienplanung und den Ehemännern gelogen hatten, war zum Glück nicht mehr erwähnt worden.

»Schade. Du hattest recht, Eva, manche Träume bleiben einfach Träume.«

»Wir müssen noch mit Milo und Udo reden, vielleicht haben die ja Erspartes. Oder wir finden jemanden, der mit einzieht.«

»Jeder, den wir jetzt noch fragen, kneift, wenn er oder sie hört, dass wir so viel vorschießen müssen.« Maja wirkte auf einmal aller Kraft beraubt. Eva nahm sie in den Arm. »Wir lassen uns doch jetzt nicht kleinkriegen, jetzt, wo wir so nahe dran sind. Und klein schon gar nicht. Ich bin doch eigentlich eine von Quast.«

Udo und Milo flippten aus, als sie ihnen am nächsten Abend im Biergarten beim Chinesischen Turm von der Zusage erzählten, aber wie befürchtet löste sich auch bei ihnen schnell die Freude in Luft auf, als sie von der Kaution und der Bürgschaft erfuhren.

»Wird zwar schwierig, aber zur Not könnte ich meinen Alten fragen«, schlug Udo vor, »der springt vermutlich im Geodreieck, wenn ich ihn schon wieder um Geld bitte. Das Sparbuch meiner Oma hab ich leider in meine Maschine investiert, die Benelli musste generalüberholt werden.« Eva nickte, die Motorradfahrt mit ihm hatte sie sehr genossen.

Milo schüttelte mit dem Kopf. »Bei fünf Kindern heißt es für meine Eltern gerecht sein. Und so oft, wie ich bis jetzt umgezogen bin und sie mir schon was zugesteckt haben, bezweifle ich, dass sie noch mal eine größere Summe lockermachen.« Seine Familie lebte in Freising. Die Eltern arbeiteten dort in einer großen Molkerei.

»Was ist mit Ecki?«, fragte Eva.

»Beim Wohnen will er schon dabei sein«, erklärte Milo. »Sofern ihr nichts gegen seine wechselnden Damenbesuche habt. Aber er hat auch nichts auf der hohen Kante. Eher melkst du einen Floh, als dass der mal einen Zehner rausrückt.«

»Mir geht's wie euch«, sagte Maja. »Ich kann schlecht meine Nazieltern in die Hölle verbannen und dann doch wieder um Gnade winseln, nur damit sie mich bei so einem kommunistischen Vorhaben wie unserer WG unterstützen.«

»Unserer – du sagst es.« Eva ergriff das Wort, sie hatte einen Entschluss gefasst. »Ich frag meinen Vater, also meinen Adoptivvater, ob er für mich bürgt.« Zurück bei Maja griff sie sofort zum Hörer, um es möglichst schnell hinter sich zu bringen. Mehr als nein sagen konnte Ludwig nicht.

»Elisabeth Klein.« Oma hob ab.

»Hallo, Betzi, wie geht's dir?« Eva hatte sofort einen Kloß im Hals, als sie ihre Stimme hörte. Sie vermisste sie.

»Danke, es muss.« Sie klang unterkühlt.

»Und im Salon? Wie läuft das Geschäft? Werden immer noch Dauerwellen verlangt?« Eine Pause entstand, in der Eva die Küchenuhr durchs Telefon ticken hörte.

»Was willst du?« Mit den Kunden konnte Betzi stundenlang über das Wetter oder die Königsfamilien, egal aus welchem Land, reden, aber mit ihr anscheinend nicht. Sie war wohl nach wie vor sauer, dass sie ausgezogen war. Doch Eva wollte sich die Freude über die Zusage nicht durch ihre schlechte Laune verderben lassen. Was gab es dazu auch noch zu sagen, nach dem, was vorgefallen war? Seit sie Milo, Maja und Udo kennengelernt hatte, war für sie das mit der verschwiegenen Adoption in weite Ferne gerückt. Sie dachte kaum noch darüber nach und war gar nicht daran interessiert zu erfahren, wer ihre richtige Mutter war. Das bestickte Tagebuch oder was das war, das bei den Sachen in dem kleinen Rattankoffer lag und ihr vielleicht mehr Aufschluss geben könnte, hatte sie nicht mehr aufgeschlagen. Dennoch hatte sie nach wie vor Angst vor dem, was sie vielleicht darin erfuhr. Sie wollte sich jetzt, da sie glücklich war, nicht wieder verunsichern lassen und ständig über ihre wahre Herkunft nachgrübeln müssen.

»Ist Ludwig da?« Es raschelte, dann hörte sie Schritte. Wortlos hatte Oma den Hörer weggelegt, um ihn ans Telefon zu holen. Ihr Herz schlug bis zum Hals, als er dranging.

»Eva? Ist was passiert?«

Sie ging nicht darauf ein, sondern setzte sofort zu ihrer Frage an. »Ich habe eine Wohnung gefunden, vielmehr ein Haus in Obermenzing, und möchte mit ein paar Freunden zusammen dort einziehen. Wir würden uns die Miete teilen, nur so können wir es uns leisten.« Sie sprach viel zu hastig, damit er sie nicht unterbrach. »Könntest du für mich bürgen und mir eventuell auch Geld für die Kaution leihen? Ich zahle es auch so schnell wie möglich zurück. Versprochen.«

»Ein Mann kommt nach Hause und hört auf einmal das Telefon klingeln. Er freut sich unbändig und rennt die Treppe nach oben. Warum?«

»Vielleicht, weil seine Tochter dran ist?« Das war ihr so rausgerutscht.

»Das freut mich, Eva, dass du wieder meine Tochter bist, aber der Mann im Rätsel hatte einen anderen Grund. Vielleicht fällt's dir irgendwann ein, dann sag Bescheid.«

»Und wenn nicht?«

»Dann bin ich trotzdem froh, dass du mich um den Gefallen bittest. Sag mir einfach, wie viel du brauchst, und ich überweise es dir.«

Anna

Wegen des Lärms, den sie veranstaltet hatte und der lauter gewesen sein musste als jede Dienstbotenglocke, riss jemand die Tür auf. »Was ist passiert?« Von sämtlichen Leuten, die auf Dreisonnenquell lebten, war es ausgerechnet wieder sie. Ruth schien aufzuatmen, als sie Anna fand, die immer noch zwischen den Scherben kniete. »Ich dachte schon, hier wäre noch mal die Decke eingestürzt. Hast du dich geschnitten?« Sie wollte ihr aufhelfen, doch Anna ließ die Blumen fallen und wand sich aus ihrem Griff.

»Lass mich und verschwinde.« Sie kochte, besonders, als ihr bewusst wurde, dass sie Ruth als der neuen Herrin keine Befehle mehr erteilen durfte, nicht mal das Recht, sie aus diesem Zimmer zu vertreiben, hatte sie mehr. Zumindest konnte sie ihr den Rücken zukehren. Sie beugte sich vor und kauerte sich zusammen. Ein bisschen wie als Kind beim Guck-guck-Spiel, was man nicht mehr sah, war auch nicht vorhanden. Den Kopf in den Händen vergraben, wartete sie, lauschte, ob ihre Stiefmutter gegangen war oder noch hinter ihr stand, spürte auf einmal eine Hand, die sanft über ihren Rücken strich.

»Ich weiß, es muss hart für dich sein.«

»Ja, genau, natürlich weißt du auch das. Wie sollte es anders sein, wo du doch alles eingefädelt hast.« Anna verwarf all ihre Vorsätze – von wegen Versöhnung und Aussprache. Nun war alles dahin. Sie rutschte hinter einen Stuhl, als ob der sie schützte. Ruths Berührung auf ihrem Rücken glühte nach. »Und, Frau Baronin, bist du zufrieden mit deinem Reich?« Sie spuckte die Worte aus, kam sich wie ein Hund vor, der nur noch bellen, aber nicht mehr beißen konnte.

Ruth erhob sich wieder, verschränkte die Arme in ihrer schwarzen Tracht und musterte sie mit diesem unergründlichen Gesichtsausdruck, den Anna trotz aller Bemühung noch immer nicht zu deuten vermochte. »Ich sag dir nur eines. Wut bringt dich nicht weiter, sie schadet dir nur.« Und damit ging sie und ließ Anna im Scherbenhaufen zurück.

Ein Mantel, ein Nachthemd, ein bisschen Wäsche, wollene Strümpfe und etwas Stopfgarn samt dem Gummiband und den Leibtüchern, die sie zu Binden faltete, wie es ihr Frau Rufus kurz nach ihrem zwölften Geburtstag, als sie zum ersten Mal ihre Periode bekam, gezeigt hatte. Außer dem langen dunkelblauen Rock und der hellblauen Bluse, die sie tragen wollte, legte sie noch das Sonntagsdirndl mit einer zweiten Schürze und Mutters rotes Kleid dazu.

Bevor sie ihre wenige Habe verschnürte, damit sie ihr im Koffer nicht durcheinandergeriet, schaute sie sich ein letztes Mal im verwüsteten Zimmer ihrer Gouvernante um, das nun so lange ihres gewesen war. Anna legte das Heilkräuterbuch zu dem gefalteten Bild der Kinder und den kleinen Lederschuhen, die für ihren verstorbenen Bruder gedacht gewesen waren. Die wollte sie nicht bei Ruth lassen. Von den Angestellten im Garten und den meisten Dienstboten hatte sie sich in den letzten Tagen auf einem Rundgang verabschiedet, dabei versucht, sich alles bis in den letzten Winkel einzuprägen. Falls sie jemals zurückkehrte, würde sich vieles verändert haben, selbst wenn ihre Stiefmutter, als lustige Witwe, die Geschäfte genauso weiterführte. Wobei sich Anna nicht vorstellen konnte, wie das überhaupt gehen sollte. Von Botanik und Pflanzenzucht hatte Ruth keine Ahnung. Sie würde völlig auf die Unterstützung und Beratung anderer angewiesen sein, und in deren Haut wollte Anna lieber nicht stecken. Ihr sollte es gleich sein. Vater musste gewusst haben, was er tat, als er sein Testament schrieb und Anna aus seinem Vermächtnis ausschloss. Es hatte eine Zeitlang gedauert, bis sie sich wieder in den Griff bekommen hatte, zumal sie sich weigerte, Vaters Rat zu befolgen und sich zu erden. Sie hatte genug von all dem, was sie tun und lassen sollte, sie würde ihre eigenen Erfahrungen machen, und wenn dazu ein Tobsuchtsanfall gehörte, dann war es halt so. Immerhin hatte ihre Wut gezeigt, dass sie wieder gesund war. Und wenn sie den Stand der Dinge betrachtete, war sogar ihr Herzenswunsch in Erfüllung gegangen. Sie wollte doch eigenständig sein und über ihr Leben selbst bestimmen, und das konnte sie jetzt, auch wenn sie vor einem halben Jahr die Umstände so nicht bedacht hatte. Wie hätte sie die auch erahnen sollen? Sie beschloss, nach vorne zu blicken und nicht zurück. Zeit, ihre Kindheit und damit das Behütete und das Rundum-versorgt-Werden hinter sich zu lassen. Zeit für Aufbruch und Veränderung. Sie versuchte, sich zu sammeln, und besann sich auf das, was ihr geschenkt worden war – Gesundheit und Talent. Nach und nach suchte sie Vaters Refugien auf, die er überall auf Dreisonnenquell hinterlassen hatte. Die meisten seiner

Schlupfwinkel wirkten so, als könnte er jeden Moment hereinkommen, um etwas abzulegen oder zu holen, an etwas Neuem zu tüfteln oder um die Ergebnisse seiner Forschungen zu überprüfen. Anna blätterte in den kostbaren Herbarien und betrachtete die kleinen Treibhäuser, die Papá auf seinen Reisen benutzt hatte und die wie kleine Paläste aussahen. Darin waren die Pflanzen, die er entdeckt hatte, vor Staub und Wetter geschützt, und auch das Wasser verdunstete langsamer. Was wurde jetzt aus der bayerischen Seidenherstellung? Wie die seiner Vorgänger drohte auch dieser Versuch zu scheitern. Dabei hatte es so vielversprechend begonnen. Früher hatte man alles, was in der Natur vor sich ging, noch als gottgegeben gesehen, aber Vater hatte durch seine unermüdliche Forschung zur Bodenbearbeitung, Düngung und Bewässerung eingegriffen und versucht, bestmögliche Bedingungen für die empfindlichen Maulbeerbäume zu schaffen, und Anna hatte sie alle durch ihre Nachlässigkeit in Gefahr gebracht. Sie bedankte sich noch mal bei Kolb. Er versprach, die Maulbeeren weiter zu hegen und zu pflegen, bis Anna zurückkäme. Bis sie zurückkäme – das sagten die meisten Arbeiter auf dem Gut, als sie Lebewohl sagte. Anna wusste keine Antwort darauf.

Sie hob einen der Töpfe mit Setzlingen aus dem Regal, zerkrümelte die weiche Erde und schob ihre rechte Hand samt Ringfinger oder dem, was davon noch übrig war, hinein. Unten angekommen, ballte sie eine Faust. Wenn Papás Metier die Pflanzen gewesen waren, so war das ihre die Erde und was man daraus formen konnte. Ihre Hand war gut verheilt, auch wenn der Finger sich noch etwas taub anfühlte. Ab jetzt war sie ganz und gar auf sich gestellt. Es gab niemanden mehr, der ihr half und ihr den Weg zeigte, aber auch niemanden mehr, der sie bevormundete.

Blieb noch Zenzi. Die Köchin bestand darauf, dass sie kurz vor ihrer Abreise in der Küche vorbeikäme, um etwas Proviant mitzunehmen. Auf dem Weg durch den Fürstentrakt traf Anna auf Ruth, die mit Götz an einem Schreibpult stand und über die Weinvorräte sprach. Ihr hatte sie den Entschluss fortzugehen bereits vor ein paar Tagen mitgeteilt, um ihr zuvorzukommen. Nicht dass ihre Stiefmutter sie vor die Tür setzte, um sie loszuwerden. Oder schlimmer noch, ihr am Ende einen Bräutigam aus Hintertupfing oder von sonst wo aufdrückte, der sie trotz ihrer Versehrtheit und schwächlichen Konstitution, zu der Ruth ihre körperliche Verfassung aufbauschte, zur Frau zu nehmen bereit wäre.

»Ist es so weit, du brichst auf?«, fragte Ruth. Anna nickte. »Schön, dann alles Gute.« Als sie ihr die Hand geben wollte, hielt Anna ihre mit dem fehlenden Fingerglied hoch, so als wäre das noch nicht möglich. Dabei hatte sie sonst jedem zum Abschied die Hand gedrückt.

»Augenblick, ich habe noch etwas für dich.« Ruth hob den Deckel des Pults, holte ein dickes Buch heraus und gab es ihr. »Das wollte ich dir eigentlich zu deiner Geburtstagsfeier schenken.« Anna nahm ihr den Ziegelstein aus Papier ab, der bestimmt zwei Pfund wog. Wie nicht anders zu erwarten, war es ein Ratgeber: *Die Körperpflege der Frau und ihre Hygiene in gesunden und kranken Tagen.*

Sie bedankte sich und versuchte, den Titel nicht als Anspielung zu verstehen. »Dir auch alles Gute, und grüß Dietmar, falls du etwas von ihm hörst. Würdest du ihm meine neue Adresse geben, sobald ich sie dir schicke?«

»Die von dieser Alm? Steigt ein Postbote überhaupt in solche Höhen, oder braucht man Brieftauben dafür?« Ruths Mundwinkel zuckten. Anna schwieg, klemmte sich das schwere Buch unter den Arm und hob den Koffer auf. »Ich wusste nicht, dass es eine Alm im Besitz der Quast-Familie gibt«, rief ihr Ruth hinterher. »Stofferl und auch sonst niemand auf dem Gut hat sie jemals erwähnt.«

Glück im Unglück, dachte Anna. Sonst hättest du sie dir bestimmt genauso unter den Nagel gerissen wie alles andere. Rasch machte sie noch einen Abstecher nach draußen, um sich ein letztes Mal von Komet zu verabschieden. Neben dem Stall warf sie Ruths Geschenk in den Misthaufen, der herrlich dampfte und das Buch mit einem Schmatzen verschlang.

Noch bevor Anna und Zenzi sich in die Arme fielen, weinten sie schon. Die Köchin zog sie in ihre Arme, drückte sie mit ihren teigverschmierten Händen so fest an sich, als wollte sie sie nie wieder loslassen. Anna tauchte in den Küchenduft und Zenzis Wärme ein, genoss den Moment der Geborgenheit und sog ihn tief in sich ein. Die Köchin roch nach all den guten Dingen, die ihre Kindheit gewürzt hatten.

Doch die Pflicht rief, als Götz auftauchte, um den Speiseplan für die nächsten Tage durchzugehen. Zenzi löste sich von Anna, wischte sich mit der Schürze die Augen und bat ihn um einen Moment. »Sie kehren doch ganz bald zurück, oder, Fräulein Baronesse?« Zenzi streute Mehl aufs Backbrett und walkte noch rasch den Teig aus.

»Du kannst mich ruhig für immer duzen, Zenzi, bitte sehr. Dass ich mal eine Baronesse war, wird mir in der Welt draußen nichts nutzen.«

»Die Wogen glätten sich bestimmt wieder zwischen deiner Stiefmutter und dir, und dann weiß sie, was sie an dir hat und dass sie dich braucht. Ach, Annerl, wie sollen wir es ... Wie soll ich es nur ohne dich aushalten?« Dass Zenzi sie jetzt bei ihrem Spitznamen nannte, brachte sie erst recht zum Heulen. Sie folgte ihr in die Speisekammer, wo sie ein Stück Salami, ein kleines Brot, Hartkäse und getrocknete Früchte in ein Geschirrtuch legte samt einem Tiegel von der Salbe, die sie vor wenigen Wochen aus den letzten Dreisonnenqueller Ringelblumen hergestellt hatte.

»Leb wohl.« Zenzi verknotete das Tuch zu einem Bündel und gab es ihr. Beim Hinausgehen schnappte sich Anna noch einen Apfel, den eines der Küchenmädchen gerade schälen wollte, und biss hinein. Zeit, das Paradies zu verlassen.

Auch wenn es neblig, kalt und die Sicht bis auf wenige Meter beschränkt war, würde sie zu Fuß zur nächsten Posthaltestelle wandern, hatte sie beschlossen. Ein letztes Mal durch den Eibenwald mit seinen korkenzieherartigen Bäumen, deren Stämme oft hohl waren. Zuvor wollte sie noch von ihrem Lieblingsbaum Abschied nehmen. Sie setzte die blaugrüne Mütze auf, die sie im Stil eines Franzosenkäppis mit Hilfe von Frau Rufus im letzten Winter gestrickt hatte, zog die Fäustlinge an und wickelte einen Schal um den Mantelkragen. Dann schlenderte sie um die Klostermauer. Die Pfützen waren gefroren, und das Gras knirschte unter ihren Schnürstiefeln. Kahl, aber dennoch stolz erhob sich die tausendjährige Linde mit ihren vielfachen Verzweigungen vor ihr. »Leb auch du wohl«, sagte sie zu dem Baum und strich ihm über die Rinde. »Vielleicht werden wir uns wiedersehen, und wenn ich dann schon steinalt bin, bist du noch genauso hier und trotzt allen Gewalten.« Sie ging um die Linde herum, bis zum Einstieg, in dem sich das Laub häufte. Hoffentlich hatte sich kein Igel eingenistet, dachte sie und tastete sich behutsam vor, als sie eintrat. Sie dachte an Dietmar und an das, was er ihr erzählt hatte. Fand er sich zurecht bei der kaiserlichen Flotte? Wie sollte er ihr jetzt schreiben, wo sie selbst nicht einmal genau wusste, wohin ihre Reise ging? Sie lehnte sich von innen an einen Stamm und schaute in die Äste. Hoch über ihrem Kopf war ein Loch, das musste das vom Steinkauz sein. Sie kletterte nach oben. Vor dem Loch war etwas eingeritzt. Ein Dreieck, dessen Spitze ein Kreis umschloss. Links und rechts davon zwei Buchstaben: ein A und ein D. Die Bruthöhle schien verstopft zu sein. Sie schob eine Hand hinein und ertastete etwas Glattes – ein Buch. Es hatte sich verkeilt und war schwer herauszuziehen, ohne den Halt auf dem Ast zu verlieren. Doch als sie es schließlich in den Händen hielt, konnte sie es kaum glauben. Ziemlich verschmiert und teilweise eingerissen, aber es existierte noch, ihr Tagebuch. Darin lag ein Zettel: *Mehr konnte ich leider nicht im Bauschutt finden, aber ich hoffe, du freust dich trotzdem. Ich hab's auch nicht gelesen oder Mutter gezeigt, versprochen. Bis bald, liebe Anna! Dein Dietmar.* Das Dein hatte er zuerst durchgestrichen und schließlich noch mal obendrüber geschrieben. Anna kletterte vom Baum. Was für ein Glück, dass sie ihr Buch zurückhatte. Jetzt würde alles leichter sein. Darin waren nicht nur ihre Gedanken und Erlebnisse festgehalten, sondern auch ein paar Entwürfe, die sie für das, was sie vorhatte, brauchte. Humboldt strich ihr um die Beine. Vorhin hatte sie ihn absichtlich ins Haus gesperrt, damit er ihr nicht folgte, doch irgendwer musste ihn herausgelassen haben, oder ein Fenster hatte offen gestanden. Kunststück bei den hundert oder mehr Fenstern, die es auf dem Gut gab. Sie streichelte ihn ein letztes Mal. »Los, lauf zurück, und mach's mir nicht so schwer.« Sie verstaute ihr Tagebuch in der ledernen Umhängetasche, hob den Koffer an und ging mit schnellen Schritten los, dachte möglichst nur an das, was vor ihr lag, und zwang sich, sich nicht umzudrehen. Und dann tat sie es doch. Humboldt war ihr im Abstand von ein paar Metern gefolgt, tauchte aus dem Nebel auf und blieb ebenfalls stehen, tat so, als wäre er zufällig hier.

»Was machst du bloß?«, rief sie ihm zu. »Es ist gefährlich dort, wohin ich gehe, kein Fuhrwerk hält an, nur weil du, Humboldt, der stolzeste und schönste Kater vom ganzen Pfaffenwinkel, auf der Straße flanierst.« Sie ging weiter, schaute über die Schulter zurück. Erst schien er weg zu sein, dann tauchte er wieder auf. Sie bückte sich, er sprang auf sie zu, drückte seinen Kopf an ihre Beine. »Ich kann dich nicht mitnehmen, tut mir leid. Ich weiß doch selbst nicht, was aus mir wird und wo ich unterkommen soll. Bitte.« Sie kraulte ihn zum allerletzten Mal, und er schnurrte, wich keinen Zentimeter von ihrer Seite. Ihr blieb nichts anderes übrig, als ihn zu verjagen. Sie stampfte auf, scheuchte ihn mit einem lauten »Schschsch« davon. Irritiert schaute er sie an, duckte sich dann, als wollte sie ihn schlagen. Endlich nahm er Reißaus und sprang mit buschigem Schwanz davon.

Eva

Juli 1976

Musste man sich entscheiden, wen man liebte, oder durfte man mehr als einen Menschen begehren? Liebe war Liebe, und sie liebte Udo und Milo, aber sie hatte auch Maja gern – sehr sogar. Mit den beiden Männern teilte sie das Bett, mit Maja den ganzen Rest. Sie war ihre engste Vertraute.

Das Beste an ihrer Wohngemeinschaft war, dass immer jemand in der Nähe war, wenn man Gesellschaft brauchte, und wenn man lieber allein sein wollte, schloss man die Zimmertür. Tür angelehnt hieß: Hereinspaziert. Tür zu: Lasst mich in Ruh! Im Laufe des Sommers trudelte jeder Bewohner mit seiner Habe ein. Die Küche und die Gemeinschaftszimmer gestalteten sie zusammen. Sie strichen die Wände in grellen Farben und tapezierten den Gang und das Treppenhaus mit psychedelischen Mustern. Besonders viel Aufwand betrieben sie beim Wohnzimmer, zu dem sie das größte Zimmer neben der Küche auserkoren hatten. Nach dem Vorbild vom Gardasee richteten sie eine Wohnlandschaft ein mit mehreren grünen Sofas entlang der orange gestrichenen Wände und vielen bunten Kissen, die Maja nächtelang aus Wollresten vom Kindergarten häkelte. Davor stellten sie kleine Tische auf. Zwei Stehlampen mit fransigen Schirmen, die Udo organisiert hatte, verbreiteten ein warm gelbes Licht. Nicht zu vergessen die zusammengewürfelte Musikanlage mit mehreren Boxen, zu der jeder ein Teil beigetragen hatte. Eines Tages schleppte Udo sogar einen Farbfernseher an. Zwar nicht mehr das allerneueste Modell, aber dafür geschenkt. Er jobbte gelegentlich bei einer Umzugsfirma, und da fiel immer mal wieder etwas vom Lastwagen, behauptete er. So wuchsen sie zu einem Quintett zusammen, das sich gelegentlich um ein paar Gäste erweiterte. Manchmal blieb eine von Eckis Freundinnen über Nacht, aber oft waren sie schon vor dem Frühstück verschwunden. Nur hin und wieder kam es vor, dass eine für ein paar Tage mit einzog. Auch Udo brachte manchmal jemanden zum Übernachten mit. In der Liebe wollten sie frei sein. Kein Streit und keine Eifersucht. Das schrieb er mit drei Ausrufezeichen über den Aufgabenplan, den Eva mit Maja am ersten Wochenende nach dem Einzug erstellt hatte. Trotz aller Freiheit gab es auch Pflichten in ihrer Gemeinschaft. Von jedem sammelte Maja, die sich zur Kassenverwalterin erklärt hatte, weil sie die Beste im Rechnen war, am Monatsanfang einen festen Betrag für die Miete und die Kosten für Lebensmittel, Putzsachen und Klopapier ein. Sie wollten sich gesund ernähren, aber auch sparsam haushalten, und falls am Jahresende Geld übrig blieb, würden sie es in eine große Silvesterparty investieren. Die Tradition einer WG-Feier sollte erhalten bleiben. Nur stellten sie fest, dass jeder eine andere Auffassung von Gesundheit hatte und auch andere Essgewohnheiten. Udo und Eva waren Vegetarier und Maja, seit sie sie kannte, auch. Milo fiel es schwer, auf Fisch zu verzichten, und er liebte Muscheln. Ecki aß alles, querbeet, oder vielmehr alles, was die Sonderangebote im Supermarkt hergaben. So stapelten sich Coladosen, Mettwürste und Koteletts neben frischem Gemüse im Kühlschrank. Sie überredeten ihn, dass er das Fleisch wenigstens ins Gemüsefach verbannte. Vom Frühstück war Ecki genauso überzeugt wie die anderen. Es gab Udos und Milos selbstgemischtes Müsli für alle. Genauso wie Eva war Milo begeistert gewesen, als er den alten Wamsler-Herd in der Küche zum ersten Mal sah. Und die Kupferpfannen waren ideal zum Rösten von Mandeln, Nüssen und was jeder sonst noch so mochte. Da sie ihn mit Holz heizten, breitete sich überall eine angenehme Wärme aus, und das Knistern des Feuers sorgte für zusätzliche Behaglichkeit.

An einem lauen Sommerabend saß Eva auf der Terrasse und schrieb an einem Protokoll des letzten Arzneipflanzenseminars. Ecki setzte sich zu ihr. »Stör ich?«

»Nein, ich bin fast fertig.« Er war mit dem Einkauf für die Gruppe dran gewesen und hatte neben Obst, Gemüse, Milch, Mehl und Butter von der Liste eine ganze Palette seiner heißgeliebten Joghurtsorte im gemeinsamen Kühlschrank verstaut. Genüsslich öffnete er den ersten Zweihundertfünfzig-Gramm-Plastikbecher und leckte den Aludeckel ab.

Udo kam im Bademantel frisch aus der Dusche dazu. Seit einer Woche arbeitete er bei einer Gartenbaufirma und musste schon um fünf Uhr morgens anfangen. Eine Herausforderung für ihn, die ihm, der nie vor Mitternacht ins Bett ging, zu schaffen machte. Gähnend setzte er sich zu Eva auf die Bank, lehnte seine nassen Haare an ihren Hals – das kitzelte. Sie lachte, Wassertropfen fielen auf ihr Protokoll und verschmierten die Tinte. »Pass doch auf, das muss ich morgen abgeben.«

»Oh, tut mir leid.« Er rückte zur Seite, was sie schade fand. Mit dem Blusensaum tupfte sie die Wörter vorsichtig trocken. Lesen konnte man sie noch, auch wenn das Blatt nun wirkte, als sei sie damit durch den Regen spaziert.

»Mensch, bin ich vielleicht k. o. Wer kocht heute?«, fragte er.

»Milo.« Eva schrieb den Satz zu Ende, bevor sie ihn vergaß. »Aber er hat noch eine Vorlesung, kommt erst in einer halben Stunde.« Sie schaute auf ihre Armbanduhr, die sie wie gewohnt in der Hosentasche trug.

»Du kennst auch *Milos* Stundenplan?« Udo strich ihr eine Haarsträhne von der Schulter, schnappte sich eines der Bänder, die ihren Blusenausschnitt zusammenhielten, und spielte damit. An Weiterschreiben war nicht mehr zu denken, sie klappte den Block zu und legte den Füller weg.

»Sein Vorlesungsplan hängt in der Küche neben allen anderen Plänen.« Sie nahm ihm das Band weg, bevor er es ganz herauszog und sie es mühsam mit einer Sicherheitsnadel wieder einfädeln musste.

»Wenn es bis zum Abendessen noch dauert, hol ich mir noch einen.« Ecki hatte den Joghurt ausgelöffelt und stand auf.

»Bringst du mir auch eine von deinen Fruchtgranaten mit?« Udo streckte sich, und Eva sah, dass er eine Unterhose trug. Immerhin. Sie wusste nicht, ob sie enttäuscht war oder froh. Vor ein paar Wochen hätte sie sich nicht mal vorstellen können, Sex zu haben, noch dazu mit zwei Männern, und das, wann sie wollte, und nicht, wenn sie jemand dazu drängte.

»Ein paar Vitamine helfen vielleicht, sonst schlaf ich noch vorm Abendessen ein.« Udo gähnte erneut.

»Willst du auch einen, Eva?« Sie lehnte ab. Ecki schlurfte in die Küche und kehrte mit zwei neuen Bechern und einem weiteren langstieligen Eislöffel zurück.

Eva schaute ihnen zu, wie sie rührten und zu essen anfingen, dann rang sie sich durch, etwas dazu sagen. »Ihr wisst schon, dass da weder Vitamine noch echte Erdbeeren drin sind?« Schon länger hatte sie sich vorgenommen, Ecki darauf aufmerksam zu machen, sie war sich aber nicht sicher, ob es ihm und jetzt auch Udo, der sonst auf alles Mögliche achtete oder zumindest Vorträge darüber hielt, bewusst war und sie es einfach beide ignorierten. Wie zwei Synchronschwimmer drehten sie ihre eingedickten Milcherzeugnisse in der Hand, um das Kleingedruckte zu entziffern.

»Sind aber Erdbeeren drauf, und da steht's auch.« Ecki las vor. »Mit Erdbeergeschmack.«

»Und dieser Geschmack wird ausschließlich chemisch hergestellt, da ist kein Fitzelchen Frucht drin«, erklärte sie.

»Schmeckt aber so.« Er aß genüsslich weiter, Löffel für Löffel.

»Es ist sogar Holz drin«, ergänzte sie.

»Echt jetzt?« Udo stellte seinen Becher weg und verzog das Gesicht. »Du meinst, die verarschen uns? Man glaubt, auf Erdbeeren zu beißen, kaut aber in Wirklichkeit auf Sägespänen herum?«

»So ein Quatsch.« Ecki blieb unbeeindruckt, er hatte den zweiten Joghurt schon fast wieder geleert. »Schaut aus wie Erdbeere, schmeckt und macht satt, mehr will ich nicht.« Er drückte die zwei Plastikbecher ineinander.

»Sag mal, hörst du nicht, was Eva sagt?« Udo geriet in Fahrt. »Sie muss es doch wissen als Expertin.«

»Na ja, Expertin für Lebensmittel bin ich nicht«, gab sie

zu. »Aber vielleicht für Aromen, die natürlichen und die künstlich erzeugten kann ich ganz gut auseinanderhalten.« Allein der Geruch, der als pure Chemie in ihrer Nase ankam. »Das Erdbeeraroma ist Vanillin, das klingt nur nach Vanille, ist aber keine. Der Name macht's, ein raffinierter Schachzug der Industrie. Es wird aus Lignin hergestellt, ein phenolisches Makromolekül aus verschiedenen Monomerbausteinen.«

»Aus was?« Ecki stapelte die leeren Becher und leckte den Löffel ab.

»Lignin«, wiederholte sie. »Lateinisch für Holz. Ein fester, aber farbloser Stoff, der in der Zellwand von Pflanzen eingelagert wird und für ihre Verholzung sorgt.«

Udo neben ihr nickte eifrig. Eva musste ein Lächeln unterdrücken, sie glaubte nicht, dass er begriffen hatte, was sie zu erklären versuchte.

»Also, ich hab kein Wort verstanden«, gab Ecki zu, legte seinen linken Fuß auf sein rechtes Knie, verschränkte die Arme hinterm Kopf und lehnte sich im Korbstuhl zurück. Der knirschte unter seinem Gewicht. Zurzeit studierte er Psychologie – um seinen Trieben auf den Grund zu kommen, behauptete er.

»Das ist doch alles eine komplette Verarsche.« Udo warf den Löffel auf den Tisch, stopfte seinen angefangenen Becher in Eckis Stapel, der kippte, und der Joghurt floss durch die Rillen im Tisch und tropfte auf die Terrassenfliesen. Eva rettete schnell ihre Unterlagen, aber ihre Turnschuhe waren bereits rosa gesprenkelt. Keiner der beiden machte Anstalten, einen Lappen zu holen und aufzuwischen.

»Weil du den Geschmack von richtigen Erdbeeren gar nicht mehr kennst, Ecki. Deine … deine … Geschmacksdinger sind schon verdorben von der ganzen Chemie.« Udo ereiferte sich, offenbar hatte er sich ganz auf Evas Seite geschlagen. »Eva, sag mal, wie heißen die noch mal?«

»Geschmacksknospen.« Sie stand auf und lief zum Gartenschlauch, um ihre Schuhe mit Wasser wieder sauber zu kriegen. »Also, meine Herren.« Anschließend nahm sie ihre Sachen von der Bank. »Wischt auf und entsorgt euren Müll. Dass deine vielen Joghurtbecher auch ein Umweltproblem sind, ist dir bewusst, oder, Ecki?«

»Ich weiß gar nicht, was ich euch heute getan hab, dass ihr auf mir so rumhackt.« Er wirkte beleidigt.

»Es geht doch nicht um dich persönlich, wir wollen etwas verändern und diskutieren nur.« Eva holte einen Lappen aus der Küche. »Kommt, lasst uns schon mal für später den Tisch decken.«

»Ich bin für später.« Udo stand auf, umfasste sie und zog sie durch den Flur in Richtung Zimmer. »Und ich weiß auch schon, wie wir zwei die Zeit bis zum Essen überbrücken können.«

Als Eva am nächsten Samstag mit Kochen und Einkaufen an der Reihe war, beschloss sie, gleich nach dem Frühstück zum Obermenzinger Wochenmarkt zu radeln. Im Gegensatz zum Supermarkt waren dort die Lebensmittel wenigstens frisch, weil die Bauern aus dem Umland direkt ab Hof verkauften. Eva stellte sich am großen Obst- und Gemüsestand an, an dem gleich mehrere Verkäufer bedienten. Während sie wartete, schaute sie sich die anderen Marktbuden an. Käse und Baguettes würde sie noch kaufen. Für das Rezept, das sie sich überlegt hatte, bräuchte sie reichlich Gemüse, dazu würde sie Weißbrot anrösten und mit Tomaten und

Zwiebeln belegen. Allein bei dem Gedanken ans Mittagessen stieg ihr der Duft in die Nase. Schräg gegenüber gab es einen weiteren Obst- und Gemüsestand, fiel ihr zum ersten Mal auf. Auch da war die Schlange lang, obwohl er deutlich weniger Auswahl bot. Lediglich eine Bierbank mit ein paar Kisten davor. Neugierig trat sie aus der Reihe und ging dorthin. *Ungespritztes Obst und Gemüse aus eigenem Anbau der Familie Sporer, Schäftlarn* stand auf einem Holzschild, das selbst gemalt wirkte. Ungespritzte Lebensmittel, dass es die hier gab, fand Eva sensationell. Sie entschied sich um. Leider ergatterte sie nach längerem Anstehen nur noch einen winzigen Kohlkopf und zwei Karotten. Der Typ vor ihr hatte offenbar für eine ganze Mannschaft eingekauft und die letzten Frühkartoffeln, die restlichen Tomaten und Zwiebeln und sämtliche Kräuter, die hübsch in Büscheln gebunden waren, gekauft. »Ihr macht ja rasenden Umsatz«, sagte Eva. »Gut für euch, schlecht für mich.«

»Hättest du mehr gebraucht?«, fragte die Verkäuferin, eine ältere Frau, die kurze, lockige graue Haare hatte und stark gebräunte Oberarme, die ihr aus einem etwas zu engen Shirt quollen.

»Schon. Ich wollte eine Suppe für sechs, vielleicht eher sieben oder acht Personen machen«, erklärte Eva. Am Wochenende kam meistens Besuch.

»Wart, ich schau mal, was wir noch im Anhänger haben.« Sie duckte sich unter die Plane und kam nach einer Weile mit einer Handvoll Bohnen und einem kleinen Strauß Petersilie zurück. »Das ist alles, tut mir leid. Du hast Glück, dass überhaupt noch was da ist, normalerweise sind wir schon um elf ausverkauft. Die meisten bestellen vor. Dann wissen wir ungefähr, was wir mitbringen müssen.«

»Gute Idee, nur nützt mir das leider heute nichts. Aber ungespritzte Ware finde ich super.« Sie zückte ihren Geldbeutel. »Was macht das?«

Die Frau wog das Gemüse ab und notierte die Summe auf einem kleinen Block. »Sieben Mark zwanzig. Die Karotten schenke ich dir.« Eva staunte. Vom Preis her war das mehr als das Doppelte von dem, was der andere Stand verlangte, aber dafür aßen sie keine Chemie, und das war es wert. Sie bezahlte. »Und, möchtest du etwas für nächsten Samstag vorbestellen?«

Eva zögerte. »Ich muss erst mit meinen Mitbewohnern reden.«

»Ihr seid eine Wohngemeinschaft? Wie schön. Ihr könnt auch freitags zu uns rauskommen und bei der Ernte helfen. Für alle, die mitmachen, gibt es Rabatt.« Das klang vielversprechend. Eva ließ sich die Adresse auf einen Zettel schreiben. »Schäftlarn – wie weit ist das von hier?«

»Mit dem Auto eine halbe Stunde, je nach Verkehr.«

»Und mit dem Fahrrad?«

»So eineinhalb Stunden, behaupte ich mal. Es gibt einen herrlichen Weg an der Isar entlang.«

»Und wie schafft ihr das? Ich meine, ohne Kunstdünger und all das auszukommen?«

»Mit sehr viel Arbeit und Disziplin. Mein Mann würde sagen, es steckt auch eine ganze Philosophie dahinter, aber an die denke ich nicht mehr, wenn ich abends todmüde ins Bett falle.« Sie lächelte, und einen Moment lang dachte Eva an ihre richtige Mutter. Ob sie wohl so ähnlich ausschaute? Ungeschminkt und mit einem wettergegerbten Gesicht, das an einen rotgoldenen Apfel erinnerte. War sie vielleicht eine Bäuerin für ökologischen Landbau? Eva gab sich innerlich einen Ruck. Das war ein absurder Gedanke. »Du und deine Freunde sind herzlich auf unserem Hof eingeladen. Nächste Woche müssten auch wieder Brombeeren reif sein. Die sind ein Gedicht.«

Voller Elan kehrte Eva nach Hause zurück und berichtete den anderen beim Mittagessen von ihrem Erlebnis. »Wir könnten doch auch einen Stand auf dem Wochenmarkt machen«, schlug sie vor. »Mit Müslis. So haben wir Abnehmer für die großen Mengen und uns verdirbt nichts.«

»Find ich klasse.« Udo nahm sich noch mal Suppe nach, die sie noch mit Gemüse vom konventionellen Händler hatte ergänzen müssen. »Bevor uns die Motten oder die Mäuse in die Getreidesäcke gelangen – warum nicht?«

»Bloß nicht, hör auf damit.« Maja verzog das Gesicht. Sie, die vor nichts und niemandem Angst zu haben schien, grauste sich vor Mäusen, was Eva verwunderlich fand. Das waren doch so putzige Tiere – na ja, wenn man nicht die Vorräte mit ihnen teilen musste.

»Und du, Eva, willst dich von jetzt an in aller Herrgottsfrüh auf den Markt stellen und für uns verkaufen?« Milo musterte sie.

»Zusammen mit mir natürlich, ich lass dich doch nicht allein«, sagte Maja. »Wer macht noch mit?«

»Jeden Samstag so früh aufstehen? Das schaffe ich nicht. Wir übernehmen dafür weiterhin die Beschaffung der Zutaten und die Mischungen, oder, Milo?« Der nickte. »Und was ist mit dir, Ecki?«

»Leute, echt jetzt, zusätzlich noch wo arbeiten – muss das sein? Mir reicht mein Job als Taxifahrer.« Er verzog den Mund, aber niemand sprach ihn frei. »Na gut, ich springe ein, wenn mal jemand ausfällt. Einverstanden? Ach, da fällt mir was ein. Moment.« Er sprang auf, lief in sein Zimmer und kam mit einem Zeitungsausschnitt zurück. »Hört mal.« Er las vor. »Lagerware. Ungespritzt und garantiert ohne Chemie: Öl aus Italien, Wein aus Frankreich, Trockenfrüchte aus der Türkei und vieles mehr am Güterbahnhof in Laim. Jeden ersten Montag im Monat. Waggon dreihundertdrei. Nur solange der Vorrat reicht. Ich dachte, das interessiert euch.«

»Zeig her.« Milo riss ihm den Zettel aus der Hand. »Da verkauft anscheinend jemand direkt aus dem Waggon, was es nicht alles gibt.«

»Wenn das kein Startschuss für unser Gemeinschaftsprojekt ist.« Maja schob sich das letzte Tomatenbrot in den Mund, kaute und klatschte in die Hände. »Köstlich war's, Eva.«

Gleich am nächsten Freitag radelten sie in aller Früh nach Schäftlarn. Maja hatte Überstunden genommen, ihre Chefin war froh, dass sie die endlich abbaute, und Eva ließ die Vorlesungen sausen, was ein neues Gefühl für sie war. Vor allem so kurz vor dem Staatsexamen. Aber manchmal glaubte sie sowieso, nicht mehr Wissen in sich reinzukriegen, und brauchte eine Pause. Der Himmel war noch bewölkt, was nach der Hitze der letzten Tage angenehm war. Es war ein herrlicher Weg, inmitten der Natur, wie Frau Sporer vorausgesagt hatte. Sie genossen die Morgenkühle im Fahrtwind, radelten über Kieswege an der Isar entlang. Bei der nächsten Wehranlage schoben sie Majas schweres Dreirad über eine Brücke auf den Damm und fuhren zwischen dem ursprünglichen Fluss, der nur mehr als kleines Rinnsal tief unter ihnen dümpelte, und dem breiten, weitaus imposanteren Isarkanal weiter. Allein dass Eva mit Maja unterwegs war und sie den ganzen Ausflug zusammen machten, freute sie. So konnten sie reden oder auch schweigen, sich anlachen und sich Dinge erzählen, die im Alltag und dem Trubel der WG oft untergingen.

Am Georgenstein, der an einer gefährlichen Stelle voller Strudel fünf Meter hoch aus dem Isar ragte, hielten sie kurz an. »Siehst du die Blechfigur oben auf dem Felsen? Vom Wasser aus ist sie besser zu erkennen.« Maja hatte schon mal als Betriebsausflug mit den Erzieherinnen eine Floßfahrt von Wolfratshausen bis nach München gemacht.

Eva nickte, erst bei genauerem Hinsehen bemerkte sie auf dem moosbedeckten Felsen, vor dem lauter Treibholz lag, das Heiligenbild. »Und der heilige Georg war noch mal wer?« Sie war zwar katholisch, aber die Heiligen, die alle einen grausamen Tod gestorben waren, konnte sie nicht auseinanderhalten.

»Na, der Drachentöter, einer von den vierzehn Nothelfern, die man anrufen kann.« Maja hatte anscheinend im Katechismus besser aufgepasst.

»Und hast du seine Nummer?« Sie lachten und stiegen wieder auf den Sattel.

Weil es kaum eine Steigung gab, waren sie schneller als erwartet am Demeterhof. Der lag auf einer Anhöhe, umgeben von Feldern und Wiesen, die vermutlich dazugehörten. Zwei Esel grasten auf einem eingezäunten Wiesenstück, sonst war niemand zu sehen.

»Demeter, sind das nicht die mit dem Mond?«, fragte Eva. Sie schoben ihre Räder durch das breite Holztor, das mit einem geschnitzten Ziegen- und einem Schafkopf verziert war.

Maja nickte. »Rudolf Steiner und die Waldorfkindergärten kenne ich durch die Ausbildung, aber was das mit Pflanzenzucht zu tun hat, weiß ich nicht.«

Eva wusste gar nichts darüber. »Das fragen wir alles, falls überhaupt jemand hier ist. Entweder sind die schon auf den Feldern, oder wir sind einfach zu früh dran.« Sie schaute auf die Uhr. »Kurz vor halb neun. Sollen wir klingeln?«

Maja zuckte mit den Schultern. »Besser, wir warten. Vielleicht frühstücken sie gerade, da stören wir nur.« Bei einem Ladewagen, von dem es nach Heu duftete, stellten sie ihre Räder ab, umrundeten ein paar Gewächshäuser und spähten in den Stall, auch der war leer. Die Kühe mussten schon auf der Weide sein. Sie durchquerten einen Obstgarten, in dem die Bienen summten. Dahinter, den Hang hinunter, begannen die Gemüsefelder. Bei diesem Anblick fiel Eva das gestickte Titelbild des Notizbuches ein, das sie von ihrer Mutter geerbt hatte. Eine Vielfalt an Farben und Formen, die nicht nur für die Augen, sondern für alle Sinne eine Bereicherung war. Auch wenn hier alles, anders als auf dem Buch, in größerem Stil betrieben wurde. Manche Pflanzen rankten an Gittern, andere an Stangen. Blumen aller Arten wuchsen an den Rändern, und auf keinem Feld wuchs nur eine Sorte Gemüse. Es war, als teilten sich die Pflanzen den Platz auf harmonische Weise.

»Hey, schau mal. Dort drüben, zwischen den Reihen, sind das Enten?« Maja lief hinüber. »Husch, husch, geht ihr da raus.« Sie klatschte in die Hände.

Eva folgte ihr. Dem Gefieder nach waren es ein Erpel und eine Ente. Ein paar Salatköpfe waren bereits durchlöchert und angefressen. »Du hast recht, die müssen wir raustreiben, die vernichten sonst alles.« Gemeinsam versuchten sie, das Pärchen aufzuscheuchen. Doch die Enten ließen sich kaum stören, reckten bloß den schillernd grün oder braun gefiederten Hals über die Blätter, watschelten laut schnatternd vor ihren Sandalen davon in die nächste Reihe, wo sie seelenruhig weiterschmatzten. Merkwürdig, dass sie nicht die Flügel ausbreiteten. Sie schienen zahm zu sein.

»Du von vorne, ich von hinten«, schlug Maja vor. »Wir müssen sie umzingeln.«

»Lasst das besser. Ihr zertrampelt wahrscheinlich mehr als Luzilla und Heinrich.« Ein älterer Mann mit Halbglatze, die Hände in den Trägern seiner blauen Latzhose, schlenderte auf sie zu.

»Aber wir dachten …«, versuchte Eva zu erklären. »Die fressen doch Ihren ganzen Salat.« Verlegen staksten sie auf Zehenspitzen wieder aus dem Feld.

»Den ganzen nicht. Ich hoffe es jedenfalls.« Er lächelte und zog dabei seine Nase kraus. »Sie haben es mehr auf die Schnecken abgesehen. Das sind indische Laufenten, die extra dafür gezüchtet wurden. Ihr wollt bei der Ernte helfen, nehme ich an?«

»Ja, gern.« Maja streckte die Hand aus und stellte sich vor, und auch Eva schüttelte ihm die Hand.

»Herr Sporer, nehme ich an?« Er nickte. »Ich hab Ihre Frau auf dem Obermenzinger Wochenmarkt kennengelernt, und sie hat uns eingeladen mitzuhelfen, weil wir mehr über den Anbau von ungespritzten Lebensmitteln wissen wollen.«

»Dann fangen wir am besten gleich mit der Arbeit an, so erfahrt ihr, ohne lange Erklärung, was biologisch-dynamisch heißt. Eure Fragen können wir dabei oder hinterher klären.«

»Morgen, Matthias.« Mehr Leute kamen auf den Hof. Manche mit dem Fahrrad, einige zu Fuß. Die meisten schienen sich zu kennen, begrüßten sich herzlich und duzten sich. Matthias Sporer gab die Anweisungen und teilte sie in verschiedene Gruppen ein. Jeder nahm sich einen Korb oder eine Spanschachtel, bevor er ausschwärmte. Maja und Eva schlossen sich an und halfen bei der Ernte. Sie sollten die reifen Bohnen abschneiden, die sich unten um die Stangen wanden, während oben noch Blüten hingen. Die vollen Körbe trugen sie zum Anhänger, wo Frau Sporer, die alle nur Juliane riefen, die Waren für die verschiedenen Wochenmärkte und Bestellungen sortierte. Danach ging es bei den Erbsen weiter.

Die Wolken gaben einen türkisblauen Himmel frei, und bald brannte die Sonne erbarmungslos auf sie herab. Eva schwitzte, und ihr Rücken schmerzte. »Dein Nacken sieht reichlich verbrannt aus.« Juliane gab Maja einen Strohhut.

»Oh, dafür braucht's nicht viel, nur ein paar Sonnenstrahlen, und ich bin schon krebsrot. Danke.« Maja setzte den Hut auf, er stand ihr ausgezeichnet. Auf einem Tisch im Schatten stand für jeden Wasser mit Zitronenmelisse bereit. Das schmeckte köstlich und erfrischte. Dazu aßen sie Julianes selbstgebackenes Brot und Aufstriche aus Olivenöl, Basilikum und Nüssen. Nach dem Essen fädelten sie Schnüre in Tontöpfe und füllten sie anschließend mit Stroh. Sie folgten Matthias zu den Obstbäumen, wo sie die Töpfe zwischen die Zweige banden. »Das Stroh bietet den Ohrenkneifern eine Zuflucht, und die halten wiederum die Blattläuse in Schach.« So erfuhren sie, dass diese Art der Landwirtschaft ein Geben und Nehmen war, im Einklang mit der

Natur und ihren Gesetzen. »Es geht nicht ums Ausrotten. Auch Schädlinge haben das Recht zu leben. Wir müssen sie nur in Schach halten, damit auch wir leben können. Dazu brauchen wir die Nützlinge, also müssen wir denen einen Lebensraum geben, und im Gegenzug erleichtern sie uns die Arbeit«, erklärte er.

Das klang logisch und einfach, dachte Eva. »Wie Luzilla und Heinrich«, sagte sie. Die Namen der beiden Enten hatte sie sich gemerkt.

»Und stimmt es, dass ihr bei Vollmond aussät?«, fragte Maja.

Er nickte. »Das Leben auf der Erde wird von Sonne, Mond und dem Rhythmus der Jahreszeiten beeinflusst. Wir haben herausgefunden, dass Karotten, die bei Vollmond ausgesät werden, besser wachsen und auch besser schmecken. Unsere Kunden behaupten es jedenfalls.« Erneut zog er die Nase kraus. Das konnten auch sie bestätigen, obwohl nur ein paar Karotten vom Sporerhof in Evas Suppe gelandet waren, so waren sie vorzüglich gewesen. Allein schon der Duft. »Uns geht es um Ganzheitlichkeit, um eine Einheit von Mensch und Natur, und dazu gehört auch die artgerechte Tierhaltung. Bei uns dürfen die Kühe ihre Hörner behalten. Wir versuchen, unseren Betrieb als einen Organismus zu sehen, und stellen die Nährstoffe, die der Boden braucht, selbst her.«

Eva rauchte der Kopf von den vielen Eindrücken, als sie am Nachmittag, vollbepackt mit duftendem Obst, Gemüse und Kräutern, wieder aufbrachen. Maja war es ähnlich ergangen. Erschöpft von der ungewohnten körperlichen Arbeit, aber zugleich erfüllt, schwangen sie sich auf ihre Räder und tauschten sich unterwegs über all das Erfahrene aus.

Über München ballten sich schwarze Wolken, und sie fuhren mitten hinein. Anfangs dachte Eva noch, sie kämen wenigstens halbwegs trocken nach Hause, aber dann donnerte es auch schon, und die ersten Tropfen fielen. Sie traten in die Pedale. »Und ich hab nicht mal mein Wimmerl dabei, das hab ich, glaub ich, sowieso verloren.« Als es stärker zu regnen anfing, fuhr Maja im Stehen auf dem Dreirad, um schneller zu sein.

»Ich hab's auch nicht mit.« Eva besaß auch so eine K-Way-Regenjacke, die man winzig klein in deren eigene Tasche stopfen und wie einen Gürtel am Leib tragen konnte. »Heute Morgen hat es auch nicht nach Regen ausgeschaut. Sollen wir Räder tauschen?« Der Wall zwischen Isar und Kanal war voller Blumen, und die Erde dampfte. Es duftete, als gäbe die Welt den geballten Sommer auf einmal preis.

»Geht schon, ich kann noch«, erwiderte Maja. Der erste Blitz zuckte.

Eva zählte, einundzwanzig, zweiundzwanzig, drei… Es donnerte laut, das Gewitter schien direkt über ihnen zu sein. »Am besten, wir stellen uns kurz unter, bis es aufhört«, rief sie Maja zu, die schier unermüdlich auf ihrem schweren Gefährt vorwärtspreschte. Doch bis zur nächsten Wehranlage, wo sie vom Damm runterkamen, war es weit. »Lass uns umkehren und an den Waldrand fahren. Bei Gewitter Rad fahren ist gefährlich.« Sie bremste, und auch Maja hielt an. Beide waren sie bereits klatschnass, und erneut blitzte es.

»Mist, die Himbeeren!« Die hatte Maja mit der Schachtel auf den Gepäckträger geklemmt, um sie in den Radtaschen nicht zu zerdrücken. »Die sind nur noch Matsch.«

»Los, schnell, lass alles stehen.« Eva zog sie den Abhang runter zur Isar, wo es wenigstens ein paar Büsche gab, die halbwegs Schutz boten. Maja riss die Schachtel los und folgte ihr.

»Aber unter Bäume soll man sich auch nicht stellen«, rief Maja gegen das Getöse von der Isar und vom Himmel an. »Wie heißt es? Buchen sollst du suchen, Eichen sollst du weichen.«

»Und Fichten mitnichten und Weiden meiden«, ergänzte Eva. »Was denkst du, wie oft meine Oma, also Betzi, mir das eingebläut hat?«

»Und was sind das für Sträucher?«

»Holunder und Weißdorn, glaub ich.« Eva schnupperte durch den Regen. Schutz boten die Blätter nicht wirklich. »Man soll eigentlich alles meiden, auch Holzmasten und Gewässer, und sich auf den Boden kauern oder sich hinhocken, Arme und Kopf einziehen.« Sie machte es vor. »Das hat mir mal ein Feuerwehrmann erklärt.« Ihr lief, genau wie Maja, der Regen ins Gesicht und tropfte ihr vom Kinn.

»Oha, war er heiß, dein Feuerwehrmann?« Maja lachte, ihr schönes Gesicht mit den vielen Sommersprossen schien im Gewitter aufzublühen. Am liebsten hätte Eva sie geküsst. Im selben Moment wunderte sie sich über diesen Impuls. Ohne Zweifel, sie mochte Maja sehr, und nach diesem besonderen Ausflug noch viel mehr. Sie gehörte mittlerweile zu den wichtigsten Menschen in ihrem Leben, vielleicht war sie sogar der wichtigste Mensch für sie. Aber liebte sie Maja mehr, als man eine beste Freundin liebte? Zugegeben, schon oft hatte sie sich vorgestellt, wie es wohl wäre, über ihre schöne, weiche Haut zu streicheln. Sie umarmten sich oft, wie alle in der WG, aber das war nicht dasselbe. Und anders als mit Udo oder Milo hatte es nichts Sexuelles, jedenfalls hatte Eva das geglaubt – bis eben, wo sie zum ersten Mal, mitten in einem Unwetter, spürte, dass sie Maja begehrte und am liebsten mit ihr eins sein würde und für immer zusammen. Das Gefühl verwirrte sie. Sie drückten sich tiefer in die Büsche, wie zwei Kaninchen, die sich vor dem Fuchs versteckten. Hinter ihnen rauschte die Isar, und über ihnen tobte der Himmel. Aber mit Maja zusammen fühlte Eva sich sicher. Zur Ablenkung, bis das Unwetter vorbei war, aßen sie Himbeeren oder vielmehr den Brei, leckten sich die Finger. Es schmeckte wunderbar, sie lachten sich mit rot verschmierten Mündern und Zähnen an, und dann gab ihr Maja die letzte Himbeere, ein großes Kaliber, das alle anderen überlebt hatte, mit dem Mund. Vorsichtig nahm Eva sie an, hoffte, Maja nicht in die Lippe zu beißen. »Mmh, die ist besonders gut.«

»Und hier ist noch eine«, sagte Maja und küsste sie. Sanft und zärtlich. Nase an Nase, Haut auf Haut.

Anna

München, November 1910

Nach einer guten Stunde Fahrt im Schnellzug erkundigte sie sich am Schalter des Münchner Hauptbahnhofs nach dem Weg zur königlichen Sparkassenfiliale im Tal. »Immer gradaus, gnä' Frau.« Der Beamte schwenkte den Arm mit der Goldmanschette wie eine Schranke, deutete aber eher nach rechts, weil die Glasscheibe im Weg war. »Also am Bahnhofsgebäude vorbei, dann gerade vor, durchs Karlstor durch und die Kaufinger runter. Dann sehen Sie's schon.«

»Ist das zu Fuß zu schaffen?«

»A Viertelstund'.«

»Und zur Königlichen Kunstakademie?«

»Vom Tal aus? Die is a Stückal weiter, in Schwabing draußen, da nehmen S' am besten die Tram.« Hoffentlich konnte Anna sich das vor Aufregung alles merken, aber wenn nicht, würde sie einfach wieder fragen. Kurz überlegte sie, ob sie ihr Gepäck aufgeben sollte, damit sie es nicht ständig bei sich tragen musste. Aber dann entschied sie sich dagegen, sie wusste noch nicht, wo sie heute Nacht unterkäme, und außerdem war der Koffer relativ leicht. Ein Vorteil, wenn man wenig besaß. Kaum hatte sie sich bedankt, schob sich der Nächste an den Schalter, so als hätte sie ihn unnötig lange aufgehalten.

»Haben wir's endlich, Fräulein!« Ein korpulentes Männlein mit Trachtenhut schenkte ihr einen vorwurfsvollen Blick. »Ich hab schon gedacht, Sie sind angewachsen.« Anna erwiderte nichts, ging zum Ausgang und trat aus der Halle. Sie schaute sich um. München! Es war ein paar Jahre her, seit sie zuletzt hier gewesen war, aber das besondere Flair hatte sie schon immer geliebt. Diese Mischung aus Modernität und Geschichte. Volksnah und königlich. Seit der Jahrhundertwende fuhr die Straßenbahn elektrisch, was man an den Oberleitungen erkannte, die sich wie Wäscheleinen durch die Häuserschluchten zogen. Die Stadttore und Türme in der Altstadt erinnerten noch ans Mittelalter, und auch die Prachtbauten der Königsfamilie prägten die Stadt. Auf dem Bahnhofsplatz stauten sich die Fahrzeuge. Neben den pferdegezogenen Omnibussen standen die Droschken der großen Münchner Hotels wie *Roter Hahn* oder *Deutscher Hof*, um die Ankömmlinge einzusammeln.

»Kofferträger gewünscht, Gnädigste?« Ein halbwüchsiger Bub passte sie am Ausgang unter der Halle ab und zog seine Schirmmütze vor ihr.

»Danke, nein.« Sie lehnte ab.

»Ohne geht's sich beschwingter, Sie werden sehen.« Obwohl es eisig kalt war und der Atem in der Luft stand, trug er nur eine geflickte Weste und eine kniekurze Hose zu viel zu groß wirkenden Schuhen ohne Strümpfe. Er lief weiter neben ihr her, durchs Karlstor durch, die Kaufinger Straße hinunter. Sie versuchte, ihn zu ignorieren, doch der Bursche ließ sich nicht abschütteln. Schließlich blieb sie stehen, überlegte, ob sie ihn mit einer Münze loswurde. Womöglich würde er ihr den Geldbeutel oder ihr Sparbuch stehlen, sobald sie ihre Umhängetasche öffnete.

Er schien ihre Bedenken zu spüren. »Ich bin eine ehrliche Haut, das versichere ich Ihnen. Ich werde mir doch nicht von Ihnen die Gendarmen auf den Leib hetzen lassen und mir mein eigenes Geschäft ruinieren.« Ein gewitztes Kerlchen war er, das musste man ihm lassen.

»Solltest du nicht in der Schule sein?«, fragte sie, weigerte sich dennoch, ihm ihren Koffer anzuvertrauen.

»Da war ich auch, gnä' Frau, aber die wollten mich nicht behalten.« Schwupp war er fort und bot einem anderen seine Dienste an.

Anna schlenderte an einem Straßenfotografen vorbei, der sie für Geld ablichten wollte, betrachtete die Auslagen der vielen Geschäfte, die sich rechts und links von der Kaufinger Straße präsentierten, und blieb bei einem Damen- und Herrenfriseur stehen.

Coiffeur Ignaz Klein: Mondäne Frisuren aus aller Welt. New York – Paris – München. Haarankauf nach Vereinbarung.

Sie fasste sich in den Nacken, wo sie ihren schweren Zopf zu einem Knäuel aufgesteckt hatte. Wie herrlich wäre es, das neue Leben leicht und frei zu beginnen, und auch praktisch. Jetzt, da sie Elvira nicht mehr hatte, die ihr bei der aufwendigen Haarwäsche und dem Aufstecken half.

Unter der bimmelnden Türglocke ging sie hinein.

»Nur hereinspaziert, schönes Fräulein, heute bedient der Meister selbst.« Der Friseur im weißen Kittel hielt ihr die Tür auf. Ignaz Klein trug einen Kamm hinterm Ohr und lauter Scheren in der Brusttasche. Er war völlig haarlos, was ihm ein feminines, aber zugleich auch neutrales Aussehen verlieh. Sollte sie es tun? Sie betrachtete noch mal die Porträts in der Auslage, gab sich einen Ruck und setzte sich in den drehbaren Ledersessel, den er ihr anbot. »Was für eine herrliche Naturkrause.« Der Friseur geriet ins Schwärmen.

»Oh, es ziept ganz schön beim Kämmen. Jedes Mal.« Sie unterhielten sich durch den Spiegel.

»Dennoch, so manche Dame wird Sie beneiden. Die Dauerwelle ist mein neues Geschäftsmodell, aber die können Sie sich sparen.«

Erst da entdeckte sie das Mädchen, das mit bloßen Händen in einer Schüssel rührte, aus der ein ätzender Geruch aufstieg.

»Meine Tochter Betzi, sie hilft mir schon fleißig.«

Anna lächelte sie an, sie schätzte sie auf zehn oder elf, so alt etwa, wie sie war, als sie ihre Mutter verloren hatte.

»Was darf ich bei Ihnen tun? Spitzen schneiden oder flechten?«

»Kurz bitte«, Anna war entschlossen, »so wie die Dame mit dem perlenbestickten Haarband im Schaufenster.« Sie wies auf eine der gerahmten Fotografien.

»Eine gute Wahl, doch ich muss Sie enttäuschen. Die Dame trägt ihr langes Haar nur eingeklappt und hochgebunden, so dass es bloß kürzer wirkt.«

Nach einer Stunde und einiger Aufregung wieder draußen, setzte sie ihre Mütze auf, die zum Glück immer noch passte, und zupfte ein paar Locken an den Ohren heraus. Sie bewegte ihre Schultern. Leb wohl, Rapunzel, es war, als hätte ihr jemand ein paar Ziegelsteine vom Rücken genommen. In der Sparkassenhalle herrschte bereits reger Betrieb. Ein weißbärtiger Mann lupfte vor Anna den Zylinder und ließ ihr den Vortritt, als sie durch ein Absperrgitter trat. Hinter einem langen Tresen, der an die Garderobe eines Theaters erinnerte, nahmen die Angestellten anstelle von Mantel und Hut die Geldgeschäfte an. Säulen trennten die verschiedenen Abteilungen, die durch Schilder gekennzeichnet waren. Geldanlage, Wechsel, Hypothek las sie, fand nirgends einen Hinweis zu Auszahlung oder Sparen und stellte sich an der längsten Schlange, dem allgemeinen Zahlungsverkehr, an, als sie sah, dass die vorderste Dame bereits ein ähnlich graues Heft wie das ihre zückte.

»Einen wunderschönen guten Morgen, Fräulein von Quast«, sagte der Herr, dessen Stirnlocke vor Pomade glänzte, als sie sich vorstellte. »Unser herzlichstes Beileid zu Ihrem Verlust.« Wie er sein Gesicht mit einem Wimpernschlag von Freude in Betroffenheit zu ändern vermochte, das war nicht jedem gegeben. Anna war beeindruckt.

»Ich danke Ihnen, kann ich bitte hundert Mark abheben?« Sie gab ihm das Sparbuch. Fast war sie geneigt, ihn zu fragen, ob er glaubte, dass das für ein paar Tage Großstadt reichte, oder wie viel Bargeld er denn vorschlug.

»Selbstverständlich, einen Augenblick.« Er nahm das Büchlein, umrundete einen Kollegen, der an einem Schreibpult Geld zählte, und verschwand hinter einer Tür, die mit buntem Glas vor Einblicken schützte. Trotz der Großzügigkeit des Friseurs eben beschloss Anna, es bei diesem Betrag zu belassen, sie musste haushalten, solange sie noch arbeitslos war. Wie sie das ändern sollte, hatte sie sich noch nicht überlegt, aber andere Künstlerinnen mussten doch auch irgendein Auskommen haben. Vielleicht wusste jemand auf der Akademie Rat, so hoffte sie es jedenfalls. Nach Schwabing würde sie gleich als Nächstes fahren. Die Frau hinter ihr trat vor, Anna glaubte schon, sie wollte sich beschweren, doch sie legte nur *Krieg und Frieden* von Tolstoi auf dem Tresen ab und blätterte den Tausendsechshundert-Seiten-Roman auf. Anscheinend hatte sie sich auf eine längere Wartezeit eingestellt. Der Herr dahinter wirkte weniger geduldig. Er zog seine Taschenuhr aus der Weste und verglich sie mit der goldenen Wanduhr ohne Ziffern, die sich nur durch den Sekundenzeiger, der unaufhaltsam seine Kreise zog, von der Vertäfelung abhob. *Zeit ist Geld* stand darunter in feinster Frakturschrift. Anders als am Bahnhof, wo die Leute offen ihren Unmut über jegliche Verspätung zeigten, lief hier alles gedämpft und leise ab. Selbst das Geräusch einer Schreibmaschine meinte Anna nun aus einem Nebenraum zu hören.

»Entschuldigen Sie, dass es etwas länger gedauert hat.« Endlich kehrte der Sparkist oder Sparkassist zurück. Wie lautete seine Berufsbezeichnung eigentlich, fragte sie sich. War er ein Beamter wie bei der Bahn oder Post? Er trug keine Uniform, sondern einen Nadelstreifenanzug, aber vielleicht war das seine Dienstkleidung? Ein Kassierer allein dürfte er auch nicht sein, dafür waren die Tätigkeiten zu vielfältig. Neuerdings konnte man sogar *bar.el.los* bezahlen, wie eine Stecktafel anpries, was immer das auch sein sollte. »Ich musste noch die letzten Einzahlungen nachtragen, Fräulein von Quast, zusammen mit Ihren Zinsen.« Dass sie für die fünfhundert Mark Zinsen bekäme, hatte sie nicht bedacht. Sehr gut, vielleicht hatte sie jetzt etwas extra, um Ton zu kaufen. »Wenn Sie bitte kurz nachsehen wollen, ob alles seine Richtigkeit hat, dann werde ich es abzeichnen.« Er gab ihr das Sparbuch zurück. Wo vorher nur eine Zeile gewesen war, füllten sich jetzt mehrere Seiten. Vater hatte regelmäßig Geld eingezahlt, nur offenbar nie das Büchlein zur Hand gehabt. Auf der vorletzten Seite endete die Summe mit den Zinsen von diesem Jahr. Auf einmal besaß sie stolze elftausendsiebenhundertdreiundsiebzig Mark und einundneunzig Pfennige. Das war deutlich mehr als erwartet. Sie freute sich. Nachdem sie ihre Zustimmung gegeben hatte, versah der Herr jede Reihe mit seinem unleserlichen Kürzel. Währenddessen hob Anna das kleine g und das d auf, die aus der Stecktafel gefallen waren, und gab sie ihm.

»Oh, danke. Und hier der gewünschte Barbetrag.« Er zählte ihr die hundert Mark in verschiedenen Scheinen und einigen Münzen vor und schob sie ihr zu. Anna bedankte sich ebenfalls, nahm das Geld, faltete die Scheine und steckte alles in ihren Geldbeutel.

»Kann ich sonst noch etwas für Sie tun?«

»Ja …«, sie überlegte, wie sie es formulieren sollte, damit es nicht allzu naiv klang. »Erst mal würde ich gerne wissen, wie Ihre Berufsbezeichnung lautet.«

»Ich bin Kaufmann, Fräulein von Quast.« Logisch, das hätte sie sich denken können. Ein Kaufmann, der mit Geld als Ware handelte. Oje, die Großstadt hatte es in sich. Ihre Nervosität stieg, sie griff noch mal nach den kleinen Buchstaben, hängte sie sich wie Brezen um die Finger und drehte sie. »Und dann noch eine Frage. Ich bin in nächster Zeit voraussichtlich länger unterwegs und weiß noch nicht, wie viele Ausgaben ich haben werde, da ich die Preise noch nicht kenne.« Als Kaufmann brachte er hoffentlich Verständnis dafür auf. »Andererseits …«, nun dachte sie laut und offenbarte zugleich ihre Unerfahrenheit, »ist es vielleicht unklug, zu viel Bargeld bei sich zu haben. Was meinen Sie?«

»Zu unseren Geschäftszeiten, Montag bis Freitag, acht

bis sechzehn Uhr, abzüglich zwei Stunden Mittagszeit, können Sie jederzeit bei uns etwas abheben. Sollten Sie aber vorhaben, ins Ausland zu reisen, empfehle ich amerikanische Reiseschecks.«

»Amerikanische? Kann man damit auch im Kaiserreich bezahlen?«

»Selbstverständlich, darum geht es Ihnen doch.« Mit einem Zucken seiner Mundwinkel deutete er ein freundliches, aber dennoch seriöses Lächeln an. »Mit Ausland meinte ich aber auch unsere angrenzenden Länder oder Italien und England.« Weiter zu reisen, hatte Anna nicht vor, sie war froh, erst mal in München Fuß zu fassen. »Sie können die Schecks jederzeit auch in anderen Bankfilialen gegen Bargeld einlösen. Es genügt Ihre Unterschrift, einmal beim Empfang der Schecks und einmal beim Einlösen, und natürlich Ihr Reisepass, um Ihre Identität zu beweisen. Das schützt vor Diebstahl.«

»Perfekt.« Sie atmete auf. So war sie abgesichert, aber zugleich unabhängig, egal, was sich ergab.

Mit einem Scheckheft verließ sie die Sparkasse, lief bis zur Haltestelle an der St. Michaelskirche und fuhr mit der Tram nach Schwabing.

Hinter den riesigen Reiterstatuen, am Eingang zur Königlichen Kunstakademie, hielt sie ein Mann in grauem Kittel und Schirmmütze auf. Anna, noch vom Eindruck des imposanten Gebäudes benommen, den vielen Emporen, den geschwungenen Auffahrten und der großen Freitreppe, dachte zuerst, er sei ein Chauffeur, der auf jemanden wartete, und wollte sich an ihm vorbeidrücken. »Moment, Moment. Hiergeblieben.« Breitbeinig stellte er sich ihr in den Weg und zückte sein Klemmbrett, das auf dem Schreibpult neben ihm lag. »Für welche Klasse wurden Sie angefordert?«

»Angefordert?« Sie verstand nicht gleich, was er meinte, da es bei Automobilen auch verschiedene Klassen gab, wie sie gehört hatte.

»Na, welche Fachabteilung?« Sein Bärtchen, das er auf einen schmalen Querstrich unter der Nase getrimmt hatte, zuckte, als wollte er damit seine Worte unterstreichen.

»In eine Keramikklasse, bitte sehr.« Sie hoffte, dass sie sich richtig ausdrückte.

»Welcher Professor?«

»Den Namen weiß ich nicht, vielleicht können Sie mir weiterhelfen?«

»Na, wer hat Sie denn verständigt, oder sind Sie wegen des Aushangs hier?« Das wurde immer komplizierter. Welcher Aushang und wo? Sie sah sich um, aber außer langen Gängen mit meterhohen Fenstern, die einer Kathedrale glichen, entdeckte sie nichts. »Wer genau hat Sie denn einbestellt? Den Namen, bitte. War es Wächter oder Hildebrand?«, half er ihr auf die Sprünge.

»Hildebrand«, sagte sie, das war doch der Professor für Bildhauerei aus dem Zeitungsartikel. Vielleicht könnte sie bei ihm vorsprechen.

»Na, das war doch gar nicht so schwer.« Er leckte die Spitze seines Bleistiftstummels ab und setzte ein Häkchen. »Gruppenpose oder Einzelstellungen?« Wieder wusste Anna keine Antwort. »Na, als Aktmodell.« Sein Blick glitt an ihr hinab.

Anna spürte, wie ihr die Röte ins Gesicht schoss. »Das ist ein Missverständnis. Ich will mich als Studentin einschreiben, wo kann ich das tun?«

»Nirgends. Frauen sind bei uns nicht zugelassen.«

»Aber es gibt doch viele Künstlerinnen, und es muss doch auch möglich sein, Kunst zu studieren?«

»Das mag sein, aber hier nicht.«

»Und warum nicht?« Anna konnte es nicht glauben und wollte nicht so schnell aufgeben. »Wir haben genauso das Recht, uns weiterzubilden und uns künstlerisch auszudrücken. Kunst hat nichts mit den Geschlechtern zu tun, es ist doch der Mensch an sich, der etwas erschafft und sich mit bildnerischen Mitteln auseinandersetzt. Wo geht's zur Anmeldung? Sie haben doch bestimmt ein Sekretariat.«

Er warf das Klemmbrett samt Bleistift auf einen Stuhl und breitete die Arme aus, als wollte er sie abfangen, falls sie an ihm vorbeistürmte. »Sie können mir gern weiter einen Vortrag halten, Madamchen, aber vorbei kommen Sie an mir nicht. Es sei denn, Sie überlegen sich das mit dem Modellstehen noch mal. Für meinen Geschmack sind Sie zwar zu mager, aber das ist zurzeit sehr *en vogue*, wie die Herren Künstler zu sagen pflegen. Und Ihrem hübschen Köpfchen nach vermute ich, dass Sie auch ganz passable Beine haben, darf ich mal sehen?« Er schritt auf sie zu und lupfte ihren Rock.

»Was fällt Ihnen ein, weg da!« Anna schlug seine Hand fort, ergriff rückwärts die Flucht und krachte dabei gegen die hohe Eichentür. Auf die Schnelle fand sie die Klinke nicht. Sie glaubte schon, nie mehr herauszukommen, da ertastete sie endlich den Knauf weiter oben, riss daran und schlüpfte hinaus. Kaum hatte sie ihren Koffer durch den Spalt gezogen, fiel die Tür hinter ihr krachend ins Schloss.

Annas Herz raste. Sie rannte die Auffahrt hinunter, an einer Gruppe von Straßenarbeitern vorbei, die ihr etwas hinterherriefen, lief weiter in die nächstbeste Straße und da um ein Haus unter einen Torbogen. Erst dann schaute sie sich um, ob der Kerl ihr gefolgt war. Offenbar nicht. Sie atmete auf, keuchte und versuchte, sich zu fassen. Und nun? So schnell platzte ein Traum. Sie setzte sich auf ein Sims, das aus der Fassade ragte, und stellte den Koffer ab. Wie hatte sie nur glauben können, dass sie einfach durch die Tür zu spazieren brauchte und mit offenen Armen in der Kunstakademie empfangen würde? Aber woher sollte sie auch wissen, dass es als Frau unmöglich war, Kunst zu studieren? Oder hatte der Türsteher gelogen? Sollte sie erneut hingehen? Niemals. Sie holte den Bericht über die Bildhauerklasse aus ihrem Notizbuch. Erst jetzt fiel ihr auf, dass nirgends von einer Künstlerin die Rede war. Alles Männer, auch auf der Abbildung. Vom Professor bis zum Modell.

»Muasst du unbedingt do hocka?« Über ihr wurde ein Fenster aufgerissen, Anna packte ihren Koffer und hastete nach vorne. Nicht dass der Inhalt eines Nachttopfes auf ihr landete. Doch es war eine Frau, die Betten ausschüttelte. Ein paar Federn segelten vor Annas Nase. Sie entschuldigte sich und ging durch das Viertel. Nach der ganzen Aufregung knurrte ihr der Magen. Es musste sowieso bald Mittag sein. Erst da fiel ihr auf, dass sie das Proviantbündel von Zenzi im Zug oder woanders hatte liegen lassen. Oje! Die Zeiten, einfach in Zenzis Küche zu gehen, um sich etwas Leckeres zu stibitzen, waren vorbei. Sie beschloss einzukehren. Dank des unerwarteten Geldregens konnte sie sich eine Wirtschaft leisten. Beim *Hörndl*, wie die nächstbeste Wirtschaft hieß, schlugen ihr Hitze, Qualm und Essensdunst entgegen. Es dauerte, bis sie hinter dem Vorhang, der die Tür nach draußen zusätzlich abdichtete, etwas erkennen und sich orientieren konnte. Geschirr klapperte, und die Stimmen der Gäste überdröhnten sich gegenseitig. Alle Tische schienen besetzt zu sein. Hauptsächlich mit Arbeitern, wie es Anna anhand der Kleidung vorkam. Aber auch Frauen mit Schürzen und Häubchen waren darunter. Vermutlich Angestellte, die ihre Mittagspause in diesem Lokal verbrachten. Einige verschlangen hastig die Mahlzeit, andere tunkten Brot in eine Suppe und unterhielten sich lautstark mit dem Sitznachbarn. Anna wartete, bis eine Bedienung auf sie aufmerksam würde. Jemand musste ihr den Mantel abnehmen und sie zu einem Platz führen. Nichts geschah, außer von ein paar abschätzigen Blicken wurde sie nicht beachtet.

»Was is mit earna, Schatzerl? Was stehn S' do rum wiara Ochs am Berg? Suachas eppas oder hams an Durscht?« Der Wirt sprach sie in breitestem Bayerisch an.

»I mechat wos essn, bitt' schön«, antwortete sie genauso im Dialekt.

Er nickte, als ob allein die Sprache sie zu einer Hiesigen machte, und warf sich den Lappen über die Schulter. »Dann kumma S' mit.« Nachdem er seinen Ausschank umrundet hatte, führte er Anna zu einem freien Stuhl am Fenster, nahm das schmutzige Geschirr auf und wischte den Tisch sauber. »Gulaschsuppn oder Weißwürscht, gnä' Frau?« Offenbar war sie in seiner Gunst wieder aufgestiegen. Anna verstaute ihren Koffer zwischen den Tischbeinen, zog selbst ihren Mantel aus und hängte ihn über die Stuhllehne, bevor sie sich setzte. Sie zögerte, ihre Mütze abzunehmen, wie sie es zu Hause sofort getan hätte. Die Frauen trugen alle noch ihre Kopfbedeckungen.

»Danke, weder noch. Was ham S' sonst?«

»Des ist ois, wos Sie mittags bei uns kriagn kenna. Höchtens no a Griasmuas mit Apfelkompott, oba des dauert noch a wengal.«

»Des nimm i.« Sie nickte, Zeit war das Einzige, was sie zur Genüge besaß. Anna musste sich etwas ausruhen und sortieren, überlegen, was sie als Nächstes tun sollte. Außerdem war es hier, inmitten der vielen Ausdünstungen, zwar stickig, dafür aber herrlich warm. Ein langes Ofenrohr, das sich über die gesamte Wand und unter der Decke entlangzog, sorgte für zusätzliche Behaglichkeit.

»Und zum Dringa?«, fragte der Wirt.

»An Tä.«

»Kreiter oder an Schwarzn?«

»Schwarz. Und a Kanna, ned bloß a Tass', wenn's gäht.«

Er nickte. »Mit Muich oder Zitrona?«

»Mit Milli.« Sie lächelte. Damit gab sie sich nun doch als Auswärtige zu erkennen. In Wessobrunn sagte man Milli und ned Muich zur Milch. Als er fort war, zog sie doch die Strickmütze ab und fasste sich ins Haar. Kurze Locken kringelten sich zwischen ihren Fingern. Für den Schnitt hatte sie nichts bezahlen müssen, Ignaz Klein hatte ihr für den meterlangen Zopf sogar noch zehn Mark gegeben. Und dann weitere fünf Mark, als er den Straßenfotografen hereinwinkte, um eine Aufnahme von ihr für sein Schaufenster machen zu dürfen. »Sie werden sehen, der Anna-von-Quast-Haarschnitt wird bald der Renner im ganzen Kaiserreich werden.« Sie hatte ihm viel mehr anvertraut, als sie eigentlich wollte, aber er schien, neben seiner Friseurkunst, ein

Händchen dafür zu haben, seinen Kundinnen Persönliches zu entlocken. Während sie auf das Essen wartete, schaute sie sich um, betrachtete die Heiligenbilder, die, wie von Kinderhand gemalt, über der glänzend blau gestrichenen Holzvertäfelung hingen. Am Tisch neben der Theke schwankte ein Leuchter. Ein Eichhörnchen mit Brille hockte darauf, wohl das namensgebende Tier des Lokals. Unter ihm ging es lautstark zu. Zwischen Tonkrügen voller Bier spielte man Karten. Als die Partie beendet war, stand einer der Männer auf und verabschiedete sich, indem er zweimal auf den Tisch klopfte. Ein stattlicher Kerl um die dreißig mit pechschwarzen Haaren und breiten Koteletten vor den Ohren, dazu eine große, gerade Nase und ein vorspringendes Kinn. Ein Profil wie zum Nachformen gemacht, dachte Anna und holte rasch ihr Buch heraus, um seine Gesichtszüge festzuhalten. Wie viele hier trug er eine Bundlederne mit Wollstrümpfen. Jetzt nahm er eine Pelzkappe von einem der Haken, die sich neben dem Eingang aneinanderreihten, und schob die Pfeife in die Jackentasche. Bevor er ging, verlangte er nach dem Käfig, der noch auf der Eckbank stand. Kein Papagei, Wellensittich oder auch Beo, wie Anna erwartet hatte, flatterte darin auf. Ein gewöhnlicher Spatz hockte darin. Seltsam, dachte sie, warum sperrte er diesen Vogel ein, wo es sie doch zu Dutzenden draußen gab. Im Herbst zogen sie nicht mal in den Süden, sondern überwinterten in Bayern. Manche waren so zahm, dass sie sich auf dem Arm niederließen, um ein paar Brotkrumen zu erhaschen.

»Fesch san S', Freilein. I woid, I hätt a so a dichts Hoar anstatt meine Fransn.« Die Kellnerin servierte ihr das Essen und den Tee.

»Wissen Sie, wer der mit dem Vogel war?«, fragte Anna.

Das Griesmus roch köstlich, und auch das Kompott dampfte. Auf einem großen Teller erhob sich ein weißer Berg, der mit Zucker und Zimt bestäubt war.

»Vögel hama vui hier, Madam, wen moanas speziell?« Sie grinste aus glänzend roten Wangen unter ihrem Häubchen.

»Der Herr, der gerade zur Tür raus ist, mit dem Spatz im Käfig?«

»Ach, den Marc Franzl, der wohnt glei ums Karrä, kummt awa öfta zum Essn her. Ihm gfoit's bei uns besser als bei seinesgleichen.«

»Seinesgleichen?«

»Der is doch oana vo de Kinstler aus da Akademie. Die san meistens drüm im *Café Größenwahn.*« Mit dem Kopf schwenkte sie nach draußen. »Da hocken de olle zum Philo… Philo…«, sie holte noch mal Schwung, »… zum Philodiskrieren, oder wos die hoid so treim.« Endlich hatte Anna eine Adresse, bei der ihr vielleicht jemand weiterhelfen konnte. Eine Bleibe für die Nacht brauchte sie allerdings auch noch, das würde der schwierigste Part sein.

Gestärkt und aufgewärmt, bezahlte sie das feine Essen und ging wieder. Draußen hielt sie nach dem Café Ausschau. Weit konnte das *Größenwahn* nicht sein. Doch an der Ecke Amalien- und Theresienstraße war bloß ein großes Wiener Kaffeehaus namens *Stefanie.* Anna blieb stehen und sah ein paar Schachspielern zu, die trotz frostiger Temperatur im Freien verharrten, als wären sie selbst ein Teil der Figuren. Sie schlenderte weiter, die Straße vor und durch das Viertel. Der Novemberwind fegte zwischen den Häusern hindurch und wirbelte die Herbstblätter auf. Anna setzte wieder die Mütze auf, stülpte zusätzlich den Mantelkragen hoch, da es sie im Nacken neuerdings fror, und bog um die nächste Ecke in die Kaulbachstraße. Vermutlich hatte sie sich bereits viel zu weit von dem Kopfschlenker der Kellnerin entfernt. Besser, sie hätte genauer nachgefragt. Gerade als sie auf die andere Gehsteigseite wechseln wollte, um den Straßenkehrer um Auskunft zu bitten, der einen zweirädrigen Karren schob, hielt ein Automobil mit schwarzem Verdeck vor ihr. Neben den Droschken sah man diese Fahrzeuge vermehrt in der Stadt. Gummireifen, Hupen und Abgasgestank anstelle von Hufgeklapper und Pferdeäpfeln. Am Karlsplatz gab es sogar einen Mietwagenplatz, dort standen die Kraftwagen hintereinander aufgereiht wie in einem Karussell, war Anna bei ihrer Ankunft aufgefallen. Mit großer Geste zog der Fahrer die Bremse und nahm eine Schutzbrille ab, wie sie Piloten oder Maschinisten trugen. Das Gefährt federte nach, als er abstieg, und der Motor ratterte weiter. Er umrundete die großen goldenen Scheinwerfer, um der Beifahrerin, einer Frau, herauszuhelfen. Die schlug seine Hand aus, kletterte lieber selbständig über das Trittbrett aus dem Wagen, beugte sich noch mal zurück, hob eine elegante Samttasche auf, die im Fußraum gelegen hatte, und hängte sie sich um.

»Donna Juana, kann ich nicht doch noch mit nach oben kommen – auf einen Likör?«, hörte Anna ihn flehen.

»Ganz sicher nicht, ich sagte doch, das war's mit uns, ein für alle Mal.« Die Angebetete trug ein bodenlanges schwarzes Kleid mit einer Tournüre, die hinten ausgestellt und gerüscht war, wie es Ruths Modestil war. So saß man auch auf der härtesten Bank bequem, wusste Anna aus eigener Erfahrung, als sie sich selbst einmal, Großtante Vera zuliebe, in solch ein Kostüm gezwängt hatte. Man konnte sich eigentlich kaum bewegen in diesen mit Fischbein, Rosshaar und

Stahl aufgebauschten Dingern, aber diese Frau war darin sehr agil. Über der Tournüre hatte sie ein kurzes kariertes Jäckchen an, auf dem vorne ein Muff baumelte. Auf ihrem Kopf saß ein vielfach gefalteter grüner Hut ohne Krempe, an dem vorne eine große Fasanenfeder klemmte. Donna Juana, das klang spanisch, dachte Anna, und passte zu der mondänen, leicht altmodischen Art der Dame, die stolz und selbstbewusst wirkte. Fehlten bloß noch ein Fächer und Kastagnetten, und ihr Auftritt als Flamencotänzerin wäre gelungen. Anna stellte ihren Koffer ab, drückte sich in eine Nische der Hauswand, wo es nicht gar so arg zog, um das Schauspiel weiter beobachten zu können.

»Willst du mich etwa wie einen Hund in der Kälte stehen lassen?« Er baute sich vor ihr auf und zwirbelte sich den imposanten Spitzbart.

»Mehr kriegst du nicht, wie oft soll ich es dir noch sagen? Danke dir fürs Abholen.« Der Redeweise nach war die Frau weder aus Spanien noch aus Bayern und stammte eher aus Preußen. »Mein Gepäck bitte noch.« Mit einer beiläufigen Geste zeigte sie auf die Rückbank. Er schnaubte wie ein Walross, öffnete die hintere Tür, hob eine große Reisetasche, mehrere Koffer, eine Hutschachtel, eine Truhe sowie einen Korb heraus und stellte alles auf den Bürgersteig. Nach und nach häufte sich dort ein Hausstand an, der kein Ende zu nehmen schien. Zuletzt kam eine große Mappe mit verstärkten Ecken zum Vorschein, die die einer Künstlerin sein könnte.

»Ist das dein letztes Wort?«, versuchte er es erneut.

Die Frau beachtete ihn nicht mehr, wühlte in ihrer Handtasche, bis sie einen Schlüsselbund herauszog.

»Wie du willst, Gräfin, das war das letzte Mal. Komm ja

nicht wieder angekrochen.« Er pfefferte die Mappe auf den Gepäckhaufen, stieg zurück in den Wagen, löste die Bremse und brauste mit Vollgas davon.

Anna musste husten, diese Automobile stanken bestialisch. »Obacht, Ihre Zeichnungen!« Die Mappe drohte in den Rinnstein zu rutschen. Sie hechtete vor und fing sie auf.

»Ach, lassen Sie nur, das Zeug da drin ist sowieso wertlos.« Die Frau sperrte eine zweiflügelige Tür auf und verschwand.

»Warten Sie, was ist mit Ihren übrigen Sachen?«, rief ihr Anna hinterher und drückte die Tür auf, bevor sie ins Schloss fiel. Die konnten doch nicht unbewacht auf dem Gehsteig liegen bleiben. Jeder, der vorbeikam, würde sich bedienen.

»Was kümmert Sie's, Fräulein?« Vom Hausflur aus wandte die Frau sich um und winkte sie herbei. »Oder wollen Sie sich einen Groschen verdienen? Wie eine Gepäckträgerin sehen Sie gar nicht aus.«

»Ich bin auch keine, kann Ihnen aber trotzdem beim Hochtragen helfen.« Anna hielt die Mappe noch immer unterm Arm. Von nahem bemerkte sie nun, dass die spanische Gräfin, oder wer auch immer sie war, deutlich älter wirkte als anfangs gedacht. Den Fältchen und Augenringen nach schätzte sie sie mehr auf Ende dreißig, vielleicht auch schon Anfang vierzig.

»Möchten Sie sich das wirklich antun? Ich wohne im dritten Stock.« Sie machte keine Anstalten, selbst etwas zu nehmen. »Ich hätte meinen Bubi runtergeschickt, falls er zu Hause ist.«

»Einmal kann ich ja gehen«, bot Anna an, wollte die große, prall gefüllte Reisetasche anheben, setzte sie wieder ab. Sie war schwer wie Blei. »Ich stell nur schnell meinen eigenen Koffer in den Flur, wenn's recht ist.« Nicht auszumalen, wenn der gestohlen würde.

»Sind Sie gerade angereist, oder brechen Sie auf?« Die Frau öffnete einen der Briefkästen, die zu einem halben Dutzend an der Wand hingen, nahm einen Stapel Post heraus und schob sie in ihren Muff. F. v. Reventlow stand auf dem Namensschild. Also war sie tatsächlich eine Gräfin. Wenn man noch in Adelstiteln dachte, dann stünde sie als Baronesse einen Rang unter ihr.

»Ich bin wohl eher an der Isar gestrandet.« Eine bessere Erklärung fiel Anna nicht ein. »Falls das in München geht.«

»Oh, das kommt mir bekannt vor, bei mir ist es zwar schon ein paar Jahre her, damals war ich mehr auf der Flucht.«

»Sie wurden verfolgt?«

»Nicht direkt, ich bin vor der Ehe davongelaufen.«

»Das kenne ich«, erwiderte Anna und bereute ihr Vorpreschen zugleich. Hoffentlich musste sie keine weitere Auskunft geben.

Die Gräfin zog ihre dichten Augenbrauen zusammen, so dass sie fast wie die Silhouette eines Vogels wirkten, dann lächelte sie. »Sind Sie wegen des Inserates hier? Da muss ich Sie enttäuschen. Die Stelle ist nicht mehr zu vergeben.«

»Ich, wir …« Zu gern hätte sie gewusst, was für eine Stelle das gewesen wäre. »Also, eine Arbeit werde ich mir sicher bald suchen müssen, ich habe noch nicht mal ein Bett für die Nacht.« O Gott, wie das klang! Was war sie doch für ein Landei, besser, sie hielt vorerst den Mund oder wählte ihre Worte mit mehr Bedacht.

»Ich fürchte, ich kann Ihnen nicht weiterhelfen.« Die Gräfin wirkte nicht so, als ob sie liebend gern in zugigen

Hausfluren stünde und mit einer Fremden ratschte. »Am besten gehen Sie dahin zurück, wo Sie hergekommen sind, so schlimm wird es schon nicht gewesen sein.« Mit einem Mal ließ sie sie stehen, ganz wie ihren Chauffeur vorhin, und stieg die Treppe nach oben. Anna musste sich ranhalten, wenn sie etwas erfahren wollte. Doch alles war so aufregend neu, wie sollte sie sich da im Zaum halten?

»Frau Gräfin Reventlow?« Anna lugte noch mal auf den Briefkasten und hoffte, dass sie den Namen richtig aussprach. »Ich bin Anna von Quast.« Sie räusperte sich, der Hustenreiz machte sich wieder bemerkbar. »Mein Vater ist Christoph von Quast, vielleicht haben Sie schon mal von ihm gehört oder gelesen? Die Todesanzeige, es stand doch in allen Zeitungen. Er ist vor kurzem gestorben, und meine Stiefmutter hat alles geerbt. Mein Zuhause ist nicht mehr das, was es war, da hab ich es nicht mehr ausgehalten.«

»Und was erwarten Sie von mir?« Die Hand am Geländer, verharrte die Gräfin auf den Stufen. »Nur weil Sie behaupten, auch eine Von zu sein, soll ich Ihnen Unterschlupf gewähren?« Wenigstens sprach sie wieder mit ihr. »Ich komme gerade aus Paris und muss selbst zusehen, wie ich meinen Sohn und mich durchbringe, bin mit der Miete seit einem halben Jahr im Rückstand. Adel hin oder her. Wir könnten uns höchstens gegenseitig bedauern.«

»Ich verstehe. Auf Wiedersehen.« Anna schämte sich, dass sie sich ihr anvertraut hatte, nur weil sie, aus welchem Grund auch immer, einen Schimmer Hoffnung gespürt hatte. Sie hob ihren eigenen Koffer auf. »Eins noch, wissen Sie vielleicht, wo ich das *Café Größenwahn* finde? Das ist mir als Künstlertreff empfohlen worden.«

»Oh, da hat Sie jemand auf den Arm genommen, Fräulein von Quast.« Ihr Lachen hallte durchs Treppenhaus. »Diese Wahnmochinger, sie können es einfach nicht lassen. Damit ist das *Café Stefanie* gemeint, ich bin selbst oft dort, wenn mir jemand die Zeche zahlt. Es hat bis drei Uhr nachts auf, und man spart die Heizung in der eigenen Wohnung. Dazu kann man in allen Zeitungen und Magazinen kostenlos schmökern, solange man will. Das Ganze, und das ist die Krönung, bloß für eine einzige Tasse Kaffee. Man wird nicht gezwungen, mehr zu bestellen.«

»Dann darf ich Sie …«, erneut hustete Anna, »zu einem Kaffee einladen?«

»Wenn Sie mir versichern, dass Sie nichts Ansteckendes haben, warum nicht.«

Eva

Am Abend, als sie den anderen von ihrem Ausflug zum Demeterhof erzählten, entfachte sich bereits beim Kochen eine lebhafte Diskussion. Eva war noch irritiert von dem, was beim Gewitter und danach passiert war. Klatschnass, aber fröhlich waren sie in Obermenzing eingetroffen, Maja und sie hatten zusammen noch heiß geduscht.

»Das spart Wasser«, erklärte ihre Freundin. Liebend gern leistete Eva diesen Beitrag zum Umweltschutz. Gegenseitig seiften sie sich den Rücken ein und spülten sich den Schaum aus den Haaren. Als die anderen nach Hause kamen, taten sie so, als sei nichts, berichteten vielmehr von ihren Erlebnissen und was sie über biologisch-dynamischen Anbau gelernt hatten. Maja hatte Lust auf was Süßes und knetete geschwind einen Teig. Eva wollte das selbstgeerntete Gemüse andünsten und bat Udo, ihr beim Schneiden zu helfen. Dann hätte sie Zeit für die Hirsebratlinge.

»Spritzen die Sporers gar nicht?« Er schärfte die Klinge.

»Doch, schon, aber sie verwenden keine Chemie, sondern selbst hergestellte Präparate, die mit Heilpflanzen angereichert werden. Schafgarbe, Kamille, Brennnessel, Eichenrinde, Löwenzahn und Baldrian.« Eva faszinierte das sehr.

»Wusstet ihr, dass der Kunstdünger ein Abfallprodukt aus der Giftgasherstellung ist?«, erklärte Udo beim Gurken- und Paprikaschnippeln. »Nach dem Krieg hatte die chemische Industrie Unmengen Phosphor und Stickstoff übrig und wusste nicht wohin – also ab damit auf die Felder. Wir ersticken langsam alle am Krieg und seinen Folgen. Die Alternative sind nur ungespritzte Lebensmittel wie diese.« Er nahm sich die Karotten vor, biss von einer ab. »Da müssen wir wieder hin. In anderen Ländern Europas gibt es schon Bauern, die wieder mit den alten Methoden arbeiten. Das ist deutlich zeitaufwendiger und arbeitsintensiver, aber es ist wichtiger, geistig, körperlich und wirtschaftlich nicht von den Großkonzernen abhängig zu sein und immer mehr und immer schneller zu produzieren. Nur so können wir diesen Strudel aufhalten.«

»Strudel, hast du was von Apfelstrudel gesagt?« Milo kam herein, begrüßte Eva wie selbstverständlich mit einem zärtlichen Kuss auf den Mund und lockerte damit das ernste Gespräch wieder auf, in das sich Udo, wenn auch zu Recht, hineingesteigert hatte.

Wenige Tage später war die gute Stimmung verflogen, und bei Eva lagen sämtliche Nerven blank. Im Juni reduzierte sie die Stunden in der Apotheke und nahm sich schließlich ganz frei, dennoch glaubte sie, das Staatsexamen nie und nimmer zu schaffen. Bald fing sie, an, die anderen in der WG rebellisch zu machen, lief nur noch mit ihren Büchern vor der Nase durchs Haus, klebte Auszüge aus ihren Formelsammlungen an den Kühlschrank oder auf die Fliesen im Klo und murmelte ständig irgendwelche Fachbegriffe vor sich hin. Dabei vergaß sie ihre Pflichten und hörte kaum noch zu, selbst wenn sie zusammen beim Essen saßen. Mit Maja war alles wie vorher, sie waren beste Freundinnen, weiter nichts. Dafür war Eva dankbar, sie hatte gerade genug um die Ohren und wusste einfach nicht, wo und wie sie anfangen sollte, um die riesige Menge an Stoff aus dem Grundstudium für die Prüfungszeit parat zu haben. Es konnte alles drankommen, aber wie sollte sie dieses Alles in ihren Kopf reinkriegen? Wenn sie nur daran dachte, bekam sie Herzflattern. Sie konnte kaum ruhig auf einem Stuhl sitzen, und an Schlaf war sowieso nicht zu denken. Zwanzig Gramm vom neunhundertfünfundzwanziger Silber entsprechen … Als sie in ihrem Zimmer am Schreibtisch über einer Formel in chemischer Analytik brütete, stand plötzlich Milo hinter ihr und küsste sie ins Haar. Auch wenn sie sich freute, ihn zu sehen, passte es ihr gerade gar nicht. Sie hatte ein Bein angezogen, schrieb und radierte über ihr nacktes Knie hinweg. Bei der Hitze, die herrschte, liefen sie in der WG alle nur in Unterwäsche oder gleich nackt durchs Haus.

»Ich hab endlich die Negative von unserer Reise entwickeln lassen, Eva. Magst du sie sehen?«

»Mmh.« Sie kam gerade nicht drauf, wie hoch die Konzentration von Silbernitrat war, wenn man es nach der Auflösung auf einen halben Liter auffüllte.

»Oder stör ich?« Er stützte sich auf ihre Stuhllehne, beugte sich über sie und schaute auf ihre Notizen. Der Duft seiner Haut, der holzige Geruch, der auch etwas von Mandarine und Vanille hatte, vermischt mit seinem Schweiß, hüllte sie ein. Sie wandte sich um. Milo war oberkörperfrei, in schlabbrigen Boxershorts, und seine Brusthaare glitzerten. An Weiterlernen war sowieso nicht mehr zu denken.

»Ich dachte, wir könnten ein paar Fotos im Wohnzimmer

oder im Flur aufhängen, und ein oder zwei Bilder möchte ich bei einem Fotowettbewerb einreichen, falls du glaubst, dass ein paar brauchbare dabei sind«, sagte er, nachdem sie ausgiebig geknutscht und gefummelt hatten und Eva einen Moment durchatmete. »Das *Fotomagazin* schreibt einen Wettbewerb aus.« Am liebsten würde sie aus sich selbst aussteigen. Warum war ihr Hirn bloß so begrenzt? Doch jetzt gab's nur Milo. Sie breitete die Abzüge auf dem Bett aus und betrachtete sie. Die meisten Aufnahmen waren Porträts von ihr. Dabei hatte sie gedacht, er hätte bei ihrem Ausflug im Frühjahr mehr die Landschaft am Gardasee fotografiert. Eines gefiel ihr besonders. Nicht weil sie selbst darauf war, sondern wegen des Moments, den er festgehalten hatte. Schräg von oben. Man sah kaum ihr Gesicht, nur ihre braunen Locken, die sie zu zwei losen Zöpfen geflochten hatte. Sie trug die leuchtend rote Bluse mit der Stickerei an den Säumen, die eigentlich Maja gehörte und ihr etwas zu kurz war. Man sah ihre nackten Oberschenkel. Vom Steg aus schöpfte sie Wasser in eines ihrer leeren Aromafläschchen. Auf diese Weise hatte sie sich den Gardasee für die Ewigkeit aufbewahren wollen. Das Rot der Bluse und der grünblaue See, der im Sonnenlicht leuchtete – das Foto war besonders. »Was gibt's zu gewinnen?«

»Das Siegerfoto kommt auf den Titel, der zweite und dritte Preis werden im Heft abgebildet. Falls ich es in die Endauswahl schaffe, könnte mir das vielleicht bei den Vorstellungsgesprächen helfen.«

»Wieso, suchst du noch einen Job?« Neben dem Studium kellnerte er in einer Kneipe, jetzt, in den Semesterferien, die ganze Woche durch.

»Ich breche ab. Geschichte und Germanistik – was soll

ich damit? Schriftsteller werden? Dafür brauche ich keinen Doktortitel. Lieber mache ich eine Fotografenausbildung, das liegt mir mehr als Kaiser Wilhelm und Thomas Mann.«

»Wow, das sind ja großartige Neuigkeiten!« Sie umarmte und küsste ihn noch mal.

»Und jetzt du, zeig mal her.« Mit seinem ausgestreckten Arm, in dem sie lag, hangelte er sich die Mappe mit den Übungsblättern heran. »Ich dachte, du musst was Praktisches machen, ein Experiment oder eine Salbe mischen, aber das ist ja nur ankreuzen.«

»Nur ist gut.« Eva fiel es schwer zu lachen. »Fünf mögliche Antworten, also steht es eins zu fünf, dass ich durchfalle.«

»Jedenfalls in Mathe würdest du schon mal bestehen.« Er grinste.

»Aber Mathe kommt nicht dran, sondern anorganische und organische Chemie, pharmazeutische Biologie und Humanbiologie, dazu Physik, physikalische Chemie und pharmazeutische Analytik und die Arzneiformellehre. Aber die kann ich einigermaßen.« Sie zeigte auf den Bücherstapel, aus dem unzählige Lesezeichen ragten.

»Na, siehst du, ein Anfang, und den Rest kriegen wir gemeinsam hin. Wie lange hast du noch Zeit?«

»Einen Monat, am vierundzwanzigsten August fängt das Examen an und dauert bis zum siebenundzwanzigsten, pro Tag kommt ein Fach dran.«

»Vier Wochen, vier Fächer, vier Tage, passt doch.« Er stand auf, lief hinaus, kam mit einem Stapel Karteikarten zurück und setzte sich wieder zu ihr aufs Bett. »Wie wäre es, wenn du dir für jeden Prüfungstag eine Woche Zeit nimmst und die Aufgaben durchgehst, nur die für ein Fach oder

Thema, damit du dich nicht verzettelst. Und wenn du eine Frage falsch beantwortet hast, schreibst du die Frage auf so eine Karteikarte und hintendrauf die richtige Lösung. Das Gleiche mit den Formeln und was du alles noch können musst. Und nur die falschen gehst du am Ende der Woche noch mal durch. So hab's ich bei der letzten Klausur gemacht.« Er zeigte ihr die Karten, die mit seiner feinen Handschrift säuberlich gefüllt waren. *Franz Kafka: Die Verwandlung. Was denkt Gregor Samsa über seine Arbeit und sein Leben, und wie ist seine Gefühlslage zu deuten?* Manche Wörter in den Antworten auf der Rückseite hatte er sogar mit Leuchtstift markiert. *Gregor hasst seinen Beruf als Handelsvertreter, kann aber nicht kündigen, weil er mit seinem Einkommen die Familie über Wasser hält. Außerdem muss er damit auch noch die Schulden seines Vaters abbezahlen.*

»Verständlich, dass Samsa sich in einen Käfer verwandelt, um all den Verpflichtungen zu entkommen«, sagte Eva, als sie es gelesen hatte. Sie seufzte nach Apothekerart. Trotzdem, so wie Milo das Lernen vorschlug, klang es einfach. »Meinst du, mir könnten auch ein paar Arme und Beine mehr wachsen, damit ich es schaffe, oder am besten gleich noch ein Hirn dazu?«

»Mal nachsehen, ob ich die Stelle finde, wo noch Platz für etwas Neues wäre.« Er drückte sie wieder an sich.

Anna

Nicht alles für bare Münze nehmen, was ihr gesagt wurde, war die erste Lektion, die sie von den Schwabinger Künstlern lernte. Anspielungen, Ironie und Humor, das waren ihre Werkzeuge. Wobei auch das mit der Münze eine Anspielung war, denn kaum einer der Wahnmochinger hatte Geld. Die meisten lebten auf Pump, und im *Café Stefanie* durfte man anschreiben lassen. Oberkellner Arthur führte Buch. »Schreib's an«, hieß es nur beim Hinausschwirren, wenn die Kunst wieder rief. Tausend Eindrücke und Erlebnisse schwirrten auch Anna durch den Kopf, als sie um kurz nach eins in einem quietschenden Messingbett lag. Zum Glück allein, anfangs hatte sie geglaubt, dass sie sich ihr Nachtlager mit jemandem teilen oder warten musste, bis ein Schlafgänger sein Quartier für ein paar Stunden räumte. Doch dann erhielt sie tatsächlich ein Zimmer in einer Dachschräge, das genug Platz bot, um den Rest der Nacht durchzuatmen, sich zu sammeln und all das, was sie bisher erlebt hatte, zu verarbeiten. Eine halbe Stunde zu Fuß vom Schwabinger Zentrum und der Akademie weg, war sie in einer Pension abgestiegen. Mehr gewankt, als gegangen, weil sie leicht beschwipst war. Obwohl sie nach ein paar Schlucken Wein bereits aufgegeben hatte. Anna mochte das schwurbelige Gefühl nicht, das Alkohol in ihr auslöste. Sie blieb lieber klar, um nichts, was sie hörte und erlebte, zu vergessen. Begleitet hatten sie zwei ehemalige *Kosmiker*, die beide vom Alter her ihre Väter hätten sein können. Anna hatte erst Komiker verstanden und angenommen, sie hätten ernsthaft dem Witz den Rücken gekehrt, da sie ausschließlich über Dichter der Antike debattiert hatten. Der eine mit wallenden weißen Haaren und einer Boxernase hieß Stefan oder Georg, was davon der Vor- oder der Nachname war, wusste sie nicht, der andere Wolfskehl, ein sehr klangvoller Name für einen Mystiker, wie sie fand. Er trug eine schwarze Nickelbrille mit starken Gläsern. Fanny, wie sie im Laufe des Abends die Gräfin nennen durfte, hatte ihr versichert, dass sie ohne Bedenken mit den beiden Herren mitgehen könnte, Wolfskehl wäre einer ihrer Liebhaber, auf ihn hätte sie allein das Patent. Dabei war er verheiratet und hatte zwei Töchter mit einer Holländerin, wie Anna unterwegs erfuhr. Und der andere hätte an unsereins sowieso keinen Gefallen, versicherte ihr die Gräfin. Anna hatte kurz gebraucht, um zu verstehen, auf was sie dabei anspielte. Dass es auch mehr Spielarten der Liebe gab als nur zwischen Mann und Frau. Allerdings wäre sie auch allein losgezogen. Momentan, und auch mit ihrer neuen Frisur, für die sie nur Komplimente erhielt, fühlte sie sich unbesiegbar. Niemand konnte oder durfte ihr mehr etwas antun. In der Belgradstraße siebenundfünfzig angekommen, warteten ihre Begleiter noch, bis der Pensionswirt öffnete. Anders als in der Innenstadt, wo es bereits Bogenlampen mit Strom gab, leuchteten in der Pension *Fürmann* noch Gaslaternen. In ihrem Schein wirkte das hohe, schmale Gebäude mit seinen Torbögen wie ein Pferdestall.

»Man sieht sich, Jungfer Anna, eine geruhsame Nacht.«

Herr Georg Stefan oder Stefan Georg nahm seinen Zimmerschlüssel in Empfang, hakte seinen Kosmikerkumpan unter und zog ihn zu einem Nebengebäude. Dem Gärtnerhaus, wie der Wirt erklärte, den Wolfskehl wohl wegen seines gezwirbelten Schnurrbarts als Buffalo Bill begrüßt hatte. Anna folgte dem Westernhelden, der eine Petroleumleuchte hielt, ins Haus und trug sich ins Gästebuch ein.

Als der Wirt ihren Eintrag las, schaute er auf. »Sind Sie die Tochter des Botanikers Christoph von Quast?« Sie nickte, räusperte sich, es kitzelte wieder im Hals, dabei glaubte sie, nach diesem Tag den Husten besiegt zu haben. »Mein Beileid, ich hab's in der Zeitung gelesen.« Er kondolierte ihr, als sie die Fäustlinge abgestreift hatte.

»Kannten Sie meinen Vater?« Nun hustete sie doch.

»Nicht persönlich, aber beruflich habe ich ihn geschätzt, und seine Vorhaben imponierten mir. Als ich noch Apotheker in Wien war, habe ich von den Expeditionen Ihres Vaters in der *Gartenlaube* gelesen.«

»Da stand etwas über ihn? Das wusste ich gar nicht.« Die *Gartenlaube* war eine Illustrierte, die ihre Mutter gern gelesen hatte. Anna erinnerte sich noch an die vielen Bilder, die sie als Kind anmalen durfte, und manchmal hatte Mamá ihr daraus vorgelesen. Dass Papá darin erwähnt worden war, hatte Anna niemand gesagt, oder sie hatte es vergessen.

»Liegt schon ein paar Jahre zurück. Aber ich hab den Artikel bestimmt aufgehoben, wenn ich ihn noch finde, kriegen Sie ihn. Durch Christoph von Quast, ja, das kann ich rückblickend sagen, fühlte ich mich damals bestärkt, auch meinem Fernweh nachzugeben. Ich habe meinen Beruf an den Nagel gehängt, bin zur See gegangen und habe Amerika durchstreift.« Kurz dachte Anna an Dietmar, der Ähnliches vorhatte. Er hatte im Oktober Geburtstag gehabt, war achtzehn geworden, und sie hatte ihm kurz per Post gratuliert, aber nie eine Antwort erhalten. Sie alle zog es hinaus, auf den Spuren ihres Vaters. »In Chicago habe ich meine große Liebe kennengelernt, Lulu, meine Frau.« Er lächelte. »Manche müssen Meere überqueren, andere finden ihre große Liebe in der Nachbarschaft.«

»Ist Ihre Frau Amerikanerin?« Anna schwankte schon vor Müdigkeit, aber sie wollte nicht unhöflich sein, und außerdem gefiel ihr die Geschichte. Die große Liebe, also gab es so etwas nicht nur in Romanen.

»Lulu ist die Tochter eines Methodistenpfarrers. Nach den langen Jahren meines Umherziehens wollten wir uns irgendwo auf dem Land niederlassen und eine Farm aufbauen. Durch Zufall erfuhr ich, dass ich dieses Grundstück in München geerbt habe, und so sind wir hier gelandet und bieten nun anstelle von Rindern und Federvieh dem Künstlervolk Kost und Logis. Wie lange haben Sie vor zu bleiben, Fräulein von Quast?«

»Ich weiß noch nicht genau, ein paar Tage vielleicht oder auch länger.« Wochen wagte sie nicht zu sagen, sie mietete sich schließlich in einer Pension ein und nicht in einer Mietswohnung. Hinter vorgehaltener Hand gähnte sie.

»Ganz wie's beliebt. Aber ich glaube, jetzt wird's Zeit, dass Sie sich ausruhen, wir können unser Gespräch ein anderes Mal fortsetzen.« Er hob einen weiteren Schlüssel von einem der Haken an der Wand. Auf dem hölzernen Knauf war eine große Siebzehn eingekerbt.

»Und die Bezahlung?« Normalerweise beglich man die Rechnung in Unterkünften vorher oder streckte sie vor, nahm sie an.

»Das regeln wir morgen.« Auch er gähnte, rieb sich den Nacken und führte sie durch einen gemütlich eingerichteten Speisesaal mit hohen Schubkastenschränken, holzverkleideten Nischen zum Sitzen, darüber Borde mit verzierten Tellern und Blechdosen. Vor dem Umbau war dieser Raum tatsächlich ein Pferdestall gewesen, erklärte er ihr. Sie folgte ihm eine knarrende Wendeltreppe nach oben, wo sich hinter einer Luke ihr Zimmer offenbarte. Er gab ihr die Lampe, mit der er vorausgegangen war. »Schlafen Sie gut! Ab sieben gibt's mein Spezialfrühstück, und nicht später als bis elf, wenn's recht ist, sonst nennt es sich anders.«

So lag sie, vielmehr saß sie kurz danach unter einer gemütlichen Dachschräge im Bett, an die Metallstangen vom Kopfende gelehnt. Sie schob sich ein Kissen in den Rücken, zog die Beine an und schlug ihr Notizbuch auf, um all das, was sie heute erlebt und erfahren hatte, aufzuschreiben. Sie holte die Haarsträhne aus dem Koffer, die ihr der Friseur mitgegeben hatte. Eingerollt und mit einer Schleife versehen, aber wenn man sie auswickelte, wäre sie über einen Meter lang. Sie könnte sie Dietmar schicken, ihm von allem berichten. Aber dann entschied sie sich dagegen. Eine Haarlocke seiner Stiefschwester, die er vor den anderen Soldaten auspackte, als wären sie ein Liebespaar – nein, sie wollte ihn nicht in Verlegenheit bringen oder ihn noch bestärken. Dass er ihrer beider Anfangsbuchstaben in die Linde geritzt hatte, war Zeichen genug. Für sie war er ein lieber Bruder und dadurch auch ein ferner Freund, mehr nicht.

Dass es sich beim *Stefanie* um ein Künstlercafé handelte, war auf den ersten Blick nicht zu erkennen gewesen. Vielleicht hatte Anna erwartet, dass einige Gäste Malerkittel trugen oder zumindest mit dem Skizzenblock auf dem Schoß hier saßen, die Musiker unter ihnen etwas aufspielten oder die Schriftsteller ihre Gedichte vortrugen. Kaum war sie am Nachmittag mit der Gräfin Reventlow im *Stefanie* eingetroffen, geriet Anna in diesen Sog aus Inspiration, wie sie gehofft hatte. Fanny steuerte als Erstes einen Tisch weiter hinten an und begrüßte Erich Mühsam, einen Dichter, Reiseschriftsteller und Satiriker mit Vollbart, strubbeligen Haaren und einem Zwicker auf der Nase, wie ihn Annas Vater getragen hatte. Mühsam hatte sie vorhin schon draußen beim Schach gesehen. Anscheinend war es ihm doch zu kalt geworden. Als er aufstand, war er von zerbrechlicher Gestalt. Trotz mehrerer Schichten, Hemd, Weste und Jackett, schlackerte seine Kleidung. Er begrüßte die Gräfin überschwänglich mit einer Umarmung und küsste Anna die Hand, als Fanny sie vorstellte.

»Zwei adelige Fräuleins, und noch dazu von solch kühner Schönheit, welche Ehre. Bestellt euch doch bitte etwas, auf meine Kosten, versteht sich. Ich brauch noch ein Weilchen, bis die Partie zu meinen Gunsten entschieden ist.« Das würde nicht lange dauern, dachte Anna, angesichts der wenigen Figuren, die noch standen. Doch kaum saß Mühsam wieder vor dem Schachbrett, versteinerte er beim Sinnieren über den nächsten Zug, genauso wie sein Gegenüber. Ein gewisser Alfred Kubin, der sie ebenfalls freundlich begrüßt hatte. Ein Zeichner, Philosoph und Schriftsteller, erklärte Fanny, als sie die Herren in Ruhe ließen, um sich einen eigenen Tisch zu suchen. In Wahnmoching hätte jeder mindestens drei Berufe oder mehr, und Gräfin Fanny schien ein Tausendsassa zu sein. Nahe beim Kohleofen genossen sie zu Streuselkuchen mit Schlagrahm einen Café au Lait, der sich als gewöhnlicher Milchkaffee entpuppte. Anna war froh zu sitzen, doch die Gräfin hielt es kaum auf dem Stuhl. Sie rutschte hin und her, schlug die Beine übereinander und zupfte an den Samtbordüren ihres langen Rockes, bis sich eine löste und sie sie ganz abtrennen musste. Dann schüttete sie sich mehrere Löffel Zucker in den Kaffee, rührte kräftig, bis er überschwappte, und goss sogar noch mal Milch dazu. Zuletzt winkte sie Arthur, bat ihn, das ungenießbare Gebräu wieder mitzunehmen, und bestellte sich ein zweites Stück Kuchen, nein, doch lieber einen Nelkenpunsch, sie hätte keinen Appetit. Gerade als Anna anfing, sich zu fragen, ob es an ihr lag und ob Fanny lieber in Gesellschaft ihrer Bekannten wäre, als mit ihr, einer Fremden, die sich ihr aufgedrängt hatte, Kaffee zu trinken, sprang sie auf und schnorrte sich bei einem Herrn Ringelnatz vom Billardtisch eine Zigarette. Nach dem ersten Lungenzug, als sie sich wieder gesetzt hatte, wirkte sie ruhiger. »Dann sag mal, Anna von Quast, was hast du in München vor?« Schon auf dem Weg ins Café hatte sie ihr das Du angeboten.

»Eigentlich wollte ich mich auf der Kunstakademie vorstellen.« Und sie erzählte, was ihr passiert war. »Woher hätte ich wissen sollen, dass Frauen nicht zugelassen sind?«

»Wenn wir uns nicht nehmen, was wir wollen, kriegen wir es nie«, erwiderte Fanny, und Anna war erleichtert, dass die fast doppelt so alte Frau sie nicht für allzu naiv erklärte. »Ich habe auch keine akademische Ausbildung, aber trotzdem schon mehrfach versucht, meinen Lebensunterhalt mit der Malerei zu bestreiten.«

»Und hattest du Erfolg?«, fragte Anna, die nichts von Malerei und auch noch nichts davon gesagt hatte, was sie studieren wollte.

Fanny zupfte sich einen Tabakkrümel von der Zunge.

»O ja, erzähl ihr von deiner Glasmalerei.« Erich Mühsam beugte sich über ihr Marmortischchen. »Wie du Hunderte von Gläsern mit oberbayerischen Landschaften und Christusszenen bemalt hast, um sie den reichen Touristen in Oberammergau bei den Passionsspielen anzudrehen.«

»Du hast es ja jetzt schon vorweggenommen, mehr gibt's dazu nicht zu sagen.« Die Gräfin drückte ihre Zigarette im Aschenbecher aus und schaute zu Kubin. »Wer hat gewonnen?«

»Remis, das kann ich nicht auf mir sitzen lassen, wir müssen noch mal.« Mühsam ging zum Tisch zurück, wo sein Schachkollege die Figuren wieder aufstellte.

»Leider habe ich so gut wie keines der Gläser verkauft«, ergänzte sie dann doch, als er fort war. »Ich habe mir sogar extra eine Bude in Oberammergau direkt neben dem Eingang gemietet, aber das Wetter hat mir einen Strich durch die Rechnung gemacht. Es schüttete fast ununterbrochen, die Leute rannten ins Theater, ohne sich auch nur einmal meine Sachen anzusehen. So musste ich alles wieder mitnehmen, blieb dazu auf meinen Ausgaben für das Material, die Gläser und die Transportkisten sitzen.«

»Und danach?«, fragte Anna und meinte eigentlich, mit was sie sonst ihren Lebensstil finanzierte.

»Dann habe ich sie ersäuft.« Erneut winkte sie dem Kellner und bestellte sich eine Weißweinschorle. Anna hatte ihren Kaffee noch nicht mal ausgetrunken. »Im Englischen Garten. Ich habe ein Boot gemietet und wäre um ein Haar noch verhaftet worden, als mich ein Parkwächter erwischte, wie ich die Kisten auf dem Kleinhesseloher See über Bord warf. Du merkst, falls du Vorschläge brauchst, wie du als

Frau überleben, vielleicht auch eines Tages sogar wohlsituiert leben kannst, dann bist du bei mir an der falschen Adresse. Die einzige Ausbildung, die ich gegen den Willen meiner Eltern abgeschlossen habe, ist die in einem privaten Lehrerinnenseminar in Lübeck.«

»Du bist Lehrerin?« Es wurde immer spannender, fand Anna.

Fanny richtete sich auf und klopfte sich auf die Brust. »Befähigt zum Unterricht an höheren und mittleren Mädchenschulen. Dabei wurde ich seinerzeit wegen nicht zu bändigender Widerspenstigkeit vom Mädchenpensionat geworfen. Du siehst, innerhalb meiner neununddreißig Jahre habe ich so gut wie nichts ausgelassen, und wenn doch, will ich es auf der Stelle nachholen. Ich bereue nichts, nicht mal die ganz dunklen Zeiten, als ich meine Mädchen verloren habe.« Sie hielt kurz inne, kratzte auf der Tischplatte herum.

Anna vermutete, dass sie damit ihre eigenen Kinder meinte, traute sich aber nicht nachzufragen. »Und dein Sohn, wie alt ist er?«

»Rolf ist dreizehn. Ja, meine Maus wird erwachsen und wächst mir bald über den Kopf. Ist zwar leicht bei meiner Größe, trotzdem nicht mehr lange, und er geht seiner Wege. Darum fällt es mir auch so schwer, länger getrennt von ihm zu sein. Während ich in Paris war, durfte er bei Freunden in Solln wohnen, Fädchen und ihr Kapellmeister helfen mir immer aus, wenn es brenzlich wird.«

Zu gern hätte sie mehr über Paris gewusst und was dort vorgefallen war, aber Anna wollte nicht indiskret sein. Dafür, dass sie sich erst seit ein paar Stunden kannten, hatte sie bereits sehr viel Privates von der Gräfin erfahren. »Ist Fädchen Schneiderin?« Die Leute in Fannys Umfeld hatten skurrile Namen, fiel ihr auf.

»Stimmt, das könnte sie sein, aber nein, Philippine Landshoff ist Sängerin. Dadurch lebt Rolf gelegentlich in einem Haus voller Musik, was ich wichtig finde. Aber jetzt zu dir. Wie hieß deine Stiefmutter vor der Heirat mit deinem Vater?« Fanny leerte ihren Punsch in schnellen Zügen, bestellte einen Strammen Max und eine Flasche Sekt mit zwei Gläsern.

»Ruth Weiser, bevor sie eine von Quast wurde.«

»Dachte ich es mir, dass an dem Gerücht etwas Wahres dran ist. Natürlich die Weiserin, das war eine Kollegin von mir im Salon B.«

»Ist das ein Friseursalon?« Wo Ruth vor der Verlobung gearbeitet hatte, hatte Anna nämlich bisher nicht herausgefunden.

»Man kriegt zwar vieles bei Madam X, aber eine neue Frisur – nein. Deine gefällt mir übrigens sehr, ich hatte auch mal kurzes Haar, sogar noch kürzer als deins, aber ähnlich lockig, als ich jung war.« Die Bestellung kam, der Kellner schenkte ihnen den *Henkel Trocken* ein, und Fanny stieß mit ihr an. Der Sekt prickelte auf der Zunge, als Anna daran nippte. Ruth in einem Salon – was hatte das zu bedeuten? Doch es dauerte, bis Fanny weitererzählte. Sie leerte auch dieses Glas gleich in einem Rutsch, dann aß sie erst das Brot mit Schinken und Spiegeleiern. »Bei Madam X durften wir uns pompös kleiden«, fing sie kauend wieder an. »Gegen Pfand und einen Abend lang. Ich war nur gelegentlich im Salon und nur, wenn es gar nicht anders ging. Wie hast du gesagt, als wir uns vorhin kennengelernt haben? Gestrandet, ja, das bin ich in diesem Etablissement. Ich wollte aber niemals meine Freiheit und Unabhängigkeit aufgeben und zu einer Festangestellten werden. Wie es bei der Weiserin war, kann ich dir nicht sagen. Mit deiner Stiefmutter habe ich nichts zu tun gehabt, aber mich dann doch gefreut, als ich hörte, dass eine von uns den Absprung in was Besseres geschafft hat.«

»Willst du damit andeuten, dass sie von Beruf eine …« Anna wusste nicht, wie sie es aussprechen sollte, ohne das Schimpfwort zu benutzen und die Gräfin zu brüskieren.

»Als Beruf würde ich es nicht bezeichnen, obwohl es manche als Berufung sehen, sich nicht nur einem hinzugeben, wie es die Ehe verlangt.« Ihre Offenheit imponierte ihr. »Eher als ›Not macht erfinderisch‹ oder auch als Ausnutzung einer Notlage würde ich es bezeichnen. Wobei das Ganze selten im Liegen stattfindet. Die Herren wollen es nicht missionarisch und anders als bei der braven Ehefrau.« Fanny verschlang das zweite Ei. »Wir müssen unsere Kinder durchbringen. Hat die Weiserin nicht auch einen Sohn?« Anna nickte, trank hastig aus ihrem Wasserglas, um die Röte zu verbergen, die ihr, bei allem, was sie hörte, bestimmt sichtbar ins Gesicht gestiegen war. Hatte Vater Ruth in diesem zwielichtigen Salon zum ersten Mal getroffen? Ausmalen wollte sie es sich besser nicht. Ihre Stiefmutter ausgenommen, fand sie es schrecklich, zu was Frauen gezwungen wurden, nur weil ihnen die Mittel fehlten. Das erklärte Ruths Härte ihr gegenüber, vermutlich hatte sie einiges durchmachen müssen. Im Nachhinein brachte Anna nun fast ein wenig Verständnis für sie auf, auch wenn das Verhalten ihr gegenüber unverzeihlich war. Vergeben und verzeihen, das war ein kleiner, aber ein wesentlicher Unterschied. Es musste doch auch andere, bessere Möglichkeiten geben, um allein und frei als Frau zu leben, wie es die Gräfin anscheinend immer noch anstrebte.

»Moment, der Graf Oskar hat bestimmt noch einen Rauch für mich.« Erneut war sie aufgesprungen und bettelte einen Burschen in bayerischer Tracht um einen weiteren Glimmstängel an. Mit Loferl an den nackten, kräftigen Waden saß er auf einem Barhocker.

»Noch ein Graf?«, fragte Anna, als sie nach einer kurzen Unterhaltung mit einem braunen Zigarillo zurückkehrte. Ihr war etwas schwindelig, der Sekt stieg ihr zu Kopf.

»Nein, der heißt nur so, er ist gelernter Bäcker und stammt vom Starnberger See und ist eigentlich Schriftsteller, Provinzschriftsteller, als den er sich selbst bezeichnete. Er will sich ein Maria zwischen die Namen schieben, um aus dem einfachen Oskar Graf ein Oskar Maria Graf zu machen, wie bei Rilke.«

»Rilke?«

»Na, der Rainer Maria, ich dachte, den kennst du, er schreibt auch für den *Simplicissimus.*« Von dem hochgelobten und vielgescholtenen Satiremagazin hatte Anna schon gehört. Die rote Bulldogge, das Markenzeichen auf dem Titelblatt, war ihr gleich beim Reingehen aufgefallen, vorne im Regal, wo die Zeitschriften lagen.

»Eine Zeitlang hat mir der Rilke jeden Morgen ein Gedicht in den Briefkasten geworfen.« Fanny lachte. »Ist lange her. Na ja, wir sind ja auch schon siebenmal umgezogen, der Bubi und ich. Sag mal, kannst du Fremdsprachen?« Urplötzlich wechselte sie das Thema.

»Etwas Französisch, Italienisch, Spanisch und Englisch. Und ein bisschen Latein.« Von dem vielen ungewohnten Rauch, der in immer dichter werdenden Schwaden in der

Luft hing, tränten Anna ohnehin schon die Augen, nun kam noch der Gestank eines selbstgedrehten und wahrscheinlich im eigenen Dachboden getrockneten Zigarillotabaks dazu, der nach Moder roch.

»Respekt, das ist mehr, als mir beigebracht wurde.« Fanny schmeckte der Zigarillo. »Französisch ist mein Metier, aber ich könnte meinen Verleger fragen, ob er jemanden für eine Übersetzung aus dem Italienischen oder Englischen braucht. Es gibt nur ein paar Pfennig pro Seite, aber das läppert sich, besonders bei einem Roman, da mögen es die Leser sowieso gerne, wenn man etwas ausschmückt. Traust du dir das zu?« Etwas mit Büchern, das würde Anna gefallen. Doch bevor sie antworten konnte, kam Erich Mühsam zurück und zog die Gräfin zu sich. Sie taten geheimnisvoll, sprachen nur in Andeutungen. Es ging um eine Scheinehe, die Fanny eingehen sollte mit der Aussicht einer hohen Erbschaft. Anna spürte, dass sie lieber unter sich sein wollten, um die Vor- und Nachteile eines solchen Arrangements ausführlich zu besprechen. Sollte sie sich unter einem Vorwand woanders hinsetzen oder einfach gehen? Sie könnte sich auch den Zeitschriften widmen, die sie sowieso lockten. Doch wieder kam ihr die Gräfin zuvor. »Warte, Erich, ich stell Anna nur kurz die Malweiber vor, die heute ihren monatlichen Stammtisch haben.« Eine Gruppe von Frauen hatte ein paar Tische zusammengestellt und nahe des Ausschanks Platz genommen. Die Gräfin stand auf und bat Anna, ihr zu folgen. »'n Abend, die Damen, hört euch bitte an, was meine neue Freundin in der Königlichen erlebt hat.« Anna kam sich ein bisschen vorgeführt vor, wie sie so vor lauter rauchenden und trinkenden Frauen, die durchweg älter waren als sie, ihr Erlebnis in der Akademie noch mal erzählen sollte.

Ihr Unbehagen fiel anscheinend einer Frau auf, die das braune Haar wie einen dicken Kranz um den Kopf gesteckt trug. Sie saß auf der plüschroten Bank neben der Garderobe. »Na, komm her, Freundinnen von Fanny sind auch bei uns herzlich willkommen. Setz dich.« Sie stupste ihre Nachbarin an, rückte nach und klopfte auf den freien Platz neben sich. »Und Königsgeschichten hören wir doch alle gern. Ich bin Cläre, Cläre Neuhaus, und das sind Minna Tube, Gabriele Münter, Käthe Kollwitz ...« Sie zählte noch viele weitere Namen auf, die Anna sich zu gern gemerkt hätte, die ihr aber jetzt, beim Notieren im Bett, einfach nicht mehr einfielen.

Als Anna neben Cläre saß, stellte auch sie sich vor. Die anderen fragten, wo sie herkam und was sie vorhatte. Laut vor sich selbst und vor solch bedeutendem Publikum äußerte sie zum ersten Mal ihren Wunsch. »Ich will Keramikerin werden!« Als sie vom Türsteher der Akademie erzählte, war die Empörung groß. In Russland durften Frauen seit bald vierzig Jahren Kunst studieren, wusste Frau Kollwitz. Ob sie das hier in Deutschland jemals erleben würden, bezweifelte Minna Tube, die mit einem Maler namens Max Beckmann verheiratet war, aber zurzeit lieber Sängerin als Malerin sein wollte.

»Es ist doch das alte Lied. Den Männern werden die Kunstinstitute, Lehrkräfte und Lehranstalten ohne weitere Kosten angeboten, dazu noch Geselligkeit und Anregung vom ersten Betreten der Stadt an, während wir erst die Zeit, um uns zu entfalten, zwischen Kindern und Haushalt finden müssen.«

»Zusammen mit den Mitteln und Wegen, uns fortzubilden«, ergänzte Frau Münter, die eine bauschig-glänzende Bluse unter einem dunklen Wickelkleid trug.

»Oft unter großen Opfern und auch Gefahren«, wandte wiederum Frau Kollwitz in ihrem ostdeutschen Dialekt ein. Sie war eine ältere Frau, mit einem feinen, ausdrucksstarken Gesicht wie in Holz geschnitzt. Über ihrem Dutt trug sie einen hellgrauen Hut mit breiter grüner Schleife. Andere stimmten ihnen zu und vertieften sich bald wieder in eigene Gespräche.

Cläre Neuhaus widmete sich Anna. Sie war Malerin, stammte gebürtig aus Hannover und hatte sich vor sieben Jahren auf der Damenakademie eingeschrieben.

»So etwas gibt es?« Mit dieser einen Frage brandeten gleich tausend neue in Anna auf.

»Das war Hilfe zur Selbsthilfe, gegründet von lauter Leidtragenden, denen die Ausbildung verwehrt wurde. Sieh dich um.« Sie zeigte in die Runde. »Wir existieren jetzt seit 1884. Außer den Sommerkursen am Chiemsee haben wir zwar keine direkte Keramikklasse, aber wir suchen uns sowieso unsere Lehrer selbst aus, vielleicht ergibt sich etwas in deiner Richtung im nächsten Jahr. Das Gestalten mit Ton begeistert viele, und es hilft, sich in der räumlichen Darstellung zu üben, wenn man später wieder vor der Staffelei steht.« Sie hatte ihr Studium dieses Jahr beendet, war seit kurzem ordentliches Mitglied des Vereins und zuständig für die Neuaufnahmen. »Nur leider musst du dich noch in Geduld üben, Anna.« Wie schon mit der Gräfin redeten sich die Künstler nicht nur alle mit Vornamen an, sie duzten sich auch. »Mittlerweile erhalten wir aus ganz Europa Anfragen, unsere Warteliste ist lang. Voraussichtlich haben wir erst im nächsten Semester, also ab April, wieder einen Platz, um den du dich bewerben kannst.« Das bedeutete, dass sie die nächsten vier Monate mit etwas anderem überbrücken musste. »Solange könntest du Privatstunden nehmen«, schlug Cläre vor. »Ich weiß ja noch nicht, wie talentiert du bist, aber ich würde es dir sowieso empfehlen, denn unsere Aufnahmeprüfung ist eine Herausforderung, und wir haben, wie gesagt, nur sehr wenige Plätze zu vergeben. Wilhelm Hüsgen betreibt eine Bildhauerschule in der Ainmillerstraße. Er verlangt einiges für seine Stunden, aber er weiß die Schülerinnen gut vorzubereiten.« Einzelstunden bei einem Bildhauer? Das überforderte Anna, sie hatte zwar gehofft, bildnerische Techniken von Grund auf zu lernen, um das Handwerk, das ihr der Hafner gezeigt hatte, mit Kunst zu ergänzen, aber allein bei einem Mann Unterricht nehmen? Lieber würde sie zusammen mit anderen arbeiten. Das wurde ihr klar, als sie im Bett saß und das Erlebte noch mal Revue passieren ließ. Wie die Gräfin wollte auch sie frei sein und es möglichst lange bleiben, um in ihrer Kunst etwas zu finden, das nur ihr entsprach. Sie hatte keine Lust, ähnlich wie bei den Klavierstunden auf ein bestimmtes Ziel von jemand anderem getrimmt zu werden. Außerdem scheute sie die Kosten, solange sie sich noch nicht entschieden hatte, was sie wo anfing. Trotz des unerwarteten Geldsegens musste sie weiter haushalten. Schließlich war sie völlig allein auf sich gestellt. Dennoch, Anna stockte in ihren Notizen. Sie musste überlegen, was sie als Nächstes unternahm, und fing an, eine Liste zu erstellen. In Schwabing pulsierte das Leben, und sie, Anna von Quast, befand sich mittendrin. Langsam schmerzte ihr die rechte Hand vom vielen Schreiben. Am kürzeren Finger lag es nicht, sondern an den vielen Seiten, die sie inzwischen schon vollgekritzelt hatte, mit dem Gefühl, ihren Gedanken kaum hinterherzukommen. Wie der Doktor vorhergesagt hatte, behinderte sie die Verstümmelung weder beim Schreiben, noch fiel sie irgendjemandem auf, außer Fanny natürlich, ihr entging nichts, und sie erzählte ihr, wie das passiert war.

»Sei froh. Falls du dich eines Tages wieder scheiden lassen musst, so wie ich es in deinem Alter getan habe, dann kriegst du den Ring leichter runter. War nur Spaß! Denk dir nichts. Jeder Mensch, ob Mann, ob Frau, hat irgendeine Beeinträchtigung, manche tragen sie nur in sich, so dass man sie nicht sieht.« Anna holte den Lederball aus ihren Habseligkeiten und knetete ihn eine Weile, das entkrampfte. Dann schrieb sie weiter. Als sie sich im Laufe des Abends von den Malweibern verabschiedet und sich wieder zu der Gräfin gesellt hatte, berichtete sie ihr, dass sie frühestens im April zu einer Aufnahmeprüfung der Damenakademie zugelassen werden würde.

»Komm doch mit nach Ascona, wo ich meinen Zukünftigen treffen werde«, schlug Fanny vor.

»Als Anstandsdame brauchst du mich, glaube ich, nicht, oder?«

Die Gräfin lachte. »Wer weiß, ich kann nicht sagen, wie sich das Ganze entwickeln wird. Du könntest aber mit Bubi etwas unternehmen, solange ich verhandle. Der Lago Maggiore soll auch im Winter sehr schön sein, dazu das milde Klima, kaum Schnee.« Gerade hatte sie ihr noch etwas von Freiheit und Selbstbestimmung erzählt, und nun wollte sie erneut heiraten? Unterdessen sollte Anna einen Dreizehnjährigen beschäftigen, den sie noch nicht einmal kannte? Auch wenn sie die Aussicht, in den Süden zu reisen und eine völlig andere Gegend zu erkunden, reizte, fiel es ihr schwer, München sofort wieder zu verlassen, wo sie doch gerade erst angekommen war. Anna schloss den Füllfederhalter und das Notizbuch, legte sich auf die Seite, klemmte sich die rot karierte Bettdecke zwischen die Knie und drehte die Petroleumlampe aus. Im Finstern drückte sie sich in die Kissen und glaubte, durch das kleine Fenster die Sterne funkeln zu sehen, die auch hier dieselben waren wie in ihrem Heimatdorf. Trotz Stadtdunst und Nebel. Dabei hustete sie den restlichen Qualm aus, der sich in ihren Lungen festgesetzt hatte, und dann hustete sie noch ein bisschen weiter. Wohl aus alter Gewohnheit. Ihre Bronchien beruhigten sich erst wieder, als sie aufstand und im Dunklen nach dem Krug tastete, der auf dem Tischchen bereitstand. Das Wasser schmeckte schal, aber es linderte, so dass sie sich wieder hinlegen konnte. Auf einmal erschien ihr Dreisonnenquell wie eine Insel, die mehr und mehr von ihr fortdriftete. Und auch über den Streit mit ihrem Vater, kurz vor seinem Tod, der wie eine innere Wunde in ihr klaffte, schien sich eine Kruste zu legen.

Dass sie doch noch in den Schlaf gefunden hatte, wunderte sie. Von lauten Geräuschen und Stimmen geweckt, brauchte Anna einen Moment, um sich zu orientieren, wo sie sich befand. Zumal sie auch einen Gockel krähen hörte. Hatten sie sie zurück nach Hause geschleppt? Aber ein Zuhause gab es doch nicht mehr für sie. Im Nachthemd lief sie ans Fenster, blickte auf Beete und Blumenrabatten, die für den Winter bereits mit Daxen abgedeckt waren, immerwährende grüne Sträucher säumten die Wege, und Obstbäume streckten ihre kahlen Zweige zwischen den Fassaden aus. Dazwischen scharrte eine besondere Rasse Hühner, die sich wie grau gepunktete Schneebälle aufplusterten, und der Hahn mit seinen geschwungenen Schwanzfedern hockte auf einer Dachrinne und begrüßte den Tag. Ein Idyll inmitten der Großstadt.

Laut der großen Uhr im Speisesaal, deren Zeiger aus Hosenbeinen und Schuhen eines Mannes bestanden, war es kurz nach acht, als Anna sich auf eine gepolsterte Bank an den Kachelofen setzte. Heinrich Fürmann mit seinem imposanten Schnäuzer stand von einem Tisch auf, an dem ein paar andere Gäste saßen, kam herüber und wünschte ihr einen angenehmen Sonntagmorgen. »Frühstück kommt gleich.« Bis dahin hatte sie Gelegenheit, die vielen Bilder und Plakate an den Wänden zu betrachten. Offenbar wurden in der Pension rauschende Kostüm- und Tanzfeste gefeiert, und die Inhaber nahmen mit kunstvoll gestalteten Wagen sogar am jährlichen Münchner Faschingszug teil, wie mehrere Gemälde dokumentierten. Auch eine Zeichnung von Alfred Kubin war darunter, dem Schachgegner von Fannys Freund Mühsam. Ein Vogelmensch, der auf einem Stein saß und den Kopf samt Schnabel an einem langen Hals hochreckte, als würde er schlucken. Bei diesem Anblick fiel Anna der ausgestopfte Beo wieder ein. Er verstaubte im ehemaligen Gouvernantenzimmer. *The past forgotten swallowed* stand unter dem Bild. Die vergessene Vergangenheit verschlucken oder so ähnlich. Was hatte Kubin damit gemeint? Im Hintergrund war die ägyptische Sphinx angedeutet. Der Wirt kam mit einem Tablett. Hastig notierte sich Anna die Worte in ihrem Buch, das sie bei so vielen Eindrücken stets griffbereit hatte. Fürmann servierte ihr eine Hafergrütze mit eingelegten Zwetschgen und Aprikosen aus eigener Ernte, stellte eine bauchige Kaffeekanne dazu und schenkte ein. Er schwor auf die Ernährung und die Wasseranwendungen von Sebastian Kneipp, besonders als er hörte, dass Anna an Husten litt. »An die Stadtluft muss man sich erst gewöhnen, Fräulein. Deshalb steht am Waschtisch in unseren Zimmern auch ein Fläschchen Essig, wie Sie vielleicht bemerkt haben. Ein Schuss davon im Waschwasser hilft gegen Nachtschweiß und Hustenreiz. In unserem Badehaus gibt es auch die Möglichkeit zu Aufgüssen und sogar eine Wanne, in der Sie Wasser treten können.« Er zeigte nach draußen. »Das empfehle ich besonders im Winter, wenn wir uns alle am liebsten hinterm warmen Ofen verkriechen würden. Und barfuß laufen, sooft es geht, das treibt die Hitze aus dem Kopf.«

»Haben Sie den Wasserpfarrer persönlich kennengelernt?« Bei einem Weltenbummler wie Fürmann hielt sie es durchaus für möglich, dass er dem schwäbischen Naturheilkundler begegnet war.

»O ja, seine Ansprachen in der offenen Halle vor Dutzenden von Leuten waren prägend für mich. Meine Frau ist übrigens gerade in Bad Wörishofen. Jetzt, wo es bei uns ruhiger ist, kann sie endlich ihr Frauenleiden auskurieren.« Was man sich darunter vorzustellen hatte, erläuterte er nicht. »Sonst hätte ich meiner Lulu liebend gern die Tochter des berühmten Botanikers vorgestellt. Ach, und Moment. Der Artikel über Ihren Vater, ich hab ihn gefunden.« Er zapfte den anderen Gästen frisches Bier und brachte ihr, zwischen die Weißbiergläser auf seinem Tablett geschoben, eine vergilbte Ausgabe der *Gartenlaube* und zeigte ihr die Doppelseite über die Expeditionen.

Anna fiel es schwer, den Kupferstich mit dem Porträt ihres Vaters zu betrachten, als sie die Doppelseite aufschlug, und die Zeilen gleich zu lesen, ohne in Tränen auszubrechen. »Darf ich mir das Heft ausleihen?«, fragte sie und nippte am dampfenden Kaffee.

»Natürlich. Keine Eile. Ach, wissen Sie was, ich schenk es Ihnen.«

»Vielen Dank, sehr nett.« Der Kaffee schmeckte eigenartig. Anna stellte ihre Tasse ab. »Was ist das für eine Sorte?«

»*Kathreiner Malz*. Laut Kneipp ist Bohnenkaffee Mitverursacher aller Krankheiten, darum bieten wir unseren Gästen eine Alternative an. Wohl bekomm's.«

Es nieselte, als sie sich am späten Vormittag, vom Frühstück gestärkt, zu einem Spaziergang aufraffte. Ihr Husten hatte sich trotz der Fürsorge des Herbergsvaters festgesetzt, und ihre Bronchien schmerzten nach jedem Anfall. Wahrscheinlich hatte Fürmann recht, dass ihr Kopf überhitzt war, aber um diese Jahreszeit barfuß zu laufen oder auch nur auf Wollstrümpfe in den Stiefeln zu verzichten, fiel ihr schwer. Sie schob es auf die Novemberkälte, die ungewohnte Stadtluft und auf alles, was sie erlebt hatte. Da musste der Kopf doch glühen! Bevor sie aufbrach, faltete sie im Zimmer den Münchner Stadtplan auf, den sie mitgenommen hatte.

Sie beschloss, durch den Englischen Garten zu gehen, wo die Luft bestimmt angenehmer war. Außerdem wollte sie auf die Aussichtsplattform des Chinesischen Turms steigen, der mit seinen fünf Stockwerken und den nach oben kleiner werdenden Dächern an einen Tannenbaum erinnerte. Doch als sie ankam, war der Eingang mit einer Kette und einem Schild wegen Einsturzgefahr gesperrt. Sie umrundete den Kleinhesseloher See und fragte sich, ob sonst noch wer von dem Schatz aus Glasmalereien wusste, der auf seinem Grund lag. Der Regen wurde dichter. Außer ein paar Gassigehern, die das Zamperl oder den Schäferhund mit Maulkorb ausführten, begegnete sie niemandem. Mütze und Mantel blieben dank Schafwolle und des dicken Lodens wasserdicht, aber durch ihre Stiefel kroch langsam die Nässe, und um keine stärkere Erkältung zu riskieren, flüchtete sie sich erneut ins *Stefanie*. Das Café hatte an diesem trüben Sonntagmittag zwar schon geöffnet, momentan befanden sich aber mehr Kellner als Gäste im Innenraum. Selbst der Koch frühstückte noch an der Bar. Es waren noch nicht mal alle Stühle von den Tischen gehoben. Anna war fast ein wenig erleichtert, noch keinen von ihren gestrigen Bekannten vorzufinden, so konnte sie heute in Ruhe die Zeitschriften studieren. Diesmal suchte sie sich einen kleinen Tisch in einer Nische, gab Arthur ihre Garderobe und nahm ihre Umhängetasche ab. Dann bestellte sie einen Kamillentee mit Zitrone und Honig und ein Stück Birnen-Schmand-Kuchen, der sie aus der großen Auswahl am meisten anlachte. Bis der Kellner Kuchen und Tee brachte, wählte sie einen ganzen Stapel aus den bunten Heften aus, die ihr ja noch keiner streitig machte, und legte ihn auf die Fensterbank. Es gab für so gut wie alles eine Wochen- oder Monatsschrift, dazu bunte Illustrierte und Kunstzeitschriften. Auch die *Frauenstimmrecht* lag dort aus, die sie schon kannte, aber auch sogenannte Herrenmagazine. Zu Briefmarken, Tabakwaren, Sportmeldungen und Automobilen, was auch sonst. Bei der Menge wusste sie gar nicht, ob ein Tag dafür reichte. Die Ausgabe des *Simplicissimus* nahm sie sich als Erstes vor. *Dies Blatt gehört dem Staatsanwalt!*, prangte über der Bulldogge, die andere Tiere wie den bayerischen Löwen hinter sich in den Schatten stellte. So wollten die Herausgeber offenbar vor dem Inhalt warnen, der Anna, obwohl sie nicht alle Anspielungen auf die Politiker und die Weltlage verstand, allein schon wegen der hohen Zeichenkunst und der pointierten Zeilen darunter zum Staunen brachte. Einen Artikel von der Gräfin fand sie nicht in dieser Ausgabe, dafür vieles andere Bissige in Wort und Bild, wozu sie sich einige Notizen machte. Sie las:

Es gibt drei Arten des Adels: erstens persönlicher Adel, das ist, wenn jemand etwas Bedeutendes geleistet hat; zweitens Briefadel, das ist, wenn irgendein Vorfahr mal etwas Bedeutendes geleistet hat; drittens Uradel, das ist, wenn man weder selbst etwas geleistet hat noch irgendein Vorfahr – das ist natürlich das Vornehmste.

Kein Wunder, dass der *Simplicissimus* Empörung hervorrief. Zur Erholung nach so viel Kritik an der Obrigkeit blätterte sie in der *Jugend*, die sie schon kannte. Aber nun konnte sie im neusten Heft schwelgen, ohne es zu bezahlen, und auch nur das lesen, was sie interessierte. Den Rest überblätterte sie. Wenn sie sich selbst eine Zeitschrift kaufte, hatte sie sich sogar die Reklame einverleibt, die manchmal kaum noch von den anderen Artikeln zu unterscheiden war. Als Nächstes nahm sie sich ein paar völlig unbekannte Zeitschriften vor, die *Vegetarische Warte*, den *Naturarzt* und den *Hygienischen Volkskalender*. Alle warben für einen neuen Lebensstil, was Anna neugierig gemacht hatte. Bald las sie sich in den Beiträgen zur Lebenskunst fest. Die Autoren stellten einen anderen Umgang mit der Natur und dem eigenen Wohlbefinden vor, weg von der schnelllebigen Zeit mit ihren Verpflichtungen und Vorschriften, hin zur fleischlosen Ernährung und Freikörperkultur, wie die Abbildung eines nackten alten Mannes bei der Gartenarbeit zeigte. Tierleichenfraß wäre das Übel aller modernen Krankheiten und einzig Pflanzenkost die Rettung. So drastisch stellte man es dar. In vielen Gegenden der Welt wurden diese Reformen bereits umgesetzt und gelebt. Das beeindruckte Anna, und sie hielt ihre Gedanken dazu fest. Reformen, davon hatte sie bisher nur im Zusammenhang mit Frauenrechten gelesen, aber nun erfuhr sie, dass in allen Lebensbereichen Veränderungen angestrebt wurden. Zurück zu einem natürlichen Lebensstil ohne Zwänge und Einschränkungen. Sich wieder selbst spüren, um zu gesunden, angefangen in der Mode. Die Zeit der Schnürung und Einengung, um den Leib in die gewünschte Richtung zu trimmen, schien vorbei zu sein. Die Herren legten die Gehröcke und Stehkragen samt Halsbinden ab, die Frauen trugen luftige Kleider. Anna betrachtete die Fotografie einer in ein weißes Laken gehüllten englischen Tänzerin namens Isadora Duncan, die wie eine antike Römerin in ihrer Toga über eine Wiese sprang. Frei tanzen, wie simpel und erhellend zugleich. In ganz Europa trat sie mit ihrer neuartigen Tanzform auf und begeisterte durch ihr Streben nach Harmonie von Körper, Geist und Seele die Massen, erfuhr Anna in dem Artikel. Als sie in München zu Gast war, spannten sich Studenten anstelle der Pferde vor ihre Kutsche und zogen die Tänzerin vom Theater bis zum Hotel. Dort belagerten ihre Anhänger Duncans Fenster, bis sie es öffnete und ihre Toga in die Menge warf. Die Leute zerfetzten den Stoff, damit jeder ein winziges Souvenir von ihr erhielt. Und auch in der Medizin versuchte man neue Ansätze. Trotz der Fortschritte eines Robert Kochs und anderer Wissenschaftler war es noch nicht gelungen, etwas Wirksames gegen die Schwindsucht und andere Seuchen zu finden. Dem versuchte man mit der Naturheilkunde entgegenzuwirken, setzte auf Sonne, Licht und Selbstheilung. Seit Anna erkrankt war, hörte sie ständig von neuartigen Methoden, um Lungenschwäche zu heilen. Luftkurorte mit besonders klangvollen Namen schossen wie Pilze aus dem Boden. Ein Sanatorium hieß *Jungborn*, ein anderes *Der weiße Hirsch*, ein drittes *Monte Verità*. Der Berg der Wahrheit. Das klang in der Tat verheißungsvoll. Doch Anna wollte weder nach Schlesien noch nach Frankfurt oder in die Schweiz reisen. So eine Liegekur war nichts für sie, wenn, dann wollte sie sich bewegen oder zumindest geistig gefordert werden. Und der Gräfin hatte sie bereits abgesagt. In der *Vegetarischen Warte* fand sie einen Jubiläumsbericht über ein Sanatorium im Tessin, das auf einem kleinen Hügel vor genau zehn Jahren gegründet worden war. Ein Inserat pries die Vorzüge an. Dagegen wirkte das Heilbad von Sebastian Kneipp, wo die Ehefrau des Pensionswirtes vermutlich gerade Wasser trat, fast antiquiert.

In einem wallenden Kleid mit kurzer Schoßjacke erschien die Gräfin im *Stefanie*, sprach mit Kellner Arthur und zählte ihm mehrere Geldscheine auf die Theke. Anscheinend beglich sie ihre fälligen Rechnungen. »Ach, wie nett. Du bist hier? Dann sehen wir uns noch mal«, sagte sie, als sie Anna entdeckte. Sie hatten sich gestern bereits voneinander verabschiedet.

»Wann fahrt ihr?«

»In zwei Stunden geht's los. Ich freu mich schon auf ein bisschen mehr Wärme und Licht. Glühwürmchen, laue Abende draußen, Sternennächte, Akazien, blühende Holunderbüsche, der süße Geruch in den engen Gassen der italienischen Schweiz.« Dass es das alles im November in Ascona gab, bezweifelte Anna. »Also dann.« Erneut reichte ihr die Gräfin die Hand, und als Anna aufstand, zog sie sie an sich und umarmte sie. »Ich wünsch dir bei all deinen Vorhaben von Herzen alles Gute, und lass dich bloß nicht unterkriegen.«

»Du auch nicht.« Anna steckte ein Kloß im Hals. Kaum hatte sie eine Freundin gefunden, verlor sie sie schon wieder. »Ich drück dir fest die Daumen fürs ganz große Glück.«

»Glück hab ich ständig. Nennen wir es lieber einen Hauch von Sicherheit – den könnte ich gebrauchen.« Sie winkte dem Schankwirt und dem Kellner, rief allen anderen Gästen ein »Servus miteinander« zu und ging. Als die Tür ins Schloss fiel, hing Fannys Parfüm noch in der Luft. Ein wenig Zitrus, gemischt mit etwas Harzigem, aber auch Weichem, Elegantem, das schwer zu fassen war. Anna wartete, bis Arthur ihr den Rücken zukehrte, dann trennte sie die Seiten über den Monte Verità aus der Zeitschrift, faltete sie rasch und schob sie in ihr Notizbuch. Sie legte ein Zehnmarkstück auf den Tisch, das müsste für Kuchen, Tee und das beschädigte Magazin reichen, schnappte sich ihren Mantel und rannte nach draußen – der Gräfin hinterher. »Warte, ich hab's mir anders überlegt.«

Eva

Dank Milos Tipps und der geduldigen Unterstützung von allen ging Eva bestens vorbereitet ins Staatsexamen, würde aber frühestens zu Semesterbeginn im Oktober erfahren, ob sie bestanden hatte. Wenn nicht, durfte Eva einzelne Prüfungen wiederholen, und wenn sie die dann im zweiten Anlauf nicht bestand, war's das mit der Pharmazie. Aber sie blieb zuversichtlich, und bald dachte sie kaum noch an die Prüfungsergebnisse. Das WG-Projekt, das sie mit Milo, Udo und Maja begonnen hatte, nahm sie in Beschlag. Seit Ende September standen sie jeden Samstag von halb acht bis eins auf dem Obermenzinger Wochenmarkt. Bei Hitze, Regen, Wind und Kälte boten sie ihre selbstgemischten Müslis aus ungespritzten Zutaten an und schenkten Majas Fair-Trade-Kaffee aus. Anfangs hatten sie sich beim Verkauf abwechseln wollen, so dass jeder mal etwas anderes machen oder einfach ausschlafen konnte. Doch es spielte sich ein, dass hauptsächlich Eva und Maja hinter dem Tapeziertisch standen. Auch dass sie zu zweit waren, bewährte sich, selbst wenn nicht viel los war. So konnte eine auf die Toilette oder einkaufen gehen, und außerdem machte es zusammen einfach mehr Spaß. Der Verkauf lief immer besser, anscheinend hatte es sich herumgesprochen, dass es sie gab, und ihre Müslisorten schmeckten auch wirklich gut. Abzüglich der Standgebühr und der Ausgaben für Zutaten und Verpackung blieb nach der ersten Abrechnung sogar etwas übrig. Das legten sie für die große WG-Silvesterparty zurück, die sie planten und auf die sich alle schon freuten. Milo und Udo kauften die Zutaten für die Müslis am Laimer Güterbahnhof aus einem Waggon heraus, der ungespritzte Ware aus ganz Europa anbot. Die Säcke lagerten sie in Udos Stockbett, das er beim Einzug aus seinem alten Kinderzimmer mitgebracht hatte. Im Laufe der Woche pressten sie die Flocken aus dem Getreide, rösteten Mandeln und Nüsse, vermischten sie mit Trockenfrüchten oder dem, was jeder am liebsten aß. Eva mochte getrocknete Feigen, Milo Mandeln, Walnüsse und Cashewkerne, Udo das Kurkumagewürz, das wie Safran gelb färbte, aber viel billiger war, und Maja bevorzugte Beeren aller Art. Am Freitagabend verteilten sie die verschiedenen Sorten in Papiertüten. Dafür hatten sie sich extra so kraftvolle Namen wie *Milos Knusperknäuschen*, *Evas Feigenblatt*, *Majas Lieblingsnektar* oder *Udos Goldmund* ausgedacht. In ihrer schönsten Schnörkelschrift schrieb Eva das auf die selbstgebastelten Etiketten, die Maja lochte und mit Luftmaschenbändern verzierte. Sogar Ecki ließ sich von ihrer Aktion anstecken und steuerte eine eigene Sorte mit Popcorn und einer Prise Chili bei – *Eckis Superkraft*. Auch wenn ihnen dieses Projekt neben ihren Jobs, dem Studium und was es sonst noch alles zu tun gab viel abverlangte, schweißte es sie noch mehr zusammen. Der Erfolg bestärkte sie auch darin, sich weiter für eine gesündere Umwelt und ein gerechteres Leben zu engagieren.

»Meine Eltern besuchen uns am Sonntag in einer Woche«, sagte Eva am Freitagabend beim Abfüllen zu den anderen. Alle WG-Mitglieder wussten, dass es nicht ihre richtigen Eltern waren. Sie schnitt die Feigen und Aprikosen am Küchentisch klein. »Die Einladung war schon lange fällig, als Dankeschön für die Bürgschaft und so. Da übernehme ich dann das Kochen und Einkaufen. Ihr müsst bitte einfach nur da sein und nett und anständig. Bitte benehmt euch.«

»Willst du damit sagen, dass wir für gewöhnlich unhöflich und asozial sind?« Udo beugte sich im Vorbeigehen über sie, sie dachte schon, er wollte sie küssen, wo sie doch seit längerem wieder die Nacht miteinander verbracht hatten. Davor war sie mehr mit Milo zusammen gewesen. Doch Udo schnappte sich eine Handvoll Trockenobst und schob es sich in den Mund.

»Schmarrn«, ergänzte sie rasch. »Ich meine die Kifferei. Könnt ihr die bitte an dem Tag lassen?« Manchmal war die Küche gelb vor lauter Rauch. »Ansonsten seid wie immer, ihr müsst euch nicht verstellen.«

»Wie beruhigend«, erwiderte er. »Soll ich zum Empfang meinen neuen Bademantel anziehen oder reicht die Badehose?« Seit Oktober jobbte er im Müller'schen Volksbad in der Au, was ihm großen Spaß machte.

Am nächsten Morgen, einem neblig-kalten Oktobertag kurz vor Semesterbeginn, standen sie wie üblich auf dem Wochenmarkt. Die Kunden tauchten wie Farbkleckse aus dem Nichts auf, kauften dafür aber rege. Dennoch zogen sich die ersten Stunden. Eva hätte im Stehen schlafen können, in letzter Zeit war sie ständig müde, egal, wie lange sie schlief, und trotz dicker Socken und ihrer wärmsten Jacke fror sie. Was gäbe sie jetzt für eine Tasse von Majas heißem Kaffee, um sich wieder aufzuwärmen. Doch beim Fair-

Trade-Verkauf hatten sie sich seit neuestem auf abgepackte Bohnen oder Pulver beschränkt. Zusätzlich noch frischen Kaffee an ihrem Stand anzubieten, würde zwar einen herrlichen Duft erzeugen, der die Leute anlockte, doch der Aufwand war einfach zu groß. Zumal sie auch mit dem Bäckerstand konkurrieren würden, der konventionellen Kaffee in Plastikbechern verkaufte. Heute dachte Eva wieder an ihren Kuss im Gewitter, der sich nicht wiederholt hatte, und sie sprachen auch nicht darüber. Was im strömenden Regen an der Isar zwischen ihnen vorgefallen war, blieb ein Geheimnis, das Eva wie einen Traum in sich bewahrte. Hauptsache, sie waren weiterhin beste Freundinnen. Seit längerem hatte sie den Verdacht, dass sich zwischen Maja und Udo, trotz allen Widerstands von Majas Seite, nun doch etwas anbahnte. Neulich hatte sie die beiden morgens aus der oberen Etage des Stockbetts klettern sehen. Dennoch war ihre Beziehung schwer zu deuten, die beiden tauschten vor den anderen keinerlei Zärtlichkeiten aus. Aber auch das war ein ungeschriebenes Gesetz ihrer Gemeinschaft – man mischte sich besser nicht in die Bettgeschichten der anderen ein, sonst wurde es kompliziert.

»Sag mal, du und Udo, ist da mehr?«, fragte Eva dennoch, als Maja von der Telefonzelle zurückkam. Heute waren sie um kurz vor elf beinahe ausverkauft und brauchten dringend Nachschub.

»Mehr als was?«

»Na ja, mehr als Sex.« Wenn es so war, wie sie vermutete, würde sie sich zukünftig bei Udo zurückhalten.

Maja zuckte mit den Schultern. »Wie kommst du drauf, dass wir Sex haben?«

»Ich dachte, weil du neulich Nacht bei ihm warst.«

»Ach, das. Du brauchst nicht eifersüchtig sein, Udo gehört weiterhin dir. Ich konnte bloß nach dem letzten *Tatort* nicht einschlafen, mehr war nicht.«

»Ich bin nicht eifersüchtig, und Udo gehört mir nicht.« Eva wusste nicht, wie sie es besser ausdrücken sollte, aber sie spürte, dass Maja etwas verbarg. Dabei hätte sie bis vor wenigen Augenblicken noch geschworen, dass sie sich alles anvertrauten, aber dem war anscheinend nicht so. Sie merkte, dass es keinen Sinn hatte, weiter nachzubohren. »Und hast du jemanden zu Hause erreicht?«

»Ja, Milo müsste gleich da sein.« Maja hauchte sich die kalten Fingerkuppen an, die aus ihren selbstgestrickten Marktfrauenhandschuhen schauten, und wischte ein paar Haferflocken von der Geldkassette. »Sieh an, da ist er auch schon.« Auf Udos Bellini rollte er heran und nahm den Helm ab. Milo brachte nicht nur eine große Thermoskanne heißen Tee mit, wofür er von Eva einen Extrakuss bekam, sondern zog auch einen Brief aus der Innentasche seiner Lederjacke. »Den hat der Postler gerade eingeworfen, ich dachte mir, vielleicht willst du ihn gleich lesen.« Es war ein Brief von der Uni. Mit zitternden Händen riss Eva ihn auf und überflog das förmliche Schreiben. *Sie haben fünfundfünfzig Prozent der Maximalpunktzahl erreicht.*

»Und?« Maja hielt es nicht mehr aus, und auch Milo starrte sie an. Das Ergebnis besagte eine hohe Fehlerquote, aber sie hatte es geschafft, nur das zählte.

»Bestanden. Hurra, hurra, hurra!« Sie umarmte ihre Freunde und hüpfte mit ihnen um den Tapeziertisch. Alle drei jubelten sie.

»Haben Sie noch eine Packung vom *Knusperhäuschen?*« Neue Kundschaft unterbrach ihren Freudentaumel.

»Einen Augenblick.« Eva schaute nach, was Milo im Gepäckfach mitgebracht hatte. »Ja, warten Sie, ich fülle Ihnen welches ab. Ein Kilo?« Offenbar hatte er ihren Frühstücksvorrat aus der Küche dabei. Nachdem das Müsli verkauft war, atmete Eva auf und bedankte sich bei den beiden für die Unterstützung und Geduld. Sie konnte es immer noch nicht glauben, dass sie bestanden hatte. »Ihr habt echt was mitgemacht mit mir vor der Prüfung. Ich hoffe, das wird das nächste Mal besser.«

»Das nächste Mal?«, fragte Maja.

»Ja, ich muss noch zweimal durch so ein Examen. Tut mir leid.«

»Das kriegen wir hin«, sagte Milo. »Leute, was ganz anderes.« Er zog noch einen Zettel aus der Tasche und faltete ihn auf. Ein Flugblatt, auf dem in Großbuchstaben ALARM stand. Es war ein Aufruf zu einer Großdemo gegen ein geplantes Atomkraftwerk.

»Brokdorf, wo liegt das?«, fragte Eva.

»Oberhalb von Hamburg an der Elbmündung. Ich hab zu Hause schon im Atlas nachgeschaut. Dort planen sie nicht nur ein AKW, sondern auch ein Endlager, als ob so etwas möglich wäre. Atommüll strahlt sogar dann noch, wenn sonst schon kein Lebewesen mehr auf der Erde existiert.«

»Und was können wir tun?« Trotz ihrer Hüpferei und dem heißen Tee wirkte Maja noch immer reichlich verfroren und zog die Stulpen, die sie über ihren Schuhen trug, bis über die Knie.

»Na, hinfahren und mitdemonstrieren«, sagte Milo, ohne zu zögern. »Wir können uns doch nicht gefallen lassen, dass die Politiker bestimmen, was gemacht wird. Was bringt uns das, wenn wir den Leuten unser gesundes Müsli andrehen, aber nicht insgesamt für eine bessere Welt kämpfen?« Dem stimmten Eva und Maja zu.

Doch bevor es zur Demo ging, zu der sie neben Udo und Ecki auch andere Freunde mobilisierten, fand der Besuch der Kleins statt. Auch wenn die anderen gelassen blieben, steigerte sich Eva in die Vorbereitungen rein. Sie wollte, dass der Tag perfekt würde oder dass sie zumindest einen halbwegs guten Eindruck bei ihren Adoptiveltern hinterließen. Am Dienstag beim gemeinsamen Fernsehabend instruierte sie Udo.

»Laut Plan bist du mit Putzen dran. Ich helfe dir besser.«

»Brauchst du nicht, ich krieg das hin, und zwar so, dass du auch deine Friseurfamilie reinlassen kannst, versprochen.« Er zupfte an seinem Vollbart. »Es wird kein Haar oder Härchen, egal wo, zu finden sein.« Das bezweifelte Eva, aber sie beschloss, ihn erst mal machen zu lassen. Zur Not könnte sie noch am Sonntag putzen, da musste sie zwar noch alles herrichten und die Nachspeise machen, aber sie würde sowieso früher aufstehen. Sie besprach sich mit Maja wegen des Menüs, wofür sie stundenlang in der Bibliothek sämtliche Kochbücher gewälzt hatte. Sie wollte den Kleins ein ganz besonderes vegetarisches Menü servieren, hatte sie sich überlegt. Dabei sollten sie gar nicht merken, dass es kein Fleisch gab.

»Willst du wirklich ein Zwei-, Drei-, nein, mit Kaffee und Kuchen ein Vier-Gänge-Menü machen?« Maja zählte die Rezepte. »Reichen nicht auch eine feine Suppe vorweg und eine Nachspeise hinterher?« Sie las sich die Einkaufsliste durch. »Maracujas und Physalis. Wo willst du die denn herkriegen? Tun's nicht auch heimische Früchte, so was gibt's bestimmt nicht auf unserem Wochenmarkt.«

»Ich würde zum Viktualienmarkt fahren, es soll was Besonderes werden, nicht nur Steckrüben und Kohl.« Sie lachte, als ob sie sonst nur so etwas essen würden. Sie ernährten sich hauptsächlich von den saisonalen Erzeugnissen des Sporer-Hofs, und die waren vielfältig. »Betzi kommt auch, sie ist die perfekte Köchin. Ich glaub, ich kann ...«, sie hielt inne. »Ach, das wird doch alles nichts.« Eva seufzte wie Meitl, im Original-Apothekertonfall und aus innigster Brust.

»Okay, ich verstehe, du willst ein Staatsbankett, dann kriegst du das auch. Wir helfen dir und kriegen das hin. Du sagst, was wir tun sollen, und wir machen es, oder, Jungs?«

Maja wandte sich an Milo und Udo, die beide nickten.

»Können wir das auch wann anders weiter besprechen?«, fragte Udo. Es lief der *Marathon-Mann* im Fernsehen, und Dustin Hoffman wurde gerade von einem Zahnarzt gefoltert.

Da fiel Eva noch ein, dass ihr Geschirr nur aus zusammengewürfelten Tellern und Tassen bestand. Genauso das Besteck. Manche Messer hatten Holzgriffe, einige Gabeln waren verbogen, und die großen Löffel aus dem Bestand von Udos Oma waren zwar aus Silber, aber angelaufen.

»Könntest du vielleicht vom Kindergarten ein Service leihen?«, wisperte sie Maja zu, die sich ein Kissen vors Gesicht hielt. Das war das Nächstbeste, das ihr einfiel.

»Das könnte ich, vorausgesetzt wir essen von winzigen Tellern wie bei den sieben Zwergen. Jetzt entspann dich, Eva. Deine Familie will doch nur sehen, wo du da hineingeraten bist.« Aus der Glotze ertönten der Bohrer und Schmerzensschreie. Maja ließ das Kissen fallen, zog die Beine an und hielt sich die Ohren zu.

»Das ist es ja.« Eva holte Luft, sie war am Verzweifeln.

»Vor allem möchten sie herausfinden, ob es dir gut geht«, sagte Maja, als die grausame Szene im Fernsehen endlich vorbei war. »Ob sie dabei auf neuem oder altem Geschirr dinieren, das ist ihnen ganz egal, glaub mir. Du zeigst ihnen mit all deinen Bemühungen, dass sie dir trotz allem wichtig sind. Du gibst doch schon dein Bestes, mehr geht nicht.« Maja schloss sie in die Arme und biss hinter Evas Rücken in eine Salzstange.

Von Tag zu Tag wuchs Evas Nervosität, und als das Wochenende immer näher kam, konnte sie nachts kaum mehr schlafen. Dabei hatte sie gedacht, das Staatsexamen hätte ihr genug zugesetzt, aber es gab Schlimmeres. Familie zum Beispiel, auch wenn sie nicht ihre echte war. Um kurz nach eins wollte sie zu Udo ins Bett kriechen, aber als sie die Türklinke drückte, hörte sie, dass er nicht allein war. Dem Sommerduft nach war es Maja, die bei ihm war. Eva ging wieder und freute sich für die zwei. Also tappte sie die Treppe hoch zu Milo. In seinem Dachzimmer brannte noch Licht, die Tür war angelehnt, und er las. »Darf ich?« Schon legte er das Buch weg und hob die Bettdecke. Sie kroch zu ihm, erzählte ihm alles, was ihr durch den Kopf ging.

Dabei küsste er sie, fing an, sie zu streicheln, und sie spürte seine Erregung. Eva hatte aber keine Lust auf Sex, war in Gedanken ganz woanders, und das sagte sie auch.

»Ich kann nichts dafür, er macht, was er will.« Milo zeigte nach unten. »Beachte ihn einfach nicht, dann gibt er schon irgendwann auf.« Er knipste die Nachttischlampe aus, hielt sie, und sie drückte sich an ihn, so dass sie wie zwei Löffel aneinandergekuschelt lagen, und als sie Milos tiefe Atemzüge hörte, entspannte sich Eva endlich.

Am Samstag wachte sie erst um kurz nach neun auf. Verflixt, viel zu spät, sie hatte vergessen, ihren Wecker mit zu Milo zu nehmen, und verschlafen. Milo war bereits fort, hatte mit Maja zusammen den Müsliverkauf übernommen, damit Eva sich um die Einkäufe kümmern konnte. Sie würden auch das Obst und Gemüse frisch vom Wochenmarkt mitbringen, was sie für ihre Rezepte brauchte. Hoffentlich gab es noch alles, was sie ihnen aufgeschrieben hatte. Nicht auszudenken, wenn sie in letzter Minute umschwenken musste. Für die exotischen Zutaten musste sie in die Innenstadt, erst auf den Viktualienmarkt, um die besonderen Früchte zu kaufen, und dann ins Reformhaus. Sie schnappte sich ihren Rucksack und den Geldbeutel und rannte zur Haltestelle. Der Bus fuhr ihr vor der Nase weg. Der nächste kam zum Glück schon zehn Minuten später. Doch dann stand sie am Laimer Bahnhof geschlagene zwanzig Minuten, weil die S-Bahn eine Oberleitungsstörung hatte. Eva überlegte, ob sie zurückfahren sollte, um ihr Fahrrad zu holen, aber das hatte Milo sich ausgeliehen, fiel ihr dann ein. Wenigstens ging es auf dem Viktualienmarkt einigermaßen rasch, und sie bekam herrlich duftende Maracujas und eine Tüte voll Physalis, deren Blätter im Papier raschelten. Als sie endlich in der Nordendstraße beim Reformhaus ankam, war der Laden bereits geschlossen. Sie trommelte an die Scheibe, hoffte, dass drinnen noch jemand war. Heute schien sie vom Pech verfolgt. Wie sollte das bloß morgen werden? Ein Mann im Kittel, wie ein Apothekerkollege mit einem Schild an der Brusttasche, sperrte ihr auf. »Verzeihung, ich bräuchte dringend noch ein paar Sachen, Herr, äh, Pichlmayr. Und die gibt's nur bei Ihnen. Oder ich hoffe es jedenfalls, sonst bin ich aufgeschmissen.« Sie gab ihm ihren Einkaufszettel.

»Cranberry, Agar-Agar, Kokosmilch und Sojasahne, na, dann kommen Sie mal rein.«

Als sie ins Haus trat, war alles blitzblank. Die Schuhe am Eingang weggeräumt und alles, was sonst so herumgelegen hatte – und das war nicht wenig gewesen. Sogar die Fenster waren bereits geputzt, und noch dazu streifenfrei. Zu Evas Erstaunen hockte Udo in der Sofaecke und schaute *Unsere kleine Farm* auf dem österreichischen Sender. Rasch nahm er die Füße vom Tisch, als er Eva erblickte, vollbepackt mit Rucksack und weiteren Jutetaschen. Mit dem T-Shirt-Saum polierte er kurz die Tischplatte, auf der ebenfalls kein Stäubchen mehr war, und lief zu ihr, um ihr beim Reintragen zu helfen.

»Bist du etwa schon mit dem ganzen Haus fertig?« Wenn Udo sein und Milos Zimmer ausgelassen hatte, war das nicht schlimm, da könnten sie bei einem Rundgang die Türen zumachen.

Er nickte. »Jeder putzt auf seine Weise.«

»In so kurzer Zeit?« Sie öffnete die Schränke, wischte mit dem Finger über das Gewürzregal. Auch hier hatte er Staub gewischt.

»Oben ich fertig, Herr Tannstetter, noch Speicher auch?« Eine Frau kam die Treppe herunter, über einem Arm lauter Schmutzwäsche. Das war doch die Putzfrau von Udos Vater. Eva erkannte sie an den Tränensäcken.

»Was meinst du, Kleineva, soll unterm Dach auch noch grundgereinigt werden, damit die Möbel unserer Vorgänger und die leeren Umzugskartons inspiziert werden können?« Udo räumte den Kühlschrank ein, auch der strahlte wie ein neues Gerät. Eva fehlten die Worte.

»Soll ich diese bügeln oder geht kaputt?« Mit spitzen Fingern hob sie einen von Evas knappen bunten Slips hoch. Wie war der denn in Udos Zimmer gelangt?

»Das brauchen Sie nicht, wir haben eine Waschmaschine, aber danke.« Sie lief zu ihr und nahm ihr den ganzen Wäscheberg ab.

»Du bist ja raffiniert«, sagte sie zu Udo, als die Frau gegangen war. Er hatte ihr noch ein Taxi bestellt. »Und wer bezahlt die ganze Gaudi?« Nicht dass sie sich die Kosten teilen mussten.

»Kohut, Marina Kohut heißt sie, nicht Gaudi«, er grinste sein unwiderstehliches Udo-Grinsen. »Mein Vater nennt sie unsere Seele, und die Bezahlung ist geregelt. Was hältst du davon, sie fest anzustellen? Dann könnte uns jeden Tag eine ganze Friseurinnung besuchen. Ich schlag das beim nächsten Fernsehabend mal in der Runde vor. Wäre doch praktisch für alle.«

Sonntagmittag duftete das ganze Haus nach Thymian und den ganzen anderen Speisen. Der Tisch war gedeckt. Mehrmals schaute Eva aus dem Fenster, wann sie kämen. Endlich klingelten sie. »Und wo habt ihr geparkt?« Sie hielt nach dem Opel Ausschau. Am Zaun stand bloß ein gelber Käfer von der Post. »Ihr könntet auch reinfahren, dahin, wo das Motorrad steht, ich mach euch das Gartentor auf.«

»Passt schon. Zwei Straßen weiter war eine Lücke frei, wir wussten nicht gleich, wo du wohnst.« Ludwig trug eine karierte Schirmmütze anstelle aller Perücken und umarmte sie zur Begrüßung.

»Schön, dass ihr da seid.« Eva drückte auch ihre Adoptivmutter kurz an sich, nahm ihnen Mäntel und Mützen ab. »Wo ist Betzi?«

»Sie lässt sich entschuldigen«, sagte Cordula, die das Blond ihrer toupierten Mähne anscheinend rauswachsen ließ und auf Grau umstellte. »Die weite Fahrt, dazu ihr Zucker, sie wollte lieber zu Hause bleiben.«

»Ist ihr Diabetes schlimmer geworden?«, fragte Eva.

»Nein, das nicht.« Cordula tauschte mit ihrem Mann einen vielsagenden Blick aus. »Hier, für dich, von ihr mit lieben Grüßen.« Sie überreichte Eva eine Kletterpflanze in einem Topf, die bereits zwei Blüten hatte. »Obwohl ihr genug Grünzeug habt, wie ich sehe.« Es stimmte, jeder Gast wusste von Evas Leidenschaft für Pflanzen und brachte meist etwas mit, und wenn es auch nur ein verdörrter Kaktus war, den sie wieder aufpäppelte. Auf jedem Fensterbrett oder Bord spross etwas.

»Danke. Das ist ja ein Ableger von Betzis Sundaville!« Die japanische Petuniengattung kletterte in Murnau durchs gesamte Balkonzimmer. Eva schmerzte es, dass ihre Oma oder vielmehr Adoptivoma, falls es das auch gab, nicht mitgekommen war. Aber die Blume war eine nette Geste, immerhin. »Wie geht's deinen Knien?«, fragte sie Cordula. Als sie für ihren Umzug die Möbel abgeholt hatte, die sie selbstverständlich als ihr Eigentum betrachten sollte, wie Cordula und Ludwig ihr versicherten, hatten sie kaum Gelegenheit gehabt, sich zu unterhalten. Betzi hatte sich gar nicht gezeigt, sie war auf Hausbesuchen bei Kundinnen gewesen, die inzwischen gebrechlich waren. »Ludwig hat erzählt, dass du Spritzen bekommst?«

»Es war eine langwierige Kur, aber nun geht es deutlich besser«, sagte Cordula, »ich kann wieder ohne Schmerzen Treppen steigen. Ich glaube, es liegt mehr am Radfahren, ich musste zweimal in der Woche zu dem Doktor.« Cordula besaß keinen Führerschein. »Diese Art der Bewegung hat mehr geholfen als alle Medizin.«

»Wir haben jetzt sogar einen Hometrainer im Wohnzimmer stehen«, ergänzte Ludwig. »Cordel betreibt den Fernseher, wenn sie ordentlich reintritt, sogar bis zum dritten Programm.«

»Wirklich?«

Sie lachten, und das Eis, das Evas Herz umschlossen hatte, fing an zu schmelzen. »Maja kennst du ja schon.« Sie führte sie ins Haus, wo sich ihre Freundin solange ums Essen gekümmert hatte, damit nichts anbrannte. Sofort entspann sich ein Gespräch über die geräumige Küche, die sie auch als Esszimmer nutzten, und darüber, wie gut es bereits duftete. Maja bedankte sich noch mal für den tollen Haarschnitt und beteuerte, dass sie sich seither viel wohler fühlte. Sie wusste mit Leuten umzugehen und mit ihrer liebenswerten Art jede noch so angespannte Situation aufzulockern.

»Was für einen Braten gibt's denn?« Ludwig spähte in den Ofen, wo sie die Baguettescheiben warm hielten.

»Überraschung.« Eva lotste sie zum Esstisch. »Setzt euch hin, wo ihr wollt.« In der WG aßen sie selten gemeinsam am Tisch, wenn, dann fläzte jeder mit seinem Teller auf dem Sofa im Wohnzimmer. »Übrigens, der Mann aus deinem letzten Rätsel, der sich so freut, weil er das Telefon klingeln hört …« Sie hielt kurz inne, wollte die Auflösung oder das, was sie dafür hielt, noch ein bisschen hinauszögern, damit sie Ludwigs volle Aufmerksamkeit hatte. »Ich denke, dass der Mann taub war oder an den Ohren operiert wurde, darum freut er sich so, dass er wieder hören kann.«

»Und wie hast du das herausgefunden?« Er war sichtlich beeindruckt und strahlte sie an.

»Durch einen Kunden bei uns in der Apotheke, er kam vom Ohrenarzt und hatte die Pfropfen noch drin.« Udo und Milo erschienen, wahrscheinlich eher vor Hunger als aus Neugier. Udo hatte sogar ein Hemd und eine lange Hose angezogen, was er selten tat. Sie gaben sich die Hand und unterhielten sich. Auch Maja setzte sich an den Tisch. Eva schob Betzis Pflanze neben die Zamioculas, die Udo aus der Starnberger Garage mitgebracht hatte, dabei merkte sie, wie ihre Hände zitterten, und sie fragte sich, warum sie noch immer nervös war. »Ich hol Ecki, damit wir komplett sind, und dann essen wir.« Sie war froh, auf dem Weg in den Keller kurz durchschnaufen zu können.

Kaum hatte sie seinen Namen ausgesprochen, flitzte er die Treppe hoch. Unten hatten sie einen Meditationsraum eingerichtet, den jeder auf seine eigene Weise nutzte. Er zog eine Haschfahne mit sich. Eva roch es sofort. Die anderen hatten sich heute wie versprochen zurückgehalten und zeigten sich von ihrer besten Seite. Mit übergroßen Pupillen schnappte sich Ecki eine Scheibe vom Thymianbaguette und biss hinein. »Mmh, köstlich, Eva. Den Job hast du. Sind das deine Eltern?« Erst jetzt schien ihm aufzufallen, dass sie Gäste hatten. Er wischte sich die Hand an der Jeans ab, die ziemlich zerfranst war, warf seine langen Haare über die Schulter und schüttelte Cordula und Ludwig die Hand. »Die Friseure, stimmt's?« Er strahlte sie an, als ob er stolz wäre, dass er das wusste. »Eva ist Ihnen ja wie aus dem Gesicht geschnitten, Frau von Quast.«

»Du nennst dich jetzt von Quast?« Cordulas Lächeln erstarb.

»Wie es auf meiner Geburtsurkunde steht«, erwiderte Eva. Das war ihr so herausgerutscht, obwohl es nicht stimmte. Offiziell war sie immer noch Eva Klein, auch auf dem Klingelschild. Aber das war Cordula beim Reingehen wohl nicht aufgefallen.

Bevor die Stimmung kippte, sagte Ludwig: »Besonders die Haarpracht, die hat Eva von mir geerbt.« Er strich sich über die Glatze.

»Das sind meine Adoptiveltern«, sagte Eva, sie hatte gedacht, Ecki wüsste das.

»Oha, du bist adoptiert, wie spannend. Und wer sind deine richtigen Eltern?«

»Das weiß sie nicht.« Jetzt sprang Udo für sie ein.

»Und warum nicht? So etwas muss doch herauszufinden sein«, bohrte Ecki nach.

»Mensch, Ecki, du hast aber auch das Einfühlungsvermögen einer Parkuhr.«

Nun mischte sich auch Milo ein. »Wie halten es nur die Frauen mit dir aus?«

»Tun sie nicht. Daniela hat letzte Nacht Schluss gemacht, ich bin wieder Single.« Er schnappte sich noch zwei Stücke vom Baguette.

»Für fünf Minuten.« Maja reichte die Platte mit dem Baguette herum, bevor Ecki alles allein verspeiste. »Thymian-Pistazien-Cranberry-Butter, Evas Vorspeise. Bitte sehr. Lassen Sie es sich schmecken.« Als Nächstes servierte sie die Erbsen-Carbonara auf den vorgewärmten Tellern, die unterschiedlichste Muster und Formen hatten, und stellte den Topf mit dem Rest in die Mitte.

»Ist das Hühnchen in der Soße?« Cordula stocherte zwischen den Spaghetti.

»Nein, das sind Erbsen und Zucchini in Dinkelmehl mit Sojasahne.«

»Soja, du meinst das Tierfutter?«

An dieser Stelle schaltete sich wieder Udo ein. »Aus Soja wird aber auch schon lange Margarine gemacht. Besser, wir essen Soja als das Fleisch. Wir könnten nämlich zwölf Tage lang von der Menge satt werden, die man braucht, um ein Huhn zu mästen.« Cordula legte ihre Gabel weg, ihr schien der Appetit vergangen zu sein.

»Mit den Walnüssen obendrauf, das ist wirklich sehr lecker, Eva.« Zu ihrer Erleichterung schien es Ludwig zu schmecken, er nahm noch mal nach. »Dann seid ihr alle Vegetarier?«

»Ich esse, was ich vorgesetzt kriege.« Ecki schöpfte sich ebenfalls etwas auf den Teller. »Aber ich hab mich den strengen Regeln der WG angepasst und finde sie inzwischen auch sinnvoll.«

»Ihre Frage vorhin ist berechtigt, Herr, äh, Ecki? Darf ich auch einfach Ecki sagen und du zu euch allen? Das könnt ihr auch, ich bin der Lucki«, fing Ludwig an.

»Und ich die Cordel.« Sie gaben sich beide salopp.

»Zu gern hätten wir Eva gesagt, wer ihre richtigen Eltern sind, aber wir haben bei der Adoption unterschrieben, dass wir nicht nachforschen«, ergänzte Ludwig. »Das kann Eva höchstens selber tun.«

Alle Blicke richteten sich plötzlich auf sie. »Und damit ist das Thema auch schon beendet«, erwiderte Eva und stand auf. »Bevor es die Nachspeise gibt, führ ich euch durchs Haus und zeig euch alles, ja?« Der restliche Nachmittag verlief unverfänglicher. Ecki dampfte wieder in den Keller ab. Udo und Ludwig spielten Tischtennis im Garten auf der Platte vom Sperrmüll, die er vor kurzem angeschleppt hatte. Anstelle eines Netzes hatten sie ein Brett aufgestellt. Milo und Cordula unterhielten sich über seine Fotografenlehre. Vor drei Wochen hatte Milo in einem Fotogeschäft in Lochham begonnen, wo er hauptsächlich Filmrollen eintütete, die zum Entwickeln an einen Großhändler verschickt wurden.

»Es läuft doch ganz gut«, sagte Maja zu Eva in der Küche, als sie Kaffee und Tee machten und einen Schwung Geschirr abspülten, damit sie wieder sauberes für den letzten Gang hatten. »Deine Adoptiveltern bemühen sich.« Maja umarmte sie, wofür Eva dankbar war. »Ja, das tun sie, und wir aber auch.« Endlich konnte sie aufatmen.

»Es gefällt mir, wie ihr zusammenlebt«, sagte Cordula beim Mandelkuchen, den Eva mit Pflaumenmus gefüllt und mit Aprikosengelee glasiert hatte. »Ich hatte keine genaue Vorstellung von einer WG, man hört ja so einiges. Aber wie ihr das macht, ist toll. Ihr seid so locker und nett miteinander.«

Ihre Meinung überraschte Eva. »Man lernt zu streiten.«

»Und wie?« Cordula kniff die stark geschminkten Augen zusammen und betrachtete Eva, als ob sie an ihrem Gesicht eine Anleitung ablesen könnte. Dann schaute sie wieder zu ihrem Mann, als wäre sie dankbar für jeden Tipp.

»Man wächst an seinen Aufgaben. Stammt der Spruch nicht von euch?« In Sachen Eheberatung war Eva nicht bewandert. »Und man ist nie allein, es ist immer jemand da, den man um Hilfe bitten kann.«

»Oder mit dem man kuscheln kann«, fügte Udo an. »Kuscheln, Kleineva, nur kuscheln, wenn mal wieder der *Tatort* zu gruselig war oder so.«

»Ach, ihr schaut auch gerne *Tatort*?« Cordulas Gesicht hellte sich auf. »Wie fandet ihr den letzten, *Trimmel und der Tulpendieb*, der auf dieser Ölplattform gespielt hat?«

»REM-eiland ist eine Messstation, auf der vorher ein Piratensender war«, erklärte Milo. Mit ihm fernzusehen, war Geschichtsstunde pur. Sie unterhielten sich noch eine Weile über Krimis und darüber, welche Kommissare sie am liebsten mochten. Und als sich die Kleins gegen Abend verabschiedeten, begleitete Eva sie nach draußen.

»Wir sind sehr stolz auf dich, wie du das alles meisterst.« Cordula hatte Tränen in den Augen, als sie sich umarmten. »Und ich habe immer versucht, dir eine Mutter zu sein, glaub mir.«

»Danke, das weiß ich. Ich hab euch lieb«, sagte Eva, und es tat gut, das endlich mal auszusprechen.

»Wir dich auch«, sagte Cordula, »oder, Lucki?«

»Ja, sehr sogar.« Auch er drückte Eva an sich. »Ach, und wir haben noch was für dich.« Er wischte sich über die Augen und überreichte ihr einen Schlüssel. »Der Glas Jakob, du weißt schon, der bei der Post arbeitet, hat mir gesagt, wann sie wieder ausrangierte Wagen versteigern, und da habe ich den hier für dich ergattert. Ich hoffe, er gefällt dir?« Er zeigte auf den gelben Käfer, der am Gartenzaun parkte. Auf der Seite war noch das Posthorn zu erahnen. »Ich hab bereits die Reifen gewechselt, der erste Frost kommt bald.«

Eva wusste nicht, was sie sagen sollte. Sie hatten sie doch sowieso schon finanziell unterstützt und auch die Bürgschaft gezahlt. Sie bedankte sich viele Male, bat sie, auch Betzi Grüße auszurichten. Sie würde sie bald besuchen kommen – mit dem Käfer natürlich. Erst als sie fort waren, fiel ihr ein, dass sie ihnen gar nichts vom bestandenen Staatsexamen erzählt hatte.

Anna

»Du glaubst, bei diesen Kohlrabi-Aposteln gesund zu werden?«, fragte die Gräfin, als sie von ihrem Vorhaben hörte. »Da wüsste ich bessere Orte.«

Annas Entschluss stand fest, sie wollte ihren Husten im Tessin endgültig auskurieren. »Nicht nur das, es wird auch ein Keramikkurs angeboten. Zwei Fliegen mit einer Klappe sozusagen, oder sagen wir drei, denn das mit deinem Sohn gilt natürlich auch. Ich kümmere mich um ihn, damit du frei hast.«

»Fein, ich freu mich über deine Begleitung. Mühsam war vor ein paar Jahren schon mal bei den G'spinnerten auf dem Monte Verità.« Warum sollte nicht auch der Heiratsvermittler, Dichter und Anarchist Erich Mühsam dort gewesen sein? Anna wunderte nichts. Was in Schwabing begann, führte in die Welt. Nicht umsonst hockten sie alle im *Café Größenwahn*. »Über seine Erfahrungen in diesem *Salatorium*, wie er es nennt, hat er sogar eine Broschüre geschrieben. Ich bring sie dir nachher mit. Doch sei gewarnt, es ist kein Lobgesang. Jetzt aber hurtig, wir treffen uns um kurz vor drei am Fahrkartenschalter.« Sie trennten sich auf der Straße. Anna spurtete in Richtung Pension, um ihre Sachen zu holen und für die Nacht und das köstliche Frühstück zu bezahlen. Sie wusste zwar nicht, ob sie einen Platz in der Kuranstalt bekäme, doch zum Hin- und Hertelegraphieren fehlte die Zeit, und bis in die Schweiz zu telefonieren, war bestimmt nicht so leicht. Sie würde es einfach wagen und sich in ein neues Abenteuer stürzen.

Anders als vorgestern, als die Gräfin mit einer halben Wohnungsausstattung angereist war, hatten Mutter und Sohn nur zwei Koffer, eine Tasche und einen Regenschirm dabei. »Das Notwendigste für die Fahrt und für die erste Begegnung«, erklärte Fanny, als sie sich am Schalter anstellten. »Darüber hinaus wollen wir uns ganz neu ausstatten. In Mailand soll es phantastische Geschäfte geben. Die Südländer haben sowieso einen besseren Geschmack als wir Deutschen.« Sie zückte ihren Geldbeutel, gab ihrem Sohn eine Münze und schickte ihn los, einen Gepäckwagen zu organisieren. Rolf von Reventlow war ein schmaler Bursche mit glatten hellbraunen Haaren und feinen Gesichtszügen, die Fannys stark ähnelten. Mit einer höflichen Verbeugung hatte er Anna begrüßt und sein rundes Käppchen vor ihr gezogen. Trotz seines kindlichen Aufzugs im hellblauen Matrosenanzug reichte er seiner Mutter tatsächlich schon bis zur Schulter. Vielleicht hatte Fanny ihn auch bewusst so gekleidet, damit er bei seinem zukünftigen Stiefvater, der laut Erich Mühsam ein alter Seebär sein sollte, Eindruck machte.

Als die Gräfin ihre zwei Fahrkarten gekauft hatte, wollte Anna ein Billett für die Holzklasse lösen, das für eine einfache Fahrt zweiunddreißig Mark vierzig kostete. »Und bitte noch ein Mietpolster«, fügte sie an, damit sie auf der siebenstündigen Fahrt nach Bellinzona bequemer saß.

»Ach, komm. Willst du die vielen Stunden wirklich getrennt von uns sitzen?« Bevor sie widersprechen konnte, schob Fanny den gesamten Preis, der mehr als das Dreifache betrug, durch die Schalteröffnung. Anna wollte ihr hundert Mark geben, um die Schuld sofort zu begleichen, fischte den blauen Schein aus ihrem Geldbeutel und faltete ihn auf.

Die Gräfin lehnte ab. »Lass stecken. Ich lade dich ein.«

»Ich dachte, du bist knapp bei Kasse?«

»Hoffentlich nicht mehr lange, meine Liebe.« Vermutlich gab sie das zu erbende Geld bereits vorher aus. »Sieh es als Vorschuss auf deinen Lohn als Kindsmagd, wenn du den Bubi hütest. Ich meinte natürlich, als Beitrag zu eurer Kavaliersfahrt«, verbesserte sie sich, als ihr Sohn die Augen verdrehte. Als Kind wollte er offenbar nicht mehr gelten. Verständlich, in seinem Alter hatte sich Anna bereits erwachsen gefühlt, auch wenn sie von allen noch als Backfisch bezeichnet wurde. Wie lautete eigentlich das männliche Pendant zu Backfisch? Das gab es vermutlich nicht, genauso wie es kein Herrlein zum Fräulein gab. Rolf hatte einen Leiterwagen gefunden und stapelte ihre drei Koffer darin.

»Oh, ich glaub, unser Zug geht in drei Minuten.« Fanny deutete mit dem Regenschirm zur großen Bahnhofsuhr. Sie hasteten zum Bahnsteig, den ihnen der Schalterbeamte genannt hatte. Die Waggons der ersten und zweiten Klasse waren grün, also ließen sie die braun gestrichenen der dritten am Ende hinter sich und eilten nach vorne, wo gerade die Lok angekoppelt wurde. Es zischte und dampfte in der Halle. Die Nummern der Abteile standen über dem königlichen Wappen außen an den Fenstern. Anna hielt nach der Vierzehn Ausschau. Doch sie waren erst bei siebenundsechzig. Ein schriller Pfiff ertönte, der Schaffner schloss die Türen.

Der Zug drohte ohne sie abzufahren, was vielleicht auch besser war. Einen Augenblick zögerte Anna. Dann erschütterte ein Rucken die Waggons und rüttelte auch sie wach. Servus, Bayern, pfirti, Tonkaalm und Dreisonnenquell, dachte sie, auf in die Schweiz. Rasch half sie Rolf, die Koffer abzuladen, rief nach Fanny, die noch weiter hinten am Bahnsteig war, und rannte zum Schaffner, der gerade selbst einsteigen wollte. »Warten Sie auf uns!« Sie beschloss, bei der nächstbesten Tür einzusteigen und durch den Zug zu laufen. Anders als bei den Schnellzügen, war das bei den neuen Durchgangszügen, die genau deswegen nämlich D-Züge hießen, möglich.

»Warum sind die Wagen der ersten Klasse nicht gleich am Anfang? Gehört das nicht zum Komfort?« Keuchend hatte sie endlich auch die Gräfin erreicht und zog sich die Stufen hoch. Sie wandte sich an den Schaffner, der in seiner doppelreihig geknöpften Uniform die Tür hinter ihnen verriegelte. Als der Zug anfuhr, warf es die Gräfin fast auf ihn.

»Hoppala.« Er lächelte und rückte seine Mütze gerade. »In einem Kopfbahnhof trifft es jeden, gnädige Frau, ob bei der Hinfahrt oder Rückfahrt.«

»Aber was, wenn es kein Zurück gibt?«, erwiderte Fanny, nahm einen der Koffer und ging voraus.

Nachdem am Bodensee ihre Mitreisenden ausstiegen, hatten sie das geräumige Erste-Klasse-Coupé mit seiner exklusiven Ausstattung ganz für sich. Eine Relieftapete hinter den Spiegeln, gold gewirkte Vorhänge, die Kordeln zurückhielten, feine Art-nouveau-Ornamente auf der stoffbehängten Waggondecke und breite Ohrensessel mit flauschigem rotem Bezug. Nun konnten sie sich ausstrecken und ungezwungener unterhalten. Sie bestellten sich Tee und ein paar belegte Brote, was in ihrer Klasse an den Platz gebracht wurde. Der Koch oder die Küchenhilfe musste ein Asiate sein, dachte Anna, der Schinken schmeckte süß-sauer, und als sie das Brot aufklappte, entdeckte sie tatsächlich eine bunte Mischung aus kleingehackten Blüten und Kräutern. Neben gewöhnlicher Petersilie und Kresse schmeckte sie auch ein exotisches Gewürz heraus, das sie von Dreisonnenquell kannte, und dabei fiel ihr Dietmar wieder ein. Rolf hatte keinen Appetit. Unterwegs aß ihr Bubi nie viel, war Fannys Erklärung. Sie stand mehrmals zum Rauchen auf, das war nur in den ausgewiesenen Sonderabteilen oder im Gang erlaubt. An der Schweizer Grenze, in Sankt Margareten, wechselte Rolf ans Fenster, wo ein Herr vorher unentwegt Zeitung gelesen hatte. »Wieso liest der Mann, wenn er doch am Fenster sitzt?«, hatte er seiner Mutter zugeflüstert.

»Weil er's kann, Bubi«, war Fannys schlichte Erklärung, die bei ihrem Sohn für Stirnrunzeln gesorgt hatte. Nun genoss er die Aussicht und hielt Ausschau nach den Grenzern, die ihre Pässe kontrollieren sollten. Rolf wirkte fast ein wenig enttäuscht, als die Zollbeamten lediglich einen Blick durch die Schiebetür warfen und mit einem freundlichen »Uf Wiedaluege« abzogen. Als die Fahrt weiterging, legte sich Rolfs Begeisterung für die vorbeiziehende Landschaft, die immer bergiger wurde, und er vertiefte sich, ganz wie der Zeitungsleser zuvor, in sein Karl-May-Buch.

»Darf ich dich was fragen, Fanny?« Etwas brannte Anna schon länger auf der Seele, sie nutzte die Gelegenheit und rang sich jetzt dazu durch, es anzusprechen.

»Wenn du mehr über meinen zukünftigen Ehemann wissen willst«, warf die Gräfin gleich ein, »den kenn ich selbst noch nicht. Erich bürgt für ihn, sofern mir das aus der Ferne etwas nützt, wenn ich ihm dann gegenübersitze.«

»Du triffst ihn zum ersten Mal, und ihr wollt euch gleich vermählen?« Das war es zwar nicht, was sie hatte fragen wollen, aber es interessierte sie auch.

»Nur so viel. Er heißt Alexander von Rechenberg, ist ein Baron aus dem Baltikum und wird von seinem Vater unter Druck gesetzt, wenn er nicht heiratet, würde er ihn enterben.«

»Und warum hat ihn Mühsam einen alten Seebären genannt?«

»Weil er erstens schon fünfundvierzig ist und zweitens angeblich als Goldwäscher um die Welt gezogen ist, bevor er sich in Ascona niedergelassen hat. Du siehst, dem einen Adel bin ich aus dem Nest gefallen und zu dem anderen flüchte ich mich in der Hoffnung, endlich in gesetzten finanziellen Verhältnissen zu landen. Der Name Rechenberg ist noch dazu sehr praktisch, da brauch ich nicht mal die Monogramme in den Taschentüchern umzusticken.«

Das brachte Anna doch noch auf ihr Anliegen. »Warum bist du so nett zu mir und kümmerst dich?«

»Du meinst, nachdem ich dich erst im zugigen Hausflur stehen lassen wollte?« Fanny gähnte, verschränkte die Arme und kuschelte sich in das große Ohr eines roten Plüschsessels. Sie wirkte erschöpft. »Du erinnerst mich ein wenig an mich selber. Ich wurde auch enterbt und durfte nicht mal mehr ans Sterbebett meines Vaters. Mit dem Bubi mach ich das alles anders, ihm hab ich gleich von Anfang an die preußische Strenge und Zucht erspart.« Dass sie ihn allein großzog, verlangte Anna allen Respekt ab, und dass sie Ähnliches erlebt hatte, tröstete sie ein wenig. Zu gern hätte sie weitergefragt, aber die Gräfin war eingenickt.

Nach einem längeren Halt in Zürich ging es nun durch die Alpen ins Tessin. Die feinen Teetassen klirrten auf den Untertassen, als der Zug den Berg hochzuckelte.

Wenn sich der Dampf der Lokomotive vor dem Fenster lichtete, sah Anna Felsen und Gipfel voller Schnee. Ab und zu blitzte dazwischen ein kleines, geducktes Häuschen auf. Sie dachte an die Tonkaalm, die versteckt an einem Südhang lag. Was hätte sie dort oben anfangen sollen? Noch dazu gesundheitlich angeschlagen. Was, wenn sich ihr Husten erneut verschlimmerte? Dort wäre sie völlig auf sich gestellt, und niemand konnte ihr zur Hilfe eilen. Außerdem – fürs Alleinsein gab es später noch genügend Zeit. Sie wollte erst etwas erleben, herausfinden, ob sie für eine Gemeinschaft taugte, bevor sie, kaum großjährig, die Einsamkeit wählte.

»Mama, jetzt sag schon, wann fängt er an?«, fragte Rolf und weckte Fanny auf. Anscheinend hatte er genug von seinem Buch.

»Nerv nicht, Bubi, ich weiß es doch auch nicht. Lies weiter, oder vertreib dir sonst wie die Zeit.« Sie holte eine Schachtel aus ihrer großen Gobelintasche und stellte ihm ein Solitärspiel auf die Ablage am Fenster. »Hast du den *Schatz im Silbersee* schon durch?« Rolf schüttelte den Kopf. »Na, dann lies zu Ende, dann merkst du gar nicht, wenn wir durchfahren. Außerdem werden die Lichter angezündet, sobald es dunkel wird.«

Rolf schaute zu den vergoldeten Leselampen, die über jedem Sessel hingen. »Und wenn die kaputt sind?«

»Die sind nicht kaputt.« Fanny verdrehte die Augen und warf ihre Tasche auf den freien Platz neben Anna, die ihr gegenübersaß.

»Woher weißt du das?« Rolf gab nicht auf.

Anna betrachtete ebenfalls die Lampen. »Da ist der Glühstrumpf und hier die Kette, die müssten alle funktionieren.«

Rolf schaute sie an. »Aber was, wenn der Schaffner nicht rechtzeitig kommt, um sie anzumachen, oder wenn das Gas genau in dem Moment explodiert, wenn wir durchfahren?«

Endlich verstand Anna, wovor er sich fürchtete. »Du meinst den Gotthardtunnel. Weißt du, wie der gebaut wurde? Ist noch gar nicht so lange her.«

»Das ist es ja«, wandte Fanny ein, »irgendjemand hat ihm von den vielen Todesopfern erzählt, die der Bau gefordert hat. Und jetzt glaubt er, wir sind die nächsten, sobald wir reinfahren, und hat Schiss.«

»Hab ich gar nicht.« Rolf stieß sie an und rückte von ihr ab. An die Vorhänge gelehnt, vergrub er seine Hände zwischen den Knien.

»Schaut mal, es schneit.« Vom verregnet-kalten München fuhren sie direkt in den tiefsten Winter. Doch dank der Heizung unter den Sitzen war es gemütlich warm in ihrem Coupé. Anna zeigte hinaus, aber weder Mutter noch Sohn würdigten die Flocken, die vor dem Fenster vorbeistoben. Rolf zog sogar die Beine an und verkroch sich noch mehr in seinem Sessel. »Das mit den Verunglückten ist schlimm«, versuchte sie einzulenken, schließlich musste sie einen Zugang zu ihm finden. »Trotzdem, es ist schon eine Leistung, mitten durch einen Berg durchzubohren, findest du nicht, Rolf? Noch dazu in dieser Höhe, und der Tunnel ist …« Sie holte das *Handbuch für Schweizreisende*, das Fanny ihr vorhin zusammen mit Mühsams Ascona-Broschüre geliehen hatte, und schlug nach. »Die Gotthardbahn wurde 1872 bis 1882 mit einem Aufwand von zweihunderteinundsiebzig Millionen Franken erbaut«, las sie vor.

»Wie viel ist das in Mark?«, fragte Rolf. Endlich hatte sie seine Aufmerksamkeit.

Anna holte ihr Scheckheft heraus, wo eine Umrechnungstabelle der wichtigsten Währungen eingedruckt war. »Eine Mark entspricht einem halben Franken, dann sind das …«

»Fünfhundertzweiundvierzig Millionen Mark.« In null Komma nix hatte Rolf es ausgerechnet. »Hoho, ein ganz schöner Batzen.« Anscheinend beeindruckte ihn so viel Geld, wo sie laut Fanny immer knapp bei Kasse waren.

»Der höchste Punkt der Bahnstrecke liegt in der Mitte des großen Tunnels«, las sie weiter. »Tausendeinhundertvierundfünfzig Meter über dem Meeresspiegel.« Das war zweihundert Meter unterhalb der Tonkaalm. »Die Steigungen werden durch große Kehrtunnel überwunden, vergleiche die Karte auf Seite hundertachtunddreißig.« Sie blätterte zu der farbigen Doppelseite vor und zeigte ihm die Landkarte. Gemeinsam suchten sie in den Braun- und Blautönen den Tunnel, fanden ihn als schwarze Linie fast im Buchknick und als San Gottardo bezeichnet. »Im Ganzen hat die Bahn achtzig Tunnel und Galerien auf einer Gesamtlänge von sechsundvierzig Kilometern sowie dreihundertvierundzwanzig Brücken mit mehr als zehn Metern Spannweite. Und der große Gotthardtunnel hat fünfzehntausend und drei Meter. Stell dir mal die großen Bohrer vor, die von den Arbeitern für den Tunnelbau verwendet wurden.«

Rolf verkroch sich wieder im Sesseleck und zog die Beine an. »Manche Arbeiter wurden zerquetscht, andere sind verbrannt. Unser Lehrer hat erzählt, dass auch ganz viele durch Dynamit zerfetzt wurden.«

»Ach, von dem weißt du das alles? Na, Gott sei Dank hat diese Schule ein Ende«, sagte Fanny. »Auf dem Münchner

Reformgymnasium misshandeln sie die Kinder nämlich genauso wie auf einer staatlichen Schule. Mit dem besagten Lehrer hab ich mich schon mal in die Wolle gekriegt, als er den Bubi gewatscht hat.«

Anna tauschte ihren Platz mit Fannys Tasche und setzte sich ebenfalls ans Fenster, Rolf gegenüber. Wenn sie sich als Kind vor etwas fürchtete, hatte ihr Vater sie abgelenkt, indem er ihr alles Mögliche erklärte, bis ihr der Kopf vor lauter technischen Begriffen schwirrte. Dabei hatte er das Ganze noch mit Geschichten von Menschen und Tieren ausgeschmückt, damit sie es wie Bilder in einem Buch vor sich sehen konnte. Das versuchte sie nun auch bei Fannys Sohn. »Früher musste man über die Berge steigen, um auf die andere Seite zu gelangen. Von Hannibal mit seinen Elefanten hast du bestimmt schon gehört, oder?« Rolf blinzelte durch seine Knie, was sie als Zustimmung nahm. »Über das Geröll und die Felsen zu klettern, erst hinauf und dann wieder runter, war schon für sehr geübte Wanderer mit wenig Gepäck gefährlich, aber für Fuhrwerke, die Ware transportierten, fast unmöglich, besonders im Winter, da waren sämtliche Pässe unter Schneemassen begraben. Sie haben Brücken gebaut, aber die waren eisig glatt oder zugeweht, wenn es schneite, oder sie brachen unter den Schneemassen zusammen. Die einzige Brücke, die standhielt, war die über den Gotthardpass, die Teufelsbrücke.« Sie blätterte wieder in Fannys Reisehandbuch, wo es eine Zeichnung des imposanten Bauwerks gab, und zeigte sie ihm.

»Und warum heißt die so?«

»Da steht's …« Sie überflog rasch den Text. »Der Sage nach haben die Schweizer einen Pakt mit dem Teufel geschlossen und sie nach ihrer Zerstörung wieder aufgebaut.

Unter der Bedingung, dass die erste Seele, die sie betritt, dem Teufel gehört.«

»Und wer war das dann?«

Anna gab ihm das Buch und zeigte ihm die Stelle. Rolf lachte.

»Jetzt macht's nicht so spannend.« Fanny war auch neugierig geworden. Anna hatte geglaubt, sie wäre noch mal eingedöst.

»Ein Ziegenbock, Mama.« Rolf las selbst den Rest vor. »Der Teufel aber war so erzürnt, dass er die Brücke erneut mit einem Felsbrocken zertrümmern wollte, doch ein Kreuz, das jemand zuvor in ein Brett geritzt hatte, verwirrte ihn, so dass er sein Ziel verfehlte und wieder in der Hölle verschwand.« Er klappte das Buch zu und gab es Anna zurück. Dichter Schneefall verdunkelte ihr Abteil.

»Der bessere Weg über die Alpen ist durch den Berg durch. Das schafft man eben nur, indem man die Felsen sprengt.« Schnell sprach sie weiter, als sie sah, wie sich Rolfs Augen trotz des Dämmerlichts weiteten.

»Mach ihm ruhig nur noch mehr Angst«, warf Fanny aus ihrer Polsterecke ein. »Dann zieht die Maus noch die Notbremse, bevor wir da sind.«

»Wo ist die Notbremse eigentlich?« Rolf sprang auf, als es plötzlich völlig finster wurde. Hörbar sog er die Luft durch die Zähne. Zum Glück wurde es sofort wieder hell.

»Das war nur die erste Kehre«, erklärte Anna. An ihrer Erziehungskunst musste sie eindeutig noch etwas feilen.

Fanny hatte ihren Sohn zu sich gezogen und hielt ihn. »Jetzt beruhig dich, und hör lieber zu, was die Anna erzählt. Ihr Vater war nämlich ein berühmter Forscher und Entdecker.« Also wusste sie mehr über sie, als sie anfangs zugegeben hatte. »Außerdem warst du mit Tante Fädchen schon auf der Benediktenwand, das hat dir doch gefallen.« Der D-Zug verlangsamte seine Fahrt, und die Dampflok schnaufte durch die Berge.

Rolf schüttelte den Kopf. »Überhaupt nicht. Es war schrecklich, mir ist schlecht geworden, und wir mussten umdrehen.« Er löste sich von seiner Mutter, lehnte sich wieder in den Vorhang. Schon rasten sie durch die nächste Kehre. »Über was hat Ihr Vater geforscht?«, hörte Anna ihn rufen. Noch viermal, dachte sie, bevor es die längste Strecke finster wurde, und sie redete drauflos.

»Über Pflanzen. Von überall aus der Welt hat er welche mitgebracht. Gepresst in Herbarien oder auch in einem Ward'schen Kasten, einem kleinen, tragbaren Treibhaus, damit sie den Transport überlebten. Was besonders auf Schiffen wichtig ist, wo das Trinkwasser knapp ist. Außerdem schützte der Kasten die Pflanzen vor Ratten und Mäusen.« Es wurde hell und wieder dunkel. Die nächste Kehre. Rolf schien jedes Mal die Luft anzuhalten. »So ein Treibhaus hat sein eigenes Klima, man braucht weniger Wasser, weil sich ein Kreislauf bildet.« Sie zog ihr Notizbuch hervor und zeichnete Rolf mit raschen Strichen etwas auf. »Durch die Wärme unter dem Glas und die Sonne draußen verdunstet das Wasser und steigt in die Luft, sammelt sich oben an der Glasscheibe und tropft langsam wieder runter. Siehst du, so konnten die Pflanzen weiterleben und schafften es bis zu uns nach Wessobrunn.« Endlich kam ein Kondukteur, wie der Schaffner in der Schweiz hieß, und zündete die Lampen an. Sie flackerten, als sie durch den sechsten Tunnel fuhren, Rolf verkrampfte sich wieder. »Weißt du was, wir könnten doch zusammen einen Ward'schen Kasten bauen.

In Ascona gibt es bestimmt besondere Blumen und Gräser. Hättest du Lust?« Bei dem Schneesturm, der vor dem Zugfenster tobte, konnte sie sich in dem Moment gar nicht vorstellen, dass sie jemals wieder etwas Grünes erblickte. »Eine große Flasche ist auch geeignet für so einen kleinen Garten.« Sie erläuterte auf einer neuen Seite, wie sie es sich vorstellte. Auf Dreisonnenquell hatte sie dafür eine Ballonflasche verwendet und mit allem, was sie fand, gefüllt. »In Ascona könntest du zu sammeln anfangen, und ich kümmere mich um ein geeignetes Gefäß.«

»Aber wie kriegt man die Pflanzen durch den engen Flaschenhals?«, fragte Rolf. Ohne dass er es sonderlich merkte, waren sie in den Gotthardtunnel eingefahren. Jetzt hieß es, ihn eine Zeitlang weiter zu beschäftigen. Fanny schlief und schnarchte leise. »Gute Frage, was denkst du?«

»Mit einer Pinzette vielleicht? Oder, wenn wir einen ganz neuen Garten machen wollen, dann könnten wir erst bloß die Samen reinwerfen und zuschauen, wie sie wachsen.« Langsam schien er sich zu entspannen, und Anna war erleichtert.

Er erhob sich und schob die Abteiltür auf. »Wohin gehst du?«, flüsterte sie, sie wollte Fanny nicht wecken.

»Bloß dahin.« Er zeigte auf die Emailletafel, die auf den Abort für Herren verwies. Sie nickte, unschlüssig, ob sie mitgehen sollte, nicht dass er doch noch die Notbremse zog. Mitten im Tunnel stehen zu bleiben, wäre bestimmt noch bedrohlicher für ihn. Doch mit dreizehn von einer Fremden auf die Herrentoilette begleitet zu werden, wäre ihm bestimmt unangenehm. Besser, sie wartete. Solange nahm sie sich Mühsams Broschüre vor. Ein schmales Heft von wenigen Seiten, das anstelle eines Vorworts mit einem Gedicht über einen lästigen Telegraphendraht begann. Sie vertiefte sich in die ewig langen Schachtelsätze, die eine Strecke vom Lago Maggiore bis nach Berlin und wieder zurück beschrieben. Wirkliche Erkenntnisse über Ascona hatte sie auch nach zehn Seiten noch nicht gewonnen. Sie schaute auf. Fanny schlief noch, mittlerweile auf dem Sitz eingerollt wie eine Katze, den Kopf auf die Armlehne gebettet. Wo blieb Rolf? Besser, Anna sah nach ihm. Sie drückte die Schiebetür auf, schlich sich hinaus und folgte dem Pfeil auf dem Schild. Der Riegel unter der Klinke in der Aborttür stand auf frei. Sie klopfte, vielleicht hatte der Bub vergessen zuzusperren. Niemand antwortete, und als sie öffnete, war auch keiner drin. War er allein bis zum Speisewagen gegangen? Mit Schwung betrat sie den ruckelnden Durchgang, unter dem die Schienen rauschten, bis zum nächsten Waggon. Dort war die Luft stickig und von Rauch erfüllt. Gleich aus der ersten Abteiltür qualmte es. Anna hustete, holte das Schnupftuch aus der Rocktasche und drückte es sich vor Mund und Nase. Es roch, als hätte jemand ein ganzes Tabaklager auf einmal angezündet. Soweit sie es erkennen konnte, war das Coupé voll besetzt. Fünf Männer, die sich mit Alkohol und Tabak amüsierten. In ihrer Mitte hockte ein Knabe in hellblauem Matrosenanzug. Rolf, er paffte an einer Zigarre. Sie schob die Tür auf. »Was tust du hier?«

»Oh, wer besucht uns denn da Schönes? Ist das deine Schwester?« Einer der Männer wollte sie auf seinen Schoß ziehen. Sie entwand sich seinen verschwitzten Griffeln, packte Rolf und zog ihn hinaus. Das war knapp. Er legte die Zigarre in den Blechnapf, der unter dem Gangfenster hing, und ließ sich, ohne zu murren, an die Hand nehmen. Wenigstens das. Anna hätte nicht gewusst, wie sie ihn sonst von diesen Kerlen wegbringen sollte. »Wir haben uns Sorgen gemacht und dich gesucht.« Dass Fanny von alldem nichts mitbekommen hatte, musste sie ihm nicht auf die Nase binden. Manchmal schadete ein bisschen schlechtes Gewissen nicht. Apropos Nase, dachte sie, im warmen Schein der Lampen wirkte er etwas grün im Gesicht. »Was ist, was hast du?«

»Mir ist schlecht, und ich glaub …« Plötzlich riss er sich von ihr los, presste sich eine Hand vor den Mund, die andere auf den Hintern und rannte zum Abort zurück. Anna folgte ihm, lauschte den Geräuschen, die sich nach Brechdurchfall anhörten. Hoffentlich kurierte ihn das von der Raucherei ein für alle Mal. Sie wusste nur noch nicht, wie sie den Vorfall der Gräfin erklären sollte, als Kindsmagd hatte sie gleich zu Anfang versagt. Als es still war, klopfte sie, nicht dass er in Ohnmacht gefallen war. »Alles in Ordnung bei dir?« Sie vernahm ein klägliches Ja, wartete noch eine Weile, las solange die Hinweise zur Beachtung, die vor der Toilette hingen und für die man fast eine Lupe brauchte. Unter Nummer fünf wies die Bahn darauf hin, dass Tiere bei der Personenwagenbeförderung nicht erlaubt waren. Mit Ausnahme eines Schoßhündchens, das durfte mit.

»Na, da haben wir sie ja, gnädige Frau.« Der Schaffner kam mit Fanny im Schlepptau, blickte auf die verriegelte Toilettentür und hatte die Situation schnell erfasst.

»Was ist passiert? Wo steckt der Bubi?« Die Gräfin drückte sich an ihm vorbei. »Ich bin erst in die andere Richtung gelaufen und war schon kurz davor, den Zug anzuhalten, weil ich dachte, die Maus ist rausgefallen.« Ihre langen Haare hingen ihr wirr um den Kopf, und auf ihrer linken Wange hatte sich das Erste-Klasse-Polsterrelief eingraviert.

»Er hat geraucht, und ihm ist schlecht geworden. Das wird gleich wieder.« Den neuen Geräuschen nach dauerte es aber noch.

Fanny hämmerte gegen die Tür. »Bubi, mach auf, ich bin's.« Sie wartete kaum eine Reaktion ab, wandte sich an den Schaffner. »Los, Sie haben doch bestimmt ein Werkzeug oder was. Öffnen Sie sofort.« Schließlich wurde der Riegel von innen zurückgeschoben. Rolf wankte hinaus, stürzte ans Gangfenster und wollte es herabziehen. Anna half ihm. Durch den Spalt drang eiskalte Luft, und dann stieß der Zug durch das Südportal.

Eva

30. November 1976

Auch wenn die Verräter sterben, bleibt der Atommüll unseren Erben, stand auf einem Laken, das jemand am Rand eines Feldes aufgespannt hatte. Die Anwohner von Brokdorf, einer winzigen Gemeinde am Elbufer, hoch im Norden, wo es noch alte Häuser mit Reetdächern gab, leisteten bereits seit Ende Oktober Widerstand gegen das geplante Atomkraftwerk. Ihr Mut hatte sich herumgesprochen, so dass aus allen Teilen Deutschlands und sogar aus dem Ausland Leute zur Unterstützung anreisten. Besonders das massive Vorgehen der Staatsgewalt gegen die Demonstranten rief lauten Protest hervor. Auch Eva, Maja, Milo und Udo waren um fünf Uhr morgens aufgestanden und hatten die lange Fahrt von München über Hamburg und dann weiter mit dem Bus bis nach Schleswig-Holstein auf sich genommen. In letzter Minute hatte sich Ecki mit seiner neuen Freundin Sibylle angeschlossen. Nun zogen sie alle an einem Wassergraben entlang. Als Eva sich umwandte, blickte sie in eine lange Reihe aus Menschen. Das Ende der Schlange war nicht zu erkennen, es mussten Tausende sein. Zusätzlich zum Wassergraben war das Gelände mit Betonmauern, Stacheldraht und Flutlicht geschützt, als gelte es, eine Festung zu verteidigen. Hinter den Absperrungen formierten sich Polizisten und Soldaten des Bundesgrenzschutzes. Wachmannschaften patrouillierten mit Hunden. So stellte Eva sich den Todesstreifen an der Berliner Mauer vor. Die Demonstranten hielten ihnen die Transparente entgegen. *Schutzstation Wattenmeer*, stand auf einem. *Wo Recht zu Unrecht wird, wird Widerstand zur Pflicht*, war auf einem anderen zu lesen, und dann: *Lieber heute aktiv als morgen radioaktiv!*

Auffallend viele protestierten in einem gelben Regenmantel, dem Friesennerz, wie ihn auch Maja aus Solidarität trug, obwohl sie aus der Oberpfalz kam. Mit sämtlichen Mitteln, aber immer gewaltlos, wollten sie Zeichen setzen, ihre Verbundenheit mit den Anwohnern zeigen und die Politiker hoffentlich zum Umdenken bewegen. Auch auf dem Deich versammelten sich Leute, ihnen trabten Polizisten auf Pferden entgegen und scheuchten sie hinunter. Ein Brokdorfer Landwirt, dessen Felder an den Baugrund grenzten, erzählte ihnen beim Gehen, dass der Bau in aller Heimlichkeit begonnen worden war, weil die Regierung mit Widerstand aus der Bevölkerung gerechnet hatte. »Hedi und ich sind vom Lärm der Lastwagen und Transportmaschinen mitten in der Nacht aufgewacht. Es müssen Dutzende gewesen sein.« Er kratzte sich unter der Schirmmütze. »Wir dachten, der Russe rückt ein und der Dritte Weltkrieg ist ausgebrochen.« Die alten Leute boten ihnen an, bei ihnen auf dem Hof zu übernachten. »Letzte Nacht hatten wir eine Gruppe aus Nürnberg bei uns. Auch ihr seid herzlich eingeladen, wir freuen uns, dass ihr uns unterstützt.«

»Und sagt es euren Freunden und Mitstudenten weiter«, ergänzte seine Frau, die eine geringelte Wollmütze trug. »Wir werden nicht aufgeben und so lange Widerstand leisten, bis Stoltenberg einlenkt.« Gemeint war der CDU-Politiker, der das Projekt um jeden Preis auf der dreihundert Hektar großen Fläche durchsetzen wollte. Die Staatsmacht reagierte bereits, dachte Eva, und zwar mit Aufrüstung. Milo schoss Fotos, aber auch sie wurden von der anderen Seite fotografiert. Manche munkelten, das sei der Verfassungsschutz. Die Angst vor einem Atomkrieg beherrschte Eva seit ihrer Kindheit. Früher hatte sie sich vorgestellt, wie sie mit Mama, Papa und Oma im Keller zwischen den Einmachgläsern und der Kartoffelkiste ausharrte, während über ihnen die Welt unterging. Später, als Jugendliche, als sie versuchte, die Hintergründe zu verstehen und sich mit Atomenergie auseinandersetzte, fragte sie sich, ob sie oder ihre Familie überhaupt einen Atomkrieg oder eine sogenannte atomare Verseuchung überleben könnten, wo es doch keinen Schutzbunker in Murnau gab. Wie lange würde die Erde noch existieren? Auch die sogenannte friedliche Nutzung der Atomkraft war gefährlich. So ein Kernkraftwerk stand als tickende Zeitbombe in der Landschaft und konnte die Welt bei einer Explosion oder vielleicht auch nur bei einem Fehler durch menschliches Versagen für immer unbewohnbar machen. Auch dagegen demonstrierten sie. Manchmal war die Angst zum Greifen nah gewesen, hatte ihr den Schlaf geraubt und die Kehle zugeschnürt, besonders wenn sie von neuen Schreckensmeldungen las oder Berichte im Fernsehen anschaute. Anfangs versuchte man, die Atomunfälle zu vertuschen. Radioaktivität war weder zu sehen noch zu spüren und auch nicht zu riechen, was Eva besonders beklemmend fand. Die Folgen waren Krebs oder Missbildungen bei Menschen und Tieren. Darüber hatten sie sich im Zug unterhalten, und viele wussten noch, welche

Unfälle wann und wo passiert waren. Nicht nur in den USA oder der Sowjetunion, auch in Europa hatte es bereits Atomunfälle gegeben. 1957, als Eva drei Jahre alt gewesen war, hatte im britischen Windscale ein Reaktor gebrannt, und kaum hatten die AKW-Betreiber den Schaden einigermaßen im Griff gehabt, gab es drei Jahre später erneut einen Störfall. 1967 versagte das Kühlsystem in einem Forschungsreaktor in der Schweiz, angeblich konnte die Menge ausgetretenen radioaktiven Materials sicher verschlossen werden, so dass keine Strahlung in die Umwelt gelangt war. Aber selbst wenn es keine weiteren Atomunfälle geben würde, wusste niemand, wo man den ganzen radioaktiven Müll entsorgen sollte. Einer von Milos ehemaligen Kommilitonen, der mit ihnen in München eingestiegen war, sagte, dass man in Amerika schon an Plänen arbeitete, den Atommüll ins All zu schießen. Demnach sollten sich die Aliens damit abgeben und eine Lösung finden. »Reicht es nicht, dass wir die Erde verseuchen und zerstören?«, hatte Eva erwidert, als sie das hörte. »Muss es auch noch das Universum sein?«

»Wo ist Ecki?«, fragte sie beim Weiterlaufen. Ihn und seine Neue hatten sie schon länger aus den Augen verloren.

»Der wollte was zu rauchen auftreiben«, sagte Udo. Vor ihnen stimmte man ein Lied an. Nach der Melodie von *Hejo, spann den Wagen an* fielen sie mit ein, und auch die Leute hinter ihnen sangen: *Wehrt euch, leistet Widerstand, gegen das Atomkraftwerk im Land. Schließt euch fest zusammen, schließt euch fest zu-sa-ha-me-hen. Wehrt euch …* Das Lied zog sich durch die Reihen. Es war bedrückend. Gleichzeitig war das Gemeinschaftsgefühl aber auch überwältigend. So viele Menschen waren hier zusammengekommen – das konnte die Politik nicht ignorieren. Eva glaubte für einen Moment, dass sich all die vielen Gerüche, die auf sie einströmten, zu einem einzigen Duft vermischten. Ein Parfüm, für das sie nur noch einen Namen finden müsste. Dann, plötzlich, gab es einen Tumult hinter ihnen. Ein paar Leute hatten Bretter über den Wassergraben gelegt und überwanden den Stacheldraht. Behelmte Polizisten versuchten, sie zurückzudrängen, als sie auf den Bauplatz rannten. Die Beamten prügelten mit Schlagstöcken auf die Demonstranten ein. Manche von ihnen stürzten in den Wassergraben. Dann schaltete die Polizei die Wasserwerfer an. Die Situation eskalierte.

»Los, lauft«, rief Milo den anderen zu. Er hängte sich die Kamera um und packte Eva an der Hand. Sie wollte noch nach Maja greifen, doch die war auf einmal weg. Im Chaos aus kreischenden Menschen, die unter dem harten Wasserstrahl auseinandergetrieben wurden, suchte Eva nach ihr, riss sich von Milo los, der sie beschützen wollte. Sie sah, wie eine Frau in einem gelben Regenmantel getroffen wurde und auf dem Boden aufschlug und über den Teer schlitterte. »Maja, nein, nicht.«

»Zieh dir dein Tuch ins Gesicht, schnell.« Milo griff wieder nach ihr. »Die setzen Tränengas ein.« Über ihnen kreisten Hubschrauber, die Luft war erfüllt von Chemie. Eva schrie und hustete. Milo hatte seinen Rollkragen hochgezogen. Hand in Hand stolperten sie über die Wiese und rannten um ihr Leben. Da lief Maja ihnen entgegen. Sie wirkte unverletzt, auch Udo war bei ihr – zum Glück. Der Lärm hörte nicht auf, das Dröhnen über ihnen verstärkte sich. Der Wind des Propellers drückte sie nieder. Ein Hubschrauber senkte sich und trieb sie vor sich her. Er jagte sie. Gleich würde er sie zermalmen, dachte Eva. Sie mussten sich voneinander trennen, doch sie taten es nicht. Sie sah kaum noch etwas, ihre Augen brannten, und das Atmen fiel ihr schwer. Doch sie spürte Majas Hand in ihrer und die von Milo auf der anderen Seite. Er wiederum hielt seinen besten Freund. Irgendwann drehte der Hubschrauber ab. Sie keuchten, ließen sich völlig erschöpft in den Matsch fallen.

»Das war knapp.« Maja drückte Eva fest an sich.

Als ob sie nicht schon nass genug waren, gab Udo ihnen die Wasserflasche. »Schnell, spült euch die Augen aus.« Das CS-Gas brannte wie Feuer, aber es war auch merkwürdig geruchlos, überhaupt fühlte sich Eva noch immer im Nebel gefangen. Etwas hatte sich verändert. Erst lichtete sich der Himmel, dann regnete es. Echter, klarer Regen, der ihre wunden Augen kühlte und den Schmerz linderte. Sie hielt ihr Gesicht den Wolken entgegen, schluckte, trank noch mal Wasser, hustete und schnäuzte sich. Ihre Kehle fühlte sich rau und sandig an, aber sie schmeckte nichts. Eva schnupperte, versuchte, Majas Kaffeehonigduft zu riechen oder auch Milos Sandelholzgeruch. Doch sie roch nicht mal Udos Kaugummi oder den Schweiß oder die Angst, die sie alle verströmten. Eva hielt sich einen Unterarm an die Nase und schnüffelte an ihrer Haut. Nichts. Ihr Geruchssinn war weg.

Anna

Ascona, November 1910

Die restliche Zugfahrt verlief schweigend. Fanny war sauer auf ihren Bubi und wahrscheinlich auch auf Anna, aber das äußerte sie nicht. Rolf verbrachte die Zeit zwischen Fenster und Toilette, bis Anna ihm etwas *zingiber officinalis* aus dem Speisewagen holte. Vom Brotbelag. Der Koch war tatsächlich Chinese und gab ihr ein Stück vom Ingwer, als sie ihn darum bat. Das war ihr eingefallen, als sie an Dietmar dachte, der unter Reiseübelkeit litt. In Bellinzona empfing sie warme Luft. Es schneite nur noch leicht, als sie aus dem Bahnhof traten. Die Flocken schienen mehr vom Gotthardmassiv, das noch in ihrem Rücken zu erahnen war, herabzusegeln. Ehe sie auf dem Bahnhofspflaster auftrafen, hatten sie sich aufgelöst. Es war kurz nach neun und stockfinster, als sie in den hoffentlich richtigen Automobil-Omnibus umstiegen.

»Locarno, Pallanza, Gravellona ad Ascona, si, si, Signore«, versicherte ihnen der Fahrer und zählte die Haltestellen auf. Er fuchtelte hinter dem Lenkrad mit den Armen, um seine Worte zu unterstreichen. Ab jetzt wurde Italienisch gesprochen. Sie stiegen ein. Anna fuhr zum ersten Mal mit einem Bus. Wie aufregend. Auch wenn das Fahrzeug rasant um die Kurven schaukelte und sie sich oft festhalten musste, empfand sie das Fahren auf den großen Gummireifen als deutlich komfortabler als das mit einer Kutsche. Noch dazu hatten viel mehr Leute Platz. Nach der Ankunft und noch das Surren des Autobusses in den Ohren, fragten sie sich zu ihrer Unterkunft durch. Mühsam hatte Fanny das *Ristorante al Lago* empfohlen. In der Straßenbeleuchtung wirkte das Haus mehr wie eine Absteige als ein Gasthof, geschweige denn ein *Albergo*. Fanny beharrte darauf, die Zimmer vorab besichtigen zu dürfen.

»Diverse stanze?«, fragte die Wirtin, eine mollige, stark geschminkte Frau mit großen Ohrringen. »Ho solo una stanza.« Es gab anscheinend nur ein einziges Zimmer. Träge schloss sie den hölzernen Spielautomaten, der an der Wand hing, und schob den Schlüssel in ihre Kitteltasche.

»Ein *Bajazzo* wie Onkel Carlo ihn hat, Mama, hurra, darf ich?« Rolf taute plötzlich auf, klatschte in die Hände.

»Meinetwegen.« Fanny gab ihrem Sohn ein paar Rappen. Anders als Anna, hatte die Gräfin offenbar ihr Geld schon in die Schweizer Währung getauscht. Er warf eine Münze ein, und die Spielkugel ratterte hinter der Scheibe über ein Hindernisfeld aus Metallstiften, die ein Clown mit seinem Hut auffangen musste. So war Rolf eine Weile beschäftigt, und Anna und Fanny folgten der Dame. Die entzündete eine Art Grubenlampe und führte sie über einen schmalen Gang, der leicht abwärts verlief, nach nebenan. Die Decke war niedrig, und obwohl Anna kaum größer als die Gräfin war, duckte sie sich, damit sie sich nicht den Kopf anstieß. Fanny nahm der Wirtin die Lampe aus der Hand und leuchtete in die Ecken, wo sich Gerümpel stapelte. Es roch nach Schimmel. Die Tapete fehlte an manchen Stellen oder hatte sich über den sichtbar gewordenen Mauersteinen eingerollt. Die

Bettpfosten standen in Blechnäpfen, aus denen Essigdampf stieg. Ein Zeichen, dass es weitere Schlafgänger gab, die, sobald sie das Licht löschten, aus der Matratze kriechen und in jede freie Stelle ihrer Haut beißen würden.

»Glaubst du, hier sind …?« Anna wandte sich an die Gräfin. Sie hatte kaum Erfahrung mit Ungeziefer, da die Räume auf Dreisonnenquell zweimal im Jahr ausgeräuchert wurden. Den feinherben Geruch von Kolbs geheimnisvoller Chrysanthemenmischung, deren Rezeptur er aus seinen Erfahrungen bei den Wittelsbachern entwickelt hatte, hatte sie jedes Mal geliebt, wenn sie ihre gelüfteten und gereinigten Zimmer wieder betreten durften.

»Bettwanzen und andere Krabbeltiere. Wahrscheinlich auch noch mehr.« Fanny nickte. Auf dem Rahmen eines staubigen Heiligenbilds saß ein Gecko. Der hatte in diesem Zimmer vermutlich einen recht abwechslungsreichen Speisezettel. »Wir suchen uns besser was anderes, bevor wir mit Haut und Haar bei lebendigem Leib aufgefressen werden.« Wenigstens sprach sie wieder mit ihr, stellte Anna erleichtert fest. »Grazie e no.« Sie gab der Frau die Lampe zurück. In der Gaststube schepperte es. Rolf hatte bereits zum dritten Mal gewonnen.

Mangels Auswahl zogen sie in das *Albergo Quattrini*, laut Reisehandbuch das erste Haus am Platz, wo der Hoteldiener ihnen die Koffer abnahm und sie in ein Appartement im ersten Stock führte. Ein Salon mit zwei Schlafzimmern. Die einzige Räumlichkeit, die um diese Uhrzeit noch zu haben wäre, wie er betonte. Anna übersetzte, so viel sie verstand.

»Vermutlich auch die einzige, die den Namen verdient«, sagte Fanny auf Deutsch und gab dem Diener eine Handvoll

Münzen. Er zog die Kappe und ging. Rolf lag schon im Einzelbett, noch bevor sie entschieden hatten, wer wo schlief. Also teilte Anna sich mit Fanny das pompöse Doppelbett mit dem geschwungenen Kopfteil und nur einer leichten Decke, die am Fußteil eingeklemmt war. Auch sie war sehr müde. Am Morgen weckte sie das Sonnenlicht. Und das am siebenundzwanzigsten November 1910. Die Gräfin lehnte in ihrem feinen Morgenrock am Balkongeländer und rauchte. Vom Bubi war noch nichts zu sehen. Anna schnappte sich ihren Mantel, den sie gestern über einen der stoffbezogenen Stühle geworfen hatte, und stellte sich zu ihr. Was für ein Ausblick. Der Lago Maggiore erstreckte sich wie eine blaue Zunge, umgrenzt von Hügeln, vor ihren Augen. Die Luft war deutlich milder als im nebligen München, und auch den Schnee hatten sie hinter sich gelassen. In Ascona herrschte bereits ein geschäftiges Treiben. Fischer holten die Segel ihrer Schiffe ein. Manche ruderten Barken, über die Bögen gespannt waren. Andere hängten am Ufer die Netze zum Trocknen auf. Fuhrwerke voller Lasten quetschten sich durch die engen Gassen. Radfahrer schlängelten sich an ihnen vorbei. Unverputzte Steinhäuser, deren Dächer mit Gneisplatten belegt waren, reihten sich dicht an dicht. Anna hatte sich auf dem ersten Teil der Fahrt über das Tessin und seine Besonderheiten belesen. Ein Kirchturm mit einer aus Tausendundeiner Nacht entsprungenen Form ragte neben dem Hotel empor. »Gut geschlafen?«, fragte Fanny.

»Ja, sehr gut, und du?«

»Ich auch, hier könnte man es aushalten, oder?«

»Wieso, bleibt ihr nicht?« Anna wollte möglichst bald im Sanatorium vorstellig werden. Sie machte ein paar Turnübungen. Vom langen Sitzen im Zug tat ihr der Nacken weh. Wenn man, wie sie, auf die dreißig zuging, musste man etwas tun. Kurz blitzte ein Gedanke an Ruth auf. Dein Körper ist dein Kapital! Rasch schob sie den Schmarrn beiseite.

»Mal sehen, was sich ergibt.« Fanny paffte weiter, schaute ihr aber aufmerksam zu. »Ich kann nicht all mein Erspartes vorher ausgeben. Wir begleiten dich erst mal auf den Berg, und dann schauen wir weiter.« Sie drückte die Zigarette aus, schob den Stummel mit der Schuhspitze über die Balkonkante und machte bei der nächsten Dehnübung mit. Anna beugte sich vor, hielt sich mit ausgestreckten Armen am Geländer fest und streckte den Rücken im rechten Winkel durch, bis es knackte. Auch Fanny ächzte auf. »Wer hat dir denn das beigebracht?«

»Humboldt.« Sie schüttelte sich und dribbelte auf der Stelle.

»Der berühmte Naturforscher?«

Sie lachte. »Nein, so heißt unser Kater. Ich dachte mir, was ihm hilft, hilft auch mir.«

Gemessen an der königlichen Unterkunft fiel das Frühstück dürftig aus. Hartes, kleines Mandelgebäck, das sie in dem Schluck starken Kaffee aufweichen mussten, um es kauen zu können, ohne sich die Zähne auszubeißen. Dazu gab es etwas Obst. Rolf vertilgte den ganzen Korb voll *Cantuccini* und zupfte sich fast die gesamten Weintrauben ab, die bestimmt von der Laube draußen stammten, mit der die Terrasse überdacht war. Nach dem Vorfall gestern war er zwar noch etwas wortkarg, hatte aber zum Glück wieder Hunger und bekam vom Essen Farbe. Anna erkundigte sich beim Kellner, wo der Monte Verità läge und wie weit es bis dahin wäre.

»Ai vegetariani, si, si!« Er zeigte nach draußen zu einem Weinberg. »Proprio lì, un passo di un gatto.« Ganz in der Nähe ginge es zu den Vegetariern, und wie Anna verstand, gab es einen Katzenweg dorthin, also nur einen schmalen Trampelpfad, das gefiel ihr. Wann und wo die Gräfin auf ihren Seebären treffen wollte, wusste sie nicht, also fragte sie.

»Muss man denn jemanden unbedingt sehen, bevor man ihn heiratet?« Fanny bestellte sich noch einen *Aperitivo*. »In so einem kleinen Nest spricht es sich bestimmt schnell herum, dass die Reventlow in Ascona abgestiegen ist. Ich denke, dass man mich zu gegebener Zeit aufsuchen wird.«

Anna hatte keine genaue Vorstellung von einem Luftkurort gehabt, aber das, was sie vorfand, übertraf alle Spekulationen. Über den gesamten Hügel verteilten sich kleine Häuser, die anscheinend alle zu der Naturheilanstalt gehörten. Manche lagen versteckt zwischen Bäumen, andere ragten heraus. Das größte war mehrstöckig und besaß zwei hohe Türme, von denen man bestimmt einen herrlichen Ausblick über den Hügel bis zum See hatte. Hinter einem organisch geschwungenen Torbogen mit der deutschen Inschrift *Sanatorium Monte Verità*, wobei das V von Verità einem Herz ähnelte, folgten sie dem Weg über moosbewachsene Steinstufen hinauf. *Zur Rezeption,* verkündete eine Holztafel am Geländer. Oben angekommen, teilten sich die Wege, und nun zeigten Pfeile an einem Pfosten in alle Himmelsrichtungen. Zur Villa Semiramis, Casa Elena, Casa Selma, Casa de Sole und Casa Anatta und vielen mehr. Es gab auch ein Teehaus, eine Liegehalle, einen Loreley-Felsen und einen, der nach den Walküren benannt war. Von der Rezeption war nirgends mehr etwas zu lesen. Waren sie falsch abgebogen?

»Russenhaus, das klingt doch wie für mich gemacht.« Die Gräfin wies auf ein Schild. »Lass uns dahin gehen.«

»Am Ende verlaufen wir uns noch. Am besten, wir fragen im Laden, falls der schon offen hat, vielleicht gibt es dort auch einen Plan«, schlug Anna vor. Nach rechts ging es zur Casa Andrea und zu einem Reformladen.

»Ich warte hier auf euch.« Unter einer hohen Kastanie hatte Rolf ein paar Kinder entdeckt, die versuchten, ein Seil über einen Ast zu werfen, was misslang. Scheinbar brauchten sie dringend die Hilfe eines Größeren, und er lief zu ihnen. Hinter ein paar Bäumen tauchte das gelb gestrichene Haus mit den gezackten Verzierungen unter dem Giebel wieder auf, das sie vom Eingang aus bereits gesehen hatten.

»Sieh an. Richard Wagner hat sich auch schon die Ehre gegeben.« Fanny zeigte auf ein Konzertplakat, das in einem Schaukasten hing. Es schien niemand da zu sein, als sie den Laden betraten. Von der Einrichtung her erinnerte er an einen Gemischtwarenladen, wie es ihn in jedem Ort und fast an jeder Straßenecke gab. Nur dass die verderbliche Ware fehlte. Fanny und Anna schlenderten an den Regalen und Tischen vorbei und schauten sich um. Die Gräfin inspizierte die Reformkleider, die an Bügeln aufgereiht an einer Stange hingen. Anna blätterte in einer Schachtel mit Postkarten. Eine zeigte lauter Männer im Adamskostüm, die in einem Garten arbeiteten. *Lichtluftbaden im Männerpark*, stand auf der Rückseite. Auf einer anderen hielten sich Erwachsene wie beim Ringelreihespiel an den Händen. Sie fand auch den nackten Alten wieder, den sie bereits von einer vorherigen Abbildung kannte. Auf der Rückseite stand: *Die Schande hat uns gekleidet, die Ehre wird uns wieder nackt machen.* Konsul Salomonson. Es gab auch verschiedene

Trockenpräparate zu kaufen, die weitere *Unterstützung zu Ihrer Gesundung* versprachen. Pflanzenfett-Toilettenseife, Isländisch-Moos-Pasta und Steinmetz-Kraftnahrung und Dr. Schieffer's Schlaf- und Nerventee. Dazu Mahrs poröse Unterkleidung, die laut dem Hersteller aus luftdurchlässiger ägyptischer Baumwolle hergestellt und mit Schafwolle verwebt war, und Sandalen, wie sie Jesus getragen hätte. Bestimmt waren das die Ladenhüter um diese Jahreszeit. Sie entdeckte auch eine Auswahl an Gesundheitszeitschriften, wie sie schon im *Café Stefanie* ausgelegen hatten. Ergänzt durch jede Menge Bücher zur besseren Lebensführung. Neben dem vielfach nachgedruckten Testament von Sebastian Kneipp stachen ihr auch Ratgeber wie *Kehrt zur Natur zurück* und *Der Zukunftsstaat* ins Auge und ein *Wegweiser für Kranke und Erholungsbedürftige*. Ruths Abschiedsgeschenk war auch dabei. Manchmal konnte man gar nicht weit genug wegfahren, um dem Mist zu entkommen, dachte Anna. Plötzlich furzte jemand. Sie schaute zur Gräfin, die hob die Arme, als wollte sie beteuern, dass sie das nicht gewesen war. Erst da bemerkten sie den alten Mann, der zwischen dem ganzen Sammelsurium hockte. Sein Sessel schien aus lauter knorrigen Ästen verflochten und wirkte für Annas Geschmack reichlich unbequem. Vielleicht war das auch ein Reformsessel zur Förderung der Verdauung? Der vollbärtige Mann trug einen ungefärbten Kittel über dem mächtigen Bauch und ein Lederband um die Stirn gebunden. Die löchrigen Wollstrümpfe hatte er über die Hosenbeine hochgezogen, seine Füße steckten in Sandalen, aus denen die großen Zehen herausragten.

»Tach, die Damen, was kann ick für Se tun?« Der Nikolausverschnitt berlinerte.

Er oder der Lehnstuhl ächzte, als der Mann sich bewegte, um sie zu begrüßen. Entweder fehlte ihm zum Aufstehen die Kraft, oder er klemmte im Stuhl fest.

»Ich wollte mich im Sanatorium anmelden«, sagte Anna.

»Ida, Kundschaft.« Er hob eine Messingglocke an, die die Form einer kleinen Madam hatte, und bimmelte.

Prompt öffnete sich eine Tür mit Milchglasscheiben, und eine Frau in einem hellen luftigen Kleid, das nur von einem bunt gewebten Gürtel zusammengehalten wurde, stellte eine Kiste mit Ware ab. Nachdem Anna ihr Anliegen noch mal vorgebracht hatte, bat sie sie in ihr Bureau. Fanny wollte hierbleiben. Sie war bereits mit dem Berliner Nikolaus in ein lebhaftes Gespräch vertieft. »Ich bin Ida Hofmann, die Kurleiterin. Und Sie sind?« Anna nannte ihren Namen. »Bitte sehr, Frau von Quast, nehmen Sie Platz.« Sie bot ihr einen Stuhl an, setzte sich selbst hinter einen breiten Schreibtisch.

»Einen herrlichen Arbeitsplatz haben Sie hier«, sagte Anna. Ein Kanonenofen, dessen Rohr durch die Wand bis in den Laden reichte, verbreitete eine angenehme Wärme. Alles war aus Holz und die Wände und die Decke mit wenigen, aber dafür sehr feinen Webarbeiten verziert, die dem Gürtel von Frau Hofmann ähnelten. Die spartanische Einrichtung war genau Annas Geschmack und gefiel ihr sehr. »Allein die Aussicht.« Durch die Fenster ringsum und dadurch, dass das Haus auf einem Felsvorsprung lag, waren die Räume in ein warmes Licht getaucht. Man merkte kaum, dass es aufs Jahresende zuging und bald die Adventszeit begann. Dies würde das erste Weihnachten ganz ohne Familie für Anna sein. Für die Belegschaft von Dreisonnenquell und deren Angehörige hatten sie zwischen den Jahren, wie man so sagte, immer ein großes Fest gegeben.

»Ja, die Casa Andrea ist eine der ersten Lichtlufthütten, die wir vor zehn Jahren selbst in mühevoller Kleinarbeit gebaut haben. Warum nicht Arbeit und Vergnügen verbinden, haben wir uns gedacht. Für unsere Gäste nur das Beste zum Gesundwerden.«

»Und wer ist wir, wenn ich fragen darf?« Sie schätzte Frau Hofmann auf Mitte vierzig, etwas älter als die Gräfin, in ihren hochgesteckten Haaren zeigten sich ein paar einzelne Silberfäden. Das unterstrich ihre Autorität und verlieh ihr zugleich etwas Feenhaftes, passend zu diesem verwunschenen Hügel, fand Anna.

»Mein Lebensgefährte Henri Oedenkoven, meine Schwester und ein paar Freunde.« Die benannte sie nicht näher. »Wir haben uns Anfang des Jahrhunderts in München-Schwabing kennengelernt und beschlossen, unsere Idee vom einfachen Leben und der Heilung durch die Natur an diesem Ort umzusetzen, den Sie hier vorfinden.«

»Schwabing? Da komme ich gerade her, und meine Begleitung, die Gräfin Reventlow, auch.« Was es für Zufälle gab, aber eigentlich auch wieder nicht. Schwabing war vielleicht einfach der Nabel der Welt, zumindest für alles Ungewöhnliche.

»Ach, Frau von Reventlow ist das? Dachte ich es mir doch. Ihr Besuch in Ascona wurde mir mehrfach angekündigt.« Sie lächelte, ging aber auch darauf nicht näher ein. Anna nahm an, dass sie sich auf Erich Mühsam bezog. »Zurück zu Ihrem Kuraufenthalt, Frau von Quast. Ich lege besonderen Wert darauf, dass wir Frauen dieselben Freiheiten und Rechte genießen wie die Männer. Dazu gehört auch unsere besondere Ernährung, aber dazu später mehr. Leiden Sie an Schwindsucht?« Frau Hofmann schraubte einen

Montblanc-Füllfederhalter auf, bei dem man die Feder herausschob, und schlug das Gästebuch auf. Anna besaß nur einen einfachen *Waterman* mit Kapillareffekt, den ihr Papá zu ihrer ersten Unterrichtsstunde geschenkt hatte. Da war sie gerade fünf geworden und konnte bereits zwei Buchstaben, ein A und ein N, und, schwupp, schon ihren ganzen Namen schreiben.

»Die Lunge ist seit meiner Kindheit mein Schwachpunkt und durch einen Unfall vor ein paar Monaten, bei dem ich sehr viel Staub eingeatmet habe, geschwächt.« Anna strich sich mit der Linken über den verkürzten Finger. »Aber die Pirquet-Probe hat ergeben, dass ich nicht infiziert bin.« Sie holte die Bescheinigung, die ihr Dr. Lachner ausgestellt hatte, aus ihrer Tasche und zeigte sie Frau Hofmann.

»Sehr gut, wir können nämlich leider keine Tuberkulosekranken aufnehmen, dafür gibt es andere Einrichtungen. Unser Genesungskonzept beruht nicht auf der Schulmedizin, sondern mehr auf Naturheilverfahren, dennoch verständigen wir Dr. Lamberti aus Ascona bei einem Notfall sofort.« Auf dem Schreibtisch stand ein vergoldetes Telefon. Anna hätte also durchaus von München aus anrufen und fragen können, ob sie einen Platz bekam. »Wie lange haben Sie vor zu bleiben? Wir empfehlen einen Aufenthalt von mindestens sechs Wochen, der aber auch verlängert werden kann.« Ihre Eintragungen nahm sie mit blutroter Tinte vor.

»Das habe ich mir noch nicht genau überlegt, aber heißt das, Sie nehmen mich auf?«

Ida Hofmann nickte und setzte ein Häkchen in eine Spalte. »Möchten Sie Vollpension?«

Anna atmete auf und glaubte schon jetzt, mehr Luft zu bekommen. Sie freute sich sehr. »Was wäre die Alternative?

Gibt es die Möglichkeit, selbst zu kochen?« Auch wenn sie in der Haushaltsführung noch ungeübt war, würde es ihr gefallen, ganz für sich selbst zu sorgen.

»Leider nein. Auf den Öfen in unseren Lichtlufthütten können Sie sich zwar einen Tee oder auch mal eine Suppe zubereiten, aber wir bitten, von größeren Gelagen abzusehen. Manche unserer Gäste wählen dennoch Halbpension und gehen zum Abendessen ins Dorf. Unsere Kurempfehlung ist das nicht. Es verhindert, oder sagen wir besser, es verlangsamt die Genesung. Wir bieten ausschließlich Speisen an, wofür kein Tier sein Leben gelassen hat. Viele wissen nicht, dass auch für Milch und Käse das Kalb oder das Zicklein geschlachtet werden muss, damit das Muttertier gemolken werden kann. Unsere vegetabilische Ernährung kostet viele am Anfang Überwindung und ist nach Jahren des Fleischverzehrs eine körperliche Umstellung, aber sie hilft, Sie werden sehen. Schon nach wenigen Tagen werden Sie sich leicht und frei fühlen, und das ist doch das Ziel einer jeden Kur.« Anna war einverstanden, sie mochte zwar Fleisch, Milch und Käse, war aber zu gern bereit, etwas Neues auszuprobieren. »Noch dazu ist die Auswahl, die die Natur uns bietet, unendlich groß. Vielleicht jetzt im Winter etwas eingeschränkter, aber dafür gibt es die Maronen aus der Gegend, die die Bevölkerung im Tessin schon seit Jahrhunderten ernähren. Gespeist wird im Zentralhaus, der Casa Anatta. Das ist hier.« Sie gab Anna einen gedruckten Plan, auf dem *Kurhotel Monte Verità, Ascona, Tessin* stand, und kreuzte das Zentralhaus an. »Wir sitzen gerade in der Casa Andrea«, auch dort setzte sie ein Kreuz. »Und für Sie wäre die Casa Selma frei, wenn Sie mögen. Die liegt etwas den Hügel hinunter auf der Westseite.«

»Ein ganzes Haus für mich allein?« Was für ein Luxus, Anna konnte es kaum glauben.

»Warum nicht? Es steht Ihnen zu. Wir Frauen werden dazu erzogen, zu teilen und uns zurückzunehmen. Erst in der Familie, später in der Ehe, aber zur Entfaltung gehört auch ein eigener Raum, und das nicht nur in symbolischem Sinne. Ihre Casa Selma ist hier.« Sie kreiste sie auf dem Plan ein. »In der Nähe des Stalls.«

»Es gibt einen Esel hier?« Anna deutete auf die gerahmte Fotografie eines Mannes an der Wand im Reformkleid, der neben einem Eselswagen stand.

»Nein, nicht mehr. Wenn wir uns schon vegetabilisch ernähren, dann sollten wir auch keine Nutztiere schinden. Wie gesagt, im Haus Selma wären Sie ganz für sich«, fuhr sie fort, »hätten es aber auch nicht weit zu unseren Veranstaltungen, die ein- bis zweimal in der Woche abends stattfinden.« Sie gab Anna einen Zettel mit dem geplanten Winterprogramm.

»Frau Duncan tritt bei Ihnen auf?« Es wurde immer besser.

»Wir hoffen es jedenfalls, versuchen, sie bereits seit längerem einzuladen. Kennen Sie sie?«

»Ich hab von ihr gelesen.« Das brachte Anna auf eine andere Frage. »In einer Zeitschrift stand auch, dass Sie Töpferkurse anbieten, das war für mich der Auslöser, einfach auf Verdacht herzufahren, ich bin nämlich Keramikkünstlerin.« Anna wusste gar nicht, ob es diesen Ausdruck gab, aber als Hafnerin oder Töpferin wollte sie sich nicht bezeichnen, dazu fehlte ihr die Ausbildung.

Ida Hofmann runzelte die Stirn. »Tut mir leid, ich verstehe gerade nicht, was Sie meinen.« Anna holte die ausgerissene Zeitschriftenseite aus ihrem Notizbuch und zeigte ihr die Annonce. Die Kurleiterin nickte. »Ja, das ist eines unserer Inserate.«

»Und da steht es doch. Laufende Kurse in Tanz, Weben, Fotografie und Tonkunst«, half Anna ihr auf die Sprünge.

»Ach, das ist ein Missverständnis. Unter Tonkunst sind meine Klavierabende mit Gesang zu verstehen, die jeden Donnerstag stattfinden.« Oje, ausgerechnet Klavier, vor dem Anna geflohen war. Was sollte sie tun? Sich erst mal auskurieren, jetzt, da sie hier war, und dann weitersehen? Es blieb ihr wahrscheinlich gar nichts anderes übrig.

»Es steht Ihnen selbstverständlich frei, an allen anderen Kursen teilzunehmen, ganz wie es Ihnen beliebt. Genauso die Liegehalle und Wasseranwendungen, die können Sie den ganzen Tag besuchen. Außerdem lade ich Sie zum Taulaufen morgens um sechs ein. Und wenn das Wetter hält und der Wind nicht zu stark ist, können Sie auch Tennis spielen, wenn Sie wollen. Wir haben eine neue Anlage. Den Schläger gibt es gegen eine kleine Gebühr zu leihen. Falls Sie keine Uhr haben, das Glockengeläut aus Ascona weckt Sie rechtzeitig. Oder wissen Sie was?« Frau Hofmann schien ihr die Enttäuschung über das Missverständnis anzusehen. »Sie sagten, Sie sind Künstlerin?«

Anna nickte, obwohl sie sich plötzlich gar nicht mehr sicher war.

»Wie wäre es, wenn Sie einen Töpferkurs ins Leben rufen? Ich bin mir sicher, dass er auf große Zustimmung trifft um diese Jahreszeit, wo es draußen im Garten und in unseren Beeten nichts zu tun gibt. Was halten Sie davon?«

»Ich? Ich weiß nicht.« Erst die Absage, und nun sollte sie auf einmal selbst unterrichten?

»Kommen Sie erst mal in Ruhe an. Ich wollte Sie nicht überrumpeln. Für uns wäre solch ein Angebot auf jeden Fall eine Bereicherung.«

»Eine Frage habe ich noch«, sagte Anna, als Frau Hofmann schon aufstehen wollte. »Können Sie mir bitte erklären, warum Ihr Sanatorium keine Kolonie ist?« Auch darüber war Anna in der Anzeige gestolpert.

»Gern. Da wir in der Presse vielfach genannt werden, entsteht leicht der Eindruck, wir wären eine eingeschworene Gemeinschaft von Andersdenkenden. Eine Art Harem von Anhängern der Freikörperkultur, wo sich jeder, der will, ansiedeln kann.«

Anna dachte an die Postkarten im Reformladen, ganz von der Hand zu weisen waren diese Annahmen nicht. »Wir führen in erster Linie einen Kurbetrieb«, ergänzte Frau Hofmann, »und laden jeden ein, der sich nach einer Alternative zu den herkömmlichen Heilungsmethoden sehnt. Bei uns gibt es keine Zwänge und Verbote, auch keine Glaubensvorschriften. Alles, was wir machen, sind Angebote und Vorschläge, hier gibt es keine Pflichten. Aber allein darin mag so mancher schon eine Ideologie finden. Leider zähle ich dazu auch den Freund Ihrer Begleiterin Frau von Reventlow. Er hat uns in seiner Schrift verunglimpft und lächerlich gemacht. Aber schlechte Presse ist oft die beste Reklame, sagt Henri immer, und er hat recht. Seither steigen unsere Gästezahlen. Viele kommen sogar mit Mühsams Ascona-Büchlein in der Hand her, um zu überprüfen, ob das alles wahr ist, was er geschrieben hat. Ich verweise dann auf meine Gegendarstellung zum Vergleich.« Aus einer Schublade zog sie ein Heft mit dem Titel *Wahrheit ohne Dichtung* von Ida Hofmann. »Sie können reinlesen, wenn Sie wollen.

Zu kaufen gibt es das, wie auch meine anderen Broschüren, im Laden drüben. Sie sind alle in meiner selbstentwickelten Reformschrift verfasst. So, jetzt aber genug der langen Erklärung. Bevor ich Sie zu Ihrer Unterkunft führe, bitte ich um eine Anzahlung von zweihundert Franken, Sie können auch in Mark bezahlen. Warten Sie, ich rechne es schnell um. Auf dem Weg zur Casa Selma zeige ich Ihnen das meiste, der Rest findet sich im Laufe der nächsten Tage.« Sie zeigte ihr die Summe nach dem neuesten Umrechnungskurs, legte den Füller in das Gästebuch und holte eine Geldkassette heraus. Anna bezahlte aus ihrem Portemonnaie und verbrauchte damit bis auf wenige Pfennige ihr gesamtes Bargeld. In den nächsten Tagen würde sie in der nächstbesten Bank einen der amerikanischen Schecks einlösen müssen. Als das erledigt war, stand Ida Hofmann auf, reichte ihr die Hand und sagte feierlich. »Herzlich willkommen auf Monte Verità.«

Eva

Es dauerte, bis sie die Erlebnisse in Brokdorf verarbeitet hatten. Die Nachrichten meldeten, dass über dreißigtausend Menschen gegen das geplante Atomkraftwerk demonstriert hätten. Mehr als hundertfünfzig Personen, davon neunundsiebzig Polizeibeamte, seien bei den Ausschreitungen verletzt worden. Darunter Eva, die nichts mehr riechen und schmecken konnte. Maja war zum Glück nichts geschehen, es musste eine andere Frau im Regenmantel gewesen sein, die der Wasserstrahl niedergestreckt hatte. Im Schock der ersten Stunden glaubte Eva jeden Moment, dass ihre Sinne zurückkehrten, aber dem war nicht so. Zurück in München, versuchten die anderen in der WG, sie zu beruhigen. Wahrscheinlich seien ihre Zellen durch das Tränengas beschädigt worden und bräuchten Zeit, um zu heilen. Es gab sogar Gerüchte, dass die Polizei Kampfgas in die Wasserwerfer gemischt hätte, vielleicht sei das die Ursache. Also beschloss Eva, sich untersuchen zu lassen. Ihr fehlte nichts, bestätigte ihr der Allgemeinarzt, weder an den Organen noch im Blut hätte sie Schäden davongetragen. Lediglich etwas Eisenmangel hatte sie, aber das sei bei vegetarischer Ernährung normal. Er schrieb ihr ein Rezept für ein Präparat, das sie bei Meitl einlöste. Der Apotheker sorgte sich auch um sie und mischte verschiedene Extrakte, die sie inhalieren sollte und die ihre Sinne wieder hervorlocken würden. Unter Dampf verbesserte sich ihr Hautbild und machte ihre Atemwege frei, aber riechen und schmecken konnte sie weiterhin nichts. Auf Majas Empfehlung gurgelte sie zusätzlich morgens und abends nach dem Zähneputzen mit Kräutertee. Abwechselnd mit Kamille, Pfefferminze und Salbei. Doch außer der Hitze merkte Eva nichts, und selbst die Zahnpasta fühlte sich wie Kleber im Mund an. Sie probierte es mit Schokolade, auf die sie vorher so starke Gelüste gehabt hatte, glaubte, die Süße zu spüren, aber stellte fest, dass es wohl mehr die Erinnerung daran war. Genauso ging es ihr mit extrem scharfen Gewürzen wie Paprika, Knoblauch, Ingwer oder Eckis geliebtem Chili, abgesehen davon, dass ihr noch tagelang der Hintern brannte, veränderte sich nichts. Ebenso war es bei allen Sorten von Parfüm oder dem Duft von Blumen. Wo sie vorher der Geruch geführt hatte, fühlte sie sich jetzt hilflos, als wäre sie plötzlich erblindet. Sie wusch sich, wenn sie geschwitzt hatte, oft mehrmals am Tag, da sie nie wusste, ob sie stank. Der einzige Vorteil war, dass auch die Übelkeit verschwunden war, die sie kurz vor der Demonstration noch geplagt hatte. Eva aß nur noch, weil sie die Energie zum Weiterleben brauchte, nicht mehr, weil es schmeckte oder sie Hunger hatte. Seit sie den letzten Gemüseeintopf total versalzen hatte, übernahmen die anderen das Kochen für die Gemeinschaft. Dafür erklärte sie sich fortan zum Kühlschrank- und Toilettenputzen bereit, was alle dankbar annahmen. Jeder, der von ihrem Leiden erfuhr, hatte einen anderen Tipp, letztendlich sollte sie sich einfach in Geduld üben. Langsam kam sich Eva wie ein Kamel vor, das durch eine endlose Wüste trabte.

Geduld, Geduld, Geduld, bis irgendwann eine Oase auftauchte, und sei es nur die nächste Fata Morgana. Die einzige Ablenkung war der Müsliverkauf auf dem Wochenmarkt, den sie weiterbetrieben. Mittlerweile transportierten sie ihre Sachen mit Evas Käfer, den sie mit Maja zusammen ursprünglich ganz bunt anstreichen wollte, die Postbeschriftung leuchtete auch nach mehrmaligem Überpinseln immer noch an den Türen durch. Schließlich bemalten sie ihn schwarz und setzten aber dann, als die Farbe getrocknet war, lauter bunte Blumen darauf. Die Rückbank bezogen sie mit Majas gehäkelter Decke aus lauter Quadraten. Weil es das Auto gab, in dem sich mehr als auf ihren Fahrrädern verstauen ließ, konnten sie wieder frischen Nicaragua-Kaffee an ihrem Stand anbieten, was den Umsatz steigerte. Leider konnte Eva den Kaffee weder riechen noch schmecken. Genauso gut könnte sie auch bloß heißes Wasser trinken, das wärmte auch. Am zweiten Advent kam Jasmin zu Besuch, um mit ihnen gemeinsam zu backen. Als sie von Evas Leiden hörte, empfahl sie ihr verbrannte Orangen. Angeblich ein Rezept der amerikanischen Ureinwohner gegen die eingeschleppten Grippeviren der Europäer. Kurz vor dem Examen hatte sie das Pharmaziestudium abgebrochen und schulte auf Heilpraktikerin um, seit sie, laut eigener Aussage, in eine höhere Bewusstseinsstufe eingetreten war.

»Röste die Orangen so lange, bis sie schwarz sind, und vermische das Fruchtfleisch mit Zucker.« Das tat Eva, während Maja Mandelteig knetete, Jasmin einen Punsch kochte und Udo Totenkopfplätzchen ausstach und verzierte. Dabei schwärmten sie von diesem besonderen Weihnachtsduft, der angeblich durchs Haus zog. Die Pfanne qualmte so stark von dem, was Eva darin brutzelte, und Maja riss die Fenster auf, bevor sie alle erstickten. Aber außer dass sich Evas Zähne verfärbten und in ihrem Mund Asche klebte, geschah nichts, als sie die Orangen oder vielmehr das, was davon noch übrig war, probierte. Vermutlich war das Navajo-Rezept genauso gefälscht wie die Reden des Südseehäuptlings Papalagi, die als augenöffnendes Muss zur Rettung der Erde von Hand zu Hand gereicht wurden. Nichts half. Vor ihrer Duftbibliothek hing ein Vorhängeschloss, das niemand knacken konnte.

Anna

Ascona, 1910–1911

Das Haus Selma war wie für sie gemacht, noch dazu ihr erstes eigenes Heim, das nur für sie bestimmt zu sein schien. Die Lichtlufthütte stand auf gemauerten Steinen, war aber innen und außen ganz aus Holz. Fünf Stufen führten zu einer kleinen Veranda und dem großen Fenster, das zugleich die Eingangstür war und fast die gesamte Vorderseite einnahm. Zwei kleine Räume, die mit einem Schüttholzofen, einer Waschkommode, einem hübschen hellblau angestrichenen Bett, einem Schreibpult und einem Sessel und sogar elektrischem Licht ausgestattet waren. Dazu noch ein winziger Anbau mit Toilette. »Sie sehen, wir Lebensreformer lehnen die moderne Technik, die Komfort mit sich bringt, keinesfalls ab. Man muss eben abwägen, was nutzt und was schadet«, erklärte Frau Hofmann. Auch Fanny staunte über den Luxus, der von außen kaum zu erwarten gewesen war. Sie hatte Anna begleitet, um Rolf einzusammeln, der noch immer mit den Kindern herumtobte. Mit einem Brett und zwei Seilen hatten sie sich eine Schaukel in einer hohen Kiefer gebaut und waren anschließend auf dem gefrorenen Gras den Abhang hinuntergerutscht. Rolf glühte vor Begeisterung. Laut Ida Hofmann waren die Buben und Mädchen Einheimische, die oft und gern zum Spielen heraufkamen. »Solange sich niemand von unseren Gästen beschwert, dulden wir das. Im Sommer sind es die Frösche in unserem Teich, die Lärm verursachen, im Winter halt die Kinder.« Sie überreichte Anna den Schlüssel. »Wenn Sie noch etwas brauchen, wissen Sie ja jetzt, wo Sie mich finden. Ansonsten sehen wir uns vielleicht zu Mittag in der Casa Anatta, Frau von Quast. Wir haben keine festen Essenszeiten, kommen Sie einfach zwischen zwölf und zwei und nehmen sich, was und wie viel Sie wollen.«

Als sie gegangen war, verabschiedete sich auch die Gräfin. »Bist du zufrieden?« Anna nickte. Sie konnte ihr Glück kaum fassen. »Das freut mich. Dann sehen wir uns ja noch öfter. Vielleicht kaufen wir uns ein Häuschen am See. Der Berliner hat mir erzählt, dass die Preise in der Gegend ganz moderat sein sollen. Für umgerechnet sechstausendfünfhundert Mark sei bereits eine kleine Villa mit drei Zimmern, Küche, Keller, Extrakammer und großem Balkon zu haben. Samt Quellwasserleitung und tausend Quadratmetern Garten, versteht sich. Vorläufig bleiben wir noch in dem Hotel, aber ich lass dir eine Nachricht zukommen, wenn wir umschwenken.«

»Und wann soll ich mit Rolf was unternehmen?« Anna drückte es bewusst so aus, um den Jungen nicht als Kleinkind darzustellen, auf das sie aufpassen musste.

»Jetzt werde erst mal gesund, der Rest findet sich. Ich schick den Bubi einfach hoch zu dir, wenn ich Zeit für mich brauche.« Sie umarmten sich, und auch Rolf drückte Anna kurz und etwas verlegen an sich. Kaum war sie allein, warf sie sich mit Schwung auf das Bett, dass die Federn quietschten. Sie war angekommen, mit der Aussicht auf mehr.

Die folgenden Tage genoss sie einfach, tat, wozu auch

immer sie Lust hatte, unterhielt sich mit dem, der ihr über den Weg lief. Dabei probierte sie sämtliche Anwendungen aus, legte sich stundenlang in die große Glashalle, die sie an ein Treibhaus erinnerte. Auf einem Liegestuhl kurierte sie ihre Lungenschwäche aus und las sich durch sämtliche Bücher aus dem Laden. Zugedeckt, mit Wärmflasche an den Füßen und einer Tasse Tee neben sich. Erholsamer ging es kaum. Doch nach ein paar Tagen nervten sie die Ratgeber, und auch von Ida Hofmanns Schriften, die noch dazu in einer verkürzten Reformschrift und kleingeschrieben waren, hatte sie nach einer Weile genug. Auch wenn ihre Ansichten in Sachen Frauenrecht einleuchteten:

empfindet euren eigenwert. bleibet nicht herdengeschöpfe, ein spielbal des manes, der familie, der mode, der öfentlichen meinung und so genanter sitlichkeit, bleibet nicht pupen, sondern werdet menschen!

An Regen- oder trüben Nebeltagen oder auch, als es kurz nach Weihnachten zu schneien anfing, ersetzte eine elektrische Höhensonne den echten Himmelskörper. Hin und wieder nahm Anna unter dem Dampfinhalator Platz, den ihr der Kurpfleger empfohlen hatte. Auch dieses Gerät wurde mit Strom betrieben, der durch kaum sichtbare Leitungen von wo auch immer floss. Vater hätte es hier gefallen, dachte Anna oft, bei so viel technischem Fortschritt und gleichzeitiger Rücksicht auf die Natur. Im Teehaus, wohin sie manchmal am Nachmittag ging, lernte sie auch Henri Oedenkoven, Ida Hofmanns Lebensgefährten, kennen. Er trug eine Bundhose, wollene Kniestrümpfe und weiche Lederschuhe mit Riemen, ähnlich wie Anna sie auf Dreisonnenquell im

Sommer angehabt hatte. Dazu einen selbstgestrickten Pullover und einen Vollbart, der ihm bis zur Brust reichte, das lange Haar hatte er im Nacken gebunden. Er war elf Jahre jünger als Frau Hofmann, wie hier fast jeder Gast betonte. Neben der Reformehe, die die beiden führten, als Paar auf Augenhöhe, aber ohne Trauschein, musste es etwas Außergewöhnliches sein, dass eine ältere Frau einen jüngeren Mann begehrte. Umgekehrt schien es an der Tagesordnung. Die alten Männer hier hatten sich einen deutlich jüngeren Kurschatten gesucht oder ihre Geliebte, fern der Gattin zu Hause, auf den Berg der Wahrheit eigens einbestellt. Unter ihnen gab es auch die Dauerkurer. Sie reisten von einem Kurort zum anderen, auf der Suche nach dem nächsten prickelnden Erlebnis und um ihren gesellschaftlichen Verpflichtungen daheim zu entfliehen. Mal besuchten sie das Sanatorium *Lebendige Kraft* in Zürich und wechselten ein paar Wochen später zu *Friedrich Fellers Naturheilanstalt* am Zürichsee. Oder sie zog es doch zurück ins Kaiserreich, ins *Jungborn* im Harz oder *Zum Weißen Hirschen* nach Dresden, wo es ein Spielcasino gab.

Die Tonkunstabende waren für Anna auszuhalten, solange sie nicht selbst spielen musste. Ida Hofmann hatte früher Klavier unterrichtet und spielte virtuos, so dass sogar Richard Wagners Musik zu ertragen war. Meist hatte sie bei den Konzerten ungebleichte, aber schön bestickte Kleider an, die ihren schlanken Körper umspielten und nirgends einengten. Als Verzierung war das Oberteil in Biesen gelegt oder der Saum in Falten. Manchmal hielt ein buntes Tuch ihr silbernes Haar zusammen, und ein anderes Mal hatte sie das gleiche Tuch um die Taille geschlungen. Anna dachte sich, wenn sie so alt werden sollte, würde sie auch so aussehen wollen, und legte sich auch zwei Kleider dieser Art aus dem Reformladen zu. Die passenden Sandalen knüpfte sie sich in einer Gruppe unter Anleitung von Ida Hofmann selbst. Sie freute sich schon aufs Frühjahr, um sie zu tragen. Anders als die meisten, lief sie noch in ihren Schnürstiefeln herum. Auf die fleischlose Ernährung hatte sie sich relativ schnell eingestellt. Wie Frau Hofmann gesagt hatte, war die Auswahl so groß, dass man es kaum schaffte, bei einer Mahlzeit alles zu probieren, was das Buffet anbot. Oft nahm sie sich noch etwas mit in ihr Häuschen, wo sie aber meistens nicht dazu kam, es aufzuessen, weil es bald danach schon wieder frische Speisen gab. Ein Luxusleben. Hatte man als Neuankömmling den Eindruck, dass sich die Gäste und der Betrieb selbst verwalteten, so gab es im Hintergrund viele Angestellte, die für das Wohlbefinden und die Behaglichkeit sorgten. Besonders gern aß Anna Maronen, die nicht nur geröstet angeboten wurden, wodurch sie einen besonders köstlichen Duft verbreiteten, sondern auch als kleine Kuchen mit Apfelmus gesüßt oder in Form von Nudeln mit einer fein gewürzten Soße. Der Lieferant war ein junger Mann etwa in ihrem Alter, der die Esskastanien in einer Kraxe auf dem Rücken hereinbrachte. Sie glaubte, er spräche nur Italienisch oder den schwer verständlichen Asconeser Dialekt, doch er redete in einwandfreiem Deutsch mit Henri Oedenkoven, als der ihn auszahlte.

»Sind Sie aus dem deutschsprachigen Teil der Schweiz?«, fragte Anna, als er gehen wollte. Sie saß noch beim Essen.

»Ich bin aus Ascona, Signorina. *Buon appetito!*« Er nahm seine Wollmütze ab und verbeugte sich. Ein verstrubbelter schwarzer Haarschopf kam zum Vorschein. »Aber meine

Mutter ist aus Graubünden, darum bin ich zweisprachig aufgewachsen. Das ist nichts Ungewöhnliches in der Schweiz, *odr?*« Sein Schweizerdeutsch klang herrlich melodisch, besonders das K krachte wie die Schale einer Walnuss, und dann war da dieses charmante *Odr?*, das er an seine Sätze hängte, ohne dass er wirklich eine Frage stellte. »Viele Eidgenossen können sogar noch Französisch dazu. Und woher kommen Sie?«

»Aus Bayern, und ich liebe Ihre Maronen.« Ihre direkte Art schien ihn in Verlegenheit zu bringen. Er rieb sich über die bartschattigen Wangen. Dabei hatte sie keinerlei Anzüglichkeit in ihrer Aussage erkennen können. »Also ich meine nicht Ihre, sondern die, die Sie geliefert haben.« Jetzt verhaspelte sie sich doch.

»Es sind nicht meine.« Er grinste, und Anna sah in seine Augen mit den dunklen Wimpern unter dichten Augenbrauen. »Also die einen schon, aber die anderen, die Esskastanien, die gehören nach dem fünfzehnten November dem gesamten Tessiner Volk. Von da an dürfen wir sie aufsammeln.«

Das beeindruckte sie. »Das stell ich mir sehr anstrengend vor.«

Er zuckte mit den Schultern. »Diese Ernte ist vergleichsweise leicht. Die Früchte der Bäume sind einfach da, man muss nichts umackern, pflanzen, düngen oder gießen. Für uns gehören die *Marroni* zu unserer Heimat, sie sind unser Brot und ein Teil von uns. Dank ihnen haben wir bisher die schlimmsten Winter überlebt, wenn es nichts mehr anderes zu essen gibt, kann man immer noch Fladen aus ihrem Mehl backen oder eine Suppe kochen.« Er zeigte auf ihren Teller, auf dem zwei Maronenküchlein lagen. »Für uns sind sie eher ein Arme-Leute-Essen. Meine Eltern konnten anfangs gar nicht verstehen, dass ihr reichen *Vegetariani* euch so darauf stürzt. Doch seit auch noch ein paar Hotels am See uns die *Marroni* abnehmen und auch die Verkäufe auf dem Markt besser laufen, haben sie ihre Meinung geändert. Jetzt pflegen wir die Wälder wieder mehr, schlagen die Birken raus, damit die Kastanien besser wachsen.«

»Wollen Sie sich nicht setzen, Herr …?« Anna versuchte, sich seine Gesichtszüge einzuprägen. Die kantige Form mit dem leicht schiefen Kinn und der geschwungenen Nase. Je länger sie ihn betrachtete, desto schöner fand sie ihn. Sie hätte Lust, sein Gesicht zu modellieren. Dieser Gedanke war ihr bisher noch bei keinem Menschen gekommen, obwohl sie sich gelegentlich an naturgetreuen Kindergesichtern oder Tierskulpturen versucht hatte. Auch seine lässige Art, wie er sich an der Stuhllehne abstützte, aber vor allem das verschmitzte Lächeln, das er ihr schenkte, als ihre Blicke aufeinandertrafen, gefiel ihr sehr.

»Tardini. Benjamin Tardini. Und Sie?«

»Anna von Quast.« Sie gaben sich die Hand. »Ich will Sie nicht beim Essen stören, es wird ohnehin kalt geworden sein. Leider muss ich auch weiter, die anderen Kunden warten auf meine Ware. War sehr nett, Sie kennenzulernen, Signorina Anna.«

Beschwingt von der Begegnung setzte sie am Nachmittag ihren Töpferkurs in der Casa Chiara fort. Nachdem sie sich mit den Gepflogenheiten des Sanatoriums einigermaßen zurechtzufinden glaubte, hatte sie das freundliche Angebot von Frau Hofmann angenommen, Keramik zu unterrichten. Im Gegenzug wurde ihr ein kleiner Teil von den Kosten erlassen, womit Anna einverstanden war. Sie erstellte eine Liste mit den Materialien und Gerätschaften, die sie benötigte, und die Kurleiterin veranlasste deren Beschaffung. Auch einen Brennofen würde sie bauen lassen, versprach sie. Allerdings erst im Sommer, wenn mehr Gäste kämen und man wüsste, ob das Interesse am Töpfern andauerte. Damit war Anna einverstanden. Zu Beginn ging es ohnehin ums Ausprobieren. Kneten. Formen. Mit den Händen arbeiten. Wasser und Ton spüren. Für viele Kurgäste waren das völlig unbekannte Tätigkeiten, für die sie zu Hause Angestellte hatten. Manche ekelten sich sogar davor, sich zu beschmutzen. Einmal brach eine Fabrikantentochter aus Göttingen, die eine Nesselsucht auskurieren sollte und für gewöhnlich Handschuhe bis über die Ellbogen trug, in Tränen aus, als sie das erste Mal ihre wundgekratzten Arme auf den weichen Ton legte. Fortan schmierte sie sich mit Matsch ein und krümelte im Speisesaal den Tisch voll, wenn ihre tönernen Handschuhe antrockneten. Andere sangen beim Kneten, manch einer jauchzte sogar vor Freude. Und Anna erfreute sich an den Männchen, Phantasiegestalten, schiefen Kannen und Vasen, den Urformen aus Menschenhand, die auf den Regalbrettern an der Luft trockneten. Es waren die Werke ihrer Schüler und Schülerinnen, und das erfüllte sie mit Stolz. Das Kursangebot sprach sich herum und fand immer mehr Zulauf. Einige warteten, bis sie eintraf und Anregungen gab, andere, die schon länger dabei waren, arbeiteten an ihrem angefangenen Werk weiter. Wie üblich auf dem Monte Verità konnte man als Kurgast frei wählen, was man tat. So saß sie gelegentlich allein vor einem Tonklumpen oder an der Drehscheibe und arbeitete für sich. Ihr Notizbuch füllte sich mit Ideen. Bei einem Stickkurs, den

Ida Hofmann gab, hatte ihr geliebtes Buch sogar einen neuen Umschlag aus Leinen erhalten. Mit einem Paradiesgarten, wie Anna ihn sich vorstellte, hatte sie es rundum verziert und ihre Initialen darin versteckt. Die Umgebung inspirierte sie. Zu gern würde sie heute gleich als Erstes die Umrisse des *Marroni*-Bauern festhalten, doch die Neulinge nahmen sie sofort in Beschlag, so dass sie erst am Abend, nach dem Aufräumen, dazu kam, ein paar Skizzen von ihm zu machen. Morgen, da war sie sich sicher, wäre Benjamins Gesicht in ihrer Erinnerung verblasst.

Eva

Am siebzehnten Dezember verkündete der Sprecher der *Heute*-Nachrichten einen vorläufigen Baustopp in Brokdorf. Damit hatte niemand gerechnet, und der Rest der Meldung ging in ihrem Jubel unter. Sie waren gerade mit dem Müsliverpacken für den nächsten Tag fertig, Udo hatte schon mal aufs Zweite umgeschaltet, wo die *Heute*-Nachrichten liefen, und rief sie schnell alle her. »Seid doch mal kurz leise.« Er hastete zum Fernseher und drehte die Lautstärke bis zum Anschlag auf. Solange die Frage der Endlagerung nicht geklärt wäre, dürfte das Kernkraftwerk nicht weitergebaut werden, hieß es. Wenn das kein Grund zum Feiern war! Eva packte Maja bei den Händen, sprang mit ihr über die Sofas und zog Milo mit hoch. »Habt ihr nicht richtig zugehört?« Udo wirkte wenig begeistert. Er schaltete den Fernseher aus, ließ sich in die Polster fallen und verschränkte die Arme, wippte von ihrem Gehopse hoch und runter. »Die Justiz hat es über unsere Köpfe hinweg entschieden. Denen scheint es egal zu sein, wie viele Leute auf die Straße gehen.«

»Hauptsache, sie bauen nicht weiter, nur das zählt.« Milo plumpste neben ihn.

»Nur vorläufig, mein Lieber, das bedeutet, es könnte jederzeit weitergehen. Das dürfen wir nicht zulassen, wir müssen noch mal demonstrieren. Sonst machen die da oben mit uns, was sie wollen.« Doch keiner zog mit. Sich erneut solch einer Gefahr auszusetzen, dafür fehlte Eva die Kraft.

»Wir höhlen sie besser von innen aus«, erklärte Milo. Bereits seit längerem engagierte er sich für die Grüne Liste. Die war in Erlangen entstanden, als man begriff, dass sich die vielen Kleingruppen zusammenschließen mussten, wenn sie etwas erreichen wollten. Eine Reggae AG, die Aktionsgemeinschaft Unabhängige Deutsche, Spontigruppen, verschiedene Fraueninitiativen, aber auch Stadtindianer und Dissidenten der regierenden Parteien. Nun versuchte Milo, in München die Leute zusammenzutrommeln, um ebenfalls eine Wählergemeinschaft dieser Art zu gründen. Sie alle hatten das Ziel, den bestehenden Parteien die wirklichen Stimmen aus dem Volk entgegenzusetzen. Maja hielt sich ganz raus. Sie holte die dicken Münchner Telefonbücher, in denen sie seit dem Sommer verschiedene Pflanzen gepresst hatte, und setzte sich wieder an den Küchentisch, um die Weihnachtsgeschenke für ihre Kindergartengruppe zu basteln. Jedes Kind würde von ihr ein kleines Herbarium erhalten. Um das Foto vom letzten Sommerfest, auf dem Maja mit den Kindern tanzte, nähte sie, als Anregung zum Weitersammeln, Kräuter und Blumen. Sie waren aus Evas großem Herbarium fürs Studium, das aus Gift- und Heilpflanzen bestand. Für Eva war es ein schwacher Trost, dass der Verlust ihrer Gabe wenigstens zu etwas nutze war, sie setzte sich zu ihr und half mit. Schön waren die Blumen, aber völlig geruchlos, auch wenn Maja behauptete, sie dufteten noch immer.

Udo kam in die Küche, um sich ein Bier zu holen, und

funkelte sie an. »Ihr bastelt also lieber mit Blümchen, als euch für die Gerechtigkeit zu engagieren?«

»So mancher Löwenzahn ist schon im steinharten Asphalt gewachsen«, setzte ihm Maja entgegen. Damit entwaffnete sie ihn wie so oft, er wollte sie küssen, sie wandte sich ab, und er erwischte nur ihre Wange. »Du als Biene Maja musst es wissen.« Seit letztem Herbst lief im Fernsehen eine Zeichentrickserie, die so hieß.

»Eva war damals die Biene«, erwiderte Maja, »ich war bloß ein Käfer.«

»Aber ein süßer.«

Er nahm Majas Ablehnung hin, was Eva wunderte, streckte sich auf dem Stuhl aus, hob ein Wollgras an und hielt es ins Licht. Als hätte jemand eine Schneeflocke auf einen Grashalm gesteckt. »Und die Biene Eva weiß bestimmt, wie es eine Pflanze durch eine Teerdecke schafft.« Er wandte sich an sie. »Bei Baumwurzeln kann ich mir das noch erklären, aber beim Löwenzahn?«

»Steter Tropfen höhlt den Stein, könnte man es nennen. Vorausgesetzt ein Löwenzahnsamen hat sich in einer Ritze im Teer festgesetzt, dann kommt es zur Osmose.«

»Wer kommt? Den großen Osho kenn ich, den Ober-Bhagwan, dann muss die Osmose seine kleine Schwester sein. Treibt sie's auch mit ihm, oder ist das unter Geschwistern nicht erlaubt?« Immerhin hatte sich seine Laune wieder verbessert.

Sie lachten. »Nein, Osmose nennt man den Vorgang, der Pflanzen beim Wachsen hilft. Unter einer Straße sammelt sich besonders viel Kondenswasser an, das von Zelle zu Zelle im Löwenzahn nach oben transportiert wird. Es verdünnt den Zellsaft und erhöht zugleich den Druck auf die

Zellwände. In den Spitzen der Sprösslinge ist er dann gigantisch groß. Unser Professor sagte, eine Pflanze hat dreimal so viel Druck wie ein Presslufthammer.« Eva fragte sich, was zwischen den beiden vorgefallen war, dass Maja Udo zwar neben sich duldete, aber all seine Zärtlichkeiten abwies.

Dass nicht mal etwas Verkohltes in ihr noch etwas bewirkte, brachte Eva dazu, den kleinen Rattankoffer aus der Kommodenschublade hervorzuholen, wohin sie ihn nach dem Umzug verbannt hatte. Er roch weder nach Essig, mit dem sie ihn damals abgerieben hatte, noch nach dem, was sie darunter zu riechen gemeint hatte, und auch nicht nach dem Speicher der Kleins. Vielleicht hatte sie sich alles nur eingebildet.

»Ist es jetzt so weit?« Maja kam ins Zimmer und setzte sich zu ihr aufs Bett. »Möchtest du mehr über deine Mutter herausfinden?«, fragte sie, als sie den Koffer sah. Eva verneinte. Nicht schon wieder, deswegen hatten sie sich doch schon mal gestritten. »Ich wollte nur herausfinden, ob er noch verbrannt riecht. Was sagst du?« Sie hielt Maja den Koffer unter die Nase.

»Ich finde, er riecht nach dir, ganz und gar.«

»Und wie rieche ich heute?« Eva schluckte, sie war am Verzweifeln – was, wenn sie für immer damit leben musste, dass ihr Geruchssinn und damit ihre Gabe verschwunden waren?

»Du riechst wie … mmmh … Ich hab geübt, muss ich zugeben. Seit ich dich kenne, achte ich viel mehr auf das, was meine Nase wahrnimmt, aber ich kann das natürlich immer noch nicht so gut beschreiben wie du. Doch ich würde sagen, du riechst wie …«, sie beugte sich vor und schnupperte an ihr, ihre schönen roten Haare kitzelten an Evas Hals, »frische Pfefferminze.«

»Ja, weil ich damit gegurgelt habe.«

»Aber auch wie Magnolien und Pfirsich, deine Haut fühlt sich sowieso so an.« Maja wurde plötzlich verlegen und senkte den Kopf. »Aber du duftest auch wie Tonkabohnen.«

»Tonkabohnen – wie kommst du auf die?« Wegen des darin enthaltenen hochgiftigen Cumarins war das Verzehren dieser Frucht nur in geringer Dosis, also als Gewürz, empfohlen. Allerdings war ihr Extrakt bei der Parfümherstellung sehr beliebt.

»Als ich den Platten am Dreirad hatte und wir uns zum ersten Mal begegnet sind, hat sich dein Duft bei mir eingeprägt, aber erst später, auf dem Viktualienmarkt, als ich mich durch sämtliche Obstsorten durchgerochen habe, bin ich draufgekommen, an was mich dein Duft erinnert. Eben der süße, leicht bittere Vanillegeruch von Tonkabohnen.« Eva spürte, dass da noch etwas war, dass der Name sie an etwas erinnerte, was ihr nicht einfiel, aber vor allem, dass Maja ihr noch mehr anvertrauen wollte. Ihre Fröhlichkeit wirkte gedämpft, irgendetwas bedrückte sie.

»Weißt du, was ich entdeckt habe, als ich heute Medikamente ausgeliefert habe?« Eva hoffte, ihre allerbeste Freundin mit ihrer neuen Idee aufzumuntern, und zögerte hinaus, sie preiszugeben. »Meitl hat das zwar nicht so gern, wenn ich die Lieferungen mit dem Käfer ausfahre. Anscheinend fürchtet er, dass er seine Seriosität durch unser Hippie-Auto verliert. Ich darf auch nur hinten im Hof parken, nie vorm Geschäft.«

»Und was war jetzt deine Idee?« Nun hatte sie Maja doch am Haken.

»In Pasing, in der Bäckerstraße, steht ein Laden leer, sehr klein zwar, und wir müssten ihn uns noch mit jemand anderem teilen, aber …« Eva hielt inne und schaute sie an.

»Aber was?« Maja hockte anscheinend auf der Leitung.

»Verstehst du nicht? Wir könnten einen Naturkostladen aufmachen, endlich nicht mehr bei Wind und Wetter in der Kälte draußen stehen, sondern in unserem eigenen kleinen Laden verkaufen, was wir wollen und was wir für richtig halten. Was hältst du davon?«

»Wie willst du das denn auch noch nebenbei schaffen? So ein Laden, das ist ein Vollzeitjob, und jeder von uns hat doch schon genug zu tun. Wie soll das funktionieren?«

»So wie jetzt auch, wir teilen uns die Arbeit auf. Und dann sehen wir weiter. Wenn der Laden gut läuft, und das wird er, da bin ich mir sicher, dann könnten wir noch andere fragen, ob sie sich beteiligen. Und außerdem, wolltest du nicht ab nächstem Jahr halbtags arbeiten?« Eva hätte nicht gedacht, dass es sie solche Überzeugungskraft kosten würde. Langsam flaute auch ihre Begeisterung ab.

»Ich werde eine Zeitlang nicht hier sein.« Maja stand vom Bett auf und setzte sich in den alten Schaukelstuhl, den sich Eva beim Umzug von ihren Adoptiveltern zusätzlich erbeten hatte. Die Taube war fort gewesen, als sie, um ihn zu holen, auf dem Speicher gewesen war. »Du weißt doch noch von meinem Traum, nach Indien zu reisen, oder? Schon als Kind, als ich in die Schule gekommen bin, habe ich mit einer Rolle Butterbrotpapier die lange Strecke bis dorthin aus dem Atlas durchgepaust. Es ist so weit – ich breche auf.«

Eva verstand nicht. »Was heißt, du brichst auf? Wohin?«

»Über Italien nach Athen und Istanbul, dann weiter nach Teheran und Afghanistan bis nach Delhi. Am Sonntag um drei hält der Bus aus Berlin an der Münchner Freiheit.«

»Moment, Moment. Schon morgen früh?«

Maja nickte. »Von da geht's weiter bis nach Rom, dort versuche ich, eine Fähre zu erwischen, und danach mal sehen.«

»Auf dem Hippie-Trail?« Davon hatte Eva auch schon oft gehört, angeblich begann eine seiner legendären Routen in London. Sogar die Beatles waren vor einigen Jahren auf Sinnsuche in Indien gewesen, aber sie waren bestimmt geflogen. »Du allein?«

»Allein bin ich garantiert nicht, ich kann froh sein, wenn ich im Bus einen Sitzplatz kriege.« Maja strahlte sie an, es schien kein Spleen zu sein, sie meinte es ernst.

»Und deine Arbeit im Kindergarten?« Es dauerte, bis es in Eva einsickerte.

»Ich habe gekündigt, erst wollte ich nur eine Auszeit nehmen, aber dann habe ich gemerkt, dass sich das nicht richtig frei anfühlt. Das Weihnachtsgeschenk an die Kinder war zugleich mein Abschiedsgeschenk. Eva, ich freu mich, dass du es so gefasst aufnimmst. Udo und ich hatten ehrlich gesagt ziemlich Schiss, es dir zu sagen.«

»Udo weiß es bereits?«

Sie nickte. »Mit irgendjemandem musste ich mich besprechen, sonst wäre ich geplatzt.«

»Und was ist mit … mit unserem Weihnachten und dem Müsliverkauf?« Eigentlich hatte sie *mit uns* sagen wollen, verkniff es sich aber. »Und unserer Silvesterparty?«

»Feiern könnt ihr auch ohne mich, und das mit dem Wochenmarkt schafft ihr auch. Bitte versteh, Eva, wenn ich jetzt nicht gehe, gehe ich vielleicht nie mehr. Außerdem spitzt sich die Lage in Afghanistan zu. Es kann sein, dass der Landweg bald unpassierbar ist. Ich weiß noch nicht, wie lange ich in Indien bleiben werde, aber voraussichtlich nicht für immer.«

»Voraussichtlich, soso. Na, das tröstet mich, danke, sehr nett.« Eva fing zu schmollen an. Ein Loch tat sich in ihr auf, das immer größer wurde. Ein Krater, der sie zu verschlingen drohte. Wie sollte sie es ohne Maja nur eine Sekunde aushalten? Nichts riechen, nichts schmecken und nun auch noch ohne Maja sein? Plötzlich spürte sie eine Wut in sich aufsteigen. »Weißt du was, geh doch einfach. Los, raus hier, hau ab!« Sie sprang auf und riss die Tür auf. »Es ist doch sowieso schon entschieden. Warum erzählst du es mir dann überhaupt? Das hättest du mir auch auf einer Postkarte aus Istanbul oder Goa oder von sonst wo schreiben können. Das ist doch dein Supertipp gewesen, oder?«

»Oh, das war fies, Eva, bitte hör auf.«

»Ach, ich bin fies, da kenn ich noch eine. Schon mal drüber nachgedacht, mich zu fragen, ob ich vielleicht mitwill?« Maja öffnete den Mund, schloss ihn aber wieder. Offenbar war sie nicht mal eine Erklärung wert. Mit jedem Idioten diskutierte Maja, aber ihr teilte sie nicht einmal solch lebenswichtige Entscheidungen mit. Eva wusste nicht, wohin mit ihrer Wut, sie tobte innerlich. »Du willst das wirklich durchziehen? Dann mach! Keine Angst, ich halte dich nicht auf. Ich dachte echt, wir sind Freundinnen. Wie konnte ich mich bloß so täuschen!«

Maja stand auf, ging an ihr vorbei die Treppe runter. Das war's. Eva knallte die Tür, zog sie wieder auf und knallte sie noch mal und noch mal. Verdammt! Verdammte Scheiße!

Sie brauchte ein lautes Geräusch, eine Reaktion, irgendetwas, das diesen Zustand beendete und einen Schlusspunkt setzte. Von wegen sie hatte gelernt, wie man stritt. Wer wann putzte oder aufräumte, ob man die Füße beim Essen auf den Wohnzimmertisch legen durfte oder nicht. Ob die Klobrille unten oder oben war. Dass ihre Pflanzen nicht richtig oder überhaupt nicht gegossen wurden. Dass sie gefälligst ihre wahre Herkunft zu klären hatte. Alles Lappalien im Vergleich dazu, verlassen zu werden von jemandem, den sie liebte. Erst ließ ihre Mutter sie im Stich und jetzt Maja. Sie hasste alle beide. Eva zog die Tür erneut auf, um sie noch ein weiteres Mal zu knallen.

Als sie Schwung holte, stand Maja plötzlich im Türrahmen wie ein Bild, das sie besser abhängen sollte, legte ihre Hand auf ihre Faust.

»Ich liebe dich«, sagte sie so leise, dass es Eva bloß wie ein Gedanke vorkam. Als hätte Maja an ihrer Stelle ausgesprochen, was sie dachte und fühlte.

Monte Verità, die Perle des Lago Maggiore über Ascona (Tessin-Schweiz), Naturheilanstalt, vegetabilische Pension. Keine Kolonie. Elektrisches Licht in allen Lufthütten und Villen. Modernste Einrichtung. Laufende Kurse zur Selbstfindung und in künstlerischem Ausdruck, Tanz, Weben, Fotografie und Tonkunst.

Reklame aus der Vegetarischen Warte, *die ich in Schwabing heimlich rausgerissen habe.*

Speiseplan der vegetabilischen Ernährungsweise:

Frische oder getrocknete Früchte (je nach Saison): Äpfel, Birnen, Pflaumen, Kirschen, Pfirsiche, Aprikosen, Mispeln, Trauben, Erdbeeren, Heidelbeeren, Stachelbeeren, Feigen, Nespoli (kleine goldgelbe Mispelart), Kakifeigen (ähneln Tomaten mit süßem Geschmack), Apfelsinen, Zitronen, Melonen (in mehreren Sorten), Bananen, Ananas, Datteln, Feigen, Zwetschgen.

Dazu gibt es Edelkastanien, Getreideflocken, verschiedene Salate, Obst als Kompott oder in Stücken gedünstet, außerdem luftiges Weizenvollkornbrot oder Maisbrot.

Velo, die Abkürzung für Velociped, aus dem Lateinischen velox für »schnell« und pes, »Fuß«, ist der Schweizer Ausdruck für Fahrrad. Er gefällt mir, obwohl ich noch nicht Fahrrad fahren kann. Aber dafür habe ich meinen eigenen

Chauffeur … Ich schreibe dazu demnächst mehr, ich muss erst die Worte dafür finden …

Aus: Annas Tonkaalmbuch

Anna

Anfang April wurden die Tage milder, es regnete weniger, die Sonne entfaltete allmählich ihre volle Kraft. Ein ganzes Vogelorchester weckte sie morgens. Das sumpfbraune Gras verwandelte sich in leuchtendes Grün, die Bäume trieben aus und blühten, von Insekten umschwirrt. Nicht nur Tulpen, Narzissen, Forsythien läuteten Annas ersten Frühling am Lago Maggiore ein, sondern auch Magnolien und Kamelien und viele andere Blumen, die sie bisher nur von gemalten Bildern aus Büchern kannte. Was für ein Paradies! Sie arbeitete ein paar Stunden im Garten mit und kümmerte sich um die Apfelbäume, die laut Ida Hofmann seit Jahren nur mehr einen geringen Ertrag lieferten. Mit ihrer Zustimmung schnitt Anna das morsche Geäst zurück, um die Bäume wieder zum Wachstum anzuregen. Außerdem dünnte sie die Blüten aus, damit bis zum Herbst nicht nur viele winzige Äpfel, sondern besser wenige, aber dafür saftige, große wuchsen. Nach dem Mittagsmahl besuchte sie Fanny im Roccolo, einem ehemaligen Vogelfängerturm, in den sie mit ihrem Sohn gezogen war. Er stand auf einem Weinberg auf der Ostseite des Monte Verità. In den kleinen Räumen, die übereinanderlagen und nur durch Leitern und Luken erreichbar waren, hatte vor ihnen eine Puppenmacherin namens Käthe Kruse mit ihren Kindern gewohnt. Bei ihrem Einzug hatte Fanny Wollreste und einen angefangenen Balg in der Schublade einer zurückgelassenen Kommode gefunden. Rolf, der wie besprochen Anna ab und zu auf dem Monte Verità Gesellschaft leistete, damit Fanny ihren Erledigungen nachgehen konnte, wirkte glücklich in seinem Zimmer unterm Dach. Er freute sich über die großbauchige Flasche, die Anna ihm für seinen Tessiner Miniaturgarten mitbrachte. Die hatte ihr der Berliner Nikolaus überlassen, der die vegetabilische Nahrung hauptsächlich flüssig konsumierte. Bis Fanny Zeit für sie hatte, bastelte Anna draußen mit Rolf einen Trichter aus einem Stück Blech, damit er die Flasche befüllen konnte, ohne die Glaswand schmutzig zu machen. Sie streuten zunächst Kieselsteine hinein, dann je eine Schicht Holzkohle und Erde.

»So, jetzt kannst du einpflanzen, was du möchtest. Farne und Moos zum Beispiel oder auch kleine Blumen«, erklärte Anna.

»Geht auch ein kleiner Baum?«

»Warum nicht? Dann musst du nur dafür sorgen, dass seine Wurzelfäden nicht zu lang sind.« Rolf zog los, um etwas zu finden. Die Auswahl war groß, und die Entscheidung fiel ihm offenbar schwer, stellte Anna fest, als sie nach oben stieg und ihn am Waldrand mit seiner Schaufel von einer Stelle zur nächsten springen sah.

Aber auch Fanny war beseelt und voller Tatendrang, obwohl die Angelegenheit mit der Heirat nur schleppend voranging, wie sie beim Teetrinken in der Turmstube erzählte. Ihr Zukünftiger hatte ihr einen Samowar geschenkt, aus dem sie die Minze und die Orangenblüten übergoss. Zwischen Papier- und Bücherstapeln entdeckte Anna lauter Geschirr mit kleinen Sämlingen. Bunte Tassen und angeschlagene Kaffeekannen voller Erde. »Alexander und ich arrangieren uns, auch wenn die Verständigung schwer ist, weil er fast taub ist. Ich muss ihn anbrüllen, damit er mich versteht. Zum Glück hat er am Bubi einen Narren gefressen und will sich seiner annehmen. Er hat ihm sogar einen Tiger als Geschenk versprochen.«

»Einen echten?«

Fanny zuckte mit den Schultern und fischte unter einer Mappe ihr Zigarettenetui heraus. »Vielleicht auch nur ein Missverständnis, oder sagen wir, hoffentlich. Wo soll so ein großes Tier denn schlafen, geschweige denn, wie sich durch die Luke quetschen?« Grinsend zündete sie sich eine Zigarette an und blies den Rauch an Anna vorbei. »Nächste Woche treffen wir uns für den Ehevertrag beim Notar, um endlich das mit dem Geld zu regeln.«

»Apropos Geld, da liegt was.« Anna hob ein Zehn-Mark-Stück aus einer Fußbodenritze auf und gab es ihr.

Sie winkte ab. »Lass stecken, dann freue ich mich beim nächsten Saubermachen.«

»Letztes Mal, als Mama das Honorar von ihrem Verleger gekriegt hat, hat sie mit den vielen Geldstücken um sich geworfen«, sagte Rolf, der mit einer kleinen Tanne unterm Arm auf der Leiter auftauchte. »Schaut mal, jetzt haben wir einen Weihnachtsbaum für immer.« Er strahlte und verschwand wieder nach unten.

»Dann übersetzt du weiterhin?« Anna blätterte in den französischen Liebesromanen, die neben einer Schreibmaschine auf dem Tisch lagen.

»Der Kitsch zahlt uns die Miete und was wir sonst noch

brauchen, und trotzdem bleibt mir noch Zeit für was Eigenes. Ich arbeite an einem Roman.«

»Oh, das klingt großartig. Und um was geht es?« Anna hatte keine Vorstellung, wie man so etwas überhaupt anfing.

»Um Wahnmoching natürlich«, erklärte Fanny, als ob sich solch eine Frage erübrigte. »Aus der Ferne sehe ich alles viel klarer vor mir, die Zusammenhänge und die Trennungen und wer mit wem und warum.«

»Aber wie schafft man es, etwas aus dem eigenen Kopf in den eines Lesers oder einer Leserin zu pflanzen?« Für Anna war das pure Magie.

»Ähnlich wie mit eurem Flaschengarten. Durch einen Trichter alle Buchstaben reinkippen, Figuren und Schauplätze dazu, verkorken und dann hoffen, dass die Saat aufgeht. Es macht auf jeden Fall Spaß, und mein Verleger hat mir schon einen Vorschuss gegeben, was mich beflügelt. Und wie läuft's bei dir? Es scheint dir besser zu gehen, du hustest gar nicht mehr, und du hast bei den Nackerten und Haarmenschen viel zu tun, wie mir der Bubi berichtet hat. Was treibt ihr drüben alles? Walkürentänze ums Lagerfeuer?« Damit zog sie Anna nur auf, sie wussten beide, dass diese Gerüchte nur den Mythos um den Monte Verità befeuerten. Nach nur ein paar Zügen drückte sie die Zigarette in der Untertasse aus, als wollte sie auf einmal zur Gesundheit umschwenken.

»Mir geht's gut, und ich genieße es, wie du, Abstand zu all dem zu haben, was in letzter Zeit passiert ist. Was ich nicht mehr ändern kann, quält mich, von hier aus betrachtet, nicht mehr so stark.« Und sie erzählte ihr von ihrem früheren Zuhause, schwenkte aber bald um zum Leben auf dem Berg der Wahrheit und seinen besonderen Gästen. Fanny machte sich Notizen, man wusste ja nie, was man als Romanautorin brauchen konnte. Nur von der Begegnung mit dem *Marroni*-Bauern sagte Anna nichts. Die war zu kurz und flüchtig gewesen, als dass man sie in Worte hätte fassen können, hatte aber dennoch großen Eindruck bei ihr hinterlassen. Darüber hinaus hätte sie nicht gewusst, wie sie das Gefühl beschreiben sollte, das in ihr aufkam, wenn sie an ihn dachte. Ob Fanny schon einmal etwas Ähnliches mit ihren vielen Männerbekanntschaften erlebt hatte?

Gerade als Anna sich dazu durchringen wollte, sie zu fragen, sagte die Gräfin: »Mit deinen Pflanzen hast du der Maus einen Floh ins Ohr gesetzt. Ich hab kaum noch eine Tasse, in der nichts wachsen soll. Aber hier, die ist für dich.« Sie gab ihr einen Fingerhut, in dem eine Kamelie blühte. Daran war eine Einladung zur Hochzeit für Ende Mai gebunden. »Wir haben auch schon in den *Münchner Neuesten Nachrichten* inseriert. Jetzt wissen es alle aus dem alten Kreis. Du kommst doch auch, oder? Ich würde mich freuen.« Anna versprach es.

In den darauffolgenden Tagen beschloss sie, ihren Radius zu erweitern und die Gegend zu erkunden. Bisher war sie kaum aus dem Sanatorium rausgekommen, außer zu den Besuchen bei Fanny oder nach Locarno, um Geld zu wechseln. Heute wollte Anna die Inseln auf dem Langensee besuchen, wie er im Deutschen hieß. Sie gehörten einer russischen Baronin, hatte ein Kurgast erzählt. Auf der größeren Insel gäbe es einen einzigartigen Park mit exotischen Pflanzen aus aller Welt, die dort dank des besonderen Klimas prächtig gediehen. Doch als sie ans Ufer kam, war weit und breit kein

Fischer zu sehen, den sie um eine Überfahrt hätte bitten können.

»Soll ich Sie mitnehmen?« Auf einmal stand Benjamin neben ihr. Sie hatten sich seit dem Winter nicht wiedergesehen, und nun hätte sie ihn fast nicht erkannt. Zu Hose, Stiefeln und Filzhut trug er das weite blaue Bauernhemd, das an den Schultern bestickt war.

»Mit dem da«, ergänzte er, als er bemerkte, wie Anna auf dem Wasser nach seinem Boot Ausschau hielt. An einer Steinmauer lehnte ein Fahrrad.

»Oh, ich kann leider nicht Rad fahren.« Auf Dreisonnenquell hatte es keinen Anlass gegeben, es zu lernen. In Wessobrunn waren die meisten Wege steil, kurz und steinig, so dass sie mit Gummireifen nicht weit gekommen wäre und lieber zu Fuß blieb.

»Selbstverständlich kutschiere ich Sie, Sie müssen nur auf meinem Velo Platz nehmen.«

Velo, das klang wie Musik in ihren Ohren, und sein Vorschlag amüsierte sie. »Wollen Sie mich schieben, oder wie, dachten Sie, soll das gehen?«

»Entweder setzen Sie sich auf die Stange wie im Damensattel, und ich lenke für uns beide, oder hinten auf den Gepäckträger. Der ist sehr stabil.« Benjamin rüttelte an dem Gestänge. »Sehen Sie, selbst gebaut und auch für sehr schwere Lasten geeignet, um meiner Mutter auf dem Markt zu helfen.«

»Oh, Sie können einer Dame aber Komplimente machen.«

»Verzeihung, das sollte keine Anspielung auf Ihre Figur sein. Eine sehr schöne Figur haben Sie übrigens, nebenbei bemerkt, aber noch mehr gefällt mir Ihr Lächeln. Äh, ich wollte sagen, das eine und das andere, oder sagen wir: Gleichstand.« Wie sie bei ihrer ersten Begegnung, verhaspelte er sich jetzt und errötete, was seine dunkle, sonnengegerbte Haut noch mehr zum Leuchten brachte. »Am besten, Sie nehmen direkt hier Platz, und ich trete vor Ihnen im Stehen.« Rasch klopfte er auf den breiten Ledersattel, unter dem zwei Spiralfedern wippten.

»Danke für das nette Angebot, aber ich wollte zu den Brissago-Inseln, es sei denn, ihr Velo ist ein Amphibienfahrzeug mit Schaufelrädern, wie es Leonardo da Vinci entworfen hat.«

»Diese Konstruktion von ihm kenne ich nicht, aber seine Fluggeräte habe ich mir schon in einem Buch angesehen.«

Er mochte Leonardo wie sie. »Und würden Sie auch gerne mal fliegen?«

»Mir reicht mein Velo, das fühlt sich wie Fliegen an. Sie werden es erleben, falls Sie es sich trauen.« Er forderte sie offenbar ernsthaft heraus. »Was wollen Sie auf den Inseln, wenn ich fragen darf?«

»Ich will sie besichtigen. Bisher hatte ich noch keine Gelegenheit, das Land zu erkunden. Ich weiß zwar noch nicht, ob man mich auf der Insel einlässt, aber ich will es versuchen, falls ich überhaupt rüberkomme.«

»Das mit dem Einlass wird in der Tat schwierig. Da gibt es einen dreiköpfigen Hund, soviel ich weiß.«

»Wirklich?«

»Nein, die Baronin hat einen weißen Pudel namens Cerbi, aber der hatte nur einen Kopf, als ich ihn das letzte Mal gesehen habe. Ich habe schon auf San Pancrazio gearbeitet, der größeren Insel.« Mit seinem leicht schiefen Kinn deutete er auf die beiden dunklen Flecken auf dem See.

»Auch zwischen Mammutbäumen und Ginkgo muss jemand Unkraut jäten.« Er grinste sie an, und Anna spürte, wie sie nun ebenfalls rot wurde, was bei ihrer hellen Haut wahrscheinlich der Farbe eines Apfels glich. »Die Baronin Saint-Léger ist sehr eigen und ihre Gäste dazu. Und wir Arbeiter wie üblich nur Fußvolk, das möglichst unsichtbar bleiben soll.« Er wusste offenbar nicht, dass auch sie eine Baronesse war. »Außerdem verliert sich das Interesse für die Pflanzen, sobald es in der Gesellschaft hoch hergeht. Dann wird alles niedergetrampelt oder sogar angezündet.«

»Und was schlagen Sie stattdessen vor?«

»Ich könnte Ihnen meine Heimat zeigen, das ursprüngliche Leben im Tessin, nicht das künstliche, nur zur Unterhaltung verschiffte und zur Belustigung der oberen Schichten erkaufte.«

»Von mir aus, sehr gerne.« Sie reichte ihm die Hand. »Ich bin Anna, wie Sie wissen, aber wollen wir du sagen?«

»Gern, Benjamin, doch die meisten meiner Freunde nennen mich Benni.« Als sich ihre Hände berührten, kribbelte es überall. So als wären sie plötzlich durch eine Stromleitung verbunden. Als Tochter eines Wasserkraftwerkbarons gefiel ihr der Vergleich.

»Dann also, Benni, wenn ich darf.« Sie strahlte ihn an, ließ ihn los, aber die Verbindung blieb. Seine Haut hatte sich rau und warm angefühlt, mit Schwielen auf der Handfläche. »Wollen wir?«

»Sattel, Stange oder Gepäckträger?« Er schwenkte den Arm wie bei einer Vorführung.

Weil sie ein ungebleichtes Reformkleid trug, das sich leicht in den Speichen verfangen konnte, nahm sie lieber seitlich auf der Stange Platz. Er schwang sich auf den Sattel, umarmte sie gezwungenermaßen, um an den Lenker zu greifen, setzte die Stiefel auf die Pedale und fuhr los. Ein paar Augenblicke lang musste er noch das Gleichgewicht finden, sie schwankten und lachten, doch auf einmal schienen sie durch Ascona zu schweben. Frei und ohne Halt fuhren sie dahin. Faszinierend. Radfahren wollte sie auch eines Tages lernen. Als es bergan durch die engen Gassen ging, musste Benni schwer treten. Hin und wieder drohte Anna herunterzufallen, wenn sie über Wurzeln holperten.

»Quali pesci dolci avete pescato oggi?«, rief einer von den alten Herren, die auf der Straße vor dem Haus hockten. »Bravissimo, Beniamino!« Er winkte mit dem Stock. Als er eine Hand vom Lenker nahm, um zurückzuwinken, brachte er das Velo zum Wanken und sie beide um ein Haar zu Fall.

Anna sprang ab, lief zu Fuß weiter. Der Weg führte ohnehin eine steile Kurve hinauf. »Was hat der alte Mann gesagt?«

»Och, nur eine Bemerkung … übers Wetter, welch schöner Tag heute doch sei.« Benni schob neben ihr her. »Und das ist er, vielleicht der schönste Tag seit langem.«

»Du schwindelst. Ich kann ein bisschen Italienisch. Er hat dich gelobt, weil du heute so einen süßen Fisch gefangen hast.«

»Dann sind wir quitt. Du hast nämlich auch gelogen, weil du alles verstehst.« Sie verließen das Dorf und stiegen keuchend einen Berg hinauf, einen richtigen, nicht so einen sanften Hügel, als den Benni den Monte Verità bezeichnete. »Gleich sind wir bei unseren Selven, so nennen wir die Kastanienwälder. Siehst du, da oben fangen sie an.« Kaum hatten sie die Bergkuppe erreicht, legte er das Rad ins Gras und lief zu einem mächtigen Baum, der mit seiner breiten Krone weit in den Himmel ragte. Anna folgte ihm keuchend, froh, dass sie nicht schon Sandalen anhatte. Angesichts des warmen Wetters und des Ausflugs übers Wasser hatte sie es morgens noch ernsthaft in Erwägung gezogen. Sie trug ihre gewohnten Schnürstiefel. Schließlich war auch sie ein Bergkind, wenn auch aus dem bayerischen Voralpenland. Benni breitete die Arme aus und versuchte, den Stamm zu umfassen. Seine Hände reichten nicht mal um die Rundung, so breit war die Kastanie.

»Die steht bestimmt schon länger hier, als es Menschen in diesem Tal gibt«, sagte Anna, als sie näherkam. Sie hatte Seitenstechen. Sie drückte sich die Faust in ihre Taille, holte Luft und atmete langsam aus, um den Krampf zu lösen.

»Das glaub ich kaum. Die Römer haben die ersten Bäume bei uns gepflanzt.«

»Also wurden auch diese Bäume einst verschifft.« Sie lachte, der Schmerz ließ nach.

»Ja, aber mit dem Unterschied, dass wir jede Faser zum Leben nutzen. Die *Marroni*-Schalen nehmen wir zum Anheizen, das Holz der Bäume brennt ebenfalls sehr gut, aber man kann auch wunderschöne und sehr haltbare Möbel damit bauen. Viele Kirchentüren und -bänke hier sind aus Kastanienholz. Mit dem Tannin, dem Saft der Bäume, gerbt man die Felle. Die Zweige lieben unsere Geißen, und die Früchte essen wir alle gern. Schade, dass du die Dörrzeit letzten Herbst verpasst hast, wenn wir die *Marroni* rösten. Das ist ein richtiges Fest für das ganze Dorf, mit Musik und Tanz.«

»Bei uns gibt es auch so einen großen alten Baum, eine Linde. Sie ist zwar nicht so ertragreich, aber man kann in ihr sitzen, es ist oder vielmehr war einer meiner Lieblingsplätze.« Sie setzten sich auf einen morschen Ast, und Anna erzählte ihm von der Tassilolinde und auch von Dreisonnenquell.

»Dann bist du auf einem Gut aufgewachsen. Hattet ihr Pferde?« Er hatte ihr aufmerksam zugehört und fragte nach.

»Ein paar Pferde, ja.« Sie dachte an Komet, ihren Hengst. Wie ging es ihm und Katerchen Humboldt wohl unter Ruths Leitung? Rasch schob sie den Gedanken an die beiden fort, bevor sie noch wehmütig wurde. »Aber auch Hühner, Enten, Gänse und Schweine, doch mein Vater war hauptsächlich Pflanzenzüchter.«

»Jetzt verstehe ich, du bist die Tochter des Gärtnermeisters, die auf Erholung geschickt wurde?«

»Nicht ganz. Ich bin die Tochter eines Gutsbesitzers und Baronesse. Ich hoffe, du lässt mich jetzt nicht hier sitzen, nur weil ich es dir beichte.« Sie schwiegen eine Weile, und Benni stocherte mit einem Zweig auf dem Waldboden herum.

»So etwas dachte ich mir schon, wie sonst kannst du dir den Aufenthalt bei den *Vegetariani* leisten.«

»Ich arbeite für meinen Unterhalt, ich gebe Töpferkurse für die Gäste.« Ihr Geld ging tatsächlich zur Neige, so dass sie froh um den Ausgleich durch die Vergünstigung war.

Benni nahm ihre Hand und strich mit seinem Daumen über ihre Finger, auch den verstümmelten, was sie zum Erschaudern brachte. »Stimmt, ich hab mich schon gewundert, warum du so dreckverkrustete Nägel hast.«

»Das ist nicht wahr. Ton ist kein Dreck.« Sie wollte sich losreißen, doch er gab sie nicht frei, zog sie hoch und rannte mit ihr quer durch den Wald. Durch Senken und Hänge, bis zu einer Weggabelung, wo ein Moor begann. Völlig außer

Atem bat sie Benni, langsamer zu gehen, doch sie ließ seine Hand nicht los. Sie erreichten eine weitere Kuppe. Unter ihnen lag, von steilen Felsen eingefasst, ein kleiner See.

»Das ist einer meiner Lieblingsplätze, der Pozz di butt, was so viel heißt wie …«

»Die Popoquelle«, ergänzte sie. »Es stimmt, mit etwas Phantasie kann man sich vorstellen, dass hier ein Riese ein Sitzbad nimmt.«

»Hast du auch Lust auf ein Bad?«

»Du meinst, wir als Ameisen? Und wenn der Riese kommt?« Offenbar meinte er es ernst. »Das Wasser ist bestimmt eisig kalt.«

»Ihr Monteveritaner schwört doch auf die Kaltwasserkur. Ist bestimmt erfrischend. Schwitzt du nicht auch?«

Das tat sie, aber nicht nur von der Anstrengung. Sie glühte von innen heraus. »Aber ich habe keine Kleidung dabei und auch kein Handtuch.«

»Du kriegst mein Hemd. Und dein schönes Kleid wird keinen Tropfen abkriegen, versprochen.« Er schlüpfte aus dem blauen Kittel, darunter trug er noch ein langes Hemd, was bestimmt zugleich sein Nachthemd war. Mit Annas Hilfe zog er auch die Stiefel aus und streifte die Hose ab. Barfuß lief er im Zickzack den Abhang hinunter, warf im letzten Moment das Hemd ab und sprang kopfüber ins Wasser. Anna blieb nur der Moment, bis er auftauchte, um sich auszuziehen. Rasch nahm sie ihre Jagdtasche ab und hängte sie an einen Ast. Sie zog die Schleifen ihrer Stiefel auf und streifte sie ab, genauso die Strümpfe und auch das Kleid mitsamt dem Unterkleid – und das auch noch gleichzeitig. Sie verhedderte sich in den Ärmeln, schaffte es endlich und wollte in der Unterwäsche zu ihm laufen, die würde sie anbehalten. Die Steine waren spitz, und die Sträucher streiften ihre nackten Beine. Sie stakste mehr, als dass sie rannte, erreichte schließlich das Ufer, wo Benni längst wie ein Fischotter aus dem Wasser lugte. Bevor er sie noch mehr anstarrte, stürzte sie sich in den Quellsee, der, anders als erwartet, flach war, so dass man gar nicht schwimmen musste. Dennoch nahm ihr die Kälte den Atem, tausend Nadeln schienen auf sie einzustechen.

»Herrlich, odr?« Benni umrundete sie, indem er auf dem Grund von einem Stein auf den anderen trat.

Vor lauter Zittern und Bibbern brachte sie keine Antwort zustande. Von einer Abhärtung war sie anscheinend noch weit entfernt. Doch wie sollte sie jetzt wieder ans Ufer kommen, ohne dass Benni alles sah? Ihr Bustier und ihre seidene Unterhose wurden im Wasser durchsichtig. Wie dem auch sei, er würde bestimmt schon mal eine nackte Frau gesehen haben. Noch dazu eilte ihr der Ruf als Monteveritanerin voraus. Waren das nicht, den Gerüchten nach, alles Nackttänzer? Außer bei den Kuren und auf den Postkarten im Reformladen hatte sie bisher noch nie einen der Gäste unbekleidet, geschweige denn nackt tanzen sehen. Eigentlich sollte sie selbstbewusster sein. Schließlich war auch er nackt, und zwar ganz.

Als sie ans Ufer kraxelten, mieden sie es, sich anzuschauen, spürten trotzdem den Blick des anderen. Benni gab ihr sein Hemd, als sie prustend und blau gefroren die Arme um den Körper schlang. Er genierte sich anscheinend nicht sonderlich vor ihr. Zurück bei den Kleidern, knöpfte sie unter Bennis Hemd das Bustier auf und streifte auch die nasse Unterhose ab, hängte beides über einen Strauch zum Trocknen. Er betrachtete die Teile, die auf den Zweigen ruhten.

»Was ist?«, fragte sie.

»So vornehme Unterwäsche habe ich noch nie gesehen. Aber wenn die jemand entdeckt, denkt er, du bist in den Poposee gefallen und ertrunken.« Sie wollte die Sachen wieder runternehmen, doch er hielt sie davon ab. »Keine Sorge, hier findet selten jemand her.« Er zog seinen Kittel und die Hose an, ließ die Stiefel aber aus. »Komm, ich zeig dir noch was. Da können wir uns auch ein bisschen aufwärmen.« Sie folgte ihm bis zu einer von einem Felsen überdachten Höhle. Dort hatte er eine Kiste mit Feuerstein und einem Zunderpilz versteckt. Er schichtete ein paar Äste zu einem Haufen und wollte ein Feuer entfachen.

»Warte, ich hab was, mit dem's schneller geht.« Anna holte ihre Streichhölzer aus der Tasche. Bald knisterten die Flammen. Benni fand noch einen Apfel in der Kiste. »Vom letzten Jahr, aber besser als nichts.« Er gab ihn ihr. Sie biss hinein und reichte ihn zurück. So lehnten sie sich an die Höhlenwand, rückten dicht aneinander, und Benni legte den Arm um sie, um sie zu wärmen. Dabei war ihr längst schon wieder warm. »Du zitterst ja immer noch«, sagte er.

»Wegen dir«, sagte sie und näherte sich seinem Mund. Sie küssten sich, so sanft, dass sie erst kaum etwas spürte, dann fester, aber immer noch vorsichtig. Sie schloss die Augen und öffnete sie wieder, schaute auf seine geschlossenen Lider und in jede Pore seiner Haut. Er fühlte sich weich und warm an. Sie schmeckte an ihm noch das Quellwasser aus dem See. Später wollte sie ihm von ihrer Heimat erzählen und von den drei Quellen.

Eva

Am nächsten Tag war Maja fort. Sie hatte ihr angeboten, sie zur Münchner Freiheit zu fahren. Auch Udo und Milo wollten sie begleiten, doch Maja hatte abgelehnt. »Macht es mir nicht noch schwerer.« Dafür hatte sie sich Evas selbstgenähten Jeansrucksack geliehen, für die paar Sachen, die sie mitnahm, reichte er. So vieles ging Eva durch den Kopf, kaum dass sie sich an der Straßenecke ein letztes Mal umgedreht hatte, um zu winken. Ein bunter Fleck im Schnee. Maja mit ihrem roten Bubikopf unter der weißen Bommelmütze, dem violetten Rock und den Stulpen über den Schuhen. Warum hatte Maja sie nicht gefragt, ob sie sie begleitete? Warum hatte sie sich ihr nicht früher anvertraut? Konnte man ihr so wenig zumuten, wirkte sie so zerbrechlich? Was sollte das Geständnis von Liebe, wenn sie sie verließ? Hätte ein »Ich dich auch« sie aufgehalten, wo es doch längst entschieden war? Bis zur letzten Minute rang Eva mit sich, doch dann entschied sie, es nicht zu tun, um Majas Lebenstraum nicht zu gefährden. Indien, das war es doch, was sie wollte, nicht sie beide. Eva vermisste sie schon jetzt in jeder Sekunde. Wie würde sie die nächsten Monate, vielleicht Jahre ohne sie überstehen? Was, wenn sie sich nie wiedersahen?

Auch Udo war die Trennung schwergefallen, offenbar hatte er sich in Maja verliebt, obwohl er keine Chance gehabt hätte, wie Eva jetzt wusste. Gegen Abend saßen sie mit Tee, Tabak, Bier und Gras zu dritt im Garten auf den eisernen Möbeln und sinnierten. Ecki war mit seiner neuen Flamme über Weihnachten auf Ibiza. Die Sitzkissen waren bereits im Keller verstaut und sie zu faul, sie noch mal raufzuholen. Udo drehte sich eine Tüte und rauchte sie mit Milo. Eva nahm einen Zug, ließ es aber dabei, als ihr schwindelig wurde. Sie schmeckte nichts – wozu noch ihre verbliebenen Sinne belasten? Von drinnen holte sie sich eine Decke, setzte sich auf Milos Schoß und kuschelte sich an ihn. Ihr Atem stand zusammen mit den Rauchkringeln in der Luft.

»Wisst ihr was? Mir reicht's.« Plötzlich sprang Udo auf, schwankte, er war bereits ziemlich zugedröhnt. Er packte die halbvolle Bierflasche und schleuderte sie über die zugeschneite Hecke auf das Nachbargrundstück, wo sie irgendwo aufknallte und zersprang. Es klirrte.

»Spinnst du! Hoffentlich hast du niemanden verletzt.« Eva stand auf.

»Na und? Und wenn schon. Was schert es euch?« Udo stützte sich auf dem Tisch ab. »Dann treffe ich zur Abwechslung vielleicht wirklich endlich jemanden.«

Eva lugte durch die Hecke. Bei den Nachbarn schien niemand da zu sein. Ein Glück. Sie würde gleich rübergehen und die Scherben aufsammeln.

»Eure weichgespülten Gedanken und euer Gefasel vom Frieden in der Welt. Ich hab's so was von satt.« Udo versuchte, auf das wackelige Tischgestell zu klettern. »Ihr spielt doch nur Revolutionäre, dabei sitzt ihr immer noch im Sandkasten. Warum nicht eine Schaufel nehmen und demjenigen eins draufhauen, der dir die Burg kaputtmacht? Feige seid ihr, richtig feige.« Er stolperte, stürzte, und Milo fing ihn auf. Sie fielen aufeinander – wie damals, als Eva ihnen zum ersten Mal begegnet war. Nur war sie diesmal nicht die Ursache oder vielleicht doch? Sie ging dazwischen, versuchte, die beiden auseinanderzubringen, und rutschte auf der gefrorenen Terrasse aus. Auf einmal löste sich Udo von Milo, rollte zur Seite, rappelte sich hoch und lief in den Schuppen. Eva folgte ihm, wollte sowieso Schaufel und Besen holen, um die Glassplitter beim Nachbarn aufzukehren.

»Leihst du mir dein Auto?« Udo schnappte sich den Werkzeugkasten.

»Was hast du vor?«, fragte sie.

»Ich hol uns einen Christbaum.« Alles, was er an Sägen, Hämmer und Feilen fand, legte er obenauf.

»In diesem Zustand kannst du auf keinen Fall fahren.« Milo versuchte, ihn aufzuhalten, dabei hatte er selbst ganz glasige Augen.

»Ich kann. Ich bin so nüchtern, wie ich es noch nie in meinem Leben war. Also?« Er streckte die Hand aus.

Eva zögerte, ihm den Schlüssel zu geben. »Nur wenn du mir sagst, was du wirklich vorhast.«

»Nur wenn ihr mitmacht.«

»Bei was?« Milo klopfte sich Blätter und Steinchen von Hose und Pullover.

»Bei der Revolution.«

Anna

Sie war verliebt. Es gab kein schöneres Gefühl. Benni und sie sahen sich, sooft es möglich war, küssten und erzählten sich, was sie in der kurzen Zeit zwischen ihren Treffen, die für Anna manchmal unerträglich war, erlebt hatten. Eines Morgens stand sie früh auf, um noch vor den ersten Anwendungen auf den Markt nach Ascona zu gehen. Immer öfter war ihr danach, die fast in sich geschlossene Welt der Monteveritaner zu verlassen und sich wieder unter das Volk und seinen Alltag zu mischen. Vielleicht wurde es langsam Zeit, sich etwas Neues zu überlegen. Schließlich wollte sie nicht auch zu einem Dauerkurgast werden. Sie schlüpfte in ihre neue, selbstgestrickte Jacke, bei der sie gestern noch die Ärmel eingesetzt und die Holzknöpfe angenäht hatte, und hängte sich ihre Tasche mit ihren Zeichensachen um. Das Gras war noch nass vom Tau und die Steinstufen glitschig, aber ihre Füße in den selbstgeknüpften Sandalen erwärmten sich beim Gehen bald. Sie saßen noch etwas locker, aber das war mit einem Knoten mehr leicht zu beheben. Im Laufe der letzten Wochen hatte sie sich erholt, sie fühlte sich tatsächlich wieder vollständig gesund und glaubte auch, ihre Lunge hätte die alte Kraft zurückgewonnen.

Die Bauern aus der Gegend mussten bereits im Dunkeln auf dem Markt angekommen sein, um ihre Stände aufzubauen. Fischhändler verkauften ihren Fang, Bäcker ihr herrlich duftendes Brot und den hohen, gelb leuchtenden Kuchen mit der dicken Zuckerkruste aus Orangenschalen und Mandeln, der *Colomba* hieß, wie Benni ihr erklärt hatte. Um Drahtkisten, in denen lebende Kaninchen kauerten, scharrten sich Männer und verhandelten mit großen Gesten. Einer bot frisch geschlüpfte Gänse, die er wie einen Blumenstrauß an den Hälsen aus der Kiste heraushob, wenn ihm jemand welche abkaufen wollte. Am Gemüsestand gab es Salatköpfe, Bärlauch, Rucola und Staudensellerie und bereits auch schon Lauchzwiebeln, Rettich, frischen Rhabarber, die ersten Erdbeeren und jungen Spinat. Anna kaufte sich ein knuspriges Stück des Tessiner Steinofenbrots, dessen Kruste herrlich krachte, wenn man hineinbiss, und dazu einen Bund Radieschen. Der Markt war eine Augenweide und Duftvielfalt, dazu herrschte ein Stimmengewirr aus Italienisch und Asconeser Dialekt. Um diese Morgenstunde waren noch kaum Ausländer unterwegs, und so fiel sie wie üblich in ihrem Reformkleid und den nackten Knöcheln in den Sandalen auf. Die Leute tuschelten, wenn sie vorbeischlenderte, doch sie scherte sich nicht weiter darum. So wie sie die Einheimischen beäugte und sich alles einzuprägen versuchte, wurde eben auch sie betrachtet. An einem Blumenstand lachten sie Narzissen an. Sie fragte nach dem Preis.

»Zehn Stück für einen Franken«, sagte der Verkäufer auf Italienisch, sie nickte, gab ihm die Münze und wartete, bis er die Blumen in Zeitung eingeschlagen hatte. Weiter hinten spannte eine Frau mit Haube einen Sonnenschirm über ihrem zweirädrigen Karren auf. Anna nahm an, dass sie die

Tessiner Tracht trug, ihr blaues Kleid, das sie mit einer gestreiften Schürze über einer weißen Bluse anhatte, erinnerte sie an ein Dirndl. Neugierig begutachtete sie ihr Angebot. Hauptsächlich Käse und Eingewecktes. Allein beim Anblick der verschiedenen Käsesorten lief ihr das Wasser im Mund zusammen. Laut den Schildchen hießen sie Gorello, Robiola Matura, Formaggio d'alpe ticinese. Dass man solch eine Vielfalt aus Milch vermischt mit Kräutern und Gewürzen erzeugen konnte, brachte Anna zum Staunen. Ein Schnittkäse hieß Gottardo wie das Bergmassiv. Dazu gab es Aprikosen-, Feigen- und Maronenmarmelade. Anna entschied, sich als Abwechslung zur reinen Obstkost, bei der sogar auf Gemüse verzichtet wurde, etwas Käse zu genehmigen. Ein junger Mann mit einem Filzhut und wadenkurzer Hose, unter der er rot-weiß gestreifte Strümpfe trug, stellte seine Kraxe neben der Käsebäuerin ab und lud einen schweren Sack aus. Es war Benni, was für eine Überraschung. Dann musste die Frau seine Mutter sein. Bisher war er immer ausgewichen, wenn sie ihn nach seiner Familie gefragt hatte. Anna blickte in ihr zerfurchtes, wettergegerbtes Gesicht. Oder war sie eher seine Großmutter? Schwer zu sagen. Bäuerinnen heirateten oft jung, bekamen viele Kinder und mussten dennoch ständig schwere Arbeit verrichten, tagaus, tagein. Anna wusste gar nicht, ob Benni weitere Geschwister hatte. Außer den einen älteren Bruder, Emmo, den er erwähnt hatte. Jedenfalls strahlte sie die Frau an und wollte sie begrüßen, wusste nicht, ob auf Deutsch oder Italienisch, entschied sich für beides. »Buongiorno, Signora Tardini. Wie schön, dass ich Sie hier treffe. Ich freu mich sehr, Sie endlich kennenzulernen. Ich bin Anna, bestimmt hat Ihnen Ihr Sohn schon von mir erzählt.« Sie wollte ihr die Hand reichen, doch die Frau runzelte die Augenbrauen, die die Form von Bennis hatten, wandte sich ihm zu und zischte etwas, in dem das Wort Deutsche vorkam. Es klang sehr abweisend. Dabei war sie doch selbst deutschsprachig aufgewachsen, hatte Benni gesagt.

»Ach, das ist nur eine von den *Vegetariani*, Mutter«, hörte sie ihn auf Italienisch antworten. »Ich mach das.« Und er wandte sich an Anna. »Schönen guten Morgen, Frau von Quast, was kann ich für Sie tun?«

Irritiert blickte sie ihn an. Warum bekannte er sich nicht zu ihr? »Guten Morgen, ich wollte nur …« Sie zögerte, wartete, dass er ihr mit irgendeinem Zeichen zu verstehen gab, was die Geheimniskrämerei bedeuten sollte.

»Beniamino, le patate!«, rief seine Mutter, die die nächste Kundin bediente. Benni sollte sich um die Lagerkartoffeln kümmern, sofort öffnete er den Sack, hob eine Handvoll der Knollen auf die Waage und schenkte Anna keine weitere Beachtung.

»Mi scusi.« Schon drängte wieder jemand nach vorne. Sie wusste nicht, was sie davon halten sollte, und machte kehrt. War sie so hässlich, dass er sich für sie schämte? Oder hatte er ihr nur etwas vorgemacht? Auf dem Weg zurück konnte sie an nichts anderes denken. Erst als sie an der Drehscheibe saß und ihren Schülern etwas zeigte, wurde sie ruhiger und schob die Gedanken an den Vorfall beiseite. Am Abend wartete sie wie gewohnt vor ihrer Lichtlufthütte auf Benni, versuchte, sich im Schein der Lampe in ihr Buch zu vertiefen, das sie sich von Fanny geliehen hatte. *Die andere Seite*. Ein Roman von Erich Mühsams Schachpartner Alfred Kubin, der sogar von ihm selbst illustriert war. Die traumähnlichen Zeichnungen erinnerten Anna an das Bild, das in der Pension *Fürmann* gehangen hatte. Es ging um eine Einladung in die magische Stadt namens Perle. Die Hauptfigur war ein Zeichner wie Kubin. Anfangs weigerte sich der Held, wurde aber wie magnetisch von der Stadt angezogen, in der ewiges Dämmerlicht herrschte. Obwohl es im Tessin hell und warm war, fühlte sich Anna beim Lesen an ihre Situation erinnert. Manchmal glaubte sie, wie unter einer Glasglocke zu leben, fern von der Wirklichkeit und dem Fortschritt. Je länger sie darüber nachdachte, umso klarer wurde ihr, dass sie sich aus einer Glasglocke unter die nächste geflüchtet hatte. Nach Dreisonnenquell der Monte Verità. Sie wusste, dass es bei Benni immer spät wurde, bis er all seine Arbeiten verrichtet hatte und sich von zu Hause loseisen konnte. Doch langsam glaubte sie, er würde heute gar nicht mehr auftauchen, es wäre ein für alle Mal aus zwischen ihnen. Der Himmel verdunkelte sich, und die Sichel des abnehmenden Mondes zog über den Nachthimmel. Wind kam auf, und Anna fing an zu frieren. Sie ging ins Haus, um sich noch einen Tee zu kochen und dann zu Bett zu gehen. Als sie die Vorhänge zuzog, hörte sie Schritte. Jemand kam die Stufen zur Veranda herauf und klopfte ans große Fenster.

»'n Abend, Fräulein von Quast. Lust auf einen Spaziergang?« Es war der Berliner Nikolaus, der wirklich Nikolaus Freiherr von Antdorff hieß und hier seinen Ruhestand verbrachte. »Oh, Sie haben's aber gemütlich, darf man sich dazugesellen? Ich komm auch nicht allein.« Er wedelte mit einer Flasche Rotwein.

»Daraus wird nichts, Herr von Antdorff, aber gute Nacht.«

Eva

Da sie als Einzige nüchtern war, übernahm sie das Fahren und folgte Udos Anweisungen, raus aus der Stadt. Milo war auf den Rücksitz geklettert, hatte seine langen Beine unter ihren Sitz gestreckt und döste jetzt vor sich hin. Es war schon dunkel und die Landstraße gefroren. Eiskristalle glitzerten vor ihren Scheinwerfern, aber es schneite nicht mehr. Der Nachthimmel klarte auf, und Sterne funkelten. Eva klopfte aufs Armaturenbrett, sie fror, und die Heizung schien nicht anzuspringen. Nur eiskalte Luft blies ihr durch die Lüftung entgegen, aber die hielt sie wenigstens wach. Kurz schaltete sie das Fernlicht an und dann wieder aus. Durch ihren Atem waren die Fenster von innen beschlagen und erschwerten die Sicht.

»Los, gib Gas.« Udo, auf dem Beifahrersitz, das Werkzeug zwischen den Knien, drängte sie. Anscheinend hielt er Ausschau nach einer geeigneten Tanne.

»Auf der glatten Fahrbahn kann ich nicht schneller fahren.« In der nächsten Kurve wich sie mit einem Schlenker einem anderen Wagen aus, der ihnen mit Fernlicht entgegenkam. Das war knapp, um ein Haar wären sie zusammengestoßen. Evas Herz schlug zum Zerspringen. Was sie da machten, war Wahnsinn. Wegen eines Scheißchristbaums riskierten sie ihr Leben. Aber alles war besser, als zu Hause zu hocken und zu grübeln. Dabei hatten Maja und sie noch im Sommer vom ersten gemeinsamen Weihnachten geschwärmt, als in den Supermärkten bereits Lebkuchen auslagen. Lebkuchen, deren Duft nur noch eine gefrorene Erinnerung war, die Eva nicht mal mehr beschreiben konnte. Nur das Schöne und Gemütliche aus ihren Familien wollten sie wiederholen, hatten Maja und sie beschlossen; das Streiten um Geschenke, die nervigen Verwandten, die aufgezwungene Fröhlichkeit und den Erwartungsdruck würden sie einfach weglassen. Allein der Weihnachtszauber durfte in ihre Wohngemeinschaft einziehen. Es hätte das beste Fest werden sollen mit seiner Krönung an Silvester und ihrer großen WG-Party. Aber was war ein Weihnachten ohne Gerüche und Geschmack für das gute Essen? Und vor allem ohne Maja? »Hilf lieber mit und putz die Scheiben.« Sie gab Udo ihr Taschentuch.

Er ignorierte sie, kurbelte das Fenster runter und streckte den Kopf hinaus. »Jetzt nach rechts.« Eva blinkte und bog mitten im Wald von der Straße ab. Sie kamen auf Schotter auf. Der Käfer sirrte und hoppelte.

»Autsch, spinnt ihr?« Prompt stieß Milo mit dem Kopf an die Decke, als Eva durch ein Schlagloch fuhr.

»Halt an. Hier passt es.« Kaum hatte Eva gebremst, riss Udo die Tür auf. Den Werkzeugkasten im Schlepptau, hastete er zwischen den Bäumen durch. »Hast du eine Taschenlampe?« Milo klappte den Sitz vor und zwängte sich aus dem Auto. Eva fand eine im Handschuhfach und knipste sie an. Zusammen liefen sie Udo hinterher. Der Boden knirschte unter ihren Schuhen. Äste krachten. Mitten durch den Wald führte eine Schneise für eine Stromtrasse. Wie Riesen aus

Metall hielten die Masten die Hochspannungsleitungen in der Luft. Überall warnten Schilder vor der Lebensgefahr, die von ihnen ausging. Udo blieb vor einem Eckpfeiler stehen. »Der fällt heute.« Er öffnete den Werkzeugkasten und warf ihnen etwas entgegen. »Los, steht nicht rum, nehmt eine Feile oder die Eisensäge, egal was, und fangt an. Es ist ganz einfach, ich habe seit Tagen alles vorbereitet.« Er holte noch einen Pappkarton aus einem Fach und gab ihn Eva. »Binde den irgendwo fest.« *Weg mit dem Scheißdreck*, hatte er mit großen Buchstaben darauf geschrieben.

»Hast du sie nicht mehr alle?«, rief Eva, als sie begriff, was er vorhatte. Udo klemmte sich ein Beil unter den Arm und kletterte über den Betonsockel auf das Gestänge und weiter nach oben.

»Hör auf, das bringt doch nichts.« Milo versuchte, ihn aufzuhalten, und folgte ihm, musste aufpassen, dass er nicht getroffen wurde, als Udo auf den Stahl einhackte. »Selbst wenn du es schaffst, den Strom zu unterbrechen, nehmen die die Leitung sofort vom Netz.«

Eva war derselben Meinung, unschlüssig, wie sie eingreifen sollte. Plötzlich ließ Udo die Axt fallen. Doch anstatt dass er aufgab, fing er an, am Mast weiter hochzuklettern. So schnell, dass Milo ihn nicht mehr zu packen kriegte. Gleich würde er, vom Stromschlag getroffen, wie eine Fliege herabstürzen. Auf einmal schwankte der Mast. Anfangs glaubte Eva noch, sie bildete es sich bloß ein. So ein Riesenteil aus Stahl würde niemals fallen, doch dann wackelte er. Der Strommast ächzte wie ein Boot im Sturm. Die Leitungen bebten.

»Aufhören, sofort! So hört doch, bitte, ich bitte euch.« Eva schrie. Udo und Milo reagierten nicht, waren höher und höher gestiegen. Eva starrte so sehr nach oben, dass ihr Nacken brannte. Bald waren ihre Geliebten in der Dunkelheit kaum noch voneinander zu unterscheiden. An den Querstreben blitzte es, Funken stoben wie Sternschnuppen. Wie in Zeitlupe kippte der Mast. Blitze zuckten. Für den Bruchteil einer Sekunde wurde Udo plötzlich erhellt. Sein Körper schien in der Luft zu schweben, dann fiel er und schrie, und sie brüllte mit. Wie gelähmt stand sie da, als der Mast neben ihr auf den Waldboden krachte.

Anna

Als sie im Ofen Holz nachlegte, klopfte es erneut. Der Nikolaus war anscheinend hartnäckig. Sie drehte den Schlüssel, um ihn endgültig in die Schranken zu weisen, und öffnete die Tür. Benni stand davor.

»Entschuldige die Verspätung. Kann ich noch zu dir?« Er küsste sie, doch ihre Lippen berührten sich kaum.

»Heute Morgen auf dem Markt, war das deine Mutter?« Er nickte, schien sich aber nicht bewusst zu sein, auf was sie hinauswollte. »Warum behandelst du mich so? Schämst du dich mit mir?«

»Ganz und gar nicht, Liebste. Es ist nur … ich …« Er trat zurück und lehnte sich an das Verandageländer. Er rang mit sich, atmete aus. »Ich habe absichtlich nichts von dir gesagt, weil ich dich schützen wollte.«

»Schützen? Wovor? Ich dachte, dass wir beide, du und ich, dass wir ein Paar sind. Aber vielleicht habe ich mir das auch nur eingebildet«, platzte Anna heraus und ließ ihrer Wut freien Lauf. »Wahrscheinlich bin ich nur eine Romanze für dich, das Fräulein vom Monte Verità, oder wie hast du mich vor deiner Mutter genannt? Eine von den Vegetabilischen, nicht die Erste und nicht die Letzte für dich, es kommen ja ständig neue, du hast die freie Auswahl.«

»Du bist die Erste und Einzige für mich, andere Frauen interessieren mich nicht, ich dachte, das wüsstest du.«

Sie zog Benni ins Haus und drehte den Schlüssel wieder, nicht dass der Freiherr so frei war und doch noch hereinpolterte und sie das Gesprächsthema beim nächsten geselligen Abend waren. »Magst du einen Veilchenblütentee?« Sie gab ihm ihre Tasse, schenkte sich selbst eine neue ein. Er setzte sich auf die Bettkante, umklammerte den Tee, ohne zu trinken. Anna rutschte an die Wand und streckte die Beine aus. Sie würde warten, bis er von selbst anfing zu erzählen, und wenn es hundert Jahre dauerte. Und es dauerte tatsächlich eine gefühlte Ewigkeit.

»Meine Familie, es ist kompliziert bei uns. Ich habe es auch lange nicht verstanden. Und …« Er hielt inne, stellte die Tasse auf das Fensterbrett und betrachtete nun seine leeren Hände, als ob er aus ihnen lesen könnte. Sie wagte kaum, sich zu rühren. Erst nach einer Weile bemerkte sie, dass er weinte. Tränen tropften ihm vom Kinn. Sie rückte näher, stellte auch ihren Tee weg und legte den Arm um ihn. Nun schluchzte er, sein ganzer Körper bebte.

»Sag mir einfach, was los ist, Liebster, egal wie schlimm es ist, ich vertrag es schon.« Sie umarmte ihn, hielt ihn, seinen Kopf an ihrer Brust.

Er weinte weiter. »Es ist … Ich hab das noch nie jemandem erzählt, darum weiß ich nicht wie.« Sie glaubte, er würde erneut ins Schweigen verfallen, aber dann sprach er doch.

»Die erste Frau meines …«, wieder zögerte er, »ich nenn ihn besser beim Vornamen. Also, als die Frau von Giovanni Tardini starb, war mein Bruder Emmo vierzehn. Vater und Sohn blieben einige Zeit allein. Verzeih, wenn das Folgende komisch klingt, aber ich kann es nur so erzählen. Auf die Dauer müsste wieder eine Frau ins Haus, stellten sie fest, sonst würden sie noch im Chaos ersticken. Erst schaute sich Giovanni nach einer Magd um, aber keine wollte bei ihm in Stellung gehen. Der Hof war ziemlich runtergekommen. Die Männer putzten so gut wie nie und taten auch sonst nur das Notwendigste. Noch dazu hatte Giovanni hohe Schulden, und so beschloss er, sich den Lohn für eine Arbeitskraft zu sparen und lieber noch mal zu heiraten. Eine Hochzeit auszurichten, sei billiger, als die dreißig Franken auszugeben, die eine Magd Monat für Monat verlangte. Darum schaute er sich nach einer willigen Braut um und lernte auf einem Viehmarkt in Zürich meine Mutter kennen. Mit zweiunddreißig galt sie als alte Jungfer und fühlte sich selbst auch schon so, denn sie hatte die Hoffnung, jemals zu heiraten, aufgegeben. Sie ist die Tochter von Kleinhäuslern aus Malans und hat sich als Kellnerin oder Magd verdingt, je nachdem, wo sie eine Anstellung fand. Mit schwerer Arbeit konnte sie umgehen, die war sie gewohnt, aber der Saustall, der sie auf dem Tardinihof erwartete, schreckte selbst sie ab. Giovanni gab sich großzügig, bot ihr an, dass sie zukünftig im Haus frei schalten und walten könnte, wie sie es wollte. Er würde über das Vieh, den Wald, die Felder bestimmen und auch, welche Arbeit draußen zu verrichten wäre, und sie sollte sich um die Mahlzeiten und die Wäsche kümmern und was man sonst noch so als Ehefrau machte. Meine Mutter fürchtete sich vor dem, was er damit andeutete, hatte aber Mitleid mit Emmo, der damals erst sechzehn war. Also ließ sie sich überreden und flehte, dass ihr der Herrgott in der Hochzeitsnacht beistehen möge. Sofort nach der kirchlichen Trauung musste sie in die Dienstbotenkammer unters Dach ziehen. Weder ein Essen noch eine Feier spendierte ihr Gatte. Er schlief weiterhin allein im Eheschlafzimmer und wollte auch nichts von ihr wissen. Vier Jahre später kam ich zur Welt.« Benni trocknete sich mit dem Ärmel das Gesicht und schaute Anna an. »Jeder aus dem Dorf, der die Verhältnisse bei uns zu Hause kannte, wusste, dass ich nicht das Kind von Giovanni Tardini sein konnte. Nur ich nicht. Für mich war es normal, wie wir lebten, bis ich in die Schule kam. Dort hänselten sie mich, dass ich keinen richtigen Vater hätte, dass der, den ich dafür hielt, ein Schlappschwanz wäre und er sich eine Hure angelacht hätte, die es mit jedem mache. Ich prügelte mich mit allen, die das behaupteten. Aber nach und nach sickerte es in mich ein, dass meine Eltern ja wirklich getrennt schliefen und ich keine anderen Geschwister hatte wie meine Mitschüler, die aus kinderreichen Familien stammten. Bald malte ich mir aus, wer mein Vater sein könnte, odr? Jeder Mann, der mit meiner Mutter zu tun hatte, kam in Frage. Selbst der Hausierer, der von Hof zu Hof zog, oder der Scherenschleifer, der zweimal im Jahr, im Frühjahr und im Herbst, mit seinem Wohnwagen auf unserem Hof auftauchte. Eines Tages, als ich mit Emmo beim Holzfällen war, hielt ich es nicht mehr aus. Ich fragte ihn, ob etwas an den Gerüchten dran wäre. Bis dahin hatte ich mich nie gewundert, dass mein siebzehn Jahre älterer Halbbruder noch unverheiratet war. Meine Mutter und er mochten sich, das hatte ich schon verstanden, aber dass sie mehr für ihn war, wollte einfach nicht in meinen Kopf. Und schließlich beichtete er es mir, unter der Bedingung, dass ich niemandem jemals davon erzählen würde. Ich schwor es beim Leben von Fiora, meiner geliebten Eselin, die Vater, also mein Großvater, dann doch zum Metzger brachte, als er beim Kartenspielen verlor.« Er holte Luft. »Du bist die Erste, vor der ich es laut ausspreche. Mein Bruder ist mein Vater, und mein Vater ist eigentlich mein Großvater. So, jetzt weißt du es.« Er verstummte, legte seinen Kopf in ihren Schoß und schaute zu ihr hoch. Sie streichelte sein Gesicht, beugte sich vor und küsste seine verweinten Augen. Er zog sie zu sich und umschlang sie. Anna dachte schon, nun würden sie es tun. Sie hatten zwar schon gemeinsam ihre Körper entdeckt, aber geschlafen hatten sie noch nicht miteinander. Mitten im schönsten Liebesspiel setzte sich Benni auf. »Am liebsten würde ich weggehen von hier, Anna, mit dir zusammen, weit fort. Lass uns verschwinden, irgendwohin, und neu anfangen, wo uns keiner kennt. Das hab ich mir schon oft gedacht, aber bisher hätte ich nicht die Kraft dazu gehabt und auch keinen Sinn drin gesehen. Allein bin ich doch schon mein ganzes Leben lang gewesen.«

Eva

In der Morgendämmerung weckte sie ein übler Geruch, der so abartig war, dass sie sich übergeben musste. Knapp schaffte sie es noch auf die Toilette, wo sie sich erbrach. Sie drückte die Spülung, wusch sich Hände und Gesicht und überlegte, mit was sie sich den Magen verdorben hatte. Sie stützte sich am Waschbecken ab, ihr war schwindelig. Aber dann fiel ihr ein, dass sie seit gestern Mittag, nachdem sie Maja verabschiedet hatte, gar nichts mehr gegessen hatte. Nicht mal eines von den Plätzchen, die sie mit auf die Terrasse genommen hatte, bevor Udo auf diese wahnwitzige Idee gekommen war, einen Strommast zu fällen. Sie war allein im Haus. Milo hatte darauf bestanden, dass sie heimfuhr und sich ausruhte. Solange würde er bei Udo in der Klinik bleiben und anrufen, falls es Neuigkeiten gab. Beide waren sie zwar noch rechtzeitig vom Mast abgesprungen und hatten sich abgerollt, allerdings Udo von sehr viel weiter oben. Die Komiker mit ihrer, dieses Mal lebensgefährlichen, Leiternummer. Bis auf ein paar Schrammen war Milo unverletzt geblieben, doch Udo hatte halb bewusstlos im Laub gelegen und kaum auftreten können. Sie hatten ihn zum Auto geschleppt, und Eva war zur nächstbesten Notaufnahme gerast. Ihr war weiterhin übel. Der starke Geruch hing noch in der Luft und kroch wieder in ihre Nase. Sie putzte sich die Zähne, spülte und spuckte aus, doch der Geruch blieb. Sie ging ihm nach, folgte ihm durch die Zimmer, den Flur entlang und die Stufen nach unten. Verflixt, was war das? Sie schnupperte in der Garderobe alle Jacken, Mäntel und Mützen ab, da hing sogar noch Majas gelber Friesennerz, und im Schuhfach lagen ihre kleinen Sandalen. Hunderte Duftmoleküle erfasste sie. Es war, als wäre ihre gesamte innere Bibliothek wiederauferstanden und verströmte ihre Düfte. Aber dieser Gestank überlagerte sie alle. Es schien, als wollte er um jeden Preis von ihr gefunden werden. Sie suchte in der Küche, stöberte in den Schränken und im Gemüse- und Käsefach, nahm das Besteck aus den Schubladen, roch am Silber der Löffel von Udos Großmutter, hob Deckel von den Vorratsdosen und fand alles Mögliche. Geld, Gras, bunte Tabletten und getrocknete Pilze. Sie schnupperte an dem Rest Curry, der noch auf dem Herd stand. Es roch köstlich nach Zwiebeln, Kurkuma, Zimt und Kräutern. Das war es nicht. Zwischendurch sog sie den Duft ihrer eigenen Haut ein, um sich von all den Eindrücken zu erholen, bis sie wieder diesen einen Geruch in der Nase hatte. Wie an einem unsichtbaren Seil zog er sie zu sich. Nur wo kam er her? Im Wohnzimmer roch sie an den Polstern, zog Kleingeld und Kondome aus den Ritzen. Es zog sie wieder in die Küche, dort war der Geruch am stärksten. Da war sie sich sicher. So stark wie sonst nirgends verströmte er hier seine Duftmoleküle. Eva war nahe dran, sich erneut zu übergeben. Sie roch an den Gewürzstreuern, die beschriftet auf dem Bord standen, durchsuchte den Obstkorb, nahm die Äpfel und Bananen heraus. Ganz unten lagen zwei Zitronen, die auf den ersten Blick makellos waren. Die erste duftete angenehm frisch, als Eva sie in der Hand drehte. Sie nahm die zweite und entdeckte den winzigen grün-weißen Fleck, nur stecknadelkopfgroß. Der Schimmel färbte die Spitze ihres Zeigefingers der rechten Hand, als sie die Stelle berührte. Übelkeit überkam sie mit aller Wucht. Hastig warf sie die Zitrone in den Kompostkübel und rannte auf die Toilette, wo sie sich wieder erbrach. Anschließend schrubbte sie sich die Hände. Was war nur mit ihr los? Schimmel hatte sie schon oft gerochen und bisher doch immer gut vertragen. Und mit einem Mal begriff sie, was passiert war. Ihr Geruchssinn war zurückgekommen. Stärker und besser denn je. Es war, als hätten sich ihre Sinne geschärft. Und sie wusste auch warum. Sie war schwanger. Eindeutig.

Anna

Ascona, Mai 1911

Fannys Hochzeitstag versprach sonnig, ja sogar heiß zu werden. Anders als in Deutschland, wo der Mai noch mild blieb, herrschten in Ascona bereits sommerliche Temperaturen. Um kurz nach sieben, als Anna mit ihren zwei Blumenkörben zum Hafen lief, lichteten sich die Nebelschwaden über dem See und gaben die Berge unter einem blauen Himmel frei. Wie besprochen kam Benjamin eine Stunde später mit dem Fahrrad nach und half ihr. Er hatte zwei Schaffelle dabei, damit es Braut und Bräutigam auf den Brettern bequem hatten. Es war gar nicht so leicht, die Blumen, die sie gestern gesammelt hatten, und die Bänder an den Rändern der schaukelnden Barke festzubinden. Gemeinsam schafften sie es, und am Ende blieben zwei Magnolien übrig, eine für Annas Haar und eine für ein Knopfloch in Bennis Hemd. Zur Feier des Tages hatte sie Mutters rotes Kleid angezogen, und er trug ein fein gewebtes weißes Stehkragenhemd zur dunklen Hose.

»Hab ich überhaupt schon guten Morgen gesagt, Liebste?« Er sah sich kurz um, ob jemand in der Nähe war, der ihn kannte, und dann küsste er sie, und sie küsste zurück, wollte ihn nicht loslassen, selbst als ein paar Fischer applaudierten, als wären sie das Brautpaar. Die Glocken von *San Martino* schlugen. Vor lauter Schmücken hatten sie ganz die Zeit vergessen. Sie liefen ins Felsendorf und drängten sich durch die Einheimischen, die sich unter den Torbögen, durch die es zum Standesamt ging, versammelt hatten. Anscheinend wollten alle einen Blick auf die deutsche Gräfin und ihren russischen Bräutigam werfen. Das Rathaus war dunkelrot gestrichen und besaß die Form eines Würfels. Abgesehen vom Standesbeamten, der wie ein Carabinieri uniformiert war, befanden sich nur fünf Leute im oberen Saal. Vorne am Tisch saßen das Brautpaar und die beiden Trauzeugen. Beide kannte Anna nur vom Hörensagen. An Fannys Seite bezeugte Frieda Groß. Sie war die Frau des berühmten Psychiaters Otto Groß, der auch auf dem Monte Verità lebte, auf freie Liebe schwor und für seine zahlreichen Affären bekannt war. Für den baltischen Baron stand Ernst Frick ein, über den Anna nichts wusste. Alle vier rauchten sie Zigarette um Zigarette, während der Standesbeamte etwas auf Italienisch verlas. Ihre Wahnmochinger Freundin sah wunderschön aus. Sie hatte ihr Haar mit drei silbernen Reifen zu einer dicken Tolle aufgesteckt. Schleier trug Fanny keinen. Das Brautkleid war aus einem weißen, fein gewirkten Stoff und betonte ihre Schultern mit breiten Spitzenborten. Durch die Ärmel, die in Spitzen an den Ellbogen endeten, lugte die Haut. Alexander von Rechenberg, der von der Statur und vom Aussehen wirklich einem Seebären ähnelte, was seine blaurote Gesichtsfarbe und die grobkörnige Schnapsnase noch untermalte, trug einen hellen Strickpullover, der vorne geknöpft war. In der Brusttasche hatte er ein roséfarbenes Einstecktuch, passend zu Fannys Taillenband. In der ersten Reihe saßen nur zwei Gäste. Der eine war Rolf in seinem Matrosenanzug, und Anna begrüßte ihn. Der andere, der von weitem wie ein Herr mit schwarzem Haarschopf ausgesehen hatte, entpuppte sich als Hund. Eine Dogge, die neben Fannys Bub hockte, aufrecht wie ein Mensch.

»Wen hast du denn dabei?«, fragte sie.

»Das ist Merlot, mein Tiger, den hat mir der neue Papa geschenkt.«

Kaum hatten sich Benjamin und Anna zu Rolf gesetzt, legte das Brautpaar kurz die Glimmstängel weg, um *Sí* zu sagen, und schon waren es Mann und Frau. Geküsst wurde nicht, nur die Hand geschüttelt, als gelte es, den Kontrakt zu besiegeln. Schon eilten sie alle die Stufen hinunter zum See, begleitet von den Jubelrufen der Bevölkerung. Für ein kleines Entgelt übernahm Benni das Rudern für das gemietete Boot. Er würde die Halbinsel umfahren, um sie zur evangelischen Kirche nach Locarno zu bringen. Mit Tränen in den Augen bedankte sich Fanny für die gelungene Überraschung, als sie alle – Mann, Frau, Kind und Tigerdogge – über den Steg in die geschmückte Barke kletterten, und umarmte Anna. Vor Freude und Rührung weinten sie beide. Rechenberg ließ Champagner aufs Boot bringen, und so stießen sie unterwegs an. Hinterher warfen die Braut und ihr Gatte die geleerten Gläser in den See. Nun lag also auch auf dem Grund des Lago Maggiore etwas von Fanny, stellte Anna fest. In der Stadt angekommen, wusste niemand, wo die evangelische Kirche war, auch Benjamin nicht. Seine Familie war durch und durch katholisch. Sie liefen eine Zeitlang durch die Gassen, weil Baron Rechenberg sich sicher war, dass die *Chiesa Protestante* hinter der nächsten Ecke auftauchte. Schließlich fragten sie einen Fuhrmann, der an einem Brunnen seine Pferde tränkte, nach dem richtigen

Weg. Als sie verschwitzt und abgehetzt, aber fröhlich beim Gotteshaus eintrafen, warteten bereits Fannys Schwiegervater und ihre Schwägerin, die Schwester von Rechenberg, wie zwei Krähen in tiefstem Schwarz vor dem Eingang. Dagegen wirkten sie in ihren hellen Sommerkleidern alle so, als kämen sie gerade von einer Partie Tennis. Fanny löste sich aus der Gruppe, und Anna dachte erst, sie wollte ihre neue Verwandtschaft begrüßen, doch sie preschte an ihnen vorbei, riss beide Flügel des Kirchentors auf und lief allein zum Altar, als wollte sie den Rest schnell hinter sich bringen. Ihr stark angetrunkener Bräutigam folgte ihr im gemächlichen Schritt. Er hatte offenbar keinerlei Eile, fing sogar ein Gespräch mit einem Passanten an, den er irgendwoher zu kennen schien. Selbst der Pastor mit seiner Halskrause winkte ihn in die Kirche hinein, damit er es sich nicht in letzter Minute anders überlegte. Anna nahm mit Benjamin in einer der Bänke Platz, und auch die anderen Gäste setzten sich. Als Alexander seine Frau erreicht hatte und sich neben ihr aufstellte, richtete der Pastor ein paar mahnende, fast bedrohlich anmutende Worte an das Brautpaar. Für Anna klang es jedenfalls so, verstehen konnte sie nichts, da er zwar laut sprach, aber im Dialekt. »Weißt du, was er sagt?« Sie wandte sich an Benjamin.

Er nickte und übersetzte. »Herr, steh ihnen in all ihren rechtmäßigen Geschäften bei. Lass dieses Weib von der Schwere des Lebens, die sie erwartet, an der treuen Brust dieses Mannes ausruhen.«

»Oh, wenn Gott wüsste, wer sich da vermählt«, flüsterte Anna. Fanny hatte ihr bei einem ihrer letzten Besuche verraten, dass Rechenberg seit einigen Jahren eine Waschfrau aus Ascona liebte, die jetzt auch noch von ihm schwanger war. Und ein Geschäft war es, diese Hochzeit, ein Mittel zum Zweck, von Liebe konnte keine Rede sein. Nach der Feier im Café nebenan, wo die baltische Schwester auch Anna mit zwei Küssen rechts und links umarmte, als gehörte sie nun zur Familie, zog die Hochzeitsgesellschaft in eine Kneipe, um weiterzufeiern. Das war die Gelegenheit, sich zu verabschieden. Lieber wollte Anna Benni begleiten, der das Boot dem Fischer zurückbringen musste.

»Lass uns niemals heiraten«, sagte sie, als er sie im Abendrot über den Lago Maggiore ruderte. Sie benetzte die aufgebundenen Blumen mit Wasser. In der Hitze des Tages waren sie verwelkt. »Wenn wir fortgehen und uns ein gemeinsames Leben aufbauen, möchte ich mit dir lieber gleichberechtigt zusammenleben, so wie es Ida Hofmann und Henri Oedenkoven tun.« In den letzten Tagen war ihr Entschluss mehr und mehr gereift.

»Und unsere Kinder, was soll aus ihnen werden? Oder willst du keine?«

»Doch, schon, sehr gerne sogar, und vor allem mit dir.«

»Aber dann müssen wir, so scheint mir, an einen weit entfernten Ort ziehen, weit weg von jeder Ächtung.« Bald waren sie mitten auf dem See.

»Ich wüsste einen Platz, dort würden wir allem entkommen und könnten ganz selbstbestimmt leben. Nur du und ich. Mir gehört nämlich ein kleiner Hof in den bayerischen Bergen, die Tonkaalm. Wir könnten versuchen, Gemüse anzubauen, und auch ein paar Tiere halten. Mit deinem und meinem Wissen könnten wir es schaffen.« Und sie schwärmte ihm von dem vor, was sie sich erträumte, seit sie Benni kannte. »Ist es nicht das, was du auch willst?« Mittlerweile war es finster geworden. Sterne funkelten zu Abertausenden am Firmament. Das Ufer lag noch entfernt und war nur durch die Lichter zu erkennen. Eine Sternschnuppe blitzte auf, aber bevor sie sie Benni zeigen konnte, war sie erloschen.

»Ich will vor allem dich, Liebste.« Benni stand auf und kam zu ihr. Die Barke schwankte und drohte zu kippen. Sie schrie auf und lachte dann, als er in ihren Armen landete. Benni zog sie samt Schaffell auf die Planken, wo sie eng umschlungen lagen.

»Ist das jetzt unsere Hochzeitsnacht?«, fragte sie, als sie sich auszogen und gegenseitig mit Küssen bedeckten. Sie wollte Benni endlich in sich spüren.

»Ich werde sanft sein und aufpassen«, versprach er. »Mit dem ersten Kind können wir ja noch so lange warten, bis wir auf deiner Tonkaalm sind.«

Eva

Starnberg, Januar 1977

Schon auf dem Parkplatz, als sie aus dem Käfer stieg, zitterten ihr die Knie. Würde sie sofort operiert werden? Operiert – nannte man das so? Es war doch eher ein Eingriff und hoffentlich unter Narkose. Sie hätte sich besser informieren sollen, aber jede ihrer Bekannten, die sie dazu befragte, hatte eine andere Schauergeschichte zu erzählen, selbst Jasmin, die ihr diese Ärztin in Starnberg empfohlen hatte. Zumindest würde Eva nicht mehr etwas Illegales tun. Der Paragraf zweihundertachtzehn war seit letztem Jahr reformiert worden. Neuerdings blieb ein Abbruch in den drei ersten Monaten der Schwangerschaft bei sozialer Not straffrei. Doch befand sie sich überhaupt in solch einer Not? Mit knapp dreiundzwanzig fühlte sie sich noch nicht bereit, Mutter zu werden. Zumal sie nicht wusste, ob das Kind von Milo oder von Udo war. Gesagt hatte sie ihnen nichts davon. Udo lag noch immer schwer verletzt im Krankenhaus, und Milo war seither total durch den Wind. Durch die Aktion war bis nach Innsbruck der Strom ausgefallen. Man fahndete nach den Tätern und hatte schon ein paar Verdächtige im Visier. Es musste eine Bande von Autonomen gewesen sein, hieß es in einer Zeitung. Seither fühlte sich Eva verfolgt und konnte sich nur schwer konzentrieren.

Warum hatte sie nicht früher erkannt, was Udo plante, und es gleich verhindert? Wie sollte sie das Studium, die Apotheke und den Wochenmarktverkauf schaffen und nebenher noch ein Kind großziehen? Maja war immer noch in Indien. Die letzte Karte hatte sie aus einem Ashram geschrieben. Dort schlief sie auf einer Strohmatte im Wald und hatte gelobt, kein Lebewesen zu töten. Was sie als Vegetarierin selbstverständlich fand, bis sie in der Nacht die Moskitos überfallen hatten. Wäre sie doch nur hier und bei ihr. Eva seufzte, straffte die Schultern und ging auf den Eingang zu.

Anders als erwartet, wirkte die Praxis freundlich. Sie befand sich in einem Wohnhaus oberhalb der Kleinstadt und hatte einen überdachten Balkon. Hinter der stark befahrenen Straße entdeckte Eva sogar ein Gartenrondell, das durch Büsche und Bäume vom Verkehrslärm abgeschirmt war. Die Praxistür hatte einen altmodischen schwarzen Griff und knarrte in den Angeln, als sie eintrat. Lichte Räume, lindgrün gestrichen, empfingen sie. Im Wartezimmer gegenüber dem Empfangstresen standen ein Schaukelpferd und ein Puppenhaus, und auf dem Boden lag Kinderspielzeug herum. Neben schicken weißen Schalenstühlen gab es eine kurios schräge, unlackierte Holzbank, die eine gesamte Wand einnahm. Auf der einen Seite war sie höher als auf der anderen. »Das ist unsere Generationenbank«, sagte die Frau am Empfang, die Evas verwunderten Blick bemerkte. Sie hatte etwas von Marilyn Monroe. Eine kurvige Figur, hellblonde Locken und eine Nickelbrille mit rosa getönten Gläsern. »Links können die Erwachsenen sitzen und rechts die Kinder, so kommen auch sie mit den Füßen auf den Boden.« Als sie sich bückte, um Bauklötze in einen Korb zu räumen, kam unter ihrem geöffneten Kittel ein orangefarbenes Minikleid zum Vorschein.

»Mein Name ist Eva Klein, ich habe bei der Frau Doktor einen Termin«, sagte Eva jetzt. Besser, sie dachte jetzt nicht über Kinder oder kleine Füße nach.

»Die Frau Doktor bin ich. Na, dann kommen Sie gleich mit, Sie sind heute meine letzte Patientin.« Sie schüttelte Eva die Hand und führte sie in ihr Sprechzimmer, wo der gefürchtete Untersuchungsstuhl stand. Es war eine moderne Version davon, die bequemer und freundlicher ausschaute, als Eva erwartet hatte, aber die Beine spreizen würde sie auch hier müssen.

»Fangen Sie sofort an?«, fragte Eva, sie hatte bereits am Telefon erklärt, worum es ging.

»Nein, wir reden erst, bitte nehmen Sie Platz.« Doktor Knaup bat Eva, auf einem Stuhl vor ihrem Schreibtisch Platz zu nehmen. »Und danach untersuche ich Sie, und dann sehen wir weiter. Ganz entspannt. Solche Entscheidungen sollte man nicht voreilig treffen. Erzählen Sie, wie geht's Ihnen denn?«

»Mir? Ich dachte, ich bringe es möglichst schnell hinter mich.« Sie holte Luft, ein Duft erfasste sie. Hyazinthe und Flieder, Eichenmoos und etwas von Bergamotte. »Ich weiß nicht, wo ich anfangen soll.«

»Wo Sie wollen, ich hab Zeit.« Helga Knaup lehnte sich zurück und drückte ihre Brille fester auf die Nase.

Warum auch immer es so war, das Parfüm der Ärztin roch nach Geborgenheit und Liebe und machte es für Eva möglich, Vertrauen zu fassen. »Meine Mutter, sie hat mich weggegeben, als ich zwei war. Ich wurde adoptiert.«

Anna

Wie besprochen wartete sie beim Schalenstein im Wald, oberhalb von Ascona. Sie hatte kaum mehr Gepäck dabei als bei ihrer Anreise im letzten Jahr, nur ihren Koffer und ihre Tasche. Dafür war ihr Notizbuch voller Ideen, die zum Glück nichts wogen. Sie würde sich mit allen schreiben, die ihr ans Herz gewachsen waren, ob es ihre Keramikschüler waren oder auch Frau Hofmann, die Kurleiterin, aber vor allem mit Fanny und Rolf. Und auch Dietmar würde noch mal Post von ihr bekommen, sie würde ihn schon bei der kaiserlichen Flotte aufspüren, egal, in welchem Teil der Welt er sich aufhielt. Möglicherweise würden die Rechenbergs auch mal auf die Tonkaalm zu Besuch kommen, das hatten sie sich beim Abschied gesagt. Anna fuhr die Rinnen auf dem schrägliegenden großen Stein entlang, die die kleinen Schalen wie auf einer Murmelbahn miteinander verbanden. Sie bildeten ein rätselhaftes Muster, das sich niemand erklären konnte. In der Gegend gab es viele Kultsteine dieser Art, wie sie von Benni wusste. Plötzlich kamen Zweifel in ihr auf. Was, wenn er es sich anders überlegt hatte und gar nicht auftauchte? Aber kaum gedacht, erschien er. Ein Glück! Die Hände in den Hosentaschen, stapfte er den Weg zu ihr hinauf. Von unbändiger

Freude erfüllt winkte sie ihm. Ihr gemeinsames Leben lag vor ihnen, und das Schönste war, sie würden nie mehr getrennt sein. Tag und Nacht, dabei alles teilen – die Sorgen, die geheimen Gedanken und sämtliche Entscheidungen. Gleich fing ihr neues großes Abenteuer an. Alle Ängste, die sie trotz allem noch gehabt hatte, waren unbegründet gewesen, und die letzten Zweifel blies der *Inverna* fort, wie die Einheimischen den andauernden Südwind nannten. Anna und Benjamin. Sie würden es meistern, ein Leben auf der Alm – zusammen etwas Neues schaffen. Viele Male hatten sie es seit jener Nacht nach Fannys Hochzeit durchgesprochen. Falls der eine aufgeben wollte, würde der andere ihn stützen und wieder aufbauen. So wären sie unbesiegbar. Benni winkte zurück. Allerdings verhalten, so als würden sie beobachtet und es wäre ihm peinlich, gesehen zu werden. Auch das hätte ein Ende, bald wären sie ganz für sich und könnten tun und lassen, was sie wollten. Anna schaute sich um, doch sie konnte niemanden entdecken. Mit wehendem Reformkleid rannte sie Benni entgegen. Ihre Stiefel schlugen gegen den Koffer, sie hatte sie am Griff festgebunden. Wenn sie auf die Alpen stiegen, würde sie das Schuhwerk wechseln. Die Sandalen passten besser ins warme Tessin. Anna spürte die Freiheit auch zwischen den Zehen. Es ging los. Stürmisch umarmte sie Benni.

»Wo ist dein Koffer?« Nicht mal einen Rucksack hatte er dabei, fiel ihr auf. Vermutlich hatte er sein Gepäck unten am Wegkreuz abgestellt, wo es zur Busstation ging. Er drückte sie an sich, verharrte in der Umarmung. »Bist du aufgeregt? Ich schon, und zwar sehr.« Sie löste sich von ihm, nahm stattdessen seine Hand. Er ergriff auch ihre andere, hielt Anna zurück, die wie ein Geißlein losspringen wollte. »Was ist?« Anna sah ihn fragend an, seine Miene hatte sich verdunkelt.

»Liebste, ich …« Er straffte sich. Machte er ihr jetzt einen offiziellen Reformheiratsantrag? Sie hatten sich doch bereits das Jawort in der Barke gegeben, nachdem sie miteinander geschlafen und sie ihre Jungfräulichkeit verloren hatte. Er zögerte, rang wie so oft mit sich, die Worte auszusprechen. Schließlich presste er hervor: »Ich hab's mir anders überlegt, Anna. Ich kann nicht fort.«

»Heißt das, du kommst nicht mit auf die Tonkaalm?« Anna verstand nicht, was sie da hörte.

»Das heißt es, ich kann meine Mutter nicht allein bei diesem Tyrannen lassen.« Er nickte.

»Aber was wird aus uns?« Fassungslos starrte sie ihn an.

Er schwieg.

Sie wartete, nickte dann. »Ich verstehe. Das mit uns habe ich mir also nur eingebildet.«

»Nein, ich liebe dich, Anna, wie sonst nichts und niemanden auf der Welt, aber ich kann nicht weg.«

»So groß kann die Liebe aber nicht sein, oder ist deine Welt so klein?«, schleuderte sie ihm entgegen. Sie brauchte eine Weile, bis sie begriff, was sein Entschluss bedeutete. Sollte sie auch hierbleiben? Wieder auf den Berg der Wahrheit zurückkehren und um Aufnahme bitten?

Benni zog einen Stein aus der Hosentasche, einen kleinen, flachen, fast rund und gesprenkelt und mit einem Loch in der Mitte, und schenkte ihn ihr. »Damit du den Tessiner Bub nicht vergisst.« Wortlos nahm sie ihn, war nahe dran, ihn fortzuschleudern, steckte ihn aber dann in ihre Umhängetasche, hob ihren Koffer auf und wandte sich ab, ohne sich noch einmal umzusehen. War das alles, ein Stein als

Symbol für ihre Liebe? Sie war wütend und traurig zugleich, aber auch Trotz keimte in ihr auf. Wie konnte Benni ihr das antun? Musste sie Verständnis aufbringen? Nein. War sie auf ihn angewiesen? Nein. Traute sie sich zu, allein auf einer Alm zu leben? Sie wusste es nicht. Aber umkehren wollte sie auch nicht, jetzt, da sie so weit gekommen war.

Sie ließ ihn zurück, lief einfach weiter und dachte an die letzten Monate und das vergangene Jahr, daran, wie sie um ihr Leben gekämpft, wie sie geglaubt hatte, in ihrem Bett zu sterben, ohne gelebt und geliebt zu haben. Sie dachte an ihre Mutter, die so früh von ihnen gegangen war, und an ihr Erbe – all ihr Wissen, das sie auf Dreisonnenquell erworben hatte und das ihr keiner nehmen konnte. Anna würde es versuchen! Ein eigener Garten, ein Reich für sich, ein Künstlertraum auf über tausenddreihundert Metern über dem Kochelsee, nicht weit von ihrer Heimat, nach der sie sich schmerzlich sehnte. Und doch war sie schon nicht mehr dieselbe, die sie gewesen war, als sie kaum großjährig aus Wessobrunn aufgebrochen war.

Ihr fiel ein, was Vater ihr geraten hatte, falls sie in Not käme oder zornig war: »Benutze deine Hände, Annerl. Verstand hast du genug. Dein Kopf wird dich leiten, aber deine Hände retten dich.« Neunzweidrittel Finger besaß sie noch, um es zu wagen.

Eva

Als sie am Abend wieder zu Hause war, holte sie den Rattankoffer hervor, nahm ihre Kinderkleidung und die kleinen Schuhe heraus und auch das Notizbuch. Dabei fiel ihr das Lesezeichen auf, das an einem Band wie von Maja geknüpft herausragte. Daran hing ein glatter, fast runder Stein, der schön gesprenkelt war. Er wirkte wie aus einer anderen Zeit. Sie machte es sich auf ihrem Bett bequem, strich über den Leineneinband des Buchs und betrachtete den gestickten Garten, der ihr von Anfang an gefallen hatte. Hinten im Umschlag steckten Briefe und kleine Zettel mit Skizzen, auch eine Aquarellzeichnung von einem blauen Pferd war dabei. *Für Anna von F. Marc* signiert. War damit etwa der berühmte Franz Marc gemeint? Sie blätterte durch die Buchseiten, die dicht mit Sütterlinschrift gefüllt waren. Sie konnte Betzi fragen, ob sie ihr beim Entziffern half, aber da fiel ihr noch etwas anderes ein. Sie holte ein Lexikon, in dem es eine Seite mit dem Sütterlinalphabet gab, und legte es sich zum Vergleichen bereit. Dann schlug sie wahllos eine Notizbuchseite auf und versuchte, etwas zu entziffern. Weiter unten fiel ihr Blick auf einen Eintrag, der zwischen der Handschrift in gut lesbaren Druckbuchstaben geschrieben war: Ignaz Klein, Coiffeur, New York, Paris, München. Anna von Quast hatte den Namen sogar unterstrichen. War das etwa Betzis Vater? Aber das würde ja bedeuten, dass es doch eine Verbindung gab zwischen ihrer Ursprungs- und ihrer Adoptivfamilie. Die Zeilen darum herum zu entziffern, fiel ihr schwer. Eva blätterte weiter, zum letzten Eintrag von 1918, und blieb bei einem Wort hängen, das mit einem N begann. Das kleine i danach war einfach zu erkennen. Anstelle eines Punktes schwebte ein Strich darüber. Dann musste der nächste Buchstabe ein kleines n sein, nein, oder ein e. Zwei Striche, enger verbunden als beim n, das war die Schwierigkeit. Sie mühte sich durch das ganze Wort und war stolz, als sie es durch den ganzen Satz geschafft hatte. Jetzt wollte sie es mit der nächsten Zeile versuchen. Es dauerte eine Weile, aber schließlich klappte es immer besser, und sie las sich die Sätze laut vor: *Niemand hatte es mir zugetraut, nicht einmal ich selbst. Und schon gar nicht, dass ich eines Tages allein mit meiner Tochter mitten in der Natur leben und das Wetter zu lesen verstehen würde wie die Geschichte in einem Buch.*

Evas vegetarisches Paradies Menü

für acht Personen

VORSPEISE

Thymian-Pistazien-Cranberry-Butter

auf selbstgebackenem Brot (alternativ auf Baguette)

250 g Butter
(rechtzeitig aus dem Kühlschrank
nehmen, damit sie weich ist)
50 g Cranberrys
50 g Pistazien
4 Stängel Thymian
Salz, Pfeffer (Menge nach Geschmack)

Pistazien schälen und hacken, Cranberrys ebenfalls klein schneiden. Die Thymianblätter von den Stängeln abzupfen und alles mit der weichen Butter vermengen. Mit Salz und Pfeffer abschmecken. Baguettescheiben damit bestreichen und das Ganze bis zum Servieren kühl stellen.

Erbsen-Carbonara

2 kg Zucchini
Salz, Pfeffer
Bratöl nach Geschmack
1 gr. Zwiebel
1 Knoblauchzehe
2 TL Dinkelmehl
300 g Sojasahne
400 g Erbsen (frisch oder tiefgekühlt)
100 g Walnüsse gehackt
800 g Spaghetti

Die Zucchini waschen und putzen, mit einem Gemüsehobel schälen und Schale beiseitestellen. Das innere Weiße in Würfel schneiden. Die Zwiebel und den Knoblauch schälen, klein hacken und in der Pfanne mit dem Öl glasig dünsten. Die Zucchiniwürfel dazugeben und schmoren lassen. Mit Mehl bestäuben und mit der Sojasahne ablöschen. Zugedeckt fünf Minuten weich kochen. Diese Soße pürieren. Zum Schluss die Erbsen zugeben und heiß werden lassen. Mit Salz und Pfeffer abschmecken.

Gleichzeitig die Spaghetti in gesalzenem Wasser bissfest kochen, dann abgießen. Die Zucchinischalen in einer weiteren Pfanne mit dem restlichen Öl zwei Minuten andünsten, die Spaghetti dazugeben, beides noch mal erhitzen und mit der Soße mischen. Zum Servieren mit gehackten Nüssen bestreuen.

NACHSPEISE

Paradieserl

1 Vanilleschote
80 g Zucker
1 l Kokosmilch (aus der Dose)
1 TL Agar-Agar
(als vegetarische Alternative zu Gelatine)
4 Maracujas
8 Physalis

Vanilleschote längs aufschneiden, Mark herauskratzen. Vanillemark und -schote, Zucker und Kokosmilch etwa fünf Minuten bei kleiner Hitze köcheln lassen. Agar-Agar in etwas heißem Wasser auflösen und in die Flüssigkeit einrühren. Alles abkühlen lassen, Vanilleschote entfernen. In Dessertschalen oder kleine Gläser füllen und mindestens vier Stunden, besser über Nacht, fest werden lassen.

Vor dem Servieren die Maracujas halbieren, jeweils das Fruchtfleisch aus einer Fruchthälfte mit einem Teelöffel auslösen und auf die feste Kokosmasse geben. Die Hüllenblätter der Physalis öffnen und nach hinten drehen. Dessert mit je einer Physalis garnieren.

Frau Schwalbes Mandelkuchen mit Pflaumenfüllung

Mürbeteig:

30 g Rohrohrzucker
150 g Dinkelmehl
80 g Butter
1 Prise Salz
½ Vanilleschote
1 Ei
1 EL Zitronensaft

Belag:

160 g (europäische) Mandeln
75 g weiche Butter
50 g Rohrohrzucker
1 Ei
½ TL Zimt
50 g Dinkelmehl
1 TL Bittermandelaroma
150 g Pflaumenmus
50 g Aprikosengelee

Für den Teig das Ei trennen, das Eiweiß für den Belag zurückstellen. Aus diesen Zutaten einen Mürbeteig kneten, ausrollen und damit eine Backform auskleiden. Im vorgeheizten Backofen bei 170 Grad zehn Minuten vorbacken.

Für den Belag die Mandeln kurz in Wasser aufkochen, damit sich die Schale löst, dann 100 g der Mandeln grob hacken oder in Stifte schneiden und die anderen 60 g fein mahlen. Das ganze Ei zusammen mit dem zurückgestellten Eiweiß vom Teig und dem Zucker schaumig rühren, dann die Butter und die gemahlenen Mandeln, den Zimt, das Mehl und das Bittermandelaroma dazugeben und verrühren.

Das Pflaumenmus auf den Mürbeteigboden streichen, dann die Mandelmasse darauf verteilen und glatt streichen. Mandelstifte darüberstreuen. Den Kuchen auf der mittleren Schiene etwa dreißig Minuten bei 170 Grad goldgelb backen. Anschließend etwas abkühlen lassen. Die Aprikosenmarmelade erwärmen, bis sie flüssig ist, und gleichmäßig auf den Kuchen streichen.

Guten Appetit!

Danksagung

Ich freue mich und danke Ihnen, dass Sie der Geschichte von Anna und Eva und der Entstehung der Biobewegung bis zur letzten Seite gefolgt sind. Der Roman entspringt der Phantasie, aber er speist sich auch aus wahren Ereignissen und Erlebnissen, die ich mir als Schriftstellerin nicht ausdenken konnte. Das Leben liefert die besten Geschichten, deshalb macht mir das Schreiben so viel Spaß.

Herzlich bedanken möchte ich mich auch bei:

Brigitte und Uli Pötzl vom Biomarkt Tutzing, die mir von den Anfängen der Naturkostbewegung und ihren persönlichen Beweggründen, einen Bioladen zu eröffnen, erzählt haben. Wir kennen uns schon seit meinen künstlerischen Anfängen, und auch da haben sie mich schon aufs Beste unterstützt. Von ihren einmaligen und besonderen Bio-Geschichten möchte ich im nächsten Band noch mehr erzählen!

Ähnlich Spannendes und Außergewöhnliches hat auch Andrea Wild beigesteuert. Sie hat mir von ihrer Zeit in einer großen Münchner Wohngemeinschaft, als Angestellte in einer Apotheke und von ihrer Indienreise erzählt. Lieben Dank, Andrea!

Ich danke der Friseurmeisterin Claudia Rauch aus Feldafing, die dort ihren Salon Kögl in der dritten Generation betreibt, mir die Friseurutensilien ihres Großvaters zur Verfügung gestellt und viel von früher über die Haarkunst erzählt hat.

Besonders gefreut hat mich, dass mir Bettina Schwaller von ihren Erlebnissen als Sennerin auf der Staffelalm erzählt hat. Ich schwärme noch immer von ihren feinen, köstlichen Nussecken! Von der Alm, Franz Marc und seinen Künstlerfreunden gibt's auch in der Fortsetzung noch mehr.

Dem Team vom S. Fischer Verlag danke ich herzlich für den Anstoß zum Thema Natur. Insbesondere meiner Lektorin Carla Grosch, meiner Marketingmanagerin Verena Wälscher, meiner Redakteurin Silke Reutler und meiner Literaturagentin Sabine Langohr. Herzlichen Dank, dass ihr mich alle rund um meine Bücher so famos und aufs Beste unterstützt!

Mein allergrößter Dank gilt wie immer meiner Familie. Mit Thomas zusammen, meinem Allerliebsten, habe ich mir die Schicksale der Figuren und sämtliche Szenen ausgedacht. Als Meisterplotter fällt ihm immer etwas ein, besonders noch, wenn ich feststecke. Er kann sich in all meine Extravaganzen beim Schreiben – und darüber hinaus – eindenken, hört sich Tag und Nacht meine Zweifel und Sorgen an, die sich im Grunde von Roman zu Roman wiederholen. Und zusätzlich hat er mich noch allerfeinst bekocht und betüdelt, besonders als die Zeit zur Abgabe knapp wurde. Ich danke dir von Herzen! Unsere Kinder Theresa, Veronika und Jonas und unsere Schwiegersöhne David und Sebastian würzen mein Leben mit der geheimen Zutat, die mich trägt. Vielen Dank für eure Unterstützung und euer Verständnis bei allem! Dieses Mal danke ich besonders auch Theresa, die meine handschriftlichen, oft unleserlichen Korrekturen abgetippt und in das Manuskript eingearbeitet und sich darüber hinaus auch noch mit in den Roman reingedacht und mir aus der Klemme geholfen hat. Was für ein pfundiger Service!

Mein spezieller Dank geht an die allerliebste und süßeste Enkelinnentankstelle, die mein Leben aufs Schönste bereichert: unsere drei klein-großen Damen Winona, Ida und Lia. Wie wunderbar, dass es euch gibt!

STEPHANIE SCHUSTER

Glücks Töchter

EINFACH LIEBEN

ROMAN

Leseprobe

Prolog

Die Luft war voller Düfte, als sie den steilen Hang hinaufstieg. Apfelblüten wehten von den Bäumen wie Schnee. An der Klostermauer wucherte Flieder, und auf einem Stein verweste eine Maus. Eva erfasste den Geruch des frisch gewaschenen Lakens, das auf einer Leine hing, die Erde, die eine Amsel mit den Krallen aufwühlte. Grillen zirpten, Tauben flatterten auf. Sie spazierte durch einen Torbogen, setzte sich auf eine Bank, die auf einer Anhöhe stand. Hinter ein paar Mauersteinen erblickte sie einen zugewucherten Garten. Die Buchsbäume, die die Beete umgrenzt hatten, waren noch zu erkennen. Dabei nahm sie weiter die vielen Gerüche auf, die sie umschwirrten. Vom Holz der Bank, in dem noch der Regen steckte. Vom Morgentau im Gras, der ihre Schuhe durchweicht hatte. Vom Pferd, das auf der Koppel stand und im Stehen zu schlafen schien. An den Quellen hörte sie Frösche quaken. Kurz hielt sie inne, schaute in den Himmel, dessen Blau über den Alpen heller wurde. Etwas anderes hatte sich in ihre Nase geschlichen, ein Hauch nur, den sie noch nicht bestimmen konnte. Der Qualm eines Kamins vielleicht? Im Juni heizte niemand mehr, oder doch? Mit der Schuhspitze hob sie die Kieselsteine an, suchte den Boden ab, glaubte, einen verkohlten

Ast oder etwas aus Metall zu erkennen. Vermutlich war das die Ursache. Ihre Locken fielen ihr ins Gesicht. Rasch schob sie ein paar Strähnen nach hinten, roch den Lavendel ihres Lieblingsshampoos, das sie selbst gemischt hatte. Doch auch das verdrängte diesen anderen Geruch nicht. Etwas Dunkles, Bedrohliches stieg zu ihr auf und verdrängte alle Düfte. Eva stand auf, schnupperte, ging dem Hauch nach, der immer stärker wurde, bis zu einem Brennnesselbusch, in dem lauter Scherben lagen. Vorsichtig griff sie hinein, spürte ein stechendes Kribbeln auf der Haut, als eine Nessel sie streifte, und hob eine Scherbe auf. Sie war aus Ton und hatte ein blattförmiges Muster eingebrannt. Eva beugte sich vor und fand noch mehr. Manche Stücke waren bunt glasiert, und zwischen ihnen ragte ein rostiges Gestänge heraus. Sie ahnte, was hier verbrannt war. Eva wandte sich ab, als es in ihrem Hals unerträglich zu jucken anfing. Sie räusperte sich, schluckte, umklammerte die Zitrone in ihrer Jackentasche, die sie vorsorglich immer dabeihatte. Mit dem Fingernagel ritzte sie in die Schale, verrieb das austretende Zitrusöl auf ihrer Haut, roch an ihren Händen und Armen – das beruhigte sie. Sie konnte wieder aufatmen und winkte Milo zu, der die Straße vom Dorf entlanggeschlendert kam, die Kamera über der Schulter. Für gewöhnlich stand er früher auf als sie, um noch vor seiner Arbeit im bayerischen Parlament zu fotografieren. Diesmal war sie zeitiger unterwegs gewesen, hatte ihm einen Zettel geschrieben und ihn gebeten herzukommen – sie wollte ihm etwas zeigen. Sie lief auf ihn zu. Nach einem Kuss und dem kurzen Eintauchen in seinen Duft, den sie nach wie vor liebte, führte sie ihn am Römerturm vorbei. Rechts unter ihnen erstreckte sich das große hufeisenförmige Gebäude mit seinen drei Trakten.

Die Fassade war fast zugewachsen. Aber das Dach schien bis auf wenige Stellen intakt zu sein. Jedenfalls hoffte Eva es. Nur von oben, vom Hang und der Bank aus, konnte man erkennen, dass sich in dieser Wildnis, zwischen Bäumen und Gestrüpp, ein Juwel aus der Vergangenheit verbarg. Milo fotografierte ein paar malerische Winkel, erwischte auch Eva dabei, die seit Jahren sein Lieblingsmotiv war, wie er behauptete. Gemeinsam stapften sie durchs hohe Gras. Bienen summten, die Wiese dampfte, und nun sogen auch ihre Hosenbeine die Nässe auf. Der verkohlte Geruch hing ihr noch in der Nase, war aber nun wieder besser auszuhalten, seit sie sich von der Stelle nahe der drei Quellen entfernt hatte. Durch ein großes Gewächshaus, dessen Scheiben fehlten, wuchsen weit ausladende Äste von knorrigen Bäumen. Ein Käuzchen blinzelte Eva aus einem Astloch an.

»Wer pflanzt einen Wald in einem Treibhaus?« Milo fotografierte den bizarren Anblick. Zurzeit arbeitete er an einem Fotoband über das mystische Bayern.

»Das sind Maulbeerbäume«, erklärte Eva. »Die sieht man selten in Bayern.« Sie gelangten wieder zum Hauptgebäude und entdeckten eine halb zugemauerte Tür, die in einer Vertiefung lag. Dort musste ein Eingang zum Keller sein. »Einen Schlüssel gibt's nicht, ich hab bei der Gemeinde gefragt.«

»Du willst doch nicht etwa …?«

Bevor Milo den Satz zu Ende sprechen konnte, hatte Eva schon die Pappe zur Seite gedrückt, die den oberen Teil abgedeckt hatte, und war eingestiegen. Sie knipste die Taschenlampe an. Milo folgte ihr. Eva versuchte, sich an der Stromleitung zu orientieren, die an der Decke des Kellergewölbes entlanglief und nach oben führte. Über eine Steintreppe erreichten sie das Erdgeschoss und betraten die Räume. Manche waren klein wie Mönchszellen, Eva wusste, dass hier früher ein Kloster gewesen war. Allerdings nur für Frauen. Später waren die Räume in Gästezimmer umgebaut worden. In jedem Trakt sollte es einen Saal geben, der kunstvoll mit Stuck verziert war, auch wenn der vermutlich nur noch zu erahnen war. Milo war begeistert von so vielen Eindrücken und kam kaum mit dem Filmwechseln hinterher. Sie stiegen weiter nach oben, mussten aufpassen, dass sie nicht durch die morschen Stufen brachen. Der Treppenknauf hatte die Form eines Kiefernzapfens, ansonsten war das Geländer weitgehend zerstört. Putz bröckelte von den Wänden, und die Dielen waren herausgerissen. Anstelle eines Kronleuchters schien die Morgensonne durch die Dachbalken. Pflanzen wuchsen aus dem Boden, schmückten die Zimmer wie grüne Tapeten. In der Mitte hatte jemand Hanf angebaut. Dieser Geruch fiel auch Milo sofort auf, obwohl er das Kiffen aufgegeben hatte. In einer stark beschädigten Stuckverzierung hatten sich Schwalben eingenistet und schwirrten umher. Aus einer anderen Ecke wehte der Gestank von Fäkalien herüber. Dort stand ein Stuhl ohne Sitz, der offensichtlich als Toilette benutzt worden war. Auch wenn sich die Natur vieles zurückerobert hatte, konnte Eva trotz allem noch den früheren Prunk erahnen.

»Das Anwesen oder vielmehr das Gut gehörte um die Jahrhundertwende einem Pflanzenjäger«, erklärte sie und kratzte an ihrem Arm, wo sie die Brennnessel gestreift hatte. Milo fotografierte gerade das Schwalbennest, das sich in der Mähne eines Löwengesichts verbarg. Jedenfalls glaubte Eva, dass es ein Löwe sein könnte, der sogar die Zunge herausstreckte. »Und damit habe ich endlich gefunden, was ich so lange für meine Naturkosmetik gesucht habe«, ergänzte sie in feierlichem Ton. »Ich werde es kaufen.«

»Nicht dein Ernst. Ich dachte, du wolltest mir nur neue Motive liefern.« Als er sich zu ihr drehte, blieb er an einem losen Brett hängen und stolperte.

»Hoppla.« Lachend fing sie ihn auf, umarmte ihn. Sie sah es schon vor sich, wie sie Zimmer für Zimmer nach den Vorgaben aus dem Tonkaalmbuch wieder instand setzte. Einen Trakt würde sie für die Produktion verwenden, einen anderen für Seminare oder den Verkauf, und im Rest hatten sie alle Platz.

»Weißt du, wie viel allein die Renovierung kosten wird? Dafür könnten wir vermutlich ein neues, modernes Haus, ja einen ganzen Palast bauen, noch dazu näher an München als hier in dieser Abgeschiedenheit.« Er sprach immer noch von *wir*, nach allem, was vorgefallen war, das freute sie sehr.

»Aber ich will das hier und nichts anderes. Dreisonnenquell hat Geschichte – meine Geschichte.«